北東日本の地域経済

経済地理学会北東支部［編］

八朔社

はしがき

　本書は東日本大震災が起きる前に経済地理学会北東支部によって企画され，震災直前の3月3日には既に素案が固まっていたものである。支部例会が順調に開催され，2012年5月に経済地理学会59回大会が北海道（北海学園大学）で予定されていることもあり，北海道・東北に在住する経済地理学会会員を中心に，北海道・東北地域の研究の到達点，および21世紀への研究の出発点としたい，という問題意識を共有していた。2011年3月11日に起きた東日本大震災によって出版方向の変更を迫られることも想定されたが，当時，震災自体が現在進行形であること，震災の全体像が未だ見えていないこと，復興の方向性も不鮮明であること，などの理由により出版内容の大幅変更は不可能であると判断し，当初の出版目的に沿って刊行することとした。

　もちろん，これほどの大災害を全く無視して地域分析（特に東北）をすることは不自然であり現実味が薄められてしまいかねないため，可能な範囲で大震災には触れることにした。当然のことながら，それ以外の論述においても文章の表面には表れていなくても，地域におけるリスクマネジメントなどは強く意識されて展開されている。

　本書の執筆陣は経済地理学会北東支部の会員が中心であるが，適当な人材が見当たらない場合には，全体の統一性を保つために不可欠な地域及び不可欠な産業については会員以外の研究者にも執筆をお願いした。また，会員同士であっても恒常的な研究会等を行っているわけではない。こうした制約があるため，本書を貫く展開軸は単線ではなく複線的である。また，重点の置き方も異なっている部分もある。その意味では本書は論文集である。しかし，北海道・東北は寒冷地で積雪も多い地域であり，近代以降，東京―大阪を結ぶ太平洋側の発展経路から距離的に遠隔地に位置していたため，ともすれば，発展に遅れをとったり，後追い的な発展をたどったりする場合が多い地域であった。本書の執筆陣は北海道・東北に居住し，当該地域の研究も行っているが，その際もっている共通した問題意識は，東京などの後追いではない発展のあり方を模索したり，東京などとは異なった発展のあり方を模索したりすることである。

したがって，単一の問題意識に収斂した書籍ではないが，個別論文の中から多様で複線的な北海道・東北の発展のあり方を汲み取って頂ければ執筆者一同それにまさる喜びはない。

　ここ最近，一般的には，高校地理の相対的位置の低下によって地理学関連の研究者養成が難しくなっている傾向がある。経済地理学は地理学的なアプローチと経済学的なアプローチという学際的分野に属する研究分野であるが，基本的な問題関心は経済主体の地域的・空間的分布や配置に関する研究分野であり，グローバリゼーションが進む現代にあってこうした分野の研究の重要性は高い。経済学的アプローチから見ても，M. ポーターや P. クルーグマンのクラスター論などに見られるように，経済主体の場が重要性を帯びているのは間違いないところであろう。執筆者一同は，北海道・東北を対象地域としながらも，北海道・東北という'場'が経済活動や人々の暮らしにとって極めて重要であることを強調している。3.11の震災からの教訓の一つはここにあるといえよう。

　最後になって恐縮であるが，昨今の厳しい出版事情にも関わらず，本書の出版を引き受けて頂いた八朔社に心から感謝申し上げたいと思う。また，少なからぬ原稿の提出が遅れ気味となる中で，2012年5月に北海道で開催される経済地理学会全国大会の開催までに出版できるようお骨折り頂いたことにも感謝申し上げたい。

　2012年2月3日

経済地理学会北東支部
支部長　高原　一隆

目　次

はしがき

第1部　序　論

第1章　北東日本 …………………………………………………… 3
―その地域構造論的定位―

はじめに――北東日本というコンセプト　3
Ⅰ　北東日本の現況　5
Ⅱ　地域間関係の展開過程――インフラ整備との関連で　8
Ⅲ　「地域主権」時代の北東日本　14
おわりに――北東国土軸の必然性　17

第2部　北海道

第2章　北海道型産業・ビジネスモデルの構築にむけて …………23
はじめに　23
Ⅰ　北海道の特性　24
Ⅱ　国策と地域の利益のはざま　30
Ⅲ　基幹産業の崩壊と地域の停滞・衰退　36
Ⅳ　21世紀の北海道経済モデル　39

第3章　北海道空知地域における旧産炭地の振興 ………………45
はじめに　45
Ⅰ　旧産炭地の社会変動　46
Ⅱ　旧産炭地における振興策の推移と課題　53
Ⅲ　空知南部における工業団地開発と企業誘致策　60

Ⅳ　空知における電子部品産業の立地と地元下請企業の創出　64

第4章　石狩湾新港地域の企業立地の特色……………………………74
　　はじめに　74
　　Ⅰ　地域開発計画の特色　75
　　Ⅱ　企業立地の特色　80
　　Ⅲ　今後の企業立地の可能性　83
　　おわりに　87

第5章　北海道における非中核地帯農業の現局面と構造問題……89
　　　　―「集約北進」の光と陰―
　　はじめに　89
　　Ⅰ　非中核地帯の農業展開と土地利用問題の所在　91
　　Ⅱ　土地利用型農業の改善に向けた諸対応　97
　　おわりに　103

第6章　北海道の衛星都市のまちおこしと今後の課題…………106
　　はじめに　106
　　Ⅰ　江別産ハルユタカをめぐる地域の取り組み　108
　　Ⅱ　江別の企業家達　111
　　Ⅲ　考　察　114
　　Ⅳ　結　論　120

第3部　東　北

第7章　東北の地域区分と地域的一体性……………………………127
　　Ⅰ　東北の範囲とその多様性　127
　　Ⅱ　東北の経済的統合過程　129
　　Ⅲ　東北の地域的一体性の変容の可能性　133

第8章　北東地域における県土構造とオフィス立地……………138
　　Ⅰ　地方ブロックと県土構造　138

Ⅱ　市町村，県土を越えた流動　139
　　Ⅲ　北東地域における中枢管理機能の立地　141
　　Ⅳ　生活圏としての空間形成　145
　　Ⅴ　管轄圏としての空間形成　151
　　おわりに　155
第9章　特別栽培米の展開と成立条件―宮城県登米地域の事例―… 157
　　はじめに　157
　　Ⅰ　宮城県登米地域における特別栽培米の展開　158
　　Ⅱ　宮城県南方町における有畜複合経営の展開　164
　　Ⅲ　宮城県登米地域における特別栽培米の成立条件　169
　　おわりに　178
第10章　水揚げ長期低迷下における三陸水産地域の動向 ……… 180
　　　　―震災復興をみすえて―
　　はじめに　180
　　Ⅰ　大震災被害の概況　181
　　Ⅱ　地域社会の縮小に直面する三陸水産地域の動向　183
　　Ⅲ　水産資源を生かした地域づくり　192
　　おわりに――復興への記憶として　201
第11章　山形県置賜紬産地の特徴と課題 ……………………………204
　　はじめに　204
　　Ⅰ　置賜紬の概要　205
　　Ⅱ　長井・白鷹産地の特徴と課題　207
　　Ⅲ　米沢産地の特徴と課題　210
　　Ⅳ　産地機関の活動の特徴と課題　215
　　おわりに　217
第12章　福島県郡山地域における電機産業の存立構造 ………… 219
　　はじめに　219

Ⅰ　統計からみた電機産業　221
　　　Ⅱ　福島県の電機産業　223
　　　Ⅲ　郡山地域の実態分析　228
　　　おわりに　238
第13章　東北地方の流通システムと東日本大震災 ……………… 241
　　　はじめに　241
　　　Ⅰ　東北地方における流通システムの再編成　242
　　　Ⅱ　卸売業界の再編成　247
　　　Ⅲ　小売業界の再編成　250
　　　Ⅳ　東日本大震災と東北地方の流通システム　254
第14章　奥州市における二つの商業地の変容 …………………… 260
　　　　　―水沢と江刺の事例―
　　　はじめに　260
　　　Ⅰ　奥州市の概要と歴史的経緯　261
　　　Ⅱ　水沢の商業地の変容　266
　　　Ⅲ　江刺区・中町商店街にみる蔵を活かしたまち並み整備　272
　　　おわりに　279
第15章　残存する大土地所有が地方都市の土地利用改変に及ぼす影響 … 281
　　　　　―山形県長井市の事例―
　　　Ⅰ　地方都市の構造変容に関わる問題点　281
　　　Ⅱ　長井市の現状　283
　　　Ⅲ　残存する大土地所有　290
　　　Ⅳ　土地利用者の意識　296
　　　Ⅴ　長井市における土地利用改変の類型化　301
第16章　山形県出身者におけるＵターン者と非Ｕターン者の意識構造 … 305
　　　はじめに　305
　　　Ⅰ　Ｕターン研究の流れ　306
　　　Ⅱ　調査の概要　307

Ⅲ　調査結果　309
　　　Ⅳ　Uターンを推進するためのニーズと課題　314
　　おわりに　319

第4部　総　括

第17章　経済地理学は地域をどう理解するのか ……………… 325
　　はじめに　325
　　　Ⅰ　重ねた分布図と地域性　325
　　　Ⅱ　産業配置と地域構造　328
　　　Ⅲ　国土政策と地域概念　331
　　　Ⅳ　経済地理学の再評価　333
　　　Ⅴ　地理の終焉を超えて　336
　　　Ⅵ　人間存在の地域を求めて　338

第1部 序 論

第1章 北東日本
―――その地域構造論的定位―――

はじめに―――北東日本というコンセプト

　「経済地理学会北東支部」が発足したのは2000年の6月であった。設立に大きな役割を果たした山川充夫氏の証言によると，北東支部という名称を採用するにあたって，「積極的には『21世紀の国土のグランドデザイン』の『北東国土軸』にあやかりたいこと，および『西南支部』に対抗してみようという意気込み」（『経済地理学会50年史』2003年，113頁）があったとされる。この序論では，12年間の支部活動を通じて得られた知見を踏まえて，北東日本が，日本経済の地域構造に占める位置を明らかにしてみたいと思う。

　北東日本というコンセプトが，いつの頃から使われるようになったかは定かでない。しかし，北海道と東北を一体視し「北東」とする表現は，1969年の「新全国総合開発計画（二全総）」に見出すことができる。二全総は，国土を，北東（北海道，東北，山梨，長野，北陸，鳥取および島根の1道14県）・中央（関東［うち山梨および長野を除く］，東海，近畿，山陽および福岡の1都2府18県）・西南（四国および九州［福岡を除く］10県）の3地帯に区分すると同時に，新ネットワークと称する高速交通・通信網の整備を通じて「東海道から山陽道にかけての中央地帯」に「偏在」している国土利用の姿を改編しようとした（12頁）。

　日本政策投資銀行が刊行している『地域ハンドブック』など，新潟を含む7県をもって東北としている例は少なからず存在するし，新潟県知事は後に見る

---

(1) 全総計画でいう東北には，青森・岩手・宮城・秋田・山形・福島の6県に加えて新潟県が含まれている。この点は，1962年の「全国総合開発計画（一全総）」から1998年の「21世紀の国土のグランドデザイン（GD）」まで変わっていない。こうした区分の淵源を尋ねていくと，米国軍政下における管轄区域としての東北が新潟県を含む形で設定されていた事実に行き着くようである（『北海道東北開発公庫30年史』1988年，57頁）。

とおり北海道東北地方知事会議のメンバーでもある。このような事情を考慮して，この序論では，新潟県を含めた7県をもって東北と呼ぶことにしたい。誤解をおそれて，あらかじめ一言しておく。

　北東日本の国土利用が低位に抑えられてきた事情を，二全総のプランナーは，「積雪寒冷地帯で，概して気象条件は不良で土地生産性がきわめて劣悪であるため」(『資料・新全国総合開発計画』至誠堂，1971年，20頁)と説明する。いわゆる環境決定論に与しようとは思わないが，歴史を遡るに従って，生態学的条件の規定力が強く大きく作用している事実そのものは否定できない。実際，この点を抜きにしては，現時点においてなお東京－札幌1000kmの国土利用が福岡―東京1000kmと比べて立ち後れている理由を説明することは困難だろう。

　この間の事情を，梅棹忠夫氏は『日本探検』(中央公論社，1960年)で，次のように鮮やかな筆致で説明している。

　　日本文明は，もともと〔北緯——引用者〕35度線の文明であるということができる。古代以来，日本の文明の中心的地域は，すべて，この線にそうてならんでいた。そこには，温暖で湿潤な，生産力に富んだうつくしい国土があった。それをたどって，日本文明は，北九州から，瀬戸内，近畿，東海，関東と，着々とその領域をひろげてきたのであった。もし日本列島が，更にその線の延長上に，太平洋にむかって，東にまっすぐのびていたとしたら，日本文明は，その坦々たるエコロジカル・ハイウェイをたどって，西から東へ，何のつまずきもなくのびひろがっていったにちがいない。しかし，じっさいは，日本列島は，関東からさきは，北へ折れまがっていたのである。そこには，より適応のむつかしい，未知の環境があった。そこでは，瀬戸内や畿内においてとおなじようなやり方では，生活を確立できないのである。日本の歴史において，東北は，ずっと後世まで，辺境であり，開拓前線としてのこる。

　　北海道は，その東北のそのまた北にあった。そこでは，環境はいっそうきびしく，いっそう異質である。その異質の環境のもと，あたらしい自然を開拓し，生活を確立すること。それは，日本文明における一つの壮大な実験であった。(147-148頁)

日本文明の北方展開が本格化するのは，かくして西欧化方式による日本の近代化が開始された明治期以降をまたねばならなかったのである。

　だが，ここに一つの「逆説」が存在した点を見逃してはならない。河西英通氏もいうように，その北方展開は，「東北を飛び越えて，北海道に直接的に及んだ」(『東北―つくられた異境』中公新書，2001年，189頁)のである。南下の隙をうかがう帝政ロシアへの危機感を抱く明治新政府が，開拓使を設置し積極的な経営に乗りだしたことで，北海道の開発は急ピッチで進んだ。

　政府の強力な後押しを受けて，明治初年には6万人にとどまった北海道の人口は，大正期になると35万人を数えるまでに増加した。東北の地位は，これとは裏腹に低下していく。1910年代に入ると，東北は「米を中心とする第一次産品と資本主義的労働市場および北海道拓殖への労働力供給基地として，他方では外米や肥料・軽工業の移入地として『国内植民地』的役割を果たしはじめた」(同上，191頁)のである。

　この点を象徴するのが，都市階層秩序における東北と北海道の位置関係の変化であった。明治初年の全国都市30傑には，仙台（9位）・秋田（19位）・弘前（22位）といった東北諸都市が含まれていたものの[2]，日清戦争の頃には仙台のみとなり，やがて大正時代に入ると仙台の人口は函館に凌駕されたばかりか，札幌や小樽にも追いつかれる。北東日本という存在を理解しようとするならば，こうした内部的な格差の存在という事情にも十分に配慮した上で，それでもなお両者を一括りにする意義を示すことが求められよう。

I　北東日本の現況

　先にも注意しておいたが，本章では，北海道と東北7県を一つに括り，これを北東日本と呼ぶ。まず最初に，その北東日本が，日本全体に占める位置を，主として対全国シェアに着目して確認しておくことにしよう。なお，以下に示す統計数値は，日本政策投資銀行地域振興部編『2011年度版 地域ハンドブック』（2011年4月）に依拠することとし，紙幅の関係から掲載頁のみを示すこと

---

[2]　順位は『日本地誌提要』（1874年）による。なお，30傑には，新潟（21位），箱館（28位），高田（29位）も含まれている。

にする。

　北東日本は，面積的に見ると北海道が8万3457km²，東北7県計（以下，本節では東北と略記）が7万9535km²で，あわせると国土総面積の43.1％を占める（1頁）。そこに居住する人口は，2009年度の数字を見ると，総人口の13.6％にあたる1732万人（北海道：552万1千人，東北：1180万8千人）であり，これからも知られるように人口密度は，東北で148人/km²，北海道になると66人/km²と，全国値の336人/km²よりも大幅に低い値となっている（1および3頁）。しかも少子高齢化の傾向が強く表れている地域でもあり，2005年の老年人口比率は，北海道21.4％，東北23.3％と，全国水準の20.1％を上回まわっている（16頁）。

　次に経済面に目を転じてみよう。まず就業者数から見ていくと，2005年で848万4千人（北海道：260万4千人，東北：588万人）で，国内の13.8％にあたる（21頁）。これに対して，2007年の県内総生産額（名目）は，60兆7380億円（北海道：18兆4580億円，東北：42兆2800億円）で，対全国シェアは11.6％となっている（26頁）。

　北東日本の経済的な位置づけを確認すべく，当該地域の移輸出向け産業（以下，基盤産業）を検討しておこう。消費の地域的なパターンは同質化する傾向にあるから，それぞれの地域内における特定産業のシェアを同産業の対全国シェアと比較することで各地域の基盤産業を明らかにすることができる。そこで，立地係数――（産業部門ごとに）全国でのシェア÷地域でのシェアを計算したもので，1よりも大きくなればなるほど当該地域が同部門に特化していることを示す――を就業者数，県内総生産額の各々について算出してみよう。[3]

　就業者数ベースでみた北東日本の立地係数は，第一次産業が北海道：1.60，東北：2.02，第二次産業が北海道：0.73，東北：1.05，第三次産業が北海道：1.06，東北：0.93であった。また，総生産額ベースの立地係数は，第一次産業が北海道：3.16，東北：2.35，第二次産業が北海道：0.65，東北：0.99，第三次産業が北海道：1.09，東北：0.98となっている。このことは，北東日本が，従来から指摘されるような日本の食料基地としての位置づけを与えられていること，また高速道路の開通などをテコとして東北が工業地方分散の受け皿となっ

---

[3] 立地係数の算出にあたっては，2010年の国勢調査結果が未公表であるため，就業者数ならびに県内総生産額ともに，比較の便を考慮して2005年の数値を用いた。

たのに対して，いまだ北海道は製造業を根付かせるのに十分な成功を収めていない現実を示すものといってよかろう。

　北海道の一人当たり県民所得（2007年）が240万8千円と全国水準の78.7％にとどまっているのに対して，東北は260万2千円（同85.1％）である点は，こうした落差を反映したものと考えられる。北海道の一人当たり行政投資額（2008年）は26万5千円（対全国比151.3％）と東北の22万5千円（同128.5％）よりも多い。だが，それでもなお製造業出荷額等（2008年）に見られる東北23兆5690億円（対全国比7.0％）と北海道5兆9170億円（同1.8％）の落差を埋めることはできないのである（49および84頁）。

　いま以上で紹介した諸項目の主だったものを，西南日本（経済地理学会西南支部編『西南日本の経済地域』ミネルヴァ書房，1995年にしたがって，中国5県・四国4県・九州7県に沖縄県を加えた17県とする）の値と比較してみよう。国土の43.1％を占める北東日本に対して西南日本の面積は9万5194km^2（25.2％）と狭いが，人口面では約1.5倍にあたる2628万9千人（20.7％）が居住しており，就業者数でも1240万4千人と北東日本を上回っている。また，県内総生産（名目）は，北東日本の60兆7380億円（11.6％）に対して西南日本は92兆770億円（17.7％）と，対全国シェアで6％もの差を示す。

　このような違いが出てくる理由を，基盤産業の面から検討していこう。就業者ベースで見た西南日本の立地係数は，第一次産業：1.61，第二次産業：0.91，第三次産業：1.00，また総生産額ベースのそれは第一次産業：1.73，第二次産

表1-1　2005年立地係数（上段：就業者数ベース，下段：総生産額ベース）

	第一次産業	第二次産業	第三次産業
北海道	1.60	0.73	1.06
	3.16	0.65	1.09
東　北	2.02	1.05	0.93
	2.25	0.79	0.98
北東日本	1.89	0.95	0.99
	2.06	0.88	1.02
西南日本	1.61	0.91	1.00
	1.73	0.96	1.00

業：0.96，第三次産業：1.00となっている。北東日本の立地係数は，就業者ベースで見ると第一次産業：1.89，第二次産業：0.95，第三次産業：0.97，総生産額ベースでは第一次産業：2.60，第二次産業：0.88，第三次産業：1.02であり，第一次産業を基盤産業としている点に変わりはない。

しかし，製造業の立地係数（総生産額ベース）に注目すれば，北東日本で1を超える数値を示すのは山形：1.11，福島：1.34，新潟：1.00の3県にとどまるのに対して，西南日本では岡山1.43，広島：1.18，山口：1.52，徳島：1.17，大分：1.21の5県となっている。のみならず，製造業の生産性に関する落差も無視できない。北東日本の場合は，福島県を唯一の例外として，就業者数ベースで見た立地係数の値が総生産額ベースのそれを下回っているのに対して，西南日本では逆に17県中9県で総生産額ベースの立地係数が就業者ベースのそれを上回っていることは，経済力の面における両者の落差を象徴するものといって良いだろう。

II　地域間関係の展開過程——インフラ整備との関連で

1　水上交通による物資輸送の時代：江戸期までの動き

ともに国土の周縁部に位置しておりながら，以上で見たとおり，北東日本と西南日本との間には，有意な経済力の落差が存在している。このような落差を生んだ事情を考えるにあたっては，先に見た「環境的異質性」も重要であるが，そこに居住する人間集団が自らの環境的条件を主体化すべく作りあげてきた物質的な装置群や，それを運用するための制度群にも目を向けなければならないであろう。とりわけ通信手段や交通手段に象徴されるインフラの整備事情は重要な意味を持つ。

インフラ整備の状況は，早くも律令国家の時代から大きく異なっていた。東海・東山・北陸・山陰・山陽・南海・西海の七道を基軸とする律令国家の駅路制度にあって最も重視されたのは首都「京」と太宰府を結ぶ山陽道であり，大陸との玄関口である太宰府から九州一円へと放射する西海道である。9世紀前半には，こうした陸路に瀬戸内海の航路も加わって，律令国家の交通システムは，西南日本を中心とした形で整備が進められていたのであった。

それに対して，北東日本のインフラ整備は，首都「京」から信濃・多賀城を経て志波城に至る東山道，磐田柵を経て秋田城に至る北陸道があったものの，両者を結ぶ道路は無かったため，ネットワーク性において西南日本よりも劣っていた点は否めない。北東日本のインフラにネットワーク性が備わるのは，17世紀に江戸幕府が成立し，脇街道が整備され，さらに西廻り・東廻り航路が発達を見た後のことだから，大きな時代的隔たりがあった。江戸期に，秋田・酒田・新潟など日本海沿岸の諸都市が，東北の米や蝦夷地の昆布・鰊といった物産を，江戸や大坂へ送る船便——これが鉄道以前の主要な運搬手段であった——の寄港地として発展したのは，こうしたインフラ整備によって，北東日本が全国的な流通ネットワークの中へと組みこまれた結果といえる。

2　鉄道輸送の時代：明治維新から高度成長期まで

　江戸期には，財政難に喘ぐ諸藩が，名産品・特産物といった「国産品」の振興に意を払った。その結果，江戸末期には全国各地で原料農産物や工産物が生産されていた。こうした事情は，明治初年においても維持されており，農商務省『府県物産表』(1874年)によれば，鉱工産物（全物産構成の35％に相当）のうち近畿が8.3％，また関東が5.9％と他より高い値を示してはいるものの，東北（2.8％）を始め多くの地域——開拓が始まったばかりの北海道は除く——が各々2〜3％台の鉱工産物生産を行っていたのである。しかしながら，日清戦争期から日露戦争期にかけて進行した産業革命の過程で，こうした鉱工産物生産の均等的ともいうべき分布状態は大きな変貌をとげていく。

　石井寛治氏も指摘するとおり，日露戦争後には「近畿・北九州・南関東および東海地域という，のちの四大工業地帯を含む地域が，全国的な鉱工業の中心地としての姿をはっきり現してきたのである」(佐伯尚美・小宮隆太郎編『日本の土地問題』東京大学出版会，1972年，354頁)。急増した工業労働者の局地的な集中は，食糧需要を一挙に増大させ，1897年以降になると，かつて米穀の輸出国であった日本は恒常的な輸入国へと転じた。そのような状況下で，東北（さらにまた裏日本の諸県）は，発展する都市商工業を支える労働力の供給源としてばかりでなく，都市の食糧需要を充たすべく水稲単作地帯への転換を迫られ，さらには電力エネルギーの供給基地としての位置づけを与えられていくことに

なる。
　その重要な契機となったのが，日本鉄道会社による上野－青森間の鉄道建設（全通は1891年9月）に他ならない。岩本由輝氏によれば，これこそが「かつて陸奥と出羽，あわせて奥羽と呼ばれていた地域に，戊辰戦争の過程で藩閥政府が付した東北という呼称を実体的なものにし……東北地方が東京に対する食料および労働力の給源」（『東北開発120年』刀水書房，1994年，35頁）となるにあたっての前提条件だったのであり，その完成によって従来は北前船など日本海経由の船便で消費地へと運ばれていた米までもが，釜石の鉄や常磐炭田の石炭などの原料資源とあわせて鉄道で京浜工業地帯へと送られることになったのであった。1890年代末までに，ほぼ完成した本州北端から東京と大阪を経て九州北部に至る縦貫路線を含む鉄道ネットワークは，その沿線に位置する大半の都市に発展をもたらしたけれども，「東北および日本海側には，下降した都市が多かった」（谷内達「鉄道網の発達と都市システムの変容」田辺健一編『日本の都市システム』古今書院，1982年，73頁）のは，こうした事情によるものといえよう。
　国内交通体系の重心が，鉄道の発展で海から陸へと移行するにともない，外国貿易や長距離輸送へと海運の役割は転じていくが，そのために不可欠な新たな港湾整備は，後の太平洋ベルト地域と北海道において集中的な形で行われ，東北（そして裏日本）諸県は，いわばバイパスされた。その間に，「北海道10年計画」（1901年），「第1期拓殖計画」（1910年），「第2期拓殖計画」（1927年）などの実施を通じて，北海道の開発は移民と土地開発から積極的な農業開発，さらには工業開発へと重点を移行させていく。かくして，北海道は1920年に工業生産額が農業のそれを上回るところまで発展をとげる。この中心をなしたのは，道産の木材・農産物・水産物を主原料とする加工業であったが，本州の大手資本が経営する石炭の採掘や鉄鋼・製紙などの工場立地も進んで，道外への移輸出が大幅な伸長をとげる過程で，北海道は，東北および北陸の諸県から多数の労働力を吸収したのである（田中修『日本資本主義と北海道』北海道大学出版会，1986年）。
　「明治初期の北海道が植民地であったとすれば，東北地方は官軍による被占領地であった」事実に注意を促したのは伊藤善市氏である（同『都市化時代の開発政策〔増補版〕』春秋社，1971年，44頁）。実際，北海道の成長と東北の低迷

という対蹠性に，そうした事情が影響していることは否定できない。とはいえ，基本的な理由は，あくまでも日本経済の地域構造における両地域の位置づけ——一国の経済循環において各地域が担っている役割——から説明されなければならないであろう。

　先に，河西英通氏が，第二次世界大戦前の東北を，日本経済の求めた米と労働力の供給源であると同時に外米や工業製品の市場として位置づけていることを紹介したが，北海道もまた20世紀に入る頃には，拓殖事業に要する経費の全てを国庫が支弁するといった従来の方式から，拓殖予算の財源を「北海道内の歳入の自然増収分」で賄う「自賄主義」への転換が求められた（『北海道東北開発公庫30年史』1988年，11頁）。台湾，朝鮮，そして満州が日本の経済領域へと編入されるに従って，北海道もまた日本の経済循環に占める地位の低下を余儀なくされたのである。これまで移民の受け入れ地として位置づけられてきた北海道からも移民を供給すべく目論んだ1936年8月の「満州国開拓民100万人送出計画」（『北海道東北開発公庫20年史』1977年，22頁）は，その点を象徴する出来事といえよう。

　満州事変から足かけ15年にわたり日本が続けてきた対外戦争は，1945年8月15日に，敗戦という形で終結した。ポツダム宣言の受諾で，日本は海外に有していた全権益を喪失したが，これにともなって北東日本の存在は，敗戦後の緊急課題であった人口収容や食糧・資源確保を解決するための「切り札」としてクローズアップされる。北海道総合開発法の「国は，国民経済の復興及び人口問題の解決に寄与するため，北海道総合開発計画を樹立」（第二条）するという文言，そしてまた北海道東北開発公庫法の同「公庫は，北海道及び東北地方における産業の振興開発を促進し，国民経済の発展に寄与するため，長期の資金を供給する」（第一条）といった文言は，まさに当時の北東日本に対する社会的認識を集約的に表現したものといえるであろう。

　梅棹忠夫氏が「各国の開発法案で，開発対象地域の住民の福祉と利益に言及していないのは，世界中で，日本のこの法律ただ一つだ」（前掲書，185頁）と述べたように，北東日本が求められたのは，国民経済の復興への「寄与」であり，これに続く発展への「寄与」なのであった。自地域の開発は，あくまでも復興や発展の「手段」として認められたに過ぎないのだから，日本が経済復興

を終え,「国際収支の天井」に悩まされることがなくなるにつれて,北東日本への国民的期待が薄れていくのは避けられない。そして,こうした動きは,武山弘氏が「北海道における経済発展転型と産業機構」(『北海道商工経済研究』第6号,1968年)で立地係数分析を用いつつ鮮やかに示したとおり,1950年代に始まる「エネルギー革命」——その基礎には欧米からの新技術導入や貿易自由化があった——で経済面での重要な基礎であった石炭が資源失格を宣告され,そしてまた太平洋ベルト地域における「スケール・メリット」の本格的な始動に挟撃される形で,北東日本の「寄与」度が大幅にダウンした結果,一段と加速化されていくことになる。

北東日本にとって,1960年代の高度成長期は,まさに「長く暗いトンネル」であった。高度成長を牽引した鉄鋼や石油化学に代表される素材産業は,戦前には考えられなかったほどの低価格で,かつ安定的に入手できる輸入原料の存在を大前提として成り立つものであったから,その立地が,大型化の進んだタンカーや鉄鉱石専用船の停泊可能な優良港湾へ,それも太平洋岸に集中したことは,必然的な傾向といわざるを得ない。「国民所得倍増計画」(1960年)が打ち出した「太平洋ベルト」構想は,そうした現実の動きを「定式化」したものだったのである。

3　高速道路とインターネットの時代へ:高度成長末期からの動き

しかし,北海道,東北,裏日本(中部)など「太平洋ベルト」以外の諸地域にしてみれば,これは絶対に認めることのできない「暴論」であった。かくして,「太平洋ベルト」から外れた地域の自治体は,地元選出国会議員やマスコミ各社を総動員して猛烈な反対運動を展開し,ついに政府をして「速やかに国土総合開発計画を策定」する旨の言質をとりつけたのである。こうして,五次にわたって策定・実施されてきた全総計画がスタートすることになった。

拠点開発を柱とする一全総(1962年),既述のとおり新ネットワークの整備を基礎としてポスト明治百年のインフラ整備を目指した二全総(1969年)の下で,「国土の均衡ある発展」に向けた政策的努力が進められていく。しかしながら,猛烈な反対運動によって全総計画を引き出した非ベルト地域に成長の波が及ぶようになったのは,1960年代も終わろうとする頃であった。日本経済の

主導産業は，次第に鉄鋼や石油化学産業が提供する高品位の素材を活用した機械工業などの加工組立型産業へと移行し，これにともなって産業界は，労働力の不足という問題に直面することになったからである。

当時，農村部では，食管制度によって保護され，しかも農薬や小型機械の発達によって省力経営が可能となった米作へと生産を集中させることで労働力の余剰化が進行しつつあった。この余剰労働力を狙って，加工組立型工業の工場が地方展開を開始したのである。そうした動きが典型的にあらわれた地域が東北であった。

とりわけ，70年代前半に高速道路で首都圏とつながった南東北には，電気機械産業の立地が急ピッチで進んだ。その後「プラザ合意」以降の円高局面では，進出企業が撤退するケースも見られたが，90年代に入ると関東自動車岩手工場を始め自動車関連産業が進出し，中部そして九州に続く「国内第3の拠点づくり」に向けた新たな動きも出ている。また，岩手大学のINS（岩手ネットワークシステム）のような産官学民コミュニティを軸とする地域産業振興や山形大学工学部を中核とする有機EL技術の研究開発など社会的な注目を集めている試みも少なくない。[4]

このように高速道路の開通を契機として立地分散の波をつかんだ東北とは裏腹に北海道の工業振興は思うように進んでいないのが実情である。高度成長の末期に，北海道は，工業化の遅れを取り戻す起死回生のチャンスとして，苫小牧東部工業基地の建設に期待をかけた。しかし，1万ha超の開発地域面積は，いすず自動車（株）のエンジン生産工場（取得面積148ha）が1984年に操業を開始したのに続きトヨタ系のダイナックスやアイシン精機の進出があり，また80年代に北海道電力の発電所（取得面積59ha），国や民間の石油備蓄基地（取得面積409ha），コールセンター（取得面積28ha）といったエネルギー関係施設が立地したものの，いまだに空地が目立つ。

一人当たり県民所得の水準は，久しく北海道が東北を上回っていた。こうした状態は，石油危機の発生によって低成長局面へと突入した1975年でも全国を100とした指数で見ると北海道の95に対して東北（7県）は84と変わってい

---

(4) INSなど産学官コミュニティの動向と地域産業振興における役割については，関西ネットワークシステム編『産学官民連携の地域力』（学芸出版社，2011年）を参照されたい。

なかったが，以上のような変化を媒介として次第に東北は所得水準を上昇させ，90年時点では東北が81と北海道の85に肉迫し，最新のデータである2007年の数値では，北海道の79に対して東北が85と逆転するまでになっている。安東誠一氏は，こうした状況を「発展なき成長」（同『地方の経済学』日本経済新聞社，1986年）と規定し，そこからの脱却が新たな課題として浮上してくることを強調したが，その点を次に考察したみたい。

Ⅲ　「地域主権」時代の北東日本

　日本経済は，いま大きな変化の時代を迎えている。そういうと誰しもが思い浮かべるのは，この間，世界を席巻している経済活動のグローバル化であり，いわゆる市場原理主義の動向であろう。しかし，問題は，これにとどまるものではない。

　グローバル経済化の陰に隠れて見逃されがちではあるが，サービス経済化の進展もまた今後の地方経済を考える上では重要な意味を持っているし，これに加えて急速に進む人口減少の社会的インパクトも忘れてはならないであろう。そうした中で注目されるのが，近代という時代の大枠をなしてきた国民国家の今後である。かつて，ダニエル・ベルは「国民国家という形態は，大きな生活問題を解決するには小さすぎ，小さな問題を解決するには大きすぎる」（同『20世紀文明の散歩道』ダイヤモンド社，1990年，447頁）と指摘したが，いまや国民国家という形態を以てしては解決が困難となった問題群が，世界に充ち満ちていることは誰の目にも否定できまい。

　地方が直面している苦境も，その一つに数えることができよう。安東誠一氏の卓抜な比喩——「地域にとってのボーダーレス化とは，地域を国境で保護してくれた『擁壁』と地域の可能性を国境でせき止めてきた『障壁』の双方がともに低くなることを意味している」（同『地域経済改革の視点』中央経済社，1991年，26頁）——を借りるならば，構造的な財政赤字によって所得再分配機能が持続不可能となり，またグローバルな企業活動の活発化にともなって関税を始めとする国境調整の諸制度も効力の大幅なダウンを余儀なくされた結果，これまで中央政府が担っていた地方に対する「擁壁」機能は低下した。地方分権を

めぐる議論が，1980年代の後半から活発化したのは，そうした現実を反映したものといえよう。

2006年12月の「地方分権改革推進法」制定もあって，いまや地方分権化は後戻りのできない流れとなった。そうした状況をとらえて，この機会に「地域主権」を確立しようとする動きも出ている。その場合に問題となるのは，いうところの「地域主権」の単位として，いかなるスケール，どれくらいの規模を考えるかであろう。

もちろん，「地域主権」の単位といっても，それが一層である必然性はない。先に見たベルの警句からも知られるように，問題状況に応じた重層的な構成と展開が求められるのは当然であろう。ただし，人口減少が続く中で，グローバル経済化とサービス経済化が同時進行するという現実を念頭に置けば，「地域主権」の単位が一定の条件を備えていなければならないことも明らかである。

すなわち，グローバル競争に対応可能なイノベーション能力を支える多様性を域内に備え，その多様性を担う人材を引きつけるだけのサービス集積が可能な市場規模を有するのでなければ，「地域主権」を具体化することはできないであろう。しかも，それを人口減少の進行という現実の中で逆行しなければならないことを考えると，その単位は自ずから都道府県を超えた広域圏とならざるを得ない。そこで，以下では，「地域主権」の単位という視点から北東日本を位置づけ，その可能性を検討してみたい。

国土形成計画の制定（2008年）以降，広域地方計画への関心が高まりを見せ，その過程で広域圏の実力を他の国や地域との比較を通じて明らかにしようという試みが各所でなされている。以下では，その一つである日本政策投資銀行他の『データでみる地域経済のポイント2010』に依拠しつつ北東日本の経済力を世界的な広がりの中で検討してみたい。同書には各都道府県ごとに「【GRP】経済規模の国際比較」が掲げられているが，これを整理して上位30位までを示したのが表1-2である。

表1-2からも明らかなように，2006年時点における北東日本の名目GRPは，ほぼトルコと同規模の61.4兆円であった。61.4兆円のうち，北海道が3割相当の18.9兆円（図表には掲載されていないがコロンビアと同規模で39位）を，残りが東北で台湾と同規模の42.5兆円となっている。先に比較検討の対象とした西南

表1-2　名目GDPの国別ランキングで見る北東日本の位置づけ

順位	国・地域	名目GDP（兆円）	人口（百万人）	一人当たり名目GDP（万円）
1	米　　　　国	1559.5	298.7	522
2	日　　　　本	507.8	127.7	397
3	ド　イ　ツ	339.8	82.3	413
4	中華人民共和国	309.3	1,314.5	24
5	英　　　　国	284.3	60.6	469
6	フ　ラ　ン　ス	264.2	61.6	429
7	イ　タ　リ　ア	217.1	58.4	371
	関東・甲信越	202.4	44.7	453
8	カ　ナ　ダ	148.7	32.5	457
9	ス　ペ　イ　ン	143.8	44.1	326
10	ブ　ラ　ジ　ル	126.8	185.6	68
11	ロ　シ　ア	115.2	142.8	81
12	メ　キ　シ　コ	110.8	104.9	106
13	韓　　　　国	110.8	48.3	229
14	イ　ン　ド	101.9	1,152.0	9
	東　京　都	92.3	12.7	729
	西　南　日　本	91.8	26.5	346
15	オーストラリア	87.9	20.9	421
	関　　　　西	82.0	20.9	393
16	オ　ラ　ン　ダ	78.9	16.3	483
	東　　　　海	68.9	15.1	457
17	ト　ル　コ	61.6	68.1	90
	北　東　日　本	61.4	17.6	348
18	ベ　ル　ギ　ー	46.6	10.6	440
19	スウェーデン	45.8	9.1	504
20	ス　イ　ス	45.5	7.3	625
	九　　　　州	44.3	13.3	332
21	台　　　　湾	42.6	22.9	186
	東北（含む新潟）	42.5	12.0	355
22	インドネシア	42.4	222.7	19
23	サウジアラビア	41.5	23.7	175
24	ポ　ー　ラ　ン　ド	39.8	38.1	104
25	ノ　ル　ウ　ェ　ー	39.2	4.7	839
	大　阪　府	38.6	8.8	440
26	オーストリア	37.4	8.3	453
	愛　知　県	36.5	7.3	500
27	デ　ン　マ　ー　ク	31.9	5.4	587
	神　奈　川　県	31.8	8.8	360
28	ギ　リ　シ　ア	31.2	11.1	281
	中　　　　国	30.1	7.7	393
29	南　ア　フ　リ　カ	30.0	47.4	63
30	イ　ラ　ン	25.9	70.5	37

日本の経済規模が，東京都（92.3兆円）とオーストラリア（87.9兆円）の中間に位置する91.8兆円だから，北東日本の経済力は，かなり大きいといえよう。

　もちろん，これだけの比較で「地域主権」の単位として適切であるかどうかを判断するわけにはいかないが，グローバル競争の場面で，競争不能な経済規模でないことは確認できたはずである。また，サービス経済化の進展にともなって高度化し多様化する消費者のニーズに対応可能な経済規模も，ひとまず確保されているということができよう。ただし問題はある。

　北東日本における人口減少のペースが，全国平均を大きく上まわっている点にはとりわけ注意が求められよう。人口減少が続けば，市場規模は縮小をまぬがれないから，地域間や都市間の連携強化はもちろん，居住パターンの集約化やインフラの効率的な利用に向けての工夫を進め，これを積極的に具体化していくことが求められているのである。「地域主権」の受け皿たりうる経済的規模を備えている北東日本ではあるが，それを活かすためには，さらなる一体化に向けた努力を積み重ねていかねばならないといえよう。

おわりに——北東国土軸の必然性

　2011年11月に開催された北海道東北地方知事会議（メンバーは北海道と東北6県に新潟県の9知事）は，宮城県の村井嘉浩知事が提案した「広域連携等に関するする検討会議」の発足を了承した。これは，大阪府など2府6県による「関西広域連合」の発足（2010年12月）といった動きを受けて，国からの権限移譲促進に向けた「受け皿づくり」を事務レベルで検討するものといわれる[5]。それが提案者の村井知事が考えるような「広域連合」設立への第一歩となるかについては，構成メンバーの間でも見解が分かれているようだが，あらためて北東日本という枠組みの存在を問う契機となるであろうことは間違いない。

　とりわけ，東日本大震災の発生は，北東日本という枠組みを，これまでとは異なった次元において意識させているように思われる。大震災以降，さまざま

---

[5]　「北海道新聞」2010年11月19日付。なお同紙2012年1月8日付「北海道・東北考6」によれば，北海道東北知事会は，東日本大震災の発生によって中断していた同会議を3月末を目途に再会するとのことである。

な論者が，あらためて「一極一軸集中型国土構造」の転換を主張しているが，首都機能等の移転先として北東日本への注目が高まってきたのは，その具体的な表現といってよかろう。震災直後の3月23日付け「読売新聞」紙上で，山崎正和氏が「日本経済の主軸を太平洋側から日本海側に移すという大事業」の推進を提起し，また5月末には西川一誠福井県知事も「太平洋側と日本海側の2本の国土軸が不可欠」(「北海道新聞」6月11日付け夕刊）と主張したのは，その一例である。

これらの複軸化論は，日本列島が，これまでの地震活動静穏期から一転して石橋克彦氏のいう『大地動乱の時代』(岩波新書，1994年）を迎えていることを考えれば，まさに重要な指摘といえよう。ただ，逼迫した財政事情のみならず日本経済を取り巻く厳しい国際環境を考慮すれば，複軸化を早期に実現することは極めて難しい点も否定できない。いま求められているのは，着実な復旧の遂行を積み重ねることが復興への道程となるようなビジョンを明確にしていくことだとすれば，そのために考慮すべきは，四全総の時点で提起されていた地域連携軸を先行的に整備し，余力が生まれたら地域軸の結合を図ることで国土軸へ展開させるとした矢田俊文氏の発想であろう。

矢田氏によれば，北東日本——以下では北海道東北地方知事会議メンバーである8道県を念頭に置く——には，地域軸への展開が期待される「連合都市圏」として，①札幌・苫小牧・千歳都市圏（1990年ベースの連合都市圏人口251万人），②青森・弘前都市圏（同66万人），③仙台・山形都市圏（同206万人），④山形・米沢都市圏（同67万人），⑤鶴岡・酒田都市圏（同33万人），⑥福島・郡山都市圏（同100万人），⑦新潟・長岡都市圏（同136万人）の7地域があって，この「道央軸〔旭川・札幌・函館——引用者〕と東東北軸〔盛岡・仙台・福島・郡山——引用者〕は，『北東国土軸』の重要部分であり，両者を結合すればそのまま国土軸となる可能性をもっている」（同編『地域軸の理論と政策』大明堂，1996年，172頁）とされる。

直面する困難な経済事情を考えれば，既存インフラの活用を徹底化することで復興への所要時間を短縮すると同時に，可能な範囲で出費を抑制し，増税はもちろん，公債発行についても最小限にとどめねばならない。また，これまで環境保全や資源有効利用といった役割を御都合主義的に取り込むことで真剣な

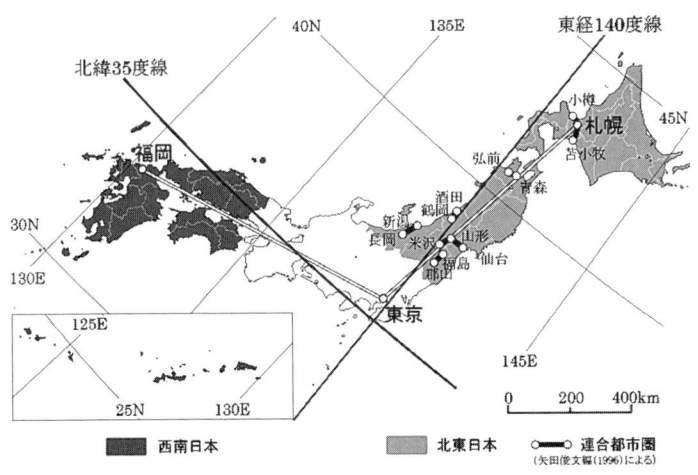

図1-1　北東日本の地域構造論的定位

議論が回避されてきた感の強かった人口減少社会における「多自然居住」のあり方についても，東北の農林漁業，すなわち農村・漁村・山村の復興方向についての議論を通じて，国民的なコンセンサスを確立しなければならないであろう。さらに，低密度社会の到来という「逆風」の下で，どのようにすればサービスに対する消費者ニーズの高度化・個性化（多様化）への対応方策を構想しうるかに関しても具体的な方向を見定めることが求められる。

　日本社会が重大な転換期に遭遇していることは，かねてから，そして実に多くの論者によって，多様な角度から語られてきたが，具体的な対応という面に関していえば，ほとんど進んでいない。そうした状況下で発生した今回の東日本大震災は，いわば諸言説の底を割る形で，転換期の本質を「透明かつ直接的に」示す役割を果たした。いうところの転換期とは，自然史的に捉えるならば「大地動乱の時代」への突入であり，文明史的な観点からすれば「リスク社会」の到来に他ならず，そのいずれにおいても「復元力」が時代を読み解くキーワードとして浮上してきたことを鮮烈に印象づけたのが3.11の意義なのである。

　「東北の復興」を，単に東北地域の復興として進めたのでは，直面している転換期を乗り切ることは不可能といって良い。「大地動乱」の時代ならびに「リスク社会」への対応能力を高めるべく「東北の復興」を定位することは，

日本社会を衰弱させ消滅へと追い込みつつある流れを食い止めるためにも不可避の方向性といえよう。すなわち，図1-1にも示したように，2000年超にわたる北緯35度線への偏倚的展開——これを「N型」の文明展開と呼ぼう——からくる「復元力」の弱化を，いまこそ東経140度線への新展開によるバックアップ体制の構築をもって補完する——「E型」の文明展開と呼ぼう——「手術」Operationを遂行し，それを通じたNEO日本の構築を図らねばならないのであって，ここにこそ北東日本の果たすべき役割は存在しているのである。

(加藤和暢)

第2部 北海道

第2章　北海道型産業・ビジネスモデルの構築にむけて

はじめに

　高度成長期以降，産業構造調整に苦しんでいたバブル経済期を含め，2003-2006年にわたる長期の好景気においても，北海道経済に輝かしい未来が予感できた時期はほとんどなかったと言ってよい。右上がりの成長曲線を描いている時代には見られなかった個別組織や個別の業界の利害が政治・行政と複雑に絡み合い，結果として方向性の定まらないままで推移しているように見える。

　しかし，北海道は各種の豊かさ指標では国内でもトップクラスの高さを誇っているのも事実である。様々な調査によると，「食べる」「癒す」「遊ぶ」のイメージが高く，地元への愛着度も沖縄に続き，魅力度も1位である。また，札幌の都市評価も常にトップであり，終のすみかとしての希望も突出している。

　このように，豊かさや住みやすさの指標において高い数値を示しているにもかかわらず，雇用，収入，産業（企業）の成長になると一転する。かつて基盤産業であった石炭鉱業の終焉以来，北海道経済には基盤産業と認められる産業は不在のままであった。したがって，戦後北海道における産業政策も新たな基盤産業の構築に力を集中しようとしてきた。確かに，地域経済が存立し成長するには，当該地域に基盤産業が存在することが不可欠である。しかしそれは単一の垂直的組織によって統合された大企業の工場立地でイメージされる基盤産業でなければならないわけではない。ところがこのような基盤産業を構築しようとして行ってきた政策や試みはタイミングの悪さや政治に振り回されることによってことごとく失敗してきた。こうしたイメージによる戦略産業創出の発想を転換し，一方では特定の戦略産業に政策の的を絞ると同時に，他方では，戦略産業創出のシステム形成に力点を置くことが重要であろう。そうしたシステムとは，互いに取引を行う関連するビジネスが一定空間に集積し，大企業の

工場集積効果に比する効果を生み出すことである。つまり取引におけるネットワーク空間を形成することである。そして，それぞれの異なる経済主体の関係性の中からイノベーションを生み出し，地域経済の競争優位性をつくり上げることである。

本稿では，こうしたシステムが形成されなかった歴史的経過とその要因を振り返りながら，新しい時代に対応した北海道型ビジネスモデルとも言えるシステムを提起し，それを他地域に先駆けて実践することの意義を述べていくことにしよう。

I 北海道の特性

1 植民地型経済——資源開発と財閥支配

北海道経済の特性の第1は，経済構造構築の出発点が植民地経済であったことである。植民地はその本国の経済構造にあわせて開発される地域を指すのだが，それは本国の生産に役に立つ限りで当地の原料資源を採掘して本国に送り，逆に本国で生産された製品の排他的市場とすることを意味している。北海道の資源優位性は石炭，木材，水産物そして一部の農産物であった。特に，殖産興業を目指す明治政府にとって北海道は，ロシアの南下に備える軍事的意味と同時に，明治初期に豊富な存在が確認されていた石炭は重要な意味をもつものであった。この時期の北海道の人口は，1869年に約5.8万人（うちアイヌが約1万人）であった。

戦前の産業の担い手は，一方は開拓農民や漁民であったが，内地の経済に大きな影響をもつ産業においては財閥がそれを担った。財閥のうち三井財閥系は道内の石炭生産額の66.1%，三菱財閥系は18.4%を押さえ，住友財閥は遅れて炭鉱経営に進出したが，中でも林業には大きな投資を行った。北海道においては特に三井財閥が圧倒的な力をもった。数多くの炭鉱経営に加えて北海道炭礦汽船を傘下に収め，王子製紙，日本製粉，森永製菓など多様な業態において支配権を掌握した。この三井財閥の一つの特徴は短期利益集中型経営であるが，そのことが，地域に腰を据え技術を継承させながら展開されるビジネスが北海道で発達しなかった理由の一つであり，後の北海道産業の底の薄さを規定した[1]。

また，石炭・鉄鋼・パルプ・農産原料加工など素材型産業が多く，したがって，機械組立工業とは異なって，地域に幅広い産業の裾野を形成することにつながらなかった。近代以前から継承される伝統産業が不在であったのみならず，北海道で伝統的な産業集積が形成されなかったのはこうした歴史的要因があったからである。

　地域に産業が根付かなかったのは，産業の経営主体のみならず労働主体の側にも要因があった。戦前北海道に移住した人々は，内地での生活から脱出したいわば「一旗組」が大半を占めていた。彼らの多くは内地の故郷に思いを寄せながら寒冷地のパイオニア労働に従事しており，内地での地域に根ざした労働・生活スタイルとは異にしていた。現在でも，道民同士で出自を尋ねられると，先祖は「北陸の〇〇県」とか「東北の△△県」という答え方をする場合が少なくない。

2　中央直轄・主導型の政治と経済

　北海道経済の特性の第2は，中央政府に依存する構造が他地域に比べて顕著であることである。

　(1) **戦前の直轄時代**　明治以降太平洋戦争終結に至るまで，北海道は中央政府の直轄地（正確には1947年）であった。1871年（明治4）明治政府は本府を札幌に定め，開拓使10年計画を立案し，当時の国庫支出の1年分に相当する1000万円（10年間）の予算を投じて官営工場，交通網整備，屯田兵制度，札幌農学校などをつくった。しかし，国と北海道の一元的な統一機構による開発は1886年（明治19）の北海道庁設置から始まっている。この時期以降，北海道10年計画，第一期拓殖計画，第二期拓殖計画が国直轄の開発事業として進められていく。官営工場の払い下げが急速に進んでいったのも，こうした開発計画と密接に関連していた。

　開発事業の8割が国費の事業であったが，中央では内務省が事業の権限を握り，現地では北海道庁が国の機関として事業を実施した。北海道庁はこうしてインフラの整備を国直轄事業として進めると同時に，他方では「上」からの産

---

(1)　板橋守邦『屈折した北海道の工業開発』北海道新聞社，1992年。

業資本創出策として内地資本を北海道に流入させる役割をもった。内地資本を呼び込むために様々な保護・助成政策をも採用し，いわば「上からの」資本誘導策を採用した。この時期に至って開拓政策も，人を植民させる政策から資本を導入する政策へと移った。民間資本蓄積のほとんどなかった北海道に大資本が流入したことが，これ以降の地域内発的発展をみなかった，つまり中央政府「依存型」経済構造の歴史的根源はこの時期から形成されたといってよい。

　後発国が近代的経済システムを導入するにあたって，先進国からの外資導入という政策手段を採用するのが最も一般的であることは歴史の示すとおりであるが，北海道の場合，こうした流入する資本と結びついた産業が紡績業や織物業ではなかったことが特徴である。

　通説によると[2]，日露戦争後には，一方では財閥が掌握した石炭，製紙，金属，一部の食品における近代的工業がそびえ立ち，他方では食品加工，煉瓦，漁網，製材，マッチ軸製造などの中小零細資本が対置する構造が形成された。しかも両者は取引などを通じる産業連関を欠いていた。財閥系の近代工業は東京の財閥本社を通した取引を中心としており，地域との関わりは資源・エネルギーの獲得におかれていた。特に三井財閥はそうしたビジネスシステムを特徴として[3]いた。そして昭和に入ると，まだ開拓が未成熟なままの北海道への移住に代わって，旧満州開拓が優先されることになった。

　以上のように，北海道の経済は，産業分野にせよ産業構造にせよ産業の主体にせよ，地域経済の内包的発展とは異なる道を歴史的には歩んできたのである。もちろん，北海道内から産業の芽を作りあげていく実践が全く皆無であったわけではない。明治の農商務省官僚であった前田正名[4]は地方産業の振興方法をめぐって松方正義と対立後，下野して全国を行脚し，地方産業振興と近代化に力を尽くした。彼は後に北海道・釧路に製紙会社（前田製紙合資会社）を興すなど道東地域の経済発展に尽力し[5]，道内からの経済発展路線を試みたところから「地域からの経済発展」つまり内発的地域経済発展の北海道におけるパイオニ

---

(2) 地方史研究協議会編『日本産業史大系 2　北海道地方編』東京大学出版会，1960年，99－100頁。
(3) 板橋，同上書，188－191頁。
(4) http://www.episode.kingendaikeizu.net/48.htm
(5) 釧路製紙工業研究会『釧路の製紙　上』釧路市，1987年，59—66頁。

アという評価もある。しかし，こうした実践も一人の力では無理であって，北海道経済は資源・エネルギー分野を中心に財閥の資本蓄積を柱に展開されたのである。

(2) **戦後の中央主導の開発政策時代**　敗戦後の混乱の中から経済復興と国民生活の安定が求められたが，その時北海道が注目された理由は，第一に国内資源の開発―緊急の石炭採掘―，第二に食糧供給，第三が人口問題の解決―海外からの引き揚げ者の居住―であった。1947年に内務省が廃止され，戦後憲法体制の下で北海道庁は地方自治体となり，同年，公選によって新北海道知事が生まれた。この公選知事の下で北海道総合開発計画書が立案され，地域と地域経済の再建が進むように見えた。北海道でははじめての地域からの計画として重要な意義をもつものであったが，しかし，それは日の目を見ないまま大きく軌道修正されていくことになった。

　しかし，国民国家として北海道開発の必要性は高く，国の開発行政機構の設置が求められていた。当初は北海道だけに国の特別な制度をつくることに反対していたGHQも，冷戦が始まっていた情勢を踏まえ，あえて強くは反対しなかった。いずれにせよ，1950年4月「国民経済復興及び人口問題の解決に寄与する」（北海道開発法第2条）目的をもって北海道開発法が成立し，6月には北海道開発庁が発足した。但し，事業実施は農林省（拓殖事業），運輸省（港湾事業），建設省（土木事業）それぞれ各省の権限で実施し，現地の業務は北海道庁が担い，開発庁は企画調整官庁にとどまることになった。

　しかし，国の事業でありながら自治体の長たる北海道知事が執行するという変則的な事態となっていたため，その地方支分局として北海道開発局が1951年6月に設置された。これについて，北海道の北海道総合開発委員会は反対決議をあげ，全国知事会も慎重を求める声をあげたが，結局，地方の声は無視されてしまった。こうして北海道事業費のうちほとんどを占める国の直轄事業は北海道開発局が実施することとなり，ここにおいて，北海道開発は自治体ではなく中央政府が主導する事業として行われることになった。この体制には北海道開発に関わる次の2つの特殊性が含まれている。1つは「予算の一括計上」で

---

(6)　祖田修『地方産業の思想と運動』ミネルヴァ書房，1980年。
(7)　山崎幹根『国土開発の時代』東京大学出版会，2006年，第1章。

ある。開発計画の総合性を目的としたもので，農林省，運輸省，建設省にまたがる公共事業予算などを，計画した北海道開発庁が大蔵省に要求するという他の省庁にはあり得ない権限のことである。もう1つは「北海道特例」と言われるもので，他府県の同種の公共事業への補助率よりも高率を設定している特例である。特に後者はかさ上げされた金額も多額に上ることから，長年にわたって政・官・財のある種の利益共同体が形成され現在までその体制が続いているため，それを解きほぐすのは並大抵ではない。

　国の組織としての開発庁—開発局体制の成立時には北海道庁と対立した経過については述べたが，その後，北海道知事の交代に伴い開発局と道庁が緊密度を増していくことによってこの体制は定着していく[8]。そしてそれは北海道及びその経済が中央政府依存構造に組み込まれていく過程でもあった。三全総の閣議決定を受け，1978年に開発庁は「新北海道総合開発計画」を公表し，道は北海道では地元発の初めての地域開発計画である「北海道発展計画」(1978-1987) を公表し，前者が施設整備などハード面，後者が住民生活にかかわるソフト面を強調して両者は補足し合う関係にあり，実質的には一枚岩的な国—地方の開発体制が進んだ。

　しかし同時にそのことは，ポスト高度成長の北海道開発の目的の喪失と関連して，地方（自治体）主体の開発という現在の流れに遅れをとることになった。同時に二重行政との批判が強められることをも意味した。開発庁—開発局体制へ批判が顕在化していくのも，公共事業の構造的減少とともに苫東開発からリゾート開発の失敗に至る過程の中である。しかし，道庁と開発局が協調して開発計画を進めている中では，開発庁体制への批判が地方主権の立場からの批判になることはなかった。

　2001年に省庁再編成が行われ，開発庁は廃止となり，北海道開発局は国土交通省北海道局となった。一括計上権は国土交通省と農林水産省にまたがる公共事業のうち，北海道分を農水省と国土交通省北海道局が一括して財務省に要求し，認められると，農水省と国土交通省に移し替えることになったが，開発庁体制のやり方が基本的に継承されている。北海道特例についても継続されてい

---

(8) 山崎，前掲書，85-88頁。

る。この2つの北海道開発の特殊性は，道庁や道内経済界が「死守すべし」としているものである。

　開発庁―開発局体制を問い直す声は地域からではなく，行政改革の一環として上がってきた。すでに，高度成長時代に臨時行政調査会答申において，内閣府新設，北海道開発庁と経済企画庁の統合案も出たが実現せず，1983年に，第二次臨時行政調査会が北海道開発庁と国土庁の統合を答申したが，実現には至らなかった。2008年には国の「地方分権推進委員会」第二次勧告でははっきりと開発局の廃止を提起した。2009年には官製談合事件で元開発局長の逮捕―有罪確定となり，2010年にも開発局廃止構想も明記された。

　このように，北海道の開発・経済構造は開基以来，戦前は中央直轄，戦後は中央主導で行われてきた。戦前北海道は地方自治体ではなく国の組織であったが，戦後は地方自治体としての北海道となり，直轄事業以外の開発や外部経済は自治体の総合計画として行われることになったが，北海道だけは（1972年からは沖縄県も）国主導で行われ，しかも自治体が国と協調して行ってきた。そうであるから，この50年の間に財政や人的関係を通じて国主導の開発から実施の方法やノウハウを得てきたことは想像に難くない。研究者として北海道経済の発展政策に関わりをもってきた小林好宏氏も，道庁や経済界も，いずれ開発局は統合されるかもしれない（つまり，北海道開発は終わったという本音）が，それをできるだけ遅らせよう，ということではないかと述べている[9]。確かに小林氏が言うように，地域を愛するものとして，地域に打撃を与えかねない制度変更をなるべく遅らせようという気持ちは筆者も理解できないわけではない。しかし，それだけでは制度変更が行われた場合の混乱の方が大きいのではないか。筆者は経済的利害関係のない研究者こそが，制度変更による影響を極小にし，次の段階の発展戦略を論ずることが重要ではないかと考えるのである。

---

(9) 小林好宏・佐藤馨一『北海道開発の役割は終わったのか？』北海道建設新聞社，2008年，2―4頁。

II　国策と地域の利益のはざま

　北海道経済の第3の特性は，それぞれの時期の経済を規定する主要な政策がワンテンポ遅れて計画され実施されたり，成長の見通しのない産業をズルズルと引き延ばしたり，特に影響の強い規制がかけられたりした結果，当該産業を取り巻く環境が変化—タイミングのズレ—したため失敗に帰したものが多いことである。

1　構造調整産業の引き延ばし——代替えなき資源・エネルギー産業の衰退
(1) **国策としての石炭鉱業の崩壊**　石炭鉱業は国策と地域の利益の狭間に立ってきた産業の典型である。敗戦直後の石炭鉱業の混乱収束後，国策として1955年から計画的に合理化を進める方針が決まったが，その後の景気上昇により逆に増産が要請され，後に石炭鉱業壊滅の引き金になった北炭夕張新鉱を含む新規炭鉱の開発さえ進めた。

　しかし，1960年の三井・三池闘争で労働側の敗北後，人員整理，賃下げそして石炭輸入政策によって無理な出炭が強いられると同時に他方で閉山が進んだ。しかし他方では北炭夕張新鉱の開発とそれへの融資は行われた。1981年の北炭夕張新鉱のガス突出事故（93名死亡），三菱南夕張炭鉱のガス爆発事故（62名死亡）はそうした無理な出炭の帰結であった。この2つの大事故を契機に，全国的に急速に閉山が進む中で出された1987年の第8次石炭政策答申により三井砂川鉱，北炭真谷地鉱，三菱南夕張鉱などが閉山に追い込まれたが，大手石炭消費業界（具体的には新日鐵室蘭，北電苫小牧火力発電所）との話がついて，北海道からの石炭鉱業の全面撤退は避けられた。しかし，鉄鋼業界による石炭引取協力も1990年で終了し，1995年には北炭空知炭鉱が閉山し（会社更生法），最終的に北海道からそして日本から石炭鉱業が消滅したのは2002年の太平洋炭鉱の閉山によってである。エネルギーとしての石炭と石油が逆転してから40余年，夕張事故から20年後であった。

　石炭鉱業はエネルギー政策と結びついているが故に，政治・行政つまり国策に左右されざるを得ない。また，閉山を含む合理化も景気変動や石油のあり方

によって絶えず影響を受けてきた。最終的には，政治や経済界の駆け引きの結果できあがった最終答申による上からの指示によって方向は定まったが，最終の閉山まではそれから15年もかかった。それには，「石炭はまだ必要である」という声も無視し得ないが，構造調整に入った産業分野でそうした声が根強くあるのも北海道経済の特徴なのである。

(2) **地域建設業の縮小**　北海道の建設業の産業別従業者割合は2006年に9.3%（全国は7.1%）で全国平均より高く，経済活動別道内総生産に占める割合は8.3%（同6.3%）で製造業の割合9.0%，全国平均21.3%と比べて対称的な数値となっている。総固定資本形成の中で北海道は公的固定資本が4割近くを占めるが，全国平均は17%余りに過ぎず，建設工事費も全国が3分の1に対して北海道は民間より公共工事が多い。したがって，北海道の建設業は公共事業という政治と経済の狭間に依存し，国の政策に左右されやすい業態である。

高度成長とともに北海道の建設業も成長を遂げてきたが，その波に乗り遅れた地域は，第一次産業の相対的過剰人口を公共事業の拡大によって雇用と財政問題を「解決」してきた。その結果，建設業の就業人口比が3割を超える地域も珍しくなかった。1970年代後半には建設投資の右上がりの成長に転機が訪れ，1980年代後半のバブル経済期に再び増加し，バブル崩壊と同時に一挙に落ち込み，それへの対策として1990年代後半には工事額も増加した。しかし，公共事業を抑制する基調の経済政策が進む中で，北海道の建設業は新たな産業への転換の可能性もないままで辛うじて踏みとどまっているのが現状である。上述の数字では北海道と全国平均は大きな差があったが，2006年にはそれほど大きな差ではなくなっている。北海道の建設業の全国に占める割合が徐々に低下しているのである。前節で見た北海道開発局の開発予算は1997年には1兆円を超えていたが，現在は4400億円と半分以下に減少している。建設許可業者も最も多かった1999年の約2.6万社から2007年の約2.2万社に減少し，建設業従業者も約34万人から27万人へと減少している。ただ，建設投資額や開発事業費の減少に比べると従業者の減少の度合いが小さく，競争を伴いながら，少なくなっていく公共事業費を分け合っている姿が見えてくる。「公共事業は減少しても全くなくなるわけではない」「建設業がなくなると地域の経済は崩壊する」という声が聞こえてくるのも北海道経済の特徴である。

2　産業の構想・計画と実現のズレ

(1) **大規模開発の失敗**　苫小牧東部大規模工業開発（以後，苫東開発と略記）の失敗は，行き先の見えない北海道経済の現状を最も象徴している。苫東開発は，新全国総合開発計画（新全総）において交通通信ネットワークとともに主要プロジェクトである大規模工業基地建設（むつ小川原地域，志布志湾地域）の候補地の１つに位置づけられた。このプロジェクトはいわば国策として計画されたものであり，北海道開発局が主導して大規模工業基地開発基本計画を策定し（1971年），翌年，苫小牧東部開発株式会社（苫東開発会社と略記）がつくられ，当時の花形産業であった重化学工業の誘致活動を始めた。

北海道にとって，工業化は長年の夢であった。そこに降ってきたこの大規模工業基地（案）は千載一遇のチャンスであった。開発局を始め道内経済界あげてこのプロジェクトに力を注いだ。しかし翌年起こった第一次オイルショックを契機に重化学工業―素材型産業は構造不況に陥り，他の要因も絡んで，新全総自体の見直しをせざるを得なくなった。工業用地整備段階から１万haもの苫東地域への工場立地は難しいと言われていたが，この事態により工場立地はほとんど進まなかった。用地販売を目的としていた苫東開発会社の経営は圧迫され，1999年経営破綻に陥り，負債1400億円を残して解散に至った。１万haの土地のうち分譲されたのは800haに過ぎず，借入金は1800億円に上った。この会社の破綻の直接の原因は，開発資金における有利子借入金による債務超過に陥ったことであるが，官・民のもたれ合い即ち責任を負わない戦略なき工業開発であったと言えよう。

2000年に苫東開発会社は多くの関係団体等の犠牲の末，㈱苫東となった。土地の分譲価格見直しや土地のリース制を取り入れたりした結果，2007年にアイシン精機子会社が立地するなどの動きはあったが，自動車関連企業は苫小牧西部工業基地（トヨタ自動車北海道など）や隣接する千歳市の工業団地（デンソーの子会社など）に分散して立地している。したがって，この地域が自動車関連産業の集積地になり得るとは考えにくいし，現在に至っても，工場用地面積に対する分譲済面積は18.6%に留まったままである。

もともと苫東開発は一全総における重化学工業の立地に遅れて計画されたものであり，オイルショックの時期に重なった「運の悪さ」があるのも事実であ

る。しかし,「遅れ」の代償がなんと大きかったことか。こうした遅れは企業誘致で挽回できるとは考えにくいし,地域に根ざした工業展開ではないため植民地型工業展開になってしまった可能性も高い。

(2) ストップした工場誘致の波　1 国内の発展途上地域が経済発展のためにとる政策手段の一つが地域外からの企業誘致である。北海道でも企業誘致政策を柱の一つに据えてきた。筆者はかつて,東京一極集中が進む中,1980年代に焦点を当て,事業所とりわけ製造業工場立地の空間的拡大を実証的に論じたことがある。それによると,1980年代には東京圏の外延的拡大が進んだ結果,事業所活動で見る限り,東京圏が関東北部のみならず南東北,長野,東海地方にまで拡大していること,それは電気機器製造業など機械組立工業において顕著であること,他方,北東北への伸び率は高いものの工場数ではまだ南東北よりも少ないこと,北海道への立地は伸び率,立地数ともに低いことなどを明らかにした。そこでは,この傾向が続くならば,立地の拡大が北東北,北海道へ拡大するのではないかとの期待感をにじませておいた。しかし,この研究では対象外であった1990年代には南東北への立地数も鈍化し,より北への立地の拡大もはっきりと止まったことが読み取れた。

1978年の中国の改革開放政策決定によって対中投資の動きが始まり,1989年天安門事件後の中国への工場進出のブームによって工場の海外移管の流れが加速し,国内への工場立地の波は止まった。

(3) 観光・リゾート開発の崩壊,拓銀破綻そして財政再建団体　タイミングのズレによって1つの産業が崩壊した事例の一つが北海道の観光・リゾートである。ポスト高度成長の低成長は,1980年代後半に有利な投資先が見えない過剰資本を住宅投資に向かわせ,それが異常な土地騰貴を生み,それが現実資本と乖離したバブル経済を生んだ。リゾートブームはその一環として生まれた。第四次全国総合開発計画が,過疎地域の振興には内需拡大とリゾートが欠かせないと述べたのに続いて,1987年の総合保養地域整備法(リゾート法)がブームを一層押し上げる役割を果たした。ゴルフ場,スキー場,ホテルを三点セット

---

(10) 倉敷レーヨンの社長であった大原総一郎氏の発言を宮本憲一氏が定式化したもの。
(11) 髙原一隆「工業の地域的再編成と地域システム」宮下柾次ほか編著『経済摩擦と日本農業』ミネルヴァ書房,1991年,第3章。

にして金融機関は積極的に貸付を行った。それが実体経済を異様に膨らませたのである。

筆者はバブル経済崩壊直前に北海道のリゾートブームの諸相を描き，近々ブームが崩壊するとの警告をならした。[12]1988年の市町村アンケートによると，回答総数195（全市町村は当時212）のうち，プロジェクト総数は207，うち観光・リゾート関連が114を占めた。道の調査（1986年）では地域に導入したいサービス産業として観光・レジャーを挙げる自治体は86.2%に達した（人口5000人以下の自治体では91.3%）。

バブル経済崩壊とともに上記のリゾート構想，計画の中止や凍結が相次ぎ，1997—98年はリゾート会社の破産，解散，清算などそのツケの後始末に追われた。北海道発の都市銀行・北海道拓殖銀行（拓銀）は他の銀行より遅れて融資競争に参入したが，破綻の直接の要因となったのはエイペックスリゾート洞爺への融資の焦げ付きであり，拓銀がこのリゾートへの融資を始めたのはバブル経済崩壊直前だったのである。

観光・リゾートにおいても北海道の参入はタイミングがズレていたし，単純な経済波及効果論に乗っかってしまった市町村も多かった。もちろんバブル経済による経済の負は北海道だけに限られたことではなかったが，半数以上の市町村が観光・リゾート関連プロジェクトに関わっていただけに，その後始末には多大の犠牲を強いることになった。

3 影響の大きい規制の導入

(1) 200カイリ制と大規模漁業の衰退　戦後，高度成長とともに漁業は漁船の大型化・高馬力化，漁網，魚群探知機など飛躍的に生産力を伸ばし，沿岸から沖合へ，沖合から遠洋へと大規模漁業を展開した。特に，ロシアと境を接する水産物豊富な海域における北洋サケマス漁，サンマ棒受け網漁業，底引き網によるスケトウダラ漁などの急成長により，北海道漁業は現在に至るまで数量・価格ともに全国の2割程度の生産力を誇っている。

しかし，1977年にアメリカ，ロシアが200カイリ排他的経済水域を設定（200

---

[12]　菊池和明（髙原一隆）「観光・リゾート開発と地域経済」『経済』新日本出版社，1990年1月号。

カイリと略記）し，日本も同年5月に排他的経済水域（「漁業水域に関する暫定措置法」）を設定した。1978年以降は，日ソ暫定協定により旧ソ連との協議により漁獲量，期間，海域を取り決め，日本漁船はその取り決めの範囲でのみソ連200カイリ水域内で漁業が可能となった。しかしこの時点で減船により沖合底引きなどで4千人以上の離職者が出ていた。1980年代にはそれぞれの漁業協定において漁獲削減が進み，母船式底引き網の減船によって3千人を超える離職者を生み出した。1988年にはアメリカの200カイリ内での操業禁止により北洋漁業は終焉を迎えた。1990年代には日米，日ソ漁業協定での削減合意により太平洋サケマスや公海イカ流し網などで2千人を上回る離職者が出た[13]。1993年には「太平洋における遡河性魚類の系群の保護に関する条約」において，公海上でのサケマス漁は全面禁止となり，ロシア200カイリ内でのみの漁獲となった。2000年代に入ると漁業会社の船上において高い対価を支払うことによってのみ「漁業」が可能となり，著しく漁業の範囲は狭められることになった。こうして北海道そして日本の大規模漁業はほぼ消滅した。

(2) 減反政策・コメの市場化と北海道農業　1969年は稲作中心の日本農業そして北海道農業の画期をなす年であった。「1970（昭和45年）年の減反政策の開始は，北海道の稲作に大変動をもたらした」[14]。自主流通米の導入と一定の転作面積の配分を柱として麦，豆，牧草などの作付けを奨励し，そのための転作奨励金を補助するものであった。1978年には水田利用再編対策によって減反政策の強化が図られた。北海道の減反は道外のそれより多く，70年代後半には減反率3割台（道外は1割台），80年代には4割台（同2割台）に達し，1990年には49％とほぼ半数の水田が減反となった。1979年産から導入された品質格差米価制度は，コメを5等級に分類し，等級ごとに価格差をつけて政府が買い入れるものであったが，当時の北海道産米はほとんどが5類米に分類されたことが高い減反率と結びついており，この面からの影響も大きかった。

　プラザ合意を経てコメの市場化の流れは畑作にまで及び，畑作の作付け制限が実施されるようになり，それまで原料農産物の大産地であった北海道農業を

---

[13]　離職者数は池田均「漁業」大沼盛男編著『北海道産業史』北海道大学図書刊行会，2002年。
[14]　坂下明彦「農業」大沼盛男，前掲書，55頁。

大きく揺り動かすことになった。1994年の食管法の廃止・食糧法の制定によって政府買い入れ米は備蓄米に限定され，コメの取引は原則市場で行われることになった。しかし生産量は生産者が自主的に決めて良いとされ，この時点で減反の当初の目的とは乖離することになり，この政策は事実上コメの市場化政策となった。同時に前年度のガットウルグァイラウンドの合意に基づき，ミニマムアクセス米としてコメの輸入が開始された。2000年には稲作経営安定対策が始まり，減反したコメの代替え農産物として，麦・大豆・資料用作物などへの新たな助成金制度も始まり，農産物の市場開放とそれに対応する農業の大規模化が追求されようとしている。北海道農業はこうした減反，市場化の政策の流れの中で農業構造に大きな変動をもたらされ手痛い打撃を受けつつも，それを新しい農業生産に取り入れた試みも進んでいる。

Ⅲ　基幹産業の崩壊と地域の停滞・衰退

　北海道経済を形作ってきた3大要因について述べてきた。1つは植民地として形成され労資ともに地域に根付かない体質の形成，2つは戦前戦後にわたる政治・経済の中央政府依存構造，3つは発展の節目にタイミングがずれた政策や制度であった。本論ではそれらの帰結とその要因について詳論することが目的ではないが，こうした三大要因によって現在の北海道経済の負の部分が形成され，なかなか脱却できない構造が定着してしまったと言える。

1　旧エネルギー産業の崩壊と地域の衰退

　炭鉱の閉山後，それに代わりうる産業を見いだせないまま旧炭鉱地域は衰退の一途をたどっている。撤退した大手炭鉱の土地は，一部は地域に寄付されたケースもあるが，大半は炭鉱のオーナー資本に所有権は帰したままである。閉山後の炭鉱地域はそうした土地を活用して経済活性化を進めることも困難で，人口も極端に減少し，高齢化も農村部以上に進んでいる。それを象徴するのが夕張市である。夕張市も事態の推移に任せきっていたわけではない。リゾート地域としての再生に多大な投資を行ったが，その結果が2007年の赤字財政再建団体への指定であった。

リゾート開発の失敗も政策や制度の「ズレ」「遅れ」と密接に関わっている。福島県常磐炭鉱は閉山後，スパリゾートハワイアンズというビジネスを苦労の末立ち上げ成功させたが，それも地元で何とかビジネスを展開させようとする炭鉱関係者の熱意と人材，そして何よりも当時としては炭鉱から先進的なリゾート産業への転身であり，「脱石炭の一つのモデルケースとなったのである」[15]。常磐ハワイアンセンターの開設は1966年だったが，夕張のリゾートはこれより20年後であり，バブル経済に背中を押され，その崩壊とともに消滅したのである。夕張市の最盛期の人口約11.7万人に対し2010年は1万922人，高齢化率は44.3％に達している。

2　進まない工業化

北海道は高度成長以降，産学官あげて工業化を目標としてきた。その一つが苫東工業基地であるが，既に述べたとおり，重化学工業の構造不況とともに北海道にとって大きな重荷となっている。しかし，苫東基地の対応に苦慮しているうちに，時代は大きく知識社会へと進んでいる。苫東の活用方法も，新たな産業パラダイムへの移行の中で，時代を見据えた基幹産業とそのシステムを考えなければならない時代に入っているのである。

1990年代には北海道を通過しないまま，東北の分工場は中国への立地の流れが進んだ。農村地域経済活性化と密接に結びついている内陸工業団地の工場用地面積に対する分譲済み面積の割合は6割強にとどまっている。付加価値が高くなく，熟練度も高くない工場誘致であったため，北海道への工場立地の波は，タイミングのズレのために基盤産業形成には結びつかなかったのである。しかも，工場立地は東アジアや東南アジアに移動しているのみならず，市場も現地化が進んでいる現在なおさらである。

室蘭は北海道第1位の工業都市であったが，高炉の廃止など粗鋼生産の成熟とともに都市の縮小が続いてきた。これまで自動車の側鋼板素材の鉄鋼生産が多かったが，それが途上国の生産に取って代わられ，中国の自動車生産のブームによって一時的には工業出荷額も増加するが，市内の造船の停滞とともに持

---

[15]　伊部正之「常磐炭礦職員に関する一覚書」『東北経済』（福島大学）NO.71，6頁。

続的成長の芽は見いだしがたい。最盛期には16万人強を誇った室蘭市の人口は10万人を下回り，現在も減少が続いている。

　北海道の建設業は公共事業の減少とともに深刻の度を増している。2〜3年で3割程度の工事高減を経験する業者は決して珍しくない。新規事業に進出しようとする建設業者も増加しており，自治体も新規事業進出への手厚い補助事業などを行っているが，その補助金申請企業数も減る傾向にある。また，建設産業就業者比率が3割程度あった地域は，それに代わりうる産業を見いだせないまま少子・高齢化，人口減少を経験している。

3　リゾートブームのツケに苦しむ地域

　バブル経済崩壊後の10年間の北海道経済は，バブル経済後の負のツケを整理していく過程であった。1992〜1993年はゴルフ場計画の取り下げが相次ぎ，構想・事業実施はまだ110市町村，129事業あったが，新規のものより凍結・中止が上回った。その後1997〜1998年はリゾート計画を推進・実施する会社組織が次々と自己破産，特別清算，解散となり，他方で拓銀破綻に伴い拓銀傘下企業が大半を占める倒産が相次いだ。

　2007年に財政再建団体に夕張市が指定されたのも過大な観光・リゾート施設建設投資の継続の結果であった。最高時の1960年代の人口は11万人強であったが，石炭生産の減少，閉山とともに人口減少が続き，現在1.1万人余りの人口はさらに減少している。旧産炭地でリゾート計画を推進していた市町村は現在に至るまで負の遺産に苦慮している。トマムリゾートで多くのリゾート客を呼び込んだ占冠村は一時2000人強まで回復したが，現在は1200人前後まで減少している。身の丈に合わない事業の推進がいかに悲惨な結果をもたらすかをこれらの経過は物語っている。「後始末」と平行して新しい経済の芽が見えてきたのは21世紀に入ってである。遅れてリゾートに参入した北海道は，ある意味では10年は無駄な期間だったとさえ言えるかも知れない。

4　自然資源の乱獲の諸結果

　200カイリ排他的経済水域設定による影響は，漁業王国北海道の諸地域で顕著であった。母船式サケマス漁業基地でもあった函館は基地による波及効果が

なくなり，他の要因（造船の衰退，青函連絡船廃止など）も重なって，最高時32万人を記録した人口も減少に転じ，4町村合併後も30万人を下回っている。釧路は200カイリ制の影響でスケトウダラの水揚げは減少したが，イワシの大量漁獲により1979〜1991年は水産物水揚げ高日本一を続けた。しかし1995年からイワシが全く獲れなくなり，かつての遠洋漁船や大規模外来船の漁獲も減少してしまい，漁業で生きる街とは言えない地域になりつつある。根室市も，大規模漁業最盛期には人口も5万人を超えていたが，2010年には3万人を切る状態となり，わずかにサンマ漁の勢いに助けられているのが現状である。

　水産資源は自然と共生している資源であり，全く漁獲しなくても自然の中で淘汰が進む。つまり，自然の中で自然と釣り合いのとれる資源に収まる傾向がある。したがって，自然との釣り合いの範囲で漁獲するならば半永久的に人類にとって宝物なのである。成長主義はともすれば眼前の成果を直ちに求めがちであるが，持続可能な漁業のためにはこれまでの生産システムのパラダイム転換が求められている。

Ⅳ　21世紀の北海道経済モデル

1　北海道経済発展の基本理念

　これまで20世紀型の北海道経済発展モデルについて述べてきた。1つは日本における特殊な歴史的位置に規定された経路依存性である。2つは中央依存性である。3つは中央依存の政策展開にもとづく政策の遅れ，不整合である。

　高度成長期の大量生産・大量消費システムがうまく作動しているときには顕在化していなかった様々な経済問題が顕在化した。したがって，ポスト高度成長期の様々な経済対策は，経路依存を脱し，経済の自立性を高め，自主的に政策決定できる経済構造の構築が求められた。しかし実際に行われたことは，基盤産業づくりのための大規模工業開発，工場誘致，リゾート開発そしてその不足を補う産業としての建設業であった。しかもそれらはワンテンポの時期的なズレ，国策の後追いなどによりいずれも首尾良く進んだわけではなかった。農業から工業へ産業をシフトさせ，外部資本の導入によって移出産業（基盤産業）を創出させようとする試みは，上述の様々な条件によって成功しなかった

ものが多い。

　しかし時代は，地域経済の自立，集中から分権型経済，環境優先の経済システム，総じて地域からのサステイナビリティが中軸に座り，知識産業化が経済システムのキーワードとなる中で，北海道経済のあり方も大きく発想転換が迫られている。それは地域のGDP至上主義からの脱却をも意味している。[16]

　ここで2つの点に注意する必要がある。1つは域際収支の問題である。この概念はしばしば域際収支の黒字化をもって地域経済が自立しているか否かのように誤解もされるが，国民経済の場合はともかく，国民経済は地域経済の分業のネットワークによって成立しており，これを地域経済自立の指標とは言えない。事実，価値レベルで域際収支が黒字地域は日本では東京のみとなってしまうし，神奈川なども非自立地域となってしまう。域際収支は構造分析及びそこから導き出される戦略にとっては重要な概念であるが，域際収支分析におけるサービス，金融，建設の技術的改善を含めて，これを自立の分岐点と考えるのには課題が多すぎるものと思われる。

　2つは中央政府による地方政府への財政支出の問題である。ともすれば，財政支出を受けると自立していない，逆に受けていなければ自立していると考える向きもあるが，国民経済は単純な同質性で成立しているわけではなく，何らかの不均一な発展を通して発展するのだから，国民経済の地域的分業システムの中で政治・行政を含めた総合の中で考えることが重要であろう。

2　北海道の比較優位産業と北海道型ビジネスモデル

(1) **移出（基盤）産業としての農業関連と観光業**　前述した小林好宏氏は，最近の著書の中でこれからの北海道の戦略として次の五点を上げている。[17] 一つは産業面での比較優位性，二つは資源的要因（水資源のストックの豊富さ），三つは環境面での比較優位性（高度な文明と原始の自然の共存），四つは地理的・歴史的要因（寒冷地の逆転の発想，歴史的新しさの優位性），五つはその他の要因（開放的風土の優位性），である。筆者は基本的には五点とも賛成であるが，本

---

[16] J. Stiglitz, A. Sen "Mismesuring Our Lives", The New Pr., 2010.
[17] 小林好宏『北海道の経済と開発―論点と課題―』北海道大学出版会, 2010年, 116-123頁.

稿では一つ目の産業の比較優位性についてのみ触れておこう。

　氏は北海道の比較優位産業として農業（第一次産業）と観光業をあげている。前者の食産業（食用耕種農業，林産物，水産物，食品加工），関連産業（飼肥料，農薬，農業機械，食品加工機械，食品関連の商業・運輸業，飲食品やホテルなどの飲食部門）の生産額は道内総生産額の19％を占め（食料産業分析用産業連関表，2002年），道内最大の産業群であり，後者は産業連関表の生産額34兆円のうち観光消費額で約1.3兆円，生産波及効果は約1.8兆円（第五回北海道観光産業経済効果調査，2011年）を占めており，氏のみならず筆者を含む多くの論者も第一次産業と観光業が比較優位産業であることに異論を差し挟むことはないであろう。ただ，北海道農業は全国のそれより生産性は高いが，他地域の製造業に比して絶対的優位性があるわけではないと述べ，氏は第一次産業を基盤産業とすることに関しては懐疑的のようである。

　確かに第一次産業の生産性については，北海道の一人当たりの農業産出額は728.5万円であるのに対して全国平均は238.4万円にとどまり（2008年），農業県と言われる鹿児島や千葉をも大きく上回っている。漁業についても同様である。しかし，単純な比較は慎むべきであろうが，農業と漁業の生産額約1.3兆円に対して食料品製造出荷額は1.9兆円余りに達しており，両者の価値額の格差は大きい。北海道の製造業出荷額は全国の1.8％（2008年）に過ぎず，その数値が工業力の低さを表しているが，それでも食料品製造業出荷額を除く出荷額は4兆円弱であり，群を抜く生産額を誇る農業・漁業の生産額が余りにも少なすぎる感を否めない。

　その生産条件の違いを詳細に述べる余地はないが，工業部門であれば中国からレアメタルの輸入が困難になっても，他国（地域）からの輸入に代替えしたり，代替え品を発明することは可能である。第一次産業の場合自然的要因に左右されるし，全く新たな品種を生み出すことは不可能だし，生み出しても人体に良くない影響があったりする。つまり，投入を少なくし産出を極大化するという工業部門のような生産性向上策が経営的にも成り立たないのである。両者の差は政府によって均衡を保つ政策的対応がはかられる以外にはないのである。したがってこうした留保条件が確保されるならば，第一次産業も工業生産と同じ出発点に立つことは可能である。もちろんその際に，北海道の農業・漁業の

高付加価値を計ることは当然のことである。高付加価値化は,農業生産部面のみならず,付加価値を高める農産関連産業を内包的・外延的に拡大することと密接に結びついている。

北海道の観光業については,接客業でありながらサービス水準の低さ,従業員教育の不十分さ,料理を含め付加価値を高めようとする努力の不十分さなどが指摘されてきた。さらにこれからの観光業は企業の慰安旅行に代表される大量生産型の業態ではあり得ない。観光への発想転換に基づき,個性化・多様化に対応する北海道型観光業モデルが北海道の比較優位産業の一つとして求められる。

(2) 比較優位産業における北海道型ビジネスモデル　比較優位産業を質的に高め移出産業に成長させていくには,どのような型のビジネスかが問われる。これまでの北海道の経済開発にあたって念頭にあったのは,大量生産型の垂直的組織で形成された大企業システムであったし,先の小林氏が,農産関連業を移出産業にすべきだと断定しなかったのも,地域に所得をもたらすのは単一の「大規模」「大量」ビジネスが念頭にあったからではないかと思われる。

しかし,大量生産・大量消費の経済システムが大きく転換しつつある現在,北海道にそうしたモデルを構築しようとしても成り立たないのが現実である。「遅れ」をそうしたビジネスでなく別の型のビジネスモデルによって展望する必要があるのではないだろうか？'はじめに'で提起したことを想起して頂きたい。それが既に筆者が様々な論考で提起してきたネットワーク型ビジネスモデルである。

大量生産と大量販売に彩られ,堅固な垂直型組織システムを媒介して価格競争によって売上額を競う20世紀型ビジネスが転換を遂げつつあり,21世紀はビジネスのあり方が大きく変わる時代になりつつある。21世紀においても価格は重要な要素であることは変わりないが,消費の多様化の現実も重要な要素となる。大量生産型の大企業は国際市場を主要な舞台とし,国内市場を主な対象とする大企業傘下のグループ企業,中堅企業,中小企業は,分権型でコアに特化した様々なビジネスがフレキシブルに連携し合って相乗効果を産出するビジネスモデルが活躍の場を拡げる。特にこれまで輸出指向の大量生産型企業の本拠地ではなかった北海道などの地域は,ポーターの概念を援用すれば[18],こうした

ネットワーク型ビジネスモデルが競争優位性を得る可能性が拡がる。それは地域に埋め込まれた（embed）ビジネスであって，地域でこそ取引を通じて知識やノウハウ，人材，資材を得ることが競争力上昇につながるビジネスである。そして地域の比較優位性のある産業でこそビジネス展開の可能性が増す。

取引を通じる企業間ネットワークには様々な型がある。例えば資源調達を目的としたネットワーク，取引コスト節約のためのネットワークなどがあり，経営者の異業種交流から発展したものが多いが，経済産業省のクラスター政策によって形成されたものなど様々な型がある。また，中小企業集積地帯でのネットワークやある一定の空間でネットワークしている場合など立地地域の範囲なども多様である。特に筆者が注目しているのは，複数の企業によって別会社を設立し，その会社を受注専門の機能や新製品の開発に特化させてビジネスを展開しているケースである。こうした事例は中小企業を中心に全国に数多く見受けられるが，こうしたシステムは工業とりわけ組立型工業だけでなく他の産業にも普及が及んでいる。

筆者は，取引を通じる企業間ネットワークを，それぞれの地域の比較優位産業分野で構築することが重要だと考えているが，北海道ではやはり農産関連の企業間ネットワークがポイントとなろう。筆者は1990年代に大手企業の下請け5社が協同組合を設立し，それぞれ独立性を保ちながら，5社のコア技術によって受注の窓口を拡げていく試みを取材した経験がある。こうしたモデルは，比較優位をもつ農産関連分野でこそ積極的に進められていくことが北海道の地域経済発展につながるポイントだと考える。以下，紙数の関係で複数の農家によって設立された耕種農業法人の事例，複数の酪農家によって設立された農業法人の事例，農業生産から消費者に至る組織セット型ネットワークの事例を箇条書き的に記しておこう。

栗山町の㈲粒里は，粘り強い議論の末，経営基盤の強化をめざして地域の農家8戸によって2001年に設立された96.1ha，従業員11名を有する農業法人である。江別市の㈱輝楽里は，江別市の農家7戸がそれぞれ出資し，2006年に株式会社として設立された。社員30人，130haを有する会社である。現在は海外で

---

(18) M. ポーター『競争戦略論Ⅰ・Ⅱ』竹内弘高訳，ダイヤモンド社，1990年。

の農業生産の試みも始めている。士別市の㈱デイリーサポート士別は，減少の一途をたどる酪農への危機感から，23戸の酪農家が2001年に設立したネットワーク会社であり，主に酪農の最も激務の育牛（草地管理，デントコーン作付，飼料配合など）に携わる1,315ha，1550頭の会社である。江別市の取引ネットワークは会社ではなく，「江別麦の会」という任意団体を核として，麦を生産する農家，製粉会社，製麺会社，レストラン，スーパー，ラーメン店がセットになってネットワーキングしている事例である。また，㈱アグリスクラム北海道は，全道23戸の農家が共同出資してそれぞれの農家の特産農産物や農産加工品を販売する会社として2005年に設立された。消費者と生産者の架け橋となることをコンセプトに，ローカルブランドの味をもつ食材の提供，実践的な経営感覚を磨く，農家育成の核となる，を目標として掲げている[19]。

　こうした事例は農産関連だけでなく，他の産業にもフレキシブルに拡がっていく可能性をもっている。その連携のありようによっては，輸移出と地域内経済循環の双方の経済に効果を期待できる可能性をもっている。課題もあるが，開拓以来の相互扶助精神と農業人の個性とが結合して相乗的効果を生み出し，文字通り北海道の基盤産業に育っていくことを期待したい。　　　　（高原一隆）

参考文献（注で記載した文献を除く）
大沼・松井・鈴木・山田編（1990）『北海道経済図説（第1版）』北大図書刊行会。
高原一隆（1999）『地域システムと産業ネットワーク』法律文化社。
山崎幹根（2006）『国土開発の時代』東京大学出版会。
小磯修二・山崎幹根（2007）『戦後北海道開発の軌跡』（財）北海道開発協会。
高向　巌（2008）『北海道経済の針路』北海道新聞社。
高原一隆（2008）『ネットワークの地域経済学』法律文化社。
山崎幹根（2011）『「領域」をめぐる分権と統合』岩波書店。

---

[19] 事例の詳細については下記の筆者の論文を参照されたい。
　高原一隆『ネットワークの地域経済学』法律文化社，2008年，高原一隆「経済活動と生活の営みの循環に立ったコミュニティを」コミュニティ政策学会編『コミュニティ政策9』東信堂，2011年，高原一隆「ビジネスネットワークとコミュニティネットワークの協同をめざして」（社）JC総研『にじ』2011年秋号。

第3章　北海道空知地域における旧産炭地の振興

はじめに

　わが国における産業・社会構造の変動に伴う経済活動の停滞と国家財政の窮迫が深刻化するなかで，2007年の夕張市の財政再生団体への移行は全国的にも注目を集めることとなった。同市に先立つ事例は1992年の福岡県の赤池町（現福智町）で同町もまた旧産炭地であった。1966年には北海道の出炭量はピークに達して全国生産量の45.4％となり，その90％以上は石狩炭田が占めていた。この石狩炭田の炭鉱の大部分は空知総合振興局管内（以下，空知地域）にあり，最後の炭鉱は1890年に開鉱した歌志内市の空知炭鉱で1995年に閉山した（山下，2011）。このことは同時にわが国の坑内掘炭鉱の事実上の消滅を意味している。炭鉱が直面した「エネルギー革命」のなかで急激な地域社会の変動に対応した石炭政策は，1963年を初年度に1991年で終了する8次までとその後の1992－2001年の期間は新しい石炭政策として進められた。広く産炭地振興を目的とした施策は初期の段階では急速な廃鉱を回避し，閉山に伴う就業機会の喪失に対する雇用維持を重点とした対症療法的な性格が強かった。また施策のなかではその後の全国的なリゾート開発の機運をうけて旧産炭地でも観光開発が主流となったが，後にふれるように多額の負債をかかえて計画は頓挫する例が多かった。さらに2001年には産炭地振興を目的とした「産炭地域臨時措置法」（以下，措置法）が失効した。同法の消滅からすでに10年が経過し，これまでのような国の財政支援を十分に期待できないなかで，人口減少と高齢化の進展を背景に

---

(1)　太平洋炭鉱は釧路コールマイン（株）として再発足しており，2002年より年間約55万トンの採掘を行っている。事業は中国やベトナムなどの炭鉱技術者を受け入れた炭鉱技術移転が中心となっており，新エネルギー・産業技術総合開発機構（NEDO）などの助成金により経営が維持されている。

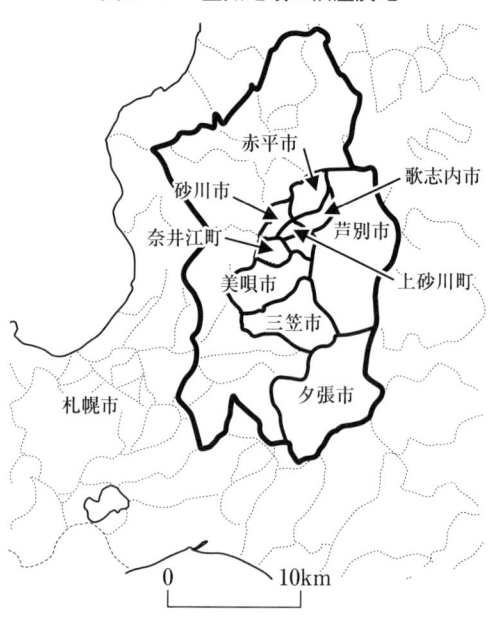

図3-1 空知地域の旧産炭地

地方自治体による独自の取り組みに重点が移ることになった。ここでは空知地域の旧産炭地おいて閉山前後より展開された振興策の成果と問題点を明らかにすることとしたい（図3-1）。本稿では山下が旧産炭地の社会・経済的状況とこれまでの産炭地域振興策に対して包括的な考察を行い，金森が空知南部の工業団地への企業立地と道内では相対的な集積がみられる空知地域の電子部品工業を分析する。

I 旧産炭地の社会変動

1920年以降の国勢調査では旧産炭地の9市町（以下，旧産炭地）の人口推移は，歌志内と上砂川のみが1950年にピークがあるが，他は1960年または65年で

---

(2) 措置法では産炭地は炭鉱所在の自治体のほか石炭産出地域に隣接する自治体も含む。当初の法律では「とくに石炭不況による疲弊が著しい地域」は6条地域とされ，空知管内では14市町村を数えていた。本稿では旧産炭地の実態を考慮して夕張市などの6市と奈井江町と上砂川町の2町のほか，炭鉱がなかった砂川市の9市町を対象としている。

その後は一様に減少している。そこで1960年を基準に2010年と比較すると北海道全体ではこの間に9.3%の増加をみたが，旧産炭地全体では77.5%もの著しい減少となっている。なかでも夕張市はピーク時のほぼ10分の1にまで減少しており，80%以上の減少を示すのが4市町ある。2005年でもピーク人口に比較して80%以上の減少をみたのが道内では7市町村あるが，そのうち上位3位が夕張，歌志内，上砂川の3市町である。このため旧産炭地の人口総数は1960年には49万9926人であったが2010年には11万176人となり，全道に占める割合も9.7%から僅か2.0%にまで低下している。その後もこの傾向は継続しており，近年の2005年と10年との間の人口減少率上位10市町村には夕張や歌志内をはじめ，三笠市と上砂川町が該当している。また住民基本台帳人口（2010）では全国で人口の少ない上位7市のうち，空知の旧産炭地が5市を占めている。すなわち歌志内市の4589人が1位でついで三笠，夕張，赤平市が続いており，7位が芦別市の1万7211人となっている。将来の人口推計（国立社会保障・人口問題研究所，2008）では2035年の旧産炭地の人口総数は6万4278人で，2010年に比べ減少率も41.6%と北海道全体の19.8%を大きく上回ると想定され，全道に占めるシェアも1.5%にまで低下し，なかでも夕張や三笠，歌志内では今後も50%以上をこえる減少が予想されている。これらの減少率（表3-1）は都市の立地による違いがあり三笠を例外とすると，国道12号線や国道38号線など主要幹線沿いにある美唄市や砂川市では低く，これら幹線から外れた夕張や歌志内では高くなっている。この人口減少は同時に老年人口比率の増加にも連なっており，医療や福祉に関わる財政負担が大きなものとなっている。1960年には旧産炭地全体の老年人口の比率は3.3%で全道平均の4.2%よりも低かったが，2005年には逆転し全道が21.5%に対して33.0%となった。また2035年の推計ではこの比率はほぼ半数に近い46.5%とされている。高齢化の割合は若年人口の転出に伴う出生率の低下と老年人口が地域に滞留した結果を示している。15歳以上就業者総数もこの間には全道では19.2%の増加をみたが，旧産炭地全体では対照的に68.5%もの減少となり，旧産炭地の全道に占める割合も1960年の7.7%から2005年には2.0%にまで低下している。なかでも最大の減少率は歌志内の85.0%で，夕張や上砂川も80%を超えている。一方砂川や奈井江町では減少率は低く，人口増減と同様に都市の立地特性が反映していることがうかがわれる。住民基本台帳人

表3-1 旧産炭地の人口

	北海道	夕張市	美唄市	芦別市
増減率（2010/1960）	9.3%	-89.9%	-70.1	-75.2
増減率（2035/2010）	-19.3%	-52.5%	-34.1	-47.3
老年人口率（1960）	4.2%	3.2	3.6	3.2
老年人口率（2005）	21.5%	39.7	28.8	34.0
老年人口率（2035）*	23.3%	43.2	31.5	36.2
15才以上就業人口増減（1960/2005）	19.2%	-84.4%	-61.2	-66.5
生活保護率（‰）1960	18.2‰	10.7	22.5	19.0
2009	27.1‰	25.0	31.7	23.6

*：住民基本台帳人口による推計。
資料：各年国勢調査および北海道統計書より集計。

表3-2 旧産炭地の

増減率	北海道	夕張市	美唄市	芦別市
事業所数（2006/1963）	47.4	-60.5	-40.5	-48.6
同従業者数	65.9	-83.7	-40.2	-61.9
商業統計（2007/1962）				
商店数	-22.2	-49.4	-18.9	-17.3
従業員数	216.6	-71.5	-35.5	-35.8
年間販売額	1138.5	53.7	297.4	191.8
工業統計（2009/1960）				
工場数	-4.3	-65.6	-19.4	-49.1
従業員数	-4.5	-44.2	-24.1	7.4
製造品出荷額	1530.5	467.2	967.7	1137.8

注：工業統計は4人以上の事業を対象。
資料：各年事業所統計・商業統計・工業統計より集計。

口（2008）をもとにした老年人口率では旧産炭地が道内の上位10市町村の半数をしめ，なかでも夕張と三笠および上砂川が40％をこえて最も高齢化が進んでいる。またかつての炭鉱に代わる雇用の場がないために住民生活の困窮化が進行しており，上砂川や三笠，歌志内のように生活保護率が全道平均よりも著しく高くなっている。

　人口変動と同様にピーク時と現在の産業活動の動向を各種の統計により分析する（表3-2）。事業所統計では旧産炭地の事業所と従業員数は1963年にはそれぞれ全道の6.2％と8.8％を占めていた。この従業員の比率は人口比率につい

第3章 北海道空知地域における旧産炭地の振興　49

増減と生活保護率の変化

	赤平市	三笠市	砂川市	歌志内市	奈井江町	上砂川町	9市町平均
	-76.8	-81.8	-40.0	-88.4	-66.4	-85.6	-77.5
	-45.6	-51.5	-33.7	-50.3	-35.6	-37.3	-41.6
	3.0	3.4	3.4	2.8	3.7	3.2	3.3
	34.6	38.3	28.0	36.8	30.6	37.9	33.0
	36.8	41.3	30.1	39.0	32.9	41.0	46.5
	-69.0	-75.8	-28.8	-85.0	-31.8	-82.2	-68.5
	16.8	13.9	9.0	15.0	19.3	9.6	15.8
	34.8	46.9	16.1	43.2	34.2	74.1	36.6

経済活動の変化

	赤平市	三笠市	砂川市	歌志内市	奈井江町	上砂川町	9市町平均
	-51.2	-52.5	5.7	-65.9	-30.7	-57.5	-45.3
	-68.7	-68.3	-17.5	-81.4	-60.8	-84.3	-63.1
	-13.5	-6.5	167.6	-59.1	-58.9	-82.4	-31.8
	-50.6	-29.4	202.4	-76.6	-58.6	-84.4	-41.3
	208.5	406.7	1656.0	166.6	309.5	31.3	318.4
	28.5	0.0	-67.5	-62.5	-20.0	66.7	-29.8
	285.9	62.9	-79.8	-63.9	217.3	165.2	-26.1
	6779.3	2799.7	203.9	274.8	2646.9	2648.3	698.7

高く，これは炭鉱従業員がほぼ半数を占めていたことによる。しかしその後2006年にはそれぞれ2.3％と2.0％に低下している。この期間には全道では事業所，従業員数が共に増加しているのに対して，旧産炭地全体ではではピーク時に較べて半減の状態になっている。なかでも夕張の従業員数は1960年には旧産炭地全体の22.6％と最も多かったが，減少率は歌志内と共に大きく，その割合は80％をこえている。唯一の例外は砂川で事業所数はむしろ増加を示し従業員数の減少率も旧産炭地平均の3分の1以下となっている。このため経済センサス基礎調査（経産省，2009）では，事業所と従業員の密度では砂川は滝川と共に，

空知地域の都市では全道でも旭川や帯広などの地方中心都市と同じ階層に属している。

　1962年と2007年の間の商業では全道に占める旧産炭地のシェアが最も高いのは従業員数の3.8%で，事業所と年間販売額はそれぞれ2.7%と2.5%となっている。2007年には事業所数のシェアは2.3%に止まっているが，従業員と年間販売額は1.5%前後にまで低下している。しかし商業集積地区のみを対象とした場合には商店街および事業所の比率は高く，旧産炭地では特定地区への商店の集積が相対的に高いことがうかがわれる。旧産炭地のなかではやはり砂川が例外で，他の市町とは異なり商店数と従業員数が共に増加を示している。砂川は1962年には旧産炭地全体の年間販売額に対し8.3%を占めるにすぎなかったが，2007年には34.9%で，従業員数も26.6%と共に最も高くなっている。北海道全体では商店数の減少に対して従業員数は増加となっているが，旧産炭地では砂川を除き全ての市町で減少しており（表3-2），上砂川では80%をこえて最も高くなっている。なお減少率の大小により旧産炭地は二つのグループに大別される。減少率の低い三笠，赤平などと他方は夕張，歌志内などであり，この分化は他の指標と同様に都市立地の違いを反映している。年間販売額は名目上の貨幣価値の上昇で全ての旧産炭地で増加となっているが，全道の増加率をこえたのは砂川のみで，上砂川や夕張の増加率は僅かに31.3%と53.7%にすぎない。しかしこれら数値は人口減少に起因するほか，旧産炭地が1次圏として含まれる滝川市の商圏への購買客流出とも関連する。商業に比べて工業生産のシェアは相対的に高く1960年には旧産炭地の従業員，出荷額の全道にしめる割合は共に5.0%で，工場数は4.6%であった。2009年にはこれらの比率は低下するが従業員数は3.8%で，他の指標は3%前後を維持している。しかし表3-2に示されるようにこの間に工場と従業員数は全道の減少率を大きく上回っているが，市町により増加と減少が明確に分化している。夕張や歌志内などでは高い減少率となっており，対照的に赤平や上砂川では高い増加率で，芦別や奈井江では工場数は減少したが従業員数は増加している。また出荷額は全ての市町で増加しているが，これは商業販売額と同様の要因によるもので，出荷額がピークに達した90年代と比べると旧産炭地一様に減少している。炭鉱閉山後の新たな雇用の創出は工場誘致に求められることが多かったが，従業者数の増加はその役割が一部実現

したことを意味している。なお従業員の減少率が最も高い砂川では1960年には旧産炭地全体の工業出荷額の59.5%を占めていた基幹業種の東洋高圧砂川工場の存在が大きく，その後の業種転換により2009年には22.7%に低下したものの，依然として旧産炭地のなかでは首位を占めている。上でふれたように人口，商業，工業生産では旧産炭地全体では共通してほぼ減少傾向にあるが，この傾向は市町によって異なり一部では増加を示す事例もみられた。

　次に人口ピーク時と比較した産炭地の産業活動の変化を概観してみたい。各市町の経済計算に関する統計がないため，事業所統計の業種別変化をもとに考察する。ただしこの統計には農林業が含まれていない。歌志内と上砂川を除く他の市町の農業経営体数は100をこえている。なかでも美唄は709（2010）で空知地域では深川市や長沼町についで多く，農業生産額は同市の工業出荷額の15%強に相当する。また林業のみを行う経営体数も芦別では22を数え，深川市（118）と新十津川町（51）に次ぐ。このため地域資源を活用した地域振興では農林業は重要な要素となる。例えば育苗から販売までの統一した肥培管理と独自の市場戦略により，全国に先駆けてブランド農産物となった夕張メロンはその代表で，就業者比率でも農業は製造業を僅かに上回ってサービス，商業に次いで12.7%（2005）を占めている。さらに農業では三笠市の丘陵に展開する個人ワイナリーは新たなワインツーリズムの端緒にもなっている。1963年と2006年の各市町における事業所と従業員に関する業種別構成比の上位1－3位の組合せをみると二つのグループに大別される（図3-2）。すなわち事業所の1位は業種の交代をみた市町と同一の業種が維持されたものとである。前者には芦別，歌志内など4市町が該当し，63年の卸売・小売がその他の業種に交代している。その他の業種は63年の区分にはない，人口高齢化との関連が大きい医療・福祉の分野である。後者は赤平や三笠など5市町で両年とも卸売・小売が首位となっている。従業員については鉱業から製造業と医療・福祉などのその他の業種へシフトした市町が多く，前者には上砂川と奈井江が後者には芦別と赤平など5市があげられる。これらに該当しないのが製造業と卸売・小売からその他へシフトした砂川と美唄である。このことから住民の高齢化を反映した医療や福祉分野への移行が事業所よりは従業員に関して顕著にみられる。そこで従業員数をもとにこの間における1位から3位までの業種の交代をみると製

造業と建設業とを含むか否かで二つに大別される。前者の例は上でふれた上砂川や奈井江のほか、芦別や美唄，砂川が該当し，後者には赤平，歌志内など4市が含まれる。上位3業種の比率が2006年より1963年の方が高い市町が5つあり，これは鉱業が突出した地位を占めていたことによる。このため建設業，製造業と卸売・小売の3業種の比率の平均は1963年よりも炭鉱が閉山した後の2006年の方が高くなっている。また2006年にその他の業種がかつての鉱業の従業員比率を上まわっているのは赤平と美唄のみで，かつての鉱業のように雇用で卓越した地位の業種に代わるものが存在していないことを示している。

図3-2 旧産炭地区の業種別事業所・従業者構成比（上位3位まで）

		事業所数			従業員数		
赤平市							
	1963	□	○	▲	●	□	○
	2006	□	◎	○	◎	□	○
歌志内市							
	1963	□	○	◎	●	□	○
	2006	◎	□	○	◎	□	□
砂川市							
	1963	□	○	◆	▲	□	◆
	2006	□	○	◎	◎	□	◆
美唄市							
	1963	□	○	◆	□	●	○
	2006	◎	□	○	◎	□	○
夕張市							
	1963	□	○	▲	●	□	○
	2006	□	○	◎	◎	□	○
芦別市							
	1963	□	▲	○	●	□	○
	2006	◎	□	○	◎	▲	○
上砂川町							
	1963	□	■	○	●	◆	□
	2006	□	○	◎	▲	◎	□
奈井江町							
	1963	□	▲	○	●	□	○
	2006	◎	□	◆	▲	◆	◎
三笠市							
	1963	□	▲	○	●	□	○
	2006	□	○	◎	□	○	◎

凡例：●鉱業　▲製造業　◆建設業　■運輸・通信
　　　□卸売・小売　○サービス　◎その他
注：左より1位から3位までを示す。

II　旧産炭地における振興策の推移と課題

1　旧産炭地の基本的特性

　旧産炭地の振興には次の二つの要素を考慮することが必要である。一つは単一企業に依存する「企業都市」や鉱山都市とも共通するが，旧産炭地の都市は一般の都市とは異なる性格を持つことと，同じ産炭地であっても九州と北海道とでは立地特性に相違があるため閉山後の変化にも明確な違いが生じることである。二つには旧産炭地を含めて人口減少に直面する地域にみられる社会・経済の負の循環が累積的因果関係のもとに成立しており，それらをいかに克服するかが振興の課題となる。旧産炭地の都市は枯渇性資源に依存するために代替資源との競合や採掘技術の進展で長短が生ずるが，成立─発展（ブームタウン）─衰退というサイクルを免れることは難しい。しかも都市は一般的に周辺農村へのサービス中心地としての機能をもち，いわば中心と周辺との一体的関係が成立しているが，炭鉱都市は周辺へのサービス中心地としての役割を欠如している。その上各種のサービスや生活関連機能も雇用される従業員のために炭鉱資本により提供され、閉鎖的な自己完結的サービス圏を形成している。このため炭鉱が閉山した際に周辺が中心地を支えるという関係が成り立たない。この点では農業地域が存在しない歌志内や上砂川はこの関係を欠く典型的な地域である。炭鉱の市街地は開鉱に伴い坑口周辺に生産や選炭・輸送関連施設のほか、住宅や医療，教育に至る生活関連施設が集中的に配置される。複数の炭鉱資本が進出した地域ではこのような市街地が坑口毎に周辺に配置されることになる。しかも閉山後には炭鉱資本が運営・管理していた住宅をはじめ病院や水道などの生活基盤施設が自治体へ移行されるため，窮状化した財政負担をさらに圧迫することになる。また北海道では炭鉱の多くは山間地に立地しているため、夕張や歌志内のように平地に乏しい谷底地と斜面に市街地が形成された。このため新たな振興策にとっては用地の不足や中心都市へのアクセスの不備が大きな課題となる。空知地域は道内で唯一の大都市圏である札幌の通勤圏外にあり，閉山時期の違いはあるものの福岡や北九州の大都市圏に近接して、自動車産業の立地や学園都市に変容した旧筑豊炭田に比べると大きな相違がある。

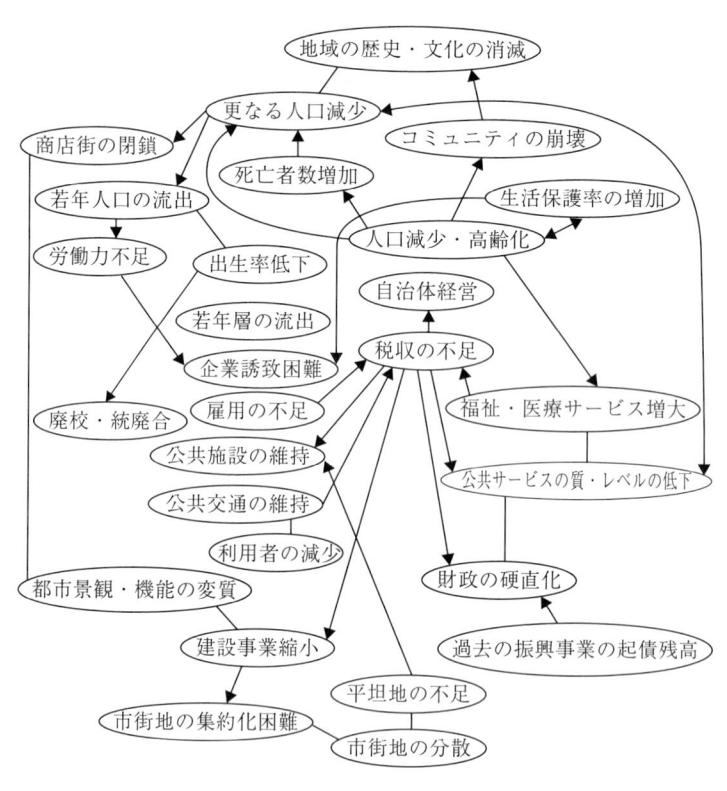

図3-3　旧産炭地の人口減少と自治体経営の関連

人口減少の問題は旧産炭地のみならず，すでに高齢化が進行している大都市でも早晩に直面する課題である。人口減少時代の地域政策は山崎（2009）が指摘するように二面性があり，その一方は豊かな生活を維持するための方策である。このため旧産炭地の新しい振興計画の中心には「人が集い，だれもが住み続けたいまちづくり」（芦別市），「ゆとりと潤いのある快適な生活」（赤平市）など住民生活を重視した施策が共通にみられる。しかし，これらの実現を可能とする自治体財政にはいわゆる負の循環が成立している（図3-3）。自治体にとっては財政基盤がきわめて脆弱で深刻化しているために人口減少に伴う施策の展開が困難となっていることである。2008年の自治体財政健全化法の規定による財務状況では実質赤字，連結実質赤字，実質公債および将来負担の4指標の比率が道内の上位1-3位を占めるのは夕張をはじめとする旧産炭地である。

この背景には全国的には財政改革に起因する面もあるが，閉山後に実施してきた地域振興事業に伴う起債残高が大きく影響している。例えば歌志内ではこの事業に関連する起債総額66億（2009）のうち46.2%は炭鉱施設の除去や炭鉱住宅から公営住宅への建替えなどで，炭鉱施設の跡地取得も加えると34.7億円と半数をこえる。これらの起債残高が財政の硬直化を助長し，全体として公共サービスの維持が困難となっている。このなかで財政基盤の強化として期待されるのが工業を含めた新たな雇用の創出であるが，若年層の流出に加えて上でふれた不利な条件が企業誘致の不振に拍車をかけている。2004年に赤平，歌志内と上砂川の3市町が滝川市を含む周辺3市町との合併を企図して協議会を設置したが，実現には至らなかった。また「定住自立圏」構想も打ち出されたが，中心市の要件を充たす滝川市の同意をえることが出来ず消滅した。これらの背景には旧産炭地の財政の窮状も障害になった。

2　工業誘致

雇用創出の中心となるのが企業誘致である。1960年と2008年の工業出荷額と従業員数の変化をみると旧産炭地全体としては2008年では構成比の平準化が進んでいる。すなわち1960年では既にふれたが旧東洋高圧が立地していた砂川市が旧出荷額と従業員数で卓越した地位を有していたが，2008年には歌志内と上砂川を除く他の市町は出荷額と従業員数が10－18%の間に集中している。このうち60年に較べて双方の比率が増加したのは奈井江と赤平のみである。1960年には石炭産業や木材・木製品の地場資源依存型の業種が出荷額と従業員数の双方で大きな比重をしめ，とくにコークスや練炭製造の石炭製品の出荷額が4市町で首位となっている（表3-3）。一方2008年には奈井江の金属製品や後に

表3-3　旧産炭地の業種別構成比

	1位		2位		3位	
工業出荷額	化学工業	57.6%	石油・石炭製品	13.0	木材・木製品	12.2
従業員数	木材・木製品	17.0	食料品	8.3	化学工業	4.4
工業出荷額	食料品	20.2	金属製品	12.6	木材・木製品	6.7
従業員数	食料品	19.5	電子部品・デバイス	8.5	金属製品	6.4

注：上段は1960年，下段は2008年を示す。ただし，2008年の歌志内，上砂川の業種別出荷額は秘匿となっている。
資料：各年工業統計表より集計。

ふれる三笠の電子部品等，美唄のプラスチック製品が1位となっており，これらは閉山後の誘致企業が中心となっている。1996—2005年の間の美唄，奈井江と砂川を除く6市町への工場立地の総数は37件で，このうち夕張が最も多く9件で，最も少ない歌志内は3件であった（北海道，2007）。立地業種は金属製品と，一般機械および食品で全体のほぼ4割を占めていた。表3-4は道庁が中核技術を有する企業して選定した旧産炭地立地の10社を示すが，これらの企業が金属製品や電子部品等の生産の中心となっている。金属加工にとり重要な各種の金型の供給には住電精密との関連がみられ，この企業は旧住友石炭の炭鉱閉山に伴う地域振興の一環として住友グループの協力により関西より立地したものである。またこのなかで最大の従業員数を擁する北日本精機の前身は三井芦別鉱の関連企業としての炭鉱機械のベルトコンベヤーやベアリングの生産で，その技術が極小で微細加工のベアリング製品で優位性を発揮している。このため大量生産を主とする大手メーカーとの競合がない分野での多品種少量生産に対応したラインを有し，製品の7割近くが海外市場に出荷されている。すでにふれた表3-2の工業で工場，従業員と製造品出荷額の全てが増加をみたのは赤平と上砂川の2市町のみである。赤平市には流通・運輸も含めた誘致企業（2010）は27社，1172人の従業員で，このなかには旧石炭資本で唯一赤平に事業所をもつ住友石炭（現住石マテリアルズ）[3]の関連企業もある。1992年には

表3-4　空知旧産炭地の中核企業

所在地	企業名	中核技術	従業員数	操業年
・基盤技術				
芦別市	北日本精機	各種ベアリング（極小・大型）	570	1969
赤平市	トルク精密	プレス加工・金型・射出成形	102	1974
奈井江町	太田精機	金型仕上げ加工・微細精密加工	58	1981
奈井江町	北海道電器	光コードケーブル・コネクター加工	64	1987
美唄市	ハピオール	プラスチック成形	3	1995
美唄市	美唄イノアック	プラスチック総合加工	43	1964
美唄市	北海道ハードフェーシング	自融合金溶射	5	1973
夕張市	シチズン夕張	切削加工	198	1985
夕張市	マルダイ	鉄線・鋼線加工	13	1986
・生産設備・メインテナンス				
奈井江町	北海道住電精密	金属・治工具・消耗品	395	1980
奈井江町	太田精機	設計・生産設備製造・金型・治工具	58	1981

資料：北海道庁産業振興課（2006）：北海道の基盤技術企業100選。
　　　同（2007）：北海道の生産設備・メンテナンス企業100選より作成。

36社であったが、半数の18社が撤退ないしは消滅している。現存企業のうち雇用100人以上は2社のみで、単板・合板製造の木材・木製品とスーツケース生産の金属製品の2業種である。後者は中核企業として金属プレスや射出成型のほか、内装品や部品を供給する関連企業を有しており、このため赤平は高級バッグやスーツケースなどの生産に特色をもっている。上砂川には全体で11社、337人（2011）の従業員をもつ企業が立地している。このうち5社は菌床シイタケの生産をしており従業員数の31.9%を占める。これは菌床を提供するK社との関連が強く、旧産炭地では夕張につぐ生産規模となっている。上砂川には1968年以降に用地取得も含めて50社が立地したが、66%に当る33社が撤退等をしている。なかには医療機器部品メーカーのように新たな生産品目へ転換したものもあるが、大部分が縫製・ニットの分野での婦人服や紳士服製造と木材加工、電子部品の業種となっている。繊維関連の雇用数は2008年には芦別や歌志内で首位を占めているが、かつては閉山後に女子労働力を求めて進出した典型的な労働集約型の企業であった。残存する少数の企業は海外の廉価品との差別化をした高級品生産に特化している。しかし、シイタケ生産は空知南部の栗山町に後発メーカーが大規模生産を開始したことで価格低迷の影響をうけている。また旧産炭地の立地企業は女子雇用の割合が高く、上砂川でも女子が全体の66.1%を占めている。このことは企業誘致が必ずしも人口増加に結びつくことにはならず、一方では女子労働力供給の規模が進出企業数に限界をもたらすことになる。また工業生産の維持には中核企業の技術高度化による競争力の維持とこれら企業との間の生産上の連関が大きな要素となる。

3　観光開発

　石炭政策は1963年の第1次から1991年までの第8次まで展開され、その後のポスト8次政策はすでにふれた措置法が失効した2001年まで継続された。その

---

(3) 1994年の住友石炭の閉山の際には、地元自治体の赤平には地域振興資金と所有土地の譲渡はなかったが、新規事業費用を拠出している。これは他の産炭地とは異なり市街地中心部に広大な所有地があったため、それを活用したスーパーや自動車教習所、レストランのほか、人工ダイヤや人工水晶などの製造と坑道の排ガスを活用した大型温室による花卉栽培にも進出した。しかし、現存するのは木材加工と人工ダイヤ製造などで、市街地の公営住宅が立地している所有地の管理が主となっている。

後は激変緩和措置として産炭地総合発展基金を活用した振興策が2006年まで実施され，さらに2011年までを経過措置として一般的な地域政策へ移行することになっている。この措置のために全国の5地域と共に空知地域には基金総額の5分の1に当たる95.5億円が配分された。これにより芦別市のベアリング製造と赤平市のスーツケースや革製品などの企業はこの助成を受けている。石炭政策は炭鉱稼動時には「なだらかな閉山」を目指す生産規模の縮小と合理化が基本となるが，閉山後は雇用創出を目的とした地域振興策に最大の重点がおかれることになる。このなかで工場誘致とならんで積極的に取り組まれたのが観光開発である。これにはサービス業へシフトした産業構造や余暇活動の拡大のほか，全国的にリゾート開発ブームを引き起こした「総合保養地整備法」(1987)の成立が大きな誘因となっている。8次対策では旧産炭地間の広域的な振興策が取り上げられたことや炭鉱都市のイメージ転換もリゾート開発を指向させた。その一つが1985年の滝川を含む7市2町による「中空知大規模ナチュラルプレイゾーン」計画である。さらに1987年には上記の構成市町のうち滝川と奈井江を除く5市1町からなる空知炭鉱市町村活性化推進協議会により「空知山岳ワールド」構想が出現した。これらの構想では後者の計画のキャッチフレーズ「炭鉱から山へ・石炭から緑の大地」に示されるように，炭鉱都市からのイメージの払拭が強調されている。この構想は既に先行していたトマムやサホロのリゾート建設がモデルとなっており，道央自動車道の開通や千歳をはじめ旭川，帯広両空港の整備が国際リゾート実現の手段として重視された。これらのなかで特筆されるのが，夕張の「石炭の歴史村」と芦別の「カナディアンワールド」である（表3-5）。これらの計画にはいずれも第三セクターによるスキー場と温泉の事業展開が共通しているほか，事業の破綻後は起債残額が大きな財政負担となっている。なかでも夕張では事業はポスト8次政策に先行して行われ，市独自の事業計画の立案を二つの第三セクターで矢継ぎ早に展開したこと，また芦別ではこの計画は外部エージェントとの共同で実施されたことが多額の負債の要因になり，1990年の開設から僅か9年で閉鎖となった。また上砂川では起債の要件の不備が，また赤平では外部エージェントの撤退が結果として債務増加を免れることになった。吉見（2007）は北海道と九州の旧産炭地のリゾート開発の共通性として「外国村」型のテーマパークの存在と北海道の

表3-5 旧産炭地の観光に関連した振興事業一覧

	主要事業	炭鉱関連施設・その他	温泉	スキー場・ゴルフ場	地域イメージ
夕張	●石炭の歴史村 ●メロン城 ●ホテル(シューパロ)ホテル		●シェーパロの湯 ○レースイの湯	○Mt.レースイ	
赤平	○エルム高原リゾート (家族旅行村・オートキャンプ場)	旧住友赤平鉱立坑	○エルム高原温泉		フラワーパークタウン
上砂川	国民休養地	●地下無重力実験センター ●無重力科学館 ●かみすながわ炭鉱館		●上砂川岳国際スキー場	
芦別	●カナディアンワールド ○ホテル(スターライト) 星の降る里百年記念館		●北の京芦別 ○芦別温泉		星の降る里
歌志内	国民休養地		○チロルの湯	○かもい岳国際スキー場	チロルの里
奈井江			○新ないえ温泉		
砂川	アメニテイタウン ●オアシス・パーク ○道立こどもの国	オアシス・ハイウエー			快適環境都市
三笠	○鉄道村	桂沢ダム			
美唄	○アルテピアッツァびばい	炭鉱メモリアル森林公園	○ピパの湯		

●：閉鎖・休止施設　○：稼働施設

課題として，観光客の移動ルートを重視した交通面でのデメリットを指摘している。しかし旧産炭地が強調した共通の要素は旧産炭地の施設の規模を大幅に上回るニセコや札幌国際スキー場のように既存の温泉地域をもつ地区があるため，集客では対抗することは困難であった。なおこの事業で評価される点は炭鉱跡地が市街地内にある都市では景観整備が進められたことであり，とくに歌志内では「チロルの里」のイメージをもとに点在する市営住宅等の整備がなさ

れ都市イメージの統一をもたらした。なお旧産炭地のなかでは美唄市のみが上でふれた振興計画の対象ではなかったが，炭鉱関連施設が近代化遺産に指定され新たな観光資源として注目されるなかで，世界的な彫刻家安田侃氏の作品を炭鉱関連施設の内外に展示した「アルテピアッツアびばい」は新たな地域振興の事例となっている。
　　　　　　　　　　　　　　　　　　　　　　　　　　　　（山下克彦）

Ⅲ　空知南部における工業団地開発と企業誘致策

1　三笠工業団地の概要

　三笠工業団地は空知南部三笠市に位置する工業団地（図3-4）で，総面積は約124ha，そのうち工業用地が約110haで空知地方の工業団地としては中規模の工業団地である。[4] 工業団地が位置する三笠市岡山地区は，三笠市の市域の中では最西端にあり，札幌市と旭川市を結ぶ国道12号線をはさんで岩見沢市と隣接し，美唄市との境界にも近い。三笠市の市街地よりはむしろ岩見沢市や美唄市の中心市街地に便利である。さらに，1987年に工業団地近くに高速道路の

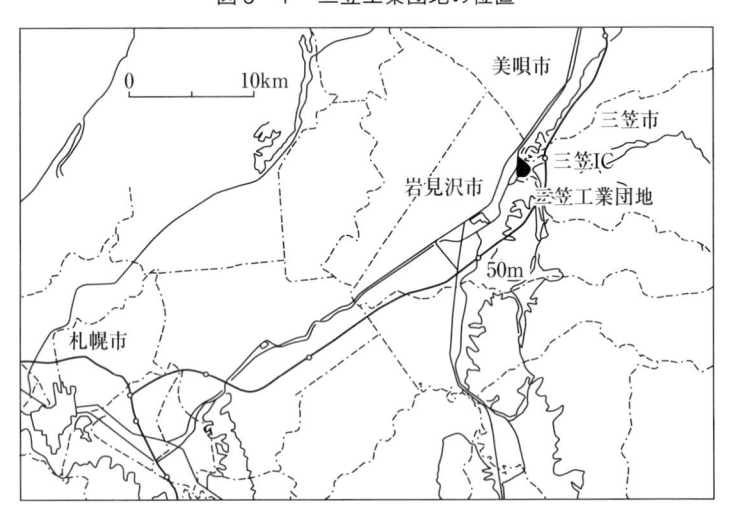

図3-4　三笠工業団地の位置

---
[4]　筆者は，1990年に三笠工業団地の現地調査を実施し，立地事業所を事業所機能という点から分類した（金森，1992）。本項はその調査結果に基づいている。

インターチェンジ，道央自動車道三笠ICが利用できるようになった。高速道路を利用すれば札幌都心部までわずか45分ほど，また1時間ほどで新千歳空港という交通条件である。

工業団地は1969年に三笠市が水田地区を転換して用地造成を始めた。1971年からは地域振興整備公団が工場用地造成を引き継ぎ，用地造成は1973年に終了し約74haの工業団地が完成する。用地の分譲が完了したのは造成開始から20年後の1989年であった。しかし，企業誘致がなかなか進まなかった空知産炭地域の他の工業団地に比べて，分譲が比較的に進んだ工業団地として評価されていた。理由として，分譲価格が空知地方の工業団地の中でも低めの設定であったことや1987年に高速道路インターチェンジの開通が工業団地の知名度を飛躍的にあげたことなどが指摘されている。

三笠市では，分譲の終了を受けて工業団地の北側の地区に約50haの第2工業団地開発を第3セクター方式(5)で進めた。第3セクター方式がとられたのは，当時，美唄市と奈井江町にまたがる大型の工業団地である空知中核工業団地の売れ行き不振により地域振興整備公団による開発が不可能であったからとされている。第2工業団地の分譲は進まず，ショッピングセンターの立地(6)や住宅地分譲をはじめとする様々な工夫で企業誘致を図っている。

三笠工業団地への企業の進出は，インターチェンジ開通から第一期の造成分が完売した1980年代後半から1990年頃にかけての時期が最も盛んだった。本項では，三笠工業団地に立地する事業所の特性を事業所機能という点から整理し，どのような地域的役割の中で三笠工業団地の分譲が進んだのかを明らかにする。

---

(5) 開発主体となった三笠工業団地開発㈱は，地域振興整備公団，北海道，三笠市，北炭，三笠建設会館，空知信金，空知信用組合，三笠市農協，三笠市商工会などが出資する第3セクターである。
(6) 2005年に，工業団地内にスーパーセンターと専門店街からなるショッピングセンターが開業した。工業団地の敷地の一部を，工業地区から準工業地区へと用途変更することにより工場等以外の土地利用を可能にした。また，大型商業施設の南側隣接地を住宅用地として分譲をはじめた。さらに，工業団地の一部を無償リースとすることで企業誘致の促進を図ろうともしている。

2 1990年における立地企業の事業所特性

(1) 立地企業の概要　1990年当時に立地していた企業を業種と従業者数，進出元からみる。

業種からみると窯業土石，金属製品，鉄鋼，プラスチックなど素材型の工場が多い。食料品や家具などのほかは工事関係の業種が多いことが特徴である。機械工業や衣服，繊維関連はそれぞれ2事業所ずつにとどまっている。

従業者数の合計は約750人であるが，そのおよそ3分の2を男性従業者が占めている。素材型の業種が多いためである。女性を多く雇用している事業所は電気機械工場と食料品工場などに限られている。

進出元としては，北海道内からの企業進出が多く16事業所で，そのうち札幌市の企業が13事業所を占める。北海道外からの進出は東京都が7事業所，大阪府が4事業所で，その他，新潟県，三重県，岡山県などである。

(2) 事業所機能　ここでは1970年代までの比較的早い時期に工業団地に進出し1980年代の前半までに操業を始めた8事業所について，原料の仕入れ先と製品の出荷先地域と営業部門の研究開発部門の配置から立地事業所の機能を考えてみたい。

工業団地内で製品生産を行っている8社は原料仕入れ先を北海道内とした原料立地型の3社と製品出荷先を北海道とした市場立地型の5社に分けられる。製造機械賃貸の1社は市場圏を近隣地域としており市場立地型に分類されるだろう。原料仕入れ先と製品出荷先の双方を東京本社としたのは1社である。

営業部門と研究開発部門を持つ工場はない。札幌をはじめとする他地域の営業部門からの連絡で製造や出荷を行っている。札幌が営業部門，三笠工業団地が製造部門という形の分業を行っている。したがって，三笠工業団地の分譲は，札幌を中心とした道央圏市場への立地の一端として進んだといえる。

3 三笠工業団地の地域的位置づけと今後の課題

三笠工業団地への立地が札幌を中心とした道央圏市場への立地ということであれば，札幌への利便性が向上したインターチェンジの開通は象徴的である。空知南部が札幌圏の一部に組み込まれ，三笠工業団地の分譲が進んだのである。第一団地の分譲終了を受けて造成した第二団地はなかなか進んではいない。

表3-6 三笠工業団地内立地事業所の概要（1990年）

	業種	進出元	操業開始（年）	従業員数（人）男	女	計
1	電気機械	東京都	1971	95	58	153
2	飲料品	北海道 札幌市	1972	22	9	31
3	窯業土石	北海道 三笠市	1974	27	5	32
4	家具	大阪府	1974	64	17	81
5	窯業土石	北海道 札幌市	1974	23	13	36
6	設備工事	東京都	1974	12	3	15
7	プラスチック	岡山県	1975	16	2	18
8	窯業土石	大阪府	1977	19	4	23
9	設備工事	北海道 札幌市	1979	24	1	25
10	食料品	北海道 札幌市	1980	16	56	72
11	食料品	北海道 札幌市	1980	4	2	6
12	総合工事	北海道 札幌市	1980	6	3	9
13	物品賃貸	栃木県	1982	17	6	23
14	衣服ほか	東京都	1986	4	1	5
15	食料品	北海道 札幌市	1986	−	−	−
16	窯業土石	北海道 札幌市	1987	16	8	24
17	金属製品	北海道 札幌市	1988	20	7	27
18	金属製品	北海道 札幌市	1988	13	12	25
19	非鉄金属	東京都	1988	25	5	30
20	金属製品	新潟県	1988	3	1	4
21	化学	北海道 札幌市	1988	16	4	20
22	食料品	北海道 札幌市	1988	2	6	8
23	家具	東京都	1990	3	1	4
24	化学	三重県	未操業	−	−	−
25	家具	大阪府	未操業	−	−	−
26	一般機械	新潟県	未操業	−	−	−
27	鉄鋼	北海道 札幌市	1990	16	1	17
28	鉄鋼	東京都	未操業	−	−	−
29	繊維	大阪府	1990	21	9	30
30	プラスチック	北海道 三笠市	1990	15	1	16
31	窯業土石	北海道 美唄市	1990	13	2	15
32	金属製品	東京都	未操業	−	−	−

資料：三笠市，聞き取り調査。

表3-7 三笠工業団地内に立地する事業所の機能

	主製品	操業開始（年）	原料仕入先	製品出荷先	営業部門
1	電子部品	1971	親会社（東京）	親会社（東京）	東京
2	清涼飲料水	1972	親会社（東京）	北海道	札幌
4	家具	1974	北海道	全国	大阪・東京
5	複層ガラス	1974	親会社（札幌）	北海道	札幌
6	アスファルトルーフィン	1974	関連工場（山形）	北海道	札幌
7	田植機用苗箱	1975	親会社（岡山）	北海道	三笠
8	コンクリートパイル	1977	北海道	北海道	札幌・函館
10	レトルト食品	1980	北海道	全国	札幌

資料：聞き取り調査。

三笠工業団地は開発開始から既に40年を過ぎた。立地企業の撤退が起こっている。その中には，開発当初からの立地企業で団地の象徴ともなっていたような企業が撤退した例もある。既存企業の撤退の後をどうするのかという新たな課題も表れている。

Ⅳ 空知における電子部品産業の立地と地元下請企業の創出

1 空知地域における電子部品産業

電子部品産業は空知産炭地域に誘致された産業の中では，比較的大きな雇用を生み出した産業である。空知地域に電子部品産業の進出が始まったのは1960年代末であったが，生産と雇用は1990年代前半にピークをむかえた（図3-5）。電気機械工業従業者数が最も多かった1992年には，電子部品産業を中心に42事業所が存在し（図3-6），従業者数の合計は空知管内だけで2300人を超えていた。特に三笠市，美唄市，奈井江町の3市町には15工場が集中し，従業者は1400人近くで，札幌圏を除いて北海道では最大の集積（山下，2011）となっている。

これらの電子部品産業の中心となったのが，電子部品専門メーカー3社の北

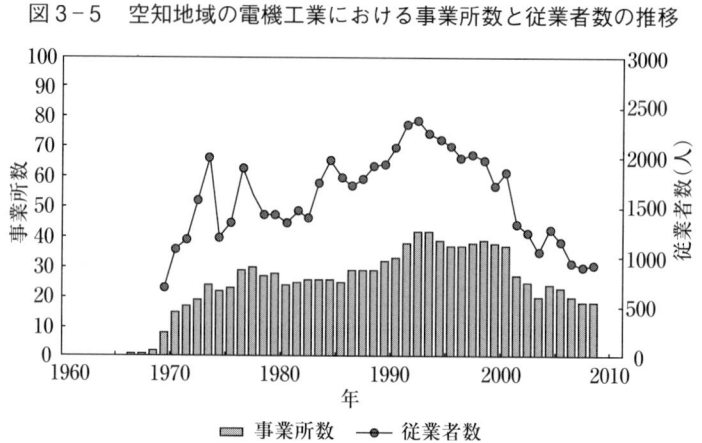

図3-5 空知地域の電機工業における事業所数と従業者数の推移

注：『空知の統計』各年版による。1992年以降は「電子部品・デバイス」と「電気機械器具」の合計である。

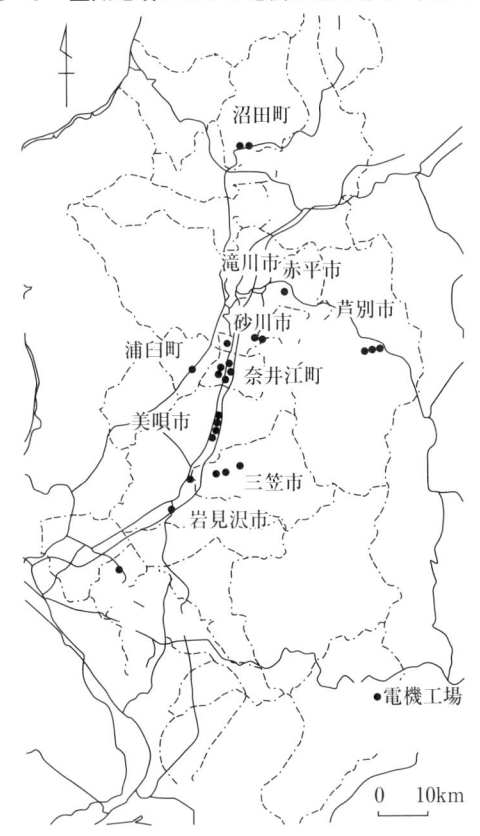

第3章 北海道空知地域における旧産炭地の振興　65

図3-6　空知地域における電機工場の分布（1991年）

注：現地調査により作成。

海道工場で，抵抗器製造のＸ社，シリコンダイオード製造のＹ社，および水晶発振器製造のＺ社である。1960年代末から1970年代半ばにかけて空知地域に進出したこれら3社が拠点工場となってそれぞれ下請企業を創出し電子部品産業地域ともいえるような集積をつくり出してきたのである[7]。

　本項では，空知地域の電子部品産業の集積の進展過程と，生産のピークであった1990年代前半期における地域的な生産の構造を雇用，地元下請企業の創

---

[7] 山口（1977）は，1970年代半ば頃の電子工業の工場配置の図中で，空知地域を北海道唯一の集中地として図示し（32頁），電子部品工業地域として空知地域をあげている。

出といった点から明らかにする。また，電子部品産業地域の形成における炭鉱集落の役割についても考えてみたい。[8]

2 生産体制

(1) X社（奈井江町）　固定抵抗器専門メーカーであるX社は神奈川県にあり，営業所を大阪府，埼玉県，愛知県，宮城県に配置している。研究開発は神奈川県綾瀬市の技術センターにある。工場は奈井江町のほかに神奈川県に，また台湾とマレーシアに現地工場がある。また，群馬県と富山県，美唄市の3工場でチップ抵抗器の梱包の工程を専門におこなう関連会社もある。

奈井江工場は1969年に操業開始した。[9] 操業開始と同時に下請工場の募集を行い，1972年までに奈井江町のほか空知産炭地域内の美唄市，浦臼町，三笠市，沼田町に下請企業，空知から少し離れた上川地方東神楽町に分工場を設置した。下請工場には完成品の選別と包装の工程を配置し，目視作業である選別工程では約180軒の内職を利用した。

(2) Y社（三笠市）　電源装置を中心とする重電メーカーである。本社及び本社工場は東京都にあるほか，栃木県と東京都，群馬県の4工場のほか，茨城県，山梨県の工場が子会社として生産に関わっている。

三笠工場ではシリコン整流素子を生産しているが，半導体部門については大型のものを関東で小型のものを北海道で生産するという体制をとっている。下請工場は美唄市，三笠市，岩見沢市の3工場である。なお，包装工程の前のリード線の曲がりを伸ばす作業は内職を利用している。

(3) Z社（三笠市）　水晶振動子メーカーで工場は東京都と千葉県，山形県のほかタイにも工場がある。三笠工場の生産品目は人工水晶，水晶振動子，光学用フィルタ，超音波固体遅延子で，このうち下請工場を利用しているのは超音波固体遅延子である。手作業あるいは目視による単純な作業の工程で下請工場を利用するほか福祉施設への外注もおこなっている。また，ケースに入れる

---

[8] 筆者は生産がピークであった1990年代前半に，この地域の電子部品工業の調査を実施した（金森，1993a; 1993b）。本項は主にその調査結果に基づいている。
[9] 1968年の空知地方進出発表後，同じ空知地方内の他の地域との間で企業誘致合戦が繰り広げられた末，奈井江町に立地することになった。

工程では内職が利用されている。

地域内での外注を行っている点が特筆される。部品本体の外側に装着するプラスチック製のケースを上砂川町にある誘致企業に外注していた。当初は内製されていたが，後に地域内にあるこの工場に外注されるようになったものである。なお，水晶関連の誘致工場が空知産炭地域内に他に2社立地しているが，特に取引関係はない。

3　雇用構造

空知地方の電子部品産業の中心となる拠点工場3工場とその下請け工場群の1993年における雇用状況を示したのが表3-8である。

拠点工場3工場の従業者数の合計は885人である。いずれもそれぞれの下請け工場よりも雇用規模が大きい。下請工場16工場では全員出向社員による生産の工場16を除いた12工場についてみると，従業者数の合計は549人である。1工場あたりの平均は約46人となる。従業者数40人前後の小規模工場が多い。[10]

女性の雇用は拠点工場では合計276人で約3割を占めている。それに対して

表3-8　電子部品工場の雇用構造（1993年）

	工場	従業者数（人）	うち女性（人）	女性比率（％）	平均年齢（歳）	内職（軒）
1	拠点工場	445	84	18.9	32.8	－
2		323	153	47.4	不明	120
3		117	39	33.3	不明	？
4	下請工場	100	96	96.0	41.0	40
5		67	46	68.7	40.5	47
6		59	24	40.7	25.0	1
7		51	49	96.1	不明	135
8		50	34	68.0	48.5	100
9		45	32	71.1	40代	50
10		43	28	65.1	不明	？
11		34	14	41.2	46.0	11
12		32	30	93.8	36.0	15
13		29	21	72.4	50以上	8
14		25	18	72.0	44.0	4
15		14	不明	不明	不明	？
16		－	－	－	－	－

資料：聞き取り調査。

---

(10) 下請工場の中では雇用が100人と大規模な工場4については，分工場も含めた数字であるので，1工場当たりでみると同様の小規模工場ということができる。

下請工場では12工場合計で392人と下請工場の雇用合計の7割を占めており，女性雇用比率は拠点工場よりも下請工場で高くなっている。さらに，個別の工場ごとに見てみると，拠点工場においては18.9％から33.0％まで，下請工場においては40.7％から96.0％までというように，工場ごとに女性雇用比率に大きな差が存在する。

これらの各工場における女性の占める割合の違いは，それぞれの工場が担当している工程の特色を反映している。男性従業員が従事する工程は，重い荷物を運んだり大きな金型を持ち上げたりするような力仕事や機械の保守や整備，運転手などである。機械化が進み自動化された工場では男性従業者の比率が高くなる。逆に手作業に頼る工程が多い場合，女性雇用の割合が高くなる。機械の導入が進んでいない工場の場合は女性従業員の割合が特に高くなる。

また，内職の利用も広く行われている。拠点工場と下請工場全体で少なくとも500軒以上の内職の利用があった。内職を利用していたのは拠点工場と下請工場の違いにはかかわりなく，それぞれの工場が担当している工程の性質によっている。内職者はほぼ女性と考えられるので，空知の電子部品産業は3拠点工場だけでも，拠点工場や下請工場，さらに内職を通して1990年代前半期には1200人以上の労働力を利用していたと推定できる。

4 炭鉱関連労働力の利用

空知の企業誘致策は産炭地域政策として行われてきた。空知の電子部品産業の立地は空知地方において炭鉱の合理化や閉山が進んでいた1970年代から1980年代の時期に重なる。炭鉱離職者は電子部品産業の立地にとってどのような役割があったのだろうか。

表3-9は，1986年における三笠市の電子部品工場4工場における炭鉱関係者の雇用の状況を示している。なお，1980年代半ばという時期は，三笠市では1988年に閉山した北炭幌内炭鉱閉山の直前の時期と重なる。

電子部品工場に炭鉱離職者が雇用される場合はほとんどない。一方，炭鉱勤務者の家族の雇用は大きい。この時期の三笠市内4工場の雇用合計475人のうち，炭鉱勤務者の妻は90人，また炭鉱勤務者の子弟は67人，合計で157人の炭鉱勤務者家族の雇用があり，電子部品工場の雇用全体の3分の1を占める。ま

表3-9　電子部品工場における炭鉱勤務者の家族の雇用（三笠市・1986年）

工場	立地場所	従業者数（人）	うち女性（人）	女性比率（%）	炭鉱勤務者の家族			
					合計（人）	比率（%）	うち妻（人）	うち子弟（人）
1	拠点工場	炭鉱集落	241	161	66.8	74	30.7	51	23
2	拠点工場	工業団地	144	58	40.3	37	25.7	11	26
3	下請工場	炭鉱集落	51	44	86.3	29	56.9	16	13
4	下請工場	炭鉱集落	39	26	66.7	16	41.0	12	4

資料：三笠市調査。

た，下請工場においてはさらにこの割合は高くなり，下請工場2工場の従業員のおよそ3分の2が炭鉱勤務者家族であった。

　拠点工場である工場2は炭鉱勤務者家族の占める割合が1割程度と他の3工場に比べて低い。この工場は，三笠市や美唄市の炭鉱集落からは離れた岩見沢市との境界近くにある工業団地内に立地しているためである。工場の立地が炭鉱集落内や炭鉱集落近くの場合は必然的に炭鉱関係者の就労が多くなる。工場が直接の炭鉱離職者の雇用対策としてはそれほど機能しなかったのではないようだが，炭鉱勤務者世帯は工場労働力の供給源として一定の役割をもったことは確実である。

5　下請企業の地元創業

　下請企業のほとんどが地元の経営者によって新たに創業された企業である。表3-10は，こうした地元創業企業の創業者の前職である。各企業の創業の経緯は次のとおりである。

　企業1　1969年に設立した。奈井江町の中小炭鉱であった新奈井江炭鉱の職員労組の3人が新奈井江炭鉱坑外員であった離職者19人と主婦パートを採用して操業を開始した。工場は集落内の空き地に新設された。

　企業2　1969年に奈井江町に隣接する浦臼町の農家有志によって設立された。工場はコンクリート工場の敷地内に新設された。

　企業3　1969年に炭鉱下請企業の役員が設立した。工場は同企業の横の敷地に新設された。

　企業4　1969年に炭鉱関連企業の役員であった創業者が離職者の子弟を従業

表3-10 地元下請け企業の創業者の前職

	創業（年）	資本金（万円）	創業者の前職
1	1969	960	炭鉱離職者（職員）
2	1969	5,000	農家
3	1969	1,000	炭鉱下請企業役員
4	1969	300	炭鉱下請企業役員
5	1972	2,800	建設会社役員
6	1974	500	取引先役員
7	1976	2,300	地元下請企業役員
8	1978	1,100	取引先役員
9	1981	60	不明
10	1981	1,000	地元下請企業役員
11	1982	2,000	商店主
12	1983	300	会社員

資料：聞き取り調査。

者の半数雇うことを自治体の融資の条件として企業を設立した。工場は炭住跡地に新設された。

　企業5　1972年に建設会社役員が従業員数30人で創業した。工場は水田の跡地に新築された。

　企業6　ビル管理会社の役員が兼任で社長を勤める。工場は自動車修理工場の一部を改築して利用された。

　企業7　ビル管理会社の役員が兼任で社長を勤める。当初は住宅内で電話器用ダイオードを組み立てていた。

　企業8　創業者は中小炭鉱の職員労組の1人であり他の2つの下請企業の創業者でもある。1980年にやはり下請企業で操業を中止していた別会社の土地建物を買取り創業した。

　企業10　拠点工場の受注量減少で休業していたところ，市役所の斡旋で1981年に事業の転換をした。

　企業11　町内の食料品店経営者で商工会の幹部であった創業者が町の所有する映画館を利用して1981年に操業を始めた。

　企業12　創業者は拠点工場の役員が以前に勤めていた会社の同僚で，拠点工場の取引先の会計事務所との出資で1983年に設立した。工場は農機具の整備工場の一部を改築して使用している。

比較的早い時期に創業した企業の中に，炭鉱の離職者や炭鉱の関連会社，取引先企業などから創業者となった事例がみられることは特徴的である。下請企業の創設にあたって地元自治体の企業誘致ルートが重要な役割を果たしたことも指摘しておきたい。地元自治体の企業誘致ルートをして公募をおこなった例もある。また先行する拠点工場の下請工場から他の拠点工場の下請工場の創業者になった事例もある。

6　生産合理化に対する下請企業の対応

電子部品市場の急激な変動に対する各企業の合理化に対して下請企業は生産性上昇や人員削減で対応しきれない場合，工場を閉鎖することがある。しかし，受注関係を複数企業に拡大して生産合理化に対応した企業も存在する。

奈井江町の企業は親工場の他に，新たに美唄市の企業および歌志内市の企業の下請を受注，奈井江町の本社工場のほか，町内の工業団地内の分工場および滝川市の2つの工場で分担している。

三笠市の企業の下請工場として創業した沼田町の企業は，1990年より埼玉県にある企業の小型無線機の組立を下請受注することになった。その後，さらに茨城県や札幌市の下請を受注している。

7　空知地域における電子部品産業地域形成に炭鉱集落の役割

空知地域における電子部品産業の集積は産炭地域への企業誘致策の結果として進んだ。電子部品産業の展開も空知地域の中でほぼ完結しており，産炭地域振興の枠の中でとらえられる。それでは，電子部品産業地域形成に炭鉱集落はどのような意味があったのか。

炭鉱離職者の雇用はきわめて少ない。しかしながら，炭鉱勤務者世帯員は一定の重要性をもっていた。特に，炭鉱集落の中に立地する工場の場合は労働力供給元の中心が炭鉱世帯員であった。また，地元下請企業の創業者の中に炭鉱下請企業の役員や中小炭鉱の職員が含まれていたことも特徴的である。商店主などに加えてこのような層が地元創業者として下請に参加していった。

また，地元自治体の企業誘致課を中心とする企業誘致窓口の役割も重要であった。合理化への対応の中で事業の転換や多角化を図る経営者もみられたこ

とは，産業地域としての発展としてとらえられる．しかし，それらが企業誘致窓口を通してなされたことも指摘したい．企業誘致策を通した地元地域が産業集積の中で一定の重要な役割をもったことが注目される．

　ところで，生産のピークであった1990年代前半以降は，空知地域の電子部品産業は縮小しており，雇用規模も2000年代後半には従業者数は1000人を下回るにいたっている（図3-5）．空知地域の電子部品産業の今後の動向を注視することは，産炭地域政策が地域に何をもたらしたのかということを理解する重要な鍵となると思われる．
　　　　　　　　　　　　　　　　　　　　　　　　　　　　　　（金森正郎）

参考文献
産炭地域振興問題研究グループ（1982）「産炭地振興に関する基礎的諸条件に関する調査研究―中間報告」『開発論集』（北海学園大学開発研究所）31号，125-144頁．
金森正郎（1992）「石狩炭田地域における立地企業の特性―三笠市三笠工業団地の事例―」『北海道地理学会1992年度春季学術大会報告』．
金森正郎（1993a）「北海道空知地方における電子部品工業の立地展開」『経済地理学会中部支部4月例会報告』．
金森正郎（1993b）「北海道空知地方の電子部品工業」『人文地理学会1993年度大会研究発表』．
矢田俊文（1994）「構造不況産業と地域政策―戦後日本の石炭産業の衰退と産炭地域政策―」『産業学会研究時報』10号，1-25頁．
山下克彦（1997）「産炭地域の変容と地域振興の取り組み―北海道夕張市の事例―」山本正三・千歳壽一・溝尾良隆編『現代日本の地域変化』古今書院，79-102頁．
山口不二雄（1977）「戦後日本資本主義における工業配置の諸類型について」『法政大学地理学集報』6，1-39頁．
山下克彦・進藤賢一（1998）「巡検案内　産炭地夕張の変容と地域振興の課題」『日本地理学会』313-342頁．
Katsuhiko YAMASHITA（2001）Some Remarks on Land Use/Cover Change in an Ex-coal Mining Region of Central Hokkaido（Yukio Himiyama (ed.) China-Japan Comparative Study of Land Use/Cover Changes（1）31-38).
内田　晃（2006）「旧産炭地における地域振興政策の評価と住環境改善方策―福岡県筑豊地域と北海道空知地域の比較を通じて―」『日本建築学会計画論文集』604号，101-108頁．
吉見　宏（2007）「リゾート開発のコスト・ベネフィット　News Letters25」『日本計画行政学会北海道支部』．
北海道（2007）「北海道産炭地域振興方針」http://www.pref.hokkaido.lg.jp/kz/hke/grp．
国立社会保障・人口問題研究所人口構造部（2008）「日本の市区町村別将来人口（平成

20年12月推計）平成17（2005）〜47（2035）」http://www.ipss.go.jp/pp-shichoson/.
松尾忠直（2009）「北海道における生シイタケ栽培への企業参入と生産構造の変容」『東北地理』61-2，89-108頁．
山崎　朗（2009）「人口減少時代の地域政策」『経済地理学年報』55-4，327-337頁．
経済産業省（2011）「経済センサス基礎調査」http://www.stat.go.jp/data/chiri/map/.
山下克彦（2011）「旧産炭地の活性化」山下克彦・平川一臣編『日本の地誌3　北海道』朝倉書店，70-79頁．

第4章　石狩湾新港地域の企業立地の特色

はじめに

　石狩湾新港地域は，北海道中央部の石狩湾岸域にあり，細長い海岸砂丘（石狩砂丘）の一部に位置する。また，大河川である石狩川の河口域にも含まれる。

　関係自治体は，石狩市（旧石狩町）と小樽市の行政域からなる。以前の旧石狩町は，明治期に石狩町と花川村が合併したものである。石狩湾新港地域の大半は，旧花川村（花畔村と樽川村の合併）の行政域に含まれる。石狩湾新港地域の隣接地には，札幌市はあるものの，域内には含まれない。札幌市を起点した場合，石狩湾新港地域は，北西方面にあり，車を利用すると，中心部より約30分間の所要時間となる。

　旧石狩町は，1996年に石狩市となり，2005年に厚田村（現厚田区）と浜益村（現浜益区）を吸収合併した。よって，現在の市域は，南北に連なり，石狩湾新港地域は最も南側に位置する。

　石狩湾新港地域を含む石狩湾岸地域では，明治期から昭和初期まで，いくつかの開拓計画や開発計画を構想し，実現をみないまま時が過ぎた。その間，当地では，道内有数の水田・酪農地帯を形成し，海岸部では細々ながら，さけ漁を中心とした地域漁業を営んできた。

　戦後，当地は，再びの港湾建設の機運を足掛かりに，大規模な地域開発計画を策定し，1970年代以降，本格的に展開した。この地域開発計画の開発地域を石狩湾新港地域と呼ぶ。開発地域の総面積は，約3000haに達する。

　本稿では，石狩湾新港地域における地域開発計画の背景・内容，展開，企業立地の状況，新しい企業立地の動きについて述べる。

I 地域開発計画の特色

1 地域開発（開拓）計画の変遷

すでに述べたように，石狩湾新港地域の開発目的は，明治期以降，いくつかあった。開発目的は，その時々で相違するものの，持続的に産業的土地利用の候補地として評価を受け続けた。

明治期の開拓計画は，治水と石炭搬出を目的とした港湾建設であった。治水の目的は，石狩川の洪水被害を解消するためのものである。石狩川は，下流部で大きく蛇行するため，出来る限り河川を直線化（排水路）し，海洋に排水する必要性があった。明治期では，5・6年の間隔で大規模な水害が発生しており，地域住民の生活に大きな影響を与えていた。例えば，1898年（明治31）の水害では，浸水家屋159戸，被害田畑430町歩を記録した。他方，国・自治体の財政難から，急務の課題でありながら治水事業は進展しなかった。

石炭搬出は，幌内炭鉱の発見に伴い，本州方面への積み替え拠点としたものである。とりわけ，石狩川を利用した河川輸送は，輸送量や輸送コストの面で有利とされた。他方，札幌と小樽間の鉄道が開通になると，その港湾建設の必要性はなくなった。

明治期後半に入ると，再び，石炭搬出のための港湾建設の計画が浮上した。

表4－1　石狩湾岸地域における開拓計画案の流れ（明治期から昭和初期まで）

年　代	開拓計画案の構想者	総工費
明治7年	ケプロンの案	―
明治12年	ファンゲントの案	30万円
明治20年	メークの案	63万円
明治28年	岡崎文吉の案1	14万円
明治31年	広井勇の案	340万円
明治38年	㈱石狩炭坑の案	500万円[1]
明治43年	岡崎文吉の案2	366万円
大正10年	林千秋の案	3,000万円
昭和11年	伊藤・中村の案	―
昭和17年	斉藤（北海道庁）の案	244,537万円

注：1）総工費として1500万円で，その内訳は石炭採掘500万円，鉄道建設500万円，港湾建設500万円であり，表中の額は港湾建設費を示す。

資料：『石狩湾新港史』ほかより。

しかしながら，産業資本の投下は，満州へと移り，その計画も実現には至らなかった。

昭和期の開発計画は，港湾建設に加え，後背地の産業的土地利用を目指したものであった。後背地の産業的土地利用は，主として工業立地である。

1930年（昭和11）の伊藤・中村の開発計画では，銭函浜に港湾を建設し，その港湾と札幌を運河で結び，運河周辺を工業地帯にするものであった。続く，斉藤の開発計画では，石狩浜に港湾を建設し，その後背地に工業地区，さらにその周辺に居住地を含む工業都市を形成するものであった。この計画の調査費用は，早期に中央政府より認可された。その理由は，第2次世界大戦の戦局が悪化する中で，本州方面の既存の工業地域が空襲によって機能低下となり，地方分散を図る目的があった。結局，この計画は，戦争の終結によって，実現することはなかった。

以上より，昭和初期の開発計画が，現在の石狩湾新港地域における開発計画の芽生えになったと考えられる。

2 地域開発計画の背景と内容

石狩湾新港地域における地域開発計画とは，先行して実施した1960年代（造成着工1965年・企業立地1967年）の石狩工業団地の企業立地を含むものである。

地域開発計画は，1954年に発生した台風により，北海道の森林が大きく被害を受けたことにきっかけがある。当時の北海道，日本の各地では，工業生産に加え，各種の建設ラッシュも続いていた。すなわち，この時期の森林需要は，極めて高かった。倒木被害によって生産が低下した北海道は，その需要に応えるため，北洋材の輸入を検討し始めた。中でも，道内における木材需要の最も高い札幌近郊が注目された。ただ，当時の道内における港湾は，新たな貯木場を確保できる余裕がほとんどなかった。取り急ぎの候補地として，札幌近郊の茨戸川の河畔に決定した（1964年貯木開始）。その後，河畔の後背地には，北洋材の利用を期待して石狩木材工業団地（後の石狩工業団地）の造成がすすんだ。

他方，北洋材を輸入できる港湾の必要性は，依然期待された。それゆえ，小樽港を補完する副港（銭函港）建設の機運が高まった。副港建設は，北海道開発庁，小樽市，札樽経済協議会らの後押しがあった。1964年，札幌近郊を含む

表4-2　石狩開発の経緯

年	石狩開発㈱経営破綻前	年	石狩開発㈱経営破綻後
1964	石狩開発㈱設立	1984	石狩町工場等立地促進条例制定
1971	用地買収開始（北海道企業局）	1985	北海道企業立地促進条例制定
	連絡協議会発足	1988	土地利用計画改訂（北海道）
1972	基本計画策定（北海道開発庁）	1992	サポートセンタープラザ立地
	石狩開発㈱第3セクターへ組織替え	1997	第2回土地利用計画改訂（北海道）
	港湾計画認可（運輸大臣）	2002	石狩開発㈱民事再生法申請
1973	重要港湾指定（運輸大臣）	2003	石狩開発㈱再生計画案認可
	港湾工事着手（北海道開発局）		構造改革特区「港湾物流特区」認定
1976	土地利用計画策定（北海道）		石狩湾新港リサイクルポート指定
	土地区画整理事業着手（石狩開発㈱）	2006	14m岸壁供用開始（第1船入港）
1978	用地分譲開始（石狩開発㈱）	2010	石狩湾新港重点港湾選定
1982	東埠頭併用開始（第1船入港）		

資料：石狩開発株式会社内部資料及び業立地課苫東計画係内部資料より作成。

地域は，道央新産業都市区域に指定された。そのため，札幌・小樽地域の工業立地の期待も重なった。

1967年，北海道開発庁は，石狩湾沿岸総合開発の調査を行い，港湾建設の位置の検討を始めた。港湾建設の位置は，小樽市，旧石狩町，関連企業，関係団体などの思惑があり，難航した。最終的には，小樽市と旧石狩町の行政域を一部変更し，北海道が港湾建設の位置を決め，その港湾を北海道，小樽市，旧石狩町で管轄する方法とした。また，港湾建設の他に，後背地に工業や流通地区を造成することも決定した。これが，石狩湾新港地域における地域開発計画の内容となった。

基本計画の内容は，1972年に示された。港湾は，開発地域のほぼ中央に建設をし，その周辺を流通地区，その両側を工業地区とした。また，流通地区と工業地区は，幹線道路で結び，広域に連携できるようにした。さらに，流通地区と工業地区の規模，配置は，札幌市や小樽市の広域的な都市圏にふさわしいよう，公共施設，レクリエーション施設，緑地を盛り込んだ。加えて，開発地域周辺には，就業者の住宅地の造成，生産緑地としての農業や周辺の地域漁業の振興も組み入れた。

土地利用計画（1976年）は，開発総面積2970ha（後に3022ha）とし，港湾用地370ha，流通用地260ha，工業用地1370ha，公園・緑地880ha，その他90haという内容であった。とりわけ，工業地区では，高度加工の消費財工業や機械工

表4-3　石狩湾新港土地利用計画

(単位：ha)

区分		業務地区	道路	環境		その他	合計
				公園	緑地		
流通地区		263	35	6	19		323
工業地区		876	110	38	51	3	1,078
管理支援地区		69	7	7	12		95
共通地区	緑地		3		95	1	99
	海岸暴風保安林				633		633
	海岸暴風普通林				32	1	33
	道路		142				142
	その他	7	1		10	125	143
	小計	7	146		770	127	1,050
港湾地区		208	35		8	225	476
合計		1,423	333	51	860	355	3,022

注：1．面積は，全体計画の各種事業の実施面積および公簿等による概数である。
　　2．工業地区には，ユーティリティー用地を含む。
　　3．その他は，放水路用地，海浜地等である。
　　4．港湾地区は，中央水路，埠頭用地および土砂処分用地である。
資料：石狩開発株式会社資料。

業といった都市型工業の立地を誘致し，北海道の地域特性に根付いた冬季対策関連企業，住宅関連企業，公害防止関連企業なども誘致の対象になった。また，エネルギーの安定確保として，電力，ガス，温水などの供給施設の立地も整備するものとした。

　当初の開発終了年次は1985年であり，貨物取扱量約2600万トン，卸売販売額約4200億円，工業出荷額約4000億円を想定していた。

3　地域開発計画の展開

　開発地域における用地分譲は，1978年に開始した。用地分譲は，1972年に第3セクターとして衣替えした石狩開発株式会社が行った。1982年には，埠頭整備がすすみ，貨物船が入港した。用地分譲の直後は，一定の土地購入がみられたものの，1980年代に入ると，苦戦し始めた。1980年代半ばには，石狩町工場等立地促進条例（1984年），北海道企業立地促進条例（1985年）を制定した。1988年には，土地利用計画を一部改訂した。改訂の内容は，誘致業種に追加の業種を入れ，従業員に対する利便性向上を目指し，商業施設の立地を促した。

その後，バブル経済の影響もあり，土地購入，企業立地は急増した。1992年には，立地企業の支援を目的としたサポートプラザを，開発地域の中央に立地した。1990年代半ば以降，平成不況となり，土地購入，企業立地は再び苦戦をした。1997年には，2005年までを目途とする2回目の土地利用計画の一部改訂を実施した。改訂の内容は，誘致業種の地域区分として，流通地区と工業地区に，複合機能地区（後の管理支援地区）を加えた。

 その後も土地売買の低迷は解消されず，石狩開発株式会社は，多額の負債を抱えた。2002年，同社は，民事再生法を申請し，経営破たんに至った。

 2003年，再生計画案は，認可となり，新生石狩開発株式会社の始動となった。同年，石狩湾新港と後背地に対して港湾物流特区の認定，総合静脈物流拠点港リサイクルポートの指定を受けた。港湾物流特区は，輸送車両の重量を40トン以上に緩和するものであり，輸送コストの削減につながった。リサイクルポートは，リサイクル企業の集積やネットワーク化を促進し，港湾整備の優先順位が上昇した。加えて，土地販売価格を1万7000円（1ha）から1万2000円（1ha）に値下げをした。また，新たな土地売買として，2004年より借地（リース制度）を行った。リース制度は，2008年時点で約30社が利用している[1]。さらに，2005年，石狩市は，立地企業に対して，固定資産税を2年間免除する新制度を導入している[2]。

 新生石狩開発株式会社の経営は，借地を中心とした企業進出がすすみ，2003年以降，4年連続で黒字を記録した[3]。2006年には，立地企業600社を突破した。同年，多目的国際ターミナルの中核となる14m岸壁が共用開始となり，第1船が入港した。2008年には，外航商船入港4000隻に達した[4]。2003年以降の企業立地や増設は，物流系企業，リサイクル系企業などでみられた。

 以上から，石狩開発株式会社の経営破たん後，企業立地，港湾の入船は，比較的に順調に推移している。

---

(1) 「北海道新聞」朝刊記事2008年12月3日付。
(2) 「北海道新聞」朝刊記事2008年11月18日付。
(3) 「北海道新聞」朝刊記事2007年6月13日付。
(4) 「北海道新聞」朝刊記事2008年4月29日付25頁。

II 企業立地の特色

1 現在の企業立地の状況

　表は，2011年3月現在の土地購入企業数と立地企業数を表わしたものである。土地購入企業数は736社，立地企業数（操業企業数）は609社を数える。立地企業数をみると，工業地区391社，流通地区192社，その他26社となっている。工業地区の立地企業数は，流通地区のそれの約2倍となっている。工業地区の立地企業数の内訳は，住宅関連214社，建設関連63社，機械金属70社，生活関連（食品加工業など）37社，その他7社となっている。とりわけ，立地企業の70％は，立地要因として札幌との近接性を挙げている。立地企業の多くは，北海道の基幹産業との関連が深い。一方，未操業企業は，約100社以上を数える。

　他方，用地面積では，工業地区182haに対して，流通地区187haとなっており，若干，流通地区の方が多い。このことから，工業地区の立地企業は，大手企業は少なく，中小企業の進出が多いと考えられる。用地面積全体をみると，立地企業全体で641haであり，開発地域全体（業務地区1423ha）の半分にも達していない。

　よって，石狩湾新港地域は，ある程度の企業集積はあり，北海道内の地域開発計画（工業団地）の展開として一定の成果をおさめている。一方で，未操業企業の土地の転売や操業企業の撤退は，少なからずあり，地域開発計画を推進するための残された課題は多い。

表4-4　業種別立地・操業企業の現状（平成23年3月末現在）

区分		住宅関連	建設関連	機械金属	生活関連	先端技術関連	ユーティリティー	流通地区	管理支援地区	港湾地区	計
立地企業	事業所数	267	91	72	58	1	6	214	12	17	738
	面積（ha）	220.9	123.3	80.9	68.7	0.4	25.9	232.5	28.6	44.9	826.1
操業企業	事業所数	214	63	70	37	1	6	192	10	16	609
	面積（ha）	182.3	82.4	73.4	44.2	0.4	25.9	187.0	11.3	34.9	641.8

※端数処理のため，必ずしも合計は一致しない。
資料：石狩開発株式会社資料。

第4章　石狩湾新港地域の企業立地の特色　81

2　近年の企業立地の特色

すでに述べたように，石狩開発株式会社の経営破たん後，企業立地は，リサイクル系企業を中心に展開した。2005年時点において，22社が企業立地している[5]。

リサイクル系企業の進出は，リサイクルポートの指定により，推進協議会を設立し（2004年），積極的な企業誘致を行ったことが大きい。リサイクル関連法が，成立・改正となった影響もある。例えば，2005年，自動車リサイクル法が施行となり，自動車中古部品の需要が増加した。食品リサイクル法では，2007年3月まで，事業者に対して，食品廃棄物の20％以上を再利用するよう義務付けた。大消費地の札幌から廃自動車，発砲スチロール，残飯，建設資材などの資源が，大量に排出されるようになった。そのため，札幌市に隣接する石狩湾新港地域は，リサイクル系企業において優れた立地環境となっている。

道内最大手のマテック（本社・帯広市）の場合，石狩工場の敷地面積は，63500平方メートルにおよぶ[6]。2004年には，トラックやバスなどの大型車両専門のリサイクル施設も完成した。当社の進出は，他のリサイクル系企業と比べ早く1990年に移転立地している。ただ，本格的なリサイクル施設群の立地は，2002年のELV適正処理解体工場の稼働以降である。その主力は，廃自動

表4-5　主なリサイクル関連企業

リサイクル関連企業	再資源化する廃棄物	再資源化品
㈱鈴木商会石狩工場	スクラップ廃電・廃自動車他	金属，プラスチック他
㈱マテック石狩支店	廃自動車，建設廃材，廃家電他	金属，プラスチック他
井尾ガラス㈱石狩工場	ガラス屑	ガラス製品への循環資源の出荷
㈱K＆K	食品残渣	発酵有機肥料
㈱リプロワーク	写真廃液，廃油他	銀，金属
石狩市リサイクルプラザ	空缶空瓶ペットボトル他	循環資源選別
㈱ばんけいリサイクルセンター	食品残渣	肥料製造
石狩アスコン㈱	アスファルト塊，コンクリート塊	再生路盤材
㈱サッポロパーツ	廃自動車	金属，中古部品，プラスチック他
㈱マルキンサトー　石狩工場	金属スクラップ	―
㈱ジャパンサイクル	食品残渣	有機肥料
㈱エフピコ	発泡食品トレイ回収	発泡食品トレイ

資料：石狩開発株式会社資料。

---

(5)　「北海道新聞」朝刊記事2005年3月2日付。
(6)　前掲注(5)。

車の解体処理（リプロワーク）である。その他にも，医療系の注射器や廃プラスチックなど年間約4500トンを処理しており，毎年5％ずつ増加している。解体後の鉄くずや非鉄類は，韓国，台湾，中国，ベトナムへ，使用可能なエンジンなどはマレーシアへ輸出している。2007年には，単独企業として国内最大の輸出量（1万7000トン）を記録した。

道外企業のジャパンサイクル（本社・宮城県大崎市）の場合，食品リサイクル工場「石狩資源循環モデルセンター」の敷地面積（2007年立地）は，1万200平方メートルにおよぶ。本工場は，道内の食品メーカーから排出される食品の残りかすを微生物発酵し，農業用のたい肥や土木会社用の土壌改良材などを再生する。処理能力は，一日約490立方メートルで，国内最大級の規模となる。

一方で，資源（ゴミ）に関する地域課題が生じている。当地では，長年，ゴミの不法投棄が後を絶たない。不法投棄の件数は，年間100件前後あり，最も多い年度では300件に達したこともある。とりわけ，自治体などのゴミ有料化後には，不法投棄が増加しやすい。要因として，大型車両の行き来が多い当地では，不法投棄するためのゴミを積んでいても目立たないこと，依然地域内には空地が多いことを指摘できる。

その他に，産業廃棄物の最終処理施設に関する地域課題も浮上している。2007年，開発地域外ではあるが，隣接地（石狩市樽川地区）において産業廃棄物の最終処理施設の立地計画が明らかとなった。石狩湾新港企業団地連絡協議会は，施設立地に反対している。その理由として，処理場で処分した物質の長期的な安全性や排水処理に懸念があること，地域のイメージダウンや風評被害の可能性があることを指摘している。

以上から，当地では，資源の再利用を目的としたリサイクル系企業の立地で活況を呈するものの，同じ資源の不法投棄や最終処分施設の立地計画という形で地域課題にもなっている。

---

(7) 「北海道新聞」朝刊記事2007年1月6日付。
(8) 「北海道新聞」朝刊記事2008年12月23日付。
(9) 「北海道新聞」朝刊記事2007年2月22日付。

III　今後の企業立地の可能性

　石狩湾新港地域では，2011年3月11日に発生した東日本大震災による原発事故の影響により，エネルギー・環境系企業の立地の可能性が高まっている。震災の数年前より，エネルギー・環境系企業の誘致には，乗り出しており，東日本大震災の発生によって，より注目された。本章では，その動向について述べる。

1　エネルギー系企業立地の可能性（天然ガス・火力発電所）

　エネルギー系企業の施設立地は，2007年の天然ガス基地（北海道ガス）の構想が発端である[10]。中央埠頭にある旧北海道ガス石狩工場の跡地を中心に，天然ガス基地の立地を目指すものである。元々の立地構想（投資費用約30億円）は，緊急時用の天然ガス貯蔵施設を想定していた。しかしながら，札幌圏をはじめとする大規模商業施設，工場，マンション向けの需要が急速に伸びており，大規模投資（投資費用約300億円）を検討する必要性が生じた。

　北海道ガスでは，すでに苫小牧勇払地区のガス田（石油資源開発）からのパイプライン輸送と東京ガスからの内航船による輸送を検討している。石狩天然ガス基地の立地は，需要増加の要因に加え，不測の事態に備えた拠点の分散化と価格競争力の向上も視野に入れたものであった。

　2008年には，敷地拡大のための用地取得を行い，総事業費400億円をかけ，2013年に基地の稼働を目指す計画であった[11]。2009年には，急速な需要増加の高まりを受け，一年前倒しの2012年の稼働を目指すことに修正している。さらに，タンク施設の他に，外航LNG船接岸用設備，ローリー出荷設備なども立地する。これらの施設立地が完成すると，経済波及効果890億円，新規雇用増7200人になると試算している。

　こうした立地計画を受け，関連する動きがみられた。1つは，北海道ガスと新日本石油が，釧路市内に天然ガス貯蔵・販売施設の立地を検討し始めた[12]。こ

---

[10]　「北海道新聞」朝刊記事2007年6月12日付。
[11]　「北海道新聞」朝刊記事2009年2月4日付。

の天然ガスは，石狩天然ガス基地から輸送する2次的な基地の役割を目指すものである。その後，新日本石油は，八戸に天然ガス基地を単独で建設する動きをみせており，オーストラリアからの海外輸送を目論んでいる。完成後は，八戸からも釧路の天然ガス基地へ供給するとしている。2つは，隣接地に冷凍物流拠点の立地構想を検討し始めた[13]。これは，石狩天然ガス基地より発生する冷熱エネルギーを利用するもので，加工品を急速冷凍し，輸出品として高付加価値をつけようとするものである。とりわけ，冷却用氷を製造する電力量の削減につながる。

2010年，北海道ガスは，石狩天然ガス基地に2基目となる貯蔵タンク施設の計画を示した[14]。建設の着工は，2～3年以内とした。増設の理由として，輸入天然ガスの調達先を確保したこと，投機対象としての国際価格変動に対応するため貯蔵能力を増強し，調達価格の安定化を目指す。

2011年，北海道ガスは，石狩天然ガス基地を運営する「北海道LNG」の設立（2012年稼働）をした（写真1）。

他方，北海道電力は，東日本大震災の原発懸念により，2018年～2022年を目途に，天然ガス利用の火力発電所の立地計画を示した[15]。ただ，立地要因として電力供給源の分散を目指すとしたものの，石狩湾新港地域は有力地の1つに過ぎなかった。その後，北海道電力は，北海道ガスと連携して，天然ガスの共同購入も検討し始めた[16]。結局，天然ガス利用の火力発電所の立地（2015年着工・160万キロワット）は，石狩湾新港の西埠頭に決定した[17]。これにより，天然ガス基地は石狩市内，火力発電所は小樽市内の立地（予定）になった。発電用の天然ガスタンクは，基地内に建設し，管理・運営を北海道ガスに委託する。また，天然ガスの調達先として，サハリンの天然ガス田からの輸入も視野に入れている。とりわけ，北海道電力と北海道ガスの共同購入により，調達コストの削減につながる思惑もある。

---

(12)「北海道新聞」朝刊記事2010年1月8日付11頁。
(13)「北海道新聞」朝刊記事2010年1月8日付1頁。
(14)「北海道新聞」朝刊記事2010年12月30日付1頁。
(15)「北海道新聞」朝刊記事2011年4月28日付1頁。
(16)「北海道新聞」朝刊記事2011年5月31日付11頁。
(17)「北海道新聞」朝刊記事2011年10月12日付1頁。

以上から，東日本大震災の影響をふまえ，電力供給源の分散化，多様化を図る目的から，石狩湾新港地域におけるエネルギー系企業の施設立地が，急速にすすんでおり，今後も関連企業の立地促進の可能性も高い。

2　環境系企業の立地の可能性（データセンター）

環境系企業の立地は，以前より，誘致業種の1つであったが，2009年に政府・自治体系データセンター立地構想（2012年稼働）を示したことで急速に注目を集めたものである。具体的には，国と自治体の電子情報を一元管理して行政の効率化につなげる「霞が関・自治体クラウド」事業において，石狩湾新港地域が立地候補の1つとなった。[18]本事業は，効率化に加え，震災等により，データが消失することを防ぐといった分散保管の役割を帯びる。北海道の立地選定は，大量の熱を発生する情報技術機器の冷却に対応するため，北海道の冷涼な気候が適しており，雪氷エネルギー活用の先進地であることも挙げている。北海道内の候補地は，石狩湾新港地域をはじめ5か所を数える。また，2008年，北海道洞爺湖サミットを開催し，地球温暖化対策での北海道の優位性が高まったことも大きい。さらに，石狩湾新港地域の候補理由として，国の出先機関や北海道庁のある札幌市に近接していること，優秀なITの人材がいること，

写真1　LNG貯蔵タンク外観

（2011.11.20撮影）

写真2　データセンター外観

（2011.11.20撮影）

[18]「北海道新聞」朝刊記事2009年4月15日付1頁。
　【霞が関・自治体クラウド事業】省庁や自治体ごとに異なる電子情報の管理を統一することで，縦割り行政の弊害解消につなげる政府の追加経済対策事業。世界同時不況への対策として，政府は情報通信技術（ICT）分野を重点育成する方針を打ち出しており，クラウド構想は柱の一つになっている。（「北海道新聞」解説より引用）

地価が安いことなどが挙げられる。現在，石狩湾新港地域には，交番はなく，データセンター整備をきっかけとして，設置を期待する動きも高まっている。

　2010年には，民間企業の誘致を視野に入れ，データセンター誘致のための条例を施行した。その内容は，固定資産税と都市計画税を5年間免除とし，最大5千万円を上限とする助成を行う[19]。

　2010年6月，大阪に本社をもつ大手情報系企業「さくらインターネット」は，2011年10月稼働を目指すデータセンターの立地を示した[20]。立地は，2棟の施設を建設し，国内最大級を目指すものである。立地要因として，北海道庁が誘致に熱心であったことに加え，東京都内と比べ，費用が約半分になることを挙げている。立地構想の発表後，IT関連企業からの反響が高く，順次，1棟ずつ建設する予定であったが，2棟同時着工に変更した。また，石狩市では，将来的に，近隣に風力発電所を建設し，優先的に送電する検討を始めることを明らかにしている。

　東日本大震災以降，データのバックアップ施設の需要が高まり，ハウジングサービスを当社が始めることも示した[21]。すでに関係企業の要望は相次ぎ，2棟の施設を建設した後，2020年までを目途に全8棟の建設を目指す。

　2011年10月，当社は，予定どおり2棟の施設を完成させ，本格的な稼働を開始した（写真2）。中でも，夏季の外気を取り入れてコストを大幅削減する空調システムは，「石狩モデル」と呼び，大いに注目を集めている。

　他方，道内IT企業のグループでは，日本海（石狩～直江津）に海底光ケーブルを施設することを示した（2013年稼働）[22]。理由として，既存の北海道と本州間を結ぶ海底ケーブル利用料が高額であることによる。新設の利用料は，現在の10分の1程度までの低額を目指す。すでに，立地したさくらインターネットも，出資に前向きな考えを示している。

　以上から，石狩湾新港地域では，データセンターを中心とした冷涼環境を重視する企業（環境系企業）の立地が，急速に展開しつつある。また，データセ

---

[19] 「北海道新聞」朝刊記事2010年3月30日付25頁。
[20] 「北海道新聞」朝刊記事2010年10月19日付25頁。
[21] 「北海道新聞」朝刊記事2011年8月18日付8頁。
[22] 「北海道新聞」朝刊記事2011年1月20日付11頁。

ンターの立地を足掛かりに，IT企業の集積に発展する期待も高い。

おわりに

　最後に，前章までのまとめをしておきたい。石狩湾新港地域では，明治期以降，幾度かの開拓計画や開発計画を策定しながら，本格的な実現のないまま，昭和期に入り，戦後に開発地域として展開するに至った。

　石狩湾新港地域開発計画のきっかけは，北洋材の輸入を目的とした港湾建設の必要性と，それを利用する木材加工業の誘致に始まった。その後，新産業都市建設（1964年・道央地域）の指定をはじめ，日本全域における工業分散化の目的を加えながら，第3期北海道総合開発計画（1969年）の主要なプロジェクトとして，苫小牧東部地域開発計画とともに，すすめられた。

　しかしながら，企業立地は，一定の集積はあるものの，依然，全用地の売却には至っていない。すでに述べたように，2002年，土地開発企業の石狩開発株式会社は，経営破たんになった。この間，誘致業種の変更，追加や，立地条例の施行など，多様な改善や工夫を継続してきた。

　経営破たん後は，リサイクルポートの指定やリース制度の開始などによって，物流系企業，リサイクル系企業，エネルギー系企業，環境系企業を中心に立地が急速にすすみつつある。

　皮肉にも，東日本大震災の影響によるリスク分散の必要性が高まり，企業立地はさらに躍進する可能性が大きい。現在の分散化の理由は，日本海岸，積雪寒冷地といった地域特性の優位性に立脚したものである

　よって，現在の企業立地の動きは，今後の地方における地域開発計画の方向性として，一石を投じるものになるかもしれない。
　　　　　　　　　　　　　　　　　　　　　　　　　　　　　（菊地達夫）

参考文献
石狩町（1991）『石狩町誌　中巻二』須田製版。
小田清ほか編（2006）『なぜ巨大開発は破綻したか』日本経済評論社。
菊地達夫（1997）「石狩湾岸地域における開拓計画案の変遷について」『北海道ウォーターフロント研究』第8号，31-41頁。
菊地達夫（1999）「地域開発計画の策定過程とその特性」『北海道ウォーターフロン

ト研究』第9号，1-9頁。
菊地達夫・池田均（2001）「石狩湾新港地域の企業立地の動態とその特性」『北海学園大学開発論集』第67号，197-215頁。
菊地達夫（2004）「石狩湾新港地域における土地開発企業の再編と課題」『北海道浅井学園大学短期大学部研究紀要』第42号，215-225頁。
菊地達夫（2005）「地域産業を中核とした工業地域開発計画の展開」『北海道浅井学園大学短期大学部研究紀要』第43号，117-124頁。

第5章　北海道における非中核地帯農業の現局面と構造問題
——「集約北進」の光と陰——

はじめに

　周知のように，北海道の農業は稲作・畑作・酪農という3つの経営形態が鮮明な地域分化を遂げ，それぞれ「中核地帯」を形成している。これは日本農業のどこにも見られない，北海道だけがもっている特徴である。

　直近の2010年センサスによれば[1]，北海道の水田面積はおよそ22万haである。その78％が道央の石狩・空知・上川に集中している。また，普通作物を作った畑面積は31万haであるが，同様に72％が道東の十勝・網走に集中している。さらに，乳用牛の飼養頭数は87万頭であるが，道東・道北の釧路・根室・宗谷（草地酪農地帯）のシェアが44％，これに十勝・網走（畑地酪農地帯）を加えると85％に達する。北海道農業におけるこれら中核地帯の存在は誠に大きいものがある。

　これに対して，中核地帯に属さない農業地域，ここでは便宜的に「非中核地帯」としておくが，それを構成するのは道南，沿岸，中山間の農業地域である。地域的には渡島・檜山，後志，日胆（胆振・日高），留萌，上川北部，富良野地域（上川南部）がそれに該当しよう。中核地帯とは異なる北海道農業の「第4の類型」として，積極的な解明が求められる地域である。

　こうした地域への着目は，これまでの先行研究においても皆無ではない。代表的なものを挙げておけば，第1に，中核稲作に対する「限界稲作」（あるいは北限稲作）という捉え方がある（山田，1976）。これは上川北部地域における減反・転作以降の大幅な稲作転換（縮小）に着目したものであり，非中核地帯

---
[1]　北海道『2010年世界農林業センサス　農林業経営体調査結果報告書』（2011年3月）による。以下，断らない限りセンサスの数値は同統計書による。

農業への問題関心としてはもっとも最初に出てきたものであろう。

　第2に，道南農業そのものへの着目がある（北海道農業構造問題研究会, 1986; 坂下, 1998）。戦後の農業近代化政策を受容し，めざましい展開を遂げた中核地帯に対して，道南は「先発停滞」（あるいは先発後進）といった特徴づけが行われてきた。しかし，中核地帯の大規模・単作的な拡大路線が1980年代に入って負債問題のような構造的問題を抱えるなかで，道南農業における中規模・複合化路線に光が当てられた。その代表的な主張が「集約北進」論であり（太田原, 1992a），事実，この時期を通じて新興園芸産地を形成した地域も少なくない。非中核地帯における農業展開の前進面・積極面を捉えたものと言えよう。

　第3に，北海道農業の「中山間地帯」問題の独自性を捉える視点がある（岩崎徹ほか, 2006）。柳村（2006）は「北海道中山間地帯は，地帯構成上，独自の位置づけを与えるべき農業地帯」とした上で「農用地利用再編」をキーワードにその特徴を整理することが可能，という注目すべきアプローチを提起している。いずれにしても，中山間地帯農業論からの接近は，北海道の非中核地帯農業を捉える上で最も包括的なアプローチを提供していると言えよう。

　本稿の問題関心は，非中核地帯農業の現局面を踏まえた上で，そこで発生している農業構造問題を捉えることにある。

　まず，ひと口に北海道の非中核地帯農業と言っても前述したように幅広い地域を含む。ここでは，水田農業をベースに置く地域を対象としたい。減反・転作以降に稲作が後退・縮小する反面，産地形成・複合化による地域農業転換が奏功し，園芸産地として一定の地位を確立した地域である。担い手の面では，園芸を基幹部門とした専業的な農業自立経営群を創出しており，それ自体は輝かしい成果であることは間違いない。

　この面だけを捉えれば単なる「集約北進」の成功事例の紹介に留まるが，本稿の問題関心はその「負」の側面を見ておくこと，言い換えれば集約北進の「光と陰」の両面を見つめておくことにある。「陰」の面とは端的に水田の土地利用問題であり，このことをめぐる問題状況が今日，この地域が抱える農業構造問題を象徴している。以下では事例に即して問題の所在を確認すると共に，現場で取り組まれている対処・対応を検討し，打開の方向を探ることとしたい。

I 非中核地帯の農業展開と土地利用問題の所在

　事例として取り上げるのは知内町（渡島南部），下川町（上川北部），厚沢部町（檜山南部）の3地域である。実態調査はそれぞれ2009年，2010年，2011年に実施した。

　事例地域の農業展開を「稲作の縮小」と「園芸部門のウェイト増大」というふたつの指標を中心に捉えておきたいが，まずは地域農業の概要を述べることとしたい。

1　知内町

　2010年センサスによれば，知内町の農業経営体数は172であり，このうち経営耕地のある経営体数は169である。経営耕地面積は1289haであり，1経営体当たり平均面積は7.6haである。地目構成は田が86％，畑が14％であり，水田ベースの農業地域である。水田利用の構成は稲作が40％，転作が54％を占めており，転作の方がやや上回っている。

　また，農産物を販売した経営体数は158である。販売金額1位の部門別では，第1位が施設野菜（59％），第2位が稲作（25％），第3位が雑穀・いも類・豆類（4％）であり，施設野菜首位経営がおよそ6割を占める。2006年の町全体の農業産出額は16.1億円であり，耕種が15.4億円と96％を占める。耕種の内訳は野菜が69％，米が26％であり，ここでも野菜部門のウェイトが際立って高いことが確認できる。

　直近の状況を町資料によって補っておけば，2008年の農畜産物販売額は15.4億円であり，米が2.7億円（17％），園芸が11.6億円（76％），畑作物を含む「その他農産物」が0.4億円（3％），畜産が0.7億円（4％）という構成である。主要な園芸作物はニラ，ホウレンソウ，トマト，ミツバの4品目であり，すべて施設園芸である。なかでもニラの販売額は8.7億円と園芸部門の4分の3を占めるだけでなく，販売額全体の57％と過半を超えている。

　次に，やや長いスパンをとって，1969年以降の農業粗生産額（農業産出額）の耕種部門に占める米・野菜の比率と，統計から算出した転作率を図示したの

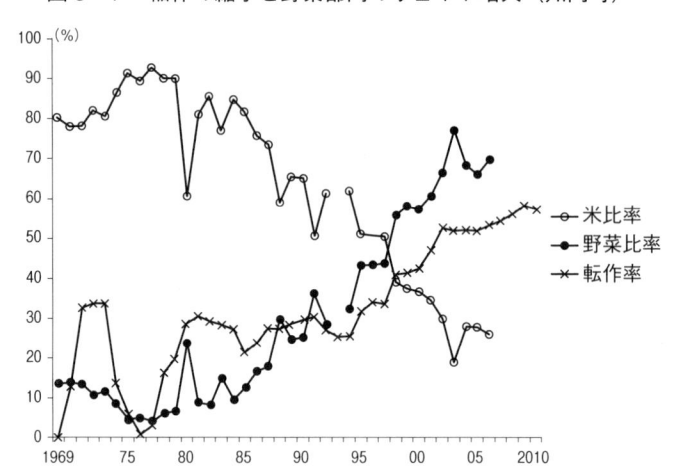

図5-1 稲作の縮小と野菜部門のウェイト増大（知内町）

注：1．転作率（％）＝（田本地－水稲作付）／田本地面積により求めた。
　　2．1977年は統計に田本地の表示がないため，前後年の平均値により算出した。
　　3．1993年は極端な冷害年のため図示せず。
資料：「生産農業所得統計」「北海道農林水産統計年報」

が図5-1である。

　まず，粗生産額に占める野菜部門のウェイトを見ると，1980年代半ばまでは10％前後に過ぎなかったが，米価引き下げが行われた1980年代後半以降になると3割前後に達するようになり，さらに米価が急落した1990年代半ば以降は5割前後に引き上がっている。米と野菜のシェアが逆転したのは1998年であり，これ以降も野菜部門のウェイト増大傾向は続いている。知内町におけるニラ栽培は1971年の「ニラ生産組合」の設立以降，継続的に取り組まれてきたが，1980年代半ばまでの地域農業は依然として米のウェイトが高く，野菜生産の拡大は米の落ち込みをカバーしてきた面が大きい。

　他方，転作率は1990年代半ばまでは30％前後で推移していたが，この時期以降の生産調整強化によって引き上がり，2000年代に入ってからは50％超の水準で推移している。このことが後述する転作対応の取り組みを必要とした基本的な背景である。

2 下川町

　下川町の農業経営体数は160であり，このうち経営耕地のある経営体数は158である。経営耕地面積は3531haであり，1経営体当たり平均面積は22.3haとなっている。地目構成は田が16％，畑が84％であり，全体としてみれば畑地割合が高い。畑のうち79％が牧草専用地であり，土地利用に占める畜産のウェイトの高さを物語っている。水田利用の構成は稲作が11％，転作が85％であり，転作率が極めて高い。なお，稲作はもち米団地を形成している。

　農産物を販売した経営体数は134である。販売金額1位の部門別では，第1位が施設野菜（28％），第2位が酪農（26％），第3位が露地野菜（23％），第4位が雑穀・いも類・豆類（7％），第5位が稲作（6％）となっている。施設野菜・露地野菜を首位とする経営が51％を占めているが，酪農も4分の1を占めている。町全体の農業産出額は20.2億円であり，耕種が6.9億円（34％），畜産が13.3億円（66％）を占める。畜産の80％は「乳用牛」部門であり，この面でも酪農のウェイトが高い。他方，耕種の内訳は野菜が75％を占めており，第2位は米の12％である。

　下川町の農業は全体としてみると，園芸を基幹とする耕種農業と酪農を中心とした畜産が混在しているが，これは下川町農業の地域性に規定されている。利用可能な2010年センサスの確定値により，耕種農業を中心とした5集落を抜き出して見ておくと[2]，経営体数は78，経営耕地面積は863haであり，1経営体当たり平均面積は11.1haに留まる。地目構成は田が44％であり，減反・転作以降に畑地化が進んだ面があるとはいえ[3]，今日でも半分弱を占めている。また，農産物を販売している経営体数は72であり，第1位は施設野菜（42％），第2位が露地野菜（29％），第3位が稲作（11％）となっている。園芸を首位とする経営が71％を占める構成である。

　直近の状況を農協資料によって補っておけば[4]，2009年の青果物販売取扱高

---

(2) 上名寄第一，第二，第三，川向，中成の5集落である。地域区分は坂下（1997）を参照した。
(3) 統計の田本地面積は1969年が943ha，直近の2010年が467haであり，その差は500ha近い。その推移を見ると，特に1980年代後半期に急激な減少が進んでいる。
(4) 下川町農協は2003年の3農協の広域合併により「北はるか農協」となっているが，ここで用いているのは旧農協単位に集計した数値である。

は主要6品目の合計で4.6億円である。取扱高が大きい順に，フルーツトマト（1.2億円），キヌサヤ（1.1億円），青ネギ（1.0億円）であり，アスパラ，加工用トマト，カボチャがこれに続く。キヌサヤは露地・ハウス栽培の両方があるが，後者が79％を占める（金額ベース）。

次に，先と同様に耕種部門に占める米・野菜の比率と転作率の推移を図示したのが図5-2である。

まず転作率の動きを見ると，下川町では減反初期から稲作が大幅に後退し，開始からわずか2～3年で転作率は80％前後に達している。他方，粗生産額に占める野菜部門のウェイトに着目すると，1990年代以降の急伸長が見て取れる。下川町農協が「施設野菜振興計画」を策定するのは1993年のことであるが，主要品目のひとつであるハウス栽培のキヌサヤはそれに先立つ1991年に導入されていた（井上 2003）。園芸振興を支えた原動力は，行政と農協が1994年に創設したハウス設置補助制度である。この時期以降の野菜部門のウェイト増大は，早い時期から後退がみられた稲作とは無関係に，園芸それ自体の伸びに支えられたものと言えよう。

ただし，高率転作と施設園芸経営の併存が，後述する新たな転作対応を必要とした基本的な背景となっている。

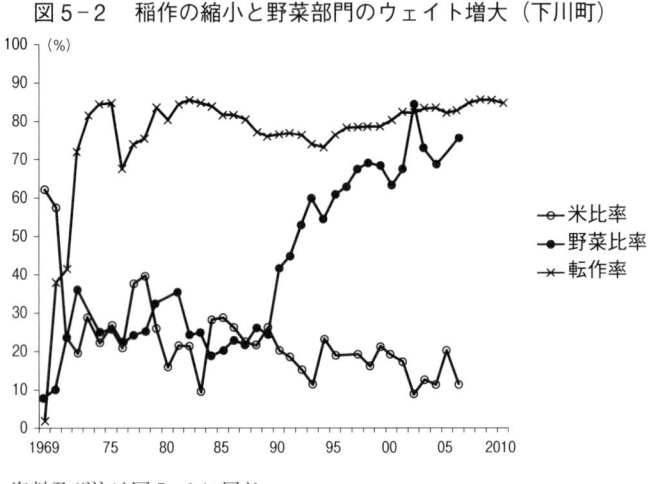

図5-2　稲作の縮小と野菜部門のウェイト増大（下川町）

資料及び注は図5-1に同じ。

3　厚沢部町

　厚沢部町の農業経営体数は306であり，このうち経営耕地のある経営体数は304である。経営耕地総面積は3478haであり，1経営体当たり平均面積は11.4haである。地目構成は田が52％，畑が47％であり，田と畑がほぼ半々である。畑のうち91％は普通作物の作付けであり，畑作のウェイトが高い地域である。水田利用の構成は稲作が28％，転作が70％であり，この面でも畑作のウェイトが高い。

　農産物を販売した経営体数は287である。販売金額1位の部門別では，第1位が雑穀・いも類・豆類（60％），第2位が稲作（25％），第3位が露地野菜（9％），第4位が施設野菜（3％）であり，バレイショを基幹とする畑作のウェイトが高い。全体の農業産出額は34.7億円であり，耕種が96％を占める。耕種の内訳は，第1位がいも類（37％），第2位が野菜（30％），第3位が米（14％），第4位が豆類（12％）であり，バレイショと野菜のウェイトの高さが確認できる。

　直近の状況を農協資料によって補っておけば[5]，2010年の販売取扱高は28.4億円であり，米が3.6億円（13％），畑作物が15.3億円（54％），園芸が9.5億円（33％）という構成である（畜産はなし）。畑作物が過半を占めるが，園芸も3分の1を占めている。畑作物のうち取扱高が大きいのは種子バレイショ（6.6億円），食用バレイショ（4.6億円），黒大豆（1.9億円），大納言小豆（1.1億円），ビート（0.9億円）の順である。種子・食用バレイショ（メークイン）と収益性の高い豆類を基幹部門に据えることで，この地域の畑作経営の安定がもたらされてきたと言えよう。また，畑作物の作付けは小麦が220ha，豆類が660ha，バレイショが480haであるが，ビートは25haに留まる。土地利用の面でもいも・豆類のウェイトが高いが，小麦作が大規模経営を中心に導入されており，輪作の一角を構成している。4年輪作を基本とするならば，麦，豆，バレイショに続く「第4の作物」が露地野菜であろう。

　園芸作物で取扱高が大きいのはカボチャ（1.9億円），ダイコン（1.7億円），スィートコーン（1.3億円）の3品目が1億円を超えており，アスパラ（立茎栽

---

[5]　厚沢部町農協は2002年の13農協の広域合併により「新函館農協」となっているが，ここで用いているのは旧農協単位に集計した数値である。

培),ブロッコリー,山ゴボウ,キャベツ,長ネギの5品目が5千万円超,メロン,ニンジンの2品目がこれに続く。露地野菜の作付けは,カボチャが180ha,ダイコンとスィートコーンが120haであり,ブロッコリー(42ha),ニンジン(20ha)がこれに続く。繰り返しになるが,こうした露地野菜の存在は,この地域の畑作土地利用にとって不可欠の存在である。

　同様に粗生産額に占める米・野菜比率と転作率の推移を図示したのが図5-3である。

　厚沢部町は道南屈指の良質米地帯として知られた地域であるが(飯澤ほか1983),1980年代の連続冷害を契機に稲作の後退を余儀なくされた。これに伴い,粗生産額に占める米のウェイトも40%前後に落ち込んでいる。地域全体として畑作中心の農業に基軸を移したのがこの時期であるが,そのことは同時に,後述する大規模経営が展開する背景となっている。

　野菜部門のウェイトに眼を転じると,1980年代半ば以降の急伸張が見て取れる。このことは米価引き下げともあいまって,米のウェイトの一層の低下をもたらしたが,野菜部門の伸張自体は地域主導の園芸振興に支えられた動きである。町・農協を含む関係機関は1985年に農業発展計画「農に生きる」を策定したが,農業生産額を基準年(85年)の35.4億円から5年後の90年に55.0億円

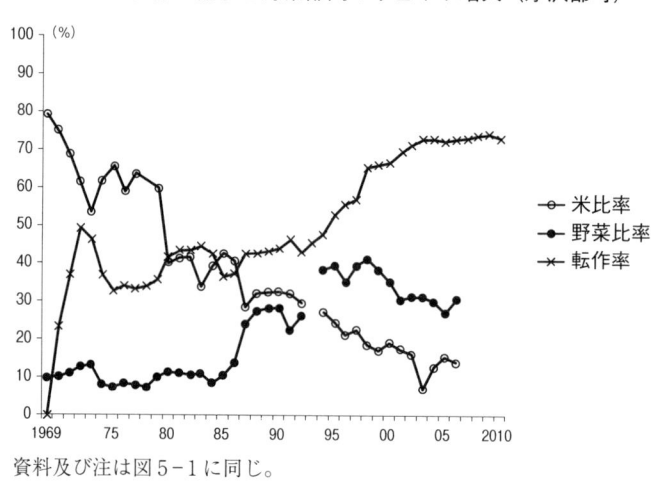

図5-3　稲作の縮小と野菜部門のウェイト増大(厚沢部町)

資料及び注は図5-1に同じ。

に拡大するという意欲的な計画であった。その中心は野菜である。野菜は1.6億円から13.6億円へ8.5倍に拡大する計画であったが，結果は7.9億円に留まった。それでも5倍近い拡大である。中心品目は4.3億円に達したダイコンであり，1990年には補助事業を導入して集出荷施設の整備も行われた。このことは出荷労働の軽減をもたらし，より一層の生産拡大に寄与した（太田原，1992b）。野菜部門のウェイトは一段と高まり，1990年代半ばには米と野菜のシェアが逆転している。

ただし，前述したように露地野菜は畑輪作に組み込むのが基本であり，粗生産額に占める野菜のウェイトは多い年でも40％前後，2000年代に入ってからは30％程度に留まる。この点は先に触れた施設園芸地帯との大きな違いである。

他方，転作率は1980年代から1990年代前半を通じて50％前後で推移していたが，1990年代半ば以降の生産調整強化により一段と引き上げられてきた。2000年代以降は70％強の水準で推移している。このことは畑作的土地利用の一層の拡大をもたらし，後述する大規模経営の拡大基盤を提供している。

Ⅱ　土地利用型農業の改善に向けた諸対応

以上述べてきたように，知内町では1980年代半ば以降の米の落ち込みをカバーするかたちで，野菜生産が一貫して拡大してきた。しかし，1990年代半ば以降は転作の拡大を余儀なくされ，転作土地利用の再構築が課題となっている。それへの本格的な対処として現われたのが2004年からの「地域水田農業ビジョン」であり，転作対応の改善がその主眼に置かれた。具体的には，大豆・ソバ・緑肥の3年輪作の推進であるが，中心的な担い手は機械作業をカバーする生産者組織である。

下川町では減反開始当初に稲作が大幅に後退したが，やや遅れて1990年代から本格的な施設園芸振興が開始された。これは農協直営の転作作業受託事業とセットであったが，秋まき小麦とソバによる転作土地利用が収量低下により行き詰まりをみせた。それへの対処として現われたのが，2000年代に入ってからの「初冬まき春小麦」の導入である。その中心的な担い手は機械作業をカバーする生産者組織であるが，部分的に農協受託事業がこれをサポートしている。

厚沢部町では1980年代以降の稲作の縮小を契機として畑作中心の経営確立が志向され，基幹作目であるバレイショ・豆類に加えて，1980年代半ばから本格的な振興が着手された露地野菜，さらには気象条件から「不適」とされる小麦を加えた畑作土地利用の確立を模索してきた。小麦作付の拡大は1990年代半ば以降の転作拡大と軌を一にしたものである。町公社の受託事業がそれをサポートしているが，中心的な担い手は畑輪作の確立を模索してきた大規模経営である。以下，具体的に述べていきたい。

1　知内町

　2004年の「米政策改革」により，転作助成制度としての「産地づくり交付金」対策が始まった。知内町の場合は，町単位の「地域水田農業ビジョン」を策定し，地域課題に対応するような助成メニューを設計することとなった[6]。

　まず，2004～2006年のⅠ期対策において大豆転作の拡大が図られ，その面積は対策前にあたる2003年の49haから2006年には108haまで拡大する。その結果，半ば「捨てづくり」的な対応を含む牧草転作は，2003年の461haから2006年には397haにまで減少したのである。また，大豆転作の拡大を誘導するために併せて取り組まれたのが，転作田の暗渠整備に対する助成と農地集積助成である。前者は2005年に532ha，2006年に602haが取り組まれた。後者は転作田の集積を行った担い手に対する小作料助成であり，転作対応の担い手が拡大経営であることを物語っている。

　続く2007～2009年のⅡ期対策では大豆転作の急拡大への反省が加えられ，新たに「大豆・ソバ・緑肥の3年輪作」を基本とする助成措置が設計された。そのためにまず，3作物の助成最高額が10a当たり6万1000円になるように各種助成単価が設定され，新たに「輪作助成」がメニューとして組み込まれた。2009年の転作実績は大豆が60ha，ソバが62ha，緑肥が66haと3作物間のバランスがとれていると同時に，大豆単作と比べてもカバーする面積が拡大した。その結果，2009年の牧草転作は347haとさらに縮小した。ビジョンの取り組みにより，牧草転作は2003年対比で114haも縮小したのである。これは転作土地

---

[6]　知内町の地域水田農業ビジョンの分析は，正木（2011）に詳しい。

利用の改善という面から見れば，大きな成果として捉えることができる。

次に，こうした転作の担い手について述べておきたい。知内町における大豆・ソバ等の新たな転作対応は，基本的に生産者組織がカバーするかたちをとっている。まず，春作業（耕起，播種等）は2002年と2004年に設立されたふたつの組織がカバーしており，秋作業（収穫，乾燥調製等）は2003年に設立された「知内町豆類機械作業受託組合」が一括して受託している。前者は農業者有志で設立した組織であるのに対して，後者は大豆耕作者を網羅した組織である（構成員38名）。補助事業を導入してコンバイン，乾燥施設を整備しており，事業の「受け皿」という意味合いもある。

ここでは前者の組織について，先発の「M組合」を例に述べておきたい。M組合は構成員7名，年齢層は40代前半が2名，30代後半が5名と比較的若い。4Hクラブ・農協青年部時代からの人的つながりをベースにしているが，コア・メンバーは「土地利用型農業の改善に自ら取り組む」ことを共通目標としている。役員農家2名の実態調査を実施したが，いずれも40代前半であり，親世代（60代後半から70代前半）も農業に従事している二世代経営である。経営面積は24.5ha，21.0haと大きく，借地がそれぞれ8.5ha（1件），14.5ha（9件）である。他の構成員の経営も借地による拡大を行っており，「M組合」は受託組織という性格に加えて，構成員の農地集積に伴う転作拡大に対応した共同利用組織という面も備えている。また，施設園芸を基幹とした経営でありながらこうした組織活動に参画できるのは，構成員の年齢層が比較的若く，二世代経営という「余裕の産物」という背景もあろう。構成員は秋作業の受託組織にも出役しており，土地利用型部門と複合部門の作業競合問題は親世代の農業従事と組織的対応により緩和されていると言えよう。

M組合が2008年に行った主な作業は，①サブソイラー作業，②耕起，③牧草防除，④ソバ播種，⑤豆類播種（白大豆，黒大豆，小豆），⑥カルチ作業，⑦大豆培土，⑧大豆防除であり，作業期間は4月下旬からおおむね9月上旬までである。播種について述べれば，トータルの作業面積はソバが16.1ha，豆類が19.4haである。ソバは員内が3名，員外が5名であり，員外の面積割合は57％である。豆類は員内が5名，員外が5名であり，員外の面積割合は59％となっている。員外受託のウェイトもそれなりに高い。

2008年には地域全体の畑作物の生産振興を検討する場として「知内町畑作生産組合」が設立された。豆類・ソバの生産者を網羅する組織であり，組合員数は38名である。設立趣意のなかでは，「畑作振興を通じて，高齢化に伴う遊休農地の増加を防ぐ」ことが明記されている。畑作生産を安定させるためには品種の検討，単収の向上，病害対策（特に大豆シストセンチュウ）など取り組むべき課題が多いが，組合ではさしあたりソバについて統一した播種計画を策定し，高単価が見込める早期出荷（8月）の取り組みを開始した。畑作振興はこれまでの知内町農業にはなかったイシューであり，現局面における地域農業の焦点が土地利用型農業の維持・存続に向けられていることを示している。

2　下川町

下川町では前述した本格的な施設園芸振興と前後して，1988年に農協直営の受託事業が起ち上げられた（受託開始は1989年から）。農協がこのようなサポート体制を組んだのは，ひとえに園芸振興のためである。転作対応は農協が「丸抱え」することにより，園芸に取り組む生産者の負担を軽減することが狙いである[7]。

当初の受託作業は転作小麦（秋まき・春まき）のみが対象であったが，連作にならざるを得ないため収量低下の憂き目に逢い，1993年から新たにソバを導入した[8]。作付方式の面から見ると不十分ながら，秋まき小麦とソバの交互作を基本に転作対応が継続されてきた。初冬まき春小麦は，こうした土地利用面の問題を打開するものとして導入されたのである。2001年から試験的に栽培が導入され，2005年産では18戸・69haまで作付が拡大していた。そのメリットは，①連作が可能で収量も安定している，②施設園芸部門と播種作業（11月上旬）が競合しない，の2点に集約される。この時点では，収穫作業を農協受託事業に委ねることができたことも大きい。2005年に28名の作付希望者が結集し，「下川町春小麦初冬まき生産組合」が設立された。設立にあたっては補助事業を導入し，クローラートラクターと専用播種機を2セット整備している。作付

---

[7] 農協は青果物についても徹底した共選体制を組んでおり（集出荷施設の整備が前提），この面でも生産者の負担軽減に取り組んでいる。
[8] 下川町の農協受託事業の分析は，井上ほか（2011）に詳しい。

は拡大しており，下川町の小麦転作は2008年産からすべて初冬まき春小麦に切り替わった。直近の2010年産の播種面積は102haであり，2009年産の単収水準（製品）はおよそ350kg（品種はハルユタカ）である。

　組合設立から4年が経過した2009年から，収穫作業も組合が担当することとなった。農協受託事業の縮小によるものであり，農協合併後に下川地区だけが直営の受託事業を行うことに理解が得られず，コンバインの更新が困難になったことが直接的な理由である。組合は大型コンバイン1台を新たに導入し（町の3分の1補助事業を活用），2009年産から収穫作業を開始した。ただし，8月上中旬のこの時期は施設園芸部門とまともに競合するため，構成員からオペレータを確保することが困難である。そこで，2010年について言えば，町内の稲作農家の子弟と農協職員にサポートを仰いでいる。農協は組合の事務も担当しており，この面では地元農協（合併後は支所）のサポートがまったく無くなったわけではない。

　役員農家3名の実態調査を実施したが，経営面積は①6ha，②13ha，③48haとかなりのひらきがある。いずれも「上名寄」地区の農家であるが，①はこの地域の平均規模層，②は農地取得により拡大した経営，③は園芸部門も導入しているが，同時に土地利用型の大規模経営を志向している。こうしたタイプの農業者は町内でもう1戸を数えるのみである。ここでは②について述べておきたい。40代前半の夫婦と60代後半の両親の4名が農業に従事する二世代経営である。作付は初冬まき春小麦5.7ha，牧草2.7ha（酪農に供給），ソバ2.1ha，緑肥1.4haの他に，施設園芸を15棟のハウスで営んでいる。品目は青ネギ，キヌサヤ，加工用トマトの3品目である。2007年から6.1haを借入し（2戸から），2008年に農地保有合理化事業（5年タイプ）を利用して購入する予定である（買取りは2012年）。「大畑（おおばたけ）を処理するために初冬まき春小麦は不可欠」と考えており，ソバ・緑肥との輪作も試験的に実施している。作業は耕起，施肥，追肥，防除が自家，播種と収穫は組合であるが自らがオペレータになることはない。また，乾燥調製は農協施設を利用している。組合運営の最大の課題は前述した収穫オペレータの確保であり，抜本的な解決策はないと考えている。また，ソバは農協受託事業が継続しているが（2010年の実績は143ha），組合で受託する考えはないという。全面的に春小麦に切り替えるとしても農地集

積を進めなければならず，また，現行の乾燥施設では対応できない。この面でも，農協受託事業の存続の道筋を考えることが重要である。

3 厚沢部町

　厚沢部町でも園芸振興をサポートする意味合いから，第2期農業振興計画期間にあたる1993年に「㈲厚沢部町農業振興公社」を設立し，受託事業を開始した[9]。受託内容は多岐にわたるが，直近の2010年の実績によると①耕起，②小麦播種，③ラジコンヘリ防除（主に水稲），④ニンジン播種，⑤ダイコン播種，⑥ダイコン収穫，⑦トレンチャー作業（長イモ，山ゴボウ収穫），⑧深耕ロータリー（ハウス内），⑨ハウス除雪，⑩融雪剤散布，⑪サブソイラー作業，⑫堆肥散布，⑬畦塗の13種が主要なものである。この他に育苗事業（苗供給）があり，ブロッコリー，キャベツ，アスパラ，ハクサイ，花卉を扱っている。2010年の収益のうち受託事業が61％，育苗事業が31％を占めている。園芸振興とのかかわりでは苗供給と播種・収穫作業等の受託を行っており，当初から水稲防除と並んでメインに位置づけられている。

　小麦播種作業の受託は2000年から開始されており，町内の小麦生産者（大規模経営）からの要望による。2010年の委託者は29戸，受託面積は279ha，1戸当たり平均9.6haである。初年の実績は78haであり，3.6倍に拡大している。秋まき小麦の播種期（9月下旬から10月上中旬）は特にバレイショの収穫期と重なっており，生産者は公社に委託することで作付制約を緩和している。公社はグレンドリルを3台保有しており，1日当たり30haの播種作業が可能であるという。

　小麦を作付けている大規模農家を3戸調査したが，経営面積は①90.4ha，②59.1ha，③51.7haである。①は飛び抜けて規模が大きく，小麦作付も47haに及ぶ（秋まき29.6ha，春まき17.4ha）。小麦以外の主な作付は，食用バレイショ14.5ha（うち早出マルチ2ha），黒大豆12.5ha，大納言小豆9.5haであり，園芸部門はない。借地が46.9haであるが，このうち38haが隣接町村への出作である。②は小麦作付が24.5ha（秋まき14.5ha，春まき10ha），食用バレイショが9.3ha（う

---

[9] 厚沢部町公社の受託事業の分析は，井上（1999），正木（2009）に詳しい。

ち早出マルチ3.4ha），黒大豆7ha，大納言小豆5.9ha，ソバ2.7ha，水稲2.5haの他に，カボチャ5.7ha（遅出し），山ゴボウ0.5ha，サツマイモ0.5ha（焼酎原料用）を作付けている。借地は45.1haである。③は小麦作付が20.1ha（秋まき8.1ha，春まき12ha），種子バレイショ5.6ha，白大豆10.7ha，ビート4.1ha，ソバ3.2ha，水稲4haの他に，カボチャ3.5ha（同前），サツマイモ0.5ha（同前）を作付けている。借地は32.8haである。ここでは②を例にとりたい。

　40代後半の夫婦が農業従事であり，後継者は就学中で未定である。15年前に親から経営移譲を受けたが，当時は7haしかなかった（自作地5ha，借地2ha）。この間に50ha以上の拡大を行ったことになる。大規模借地経営であり，12名から借地している。このうち8名が同一集落，4名が隣接集落である。借地の68％が転作田，29％が畑であり，近隣地域をエリアに転作田を集積しているのが特徴である（自宅から3km圏内）。小麦は輪作のことを考えて導入したが，1998年頃に2戸共同で汎用コンバイン2台を整備した。延べ50ha程度の収穫作業も受託しており（小麦，大豆，小豆，ソバ），収入源としても無視できない。乾燥機も個人で3台，2戸共同で2台の計5台を装備している。小麦作業は播種だけでなく，耕起（及び整地）も公社に委託している。公社へはこの他に，ラジヘリ防除，堆肥散布，サブソイラー，ハウス除雪を委託しており，年間の支払額は100万円を超える（聴き取り）。公社への依存度が高い経営と言えよう。現時点でこれ以上の規模拡大は考えていないが，複数戸法人には関心がある。現在の共同利用関係を発展させ，あと1戸を加えて3戸程度の法人を設立したいとしている。ただし，町内にはこのような事例が無く，地元関係機関の情報提供・相談機能も十分ではないことが課題である。

おわりに

　以上3地域の事例について述べてきたが，今日の非中核地帯における地域農業の焦点が，これまでの産地形成・複合化による地域農業転換から，土地利用型農業の維持・存続に向けられていることは明らかである。そこでの主要な論点は，①誰が土地利用型農業を担うのか，②土地利用の「定型」をどう描くのか，③土地利用型農業に対してどのようなサポート体制を構築するのか，の3

点である。

　知内町では「米＋施設園芸」の農業を確立する過程で専業的な農業自立経営群を創出してきたが，1990年代半ば以降の転作拡大への対応を余儀なくされ，転作受託組織の育成を図ってきた。その担い手は施設園芸を基幹とする複合農家群であるが，個別経営レベルでも農地集積に伴う転作拡大が進んでいることが，こうした取り組みが進められた背景にある。町独自の転作助成措置にも誘導されるかたちで大豆・ソバという新たな転作物を導入し，緑肥を加えた3作物による輪作が一応，土地利用の「定型」として位置づけられている。機械・施設整備も含めた転作への投資も進められており，ユニークな転作助成の設計とあわせて関係機関によるサポートに支えられていることも見落とせない。

　早期に稲作転換が振興した下川町では，施設園芸の振興を通じて同じく専業的農家群を生み出してきた。転作は農協受託事業が支えるかたちをとってきたが，土地利用上の行き詰まりから新たな転作物として初冬まき春小麦が導入された。生産者を網羅した組織化も行なわれているが，その担い手は同じく施設園芸を基幹とする農家群である。知内町の事例と同様に，農地集積に伴う転作拡大への対処を求められていることが，生産者自身による積極的な取り組みの背景である。農協合併後は生産者組織への機能移転も進められているが（収穫作業），依然として農協受託事業をミックスすることで地域全体の土地利用型農業が支えられている段階にある。

　厚沢部町ではバレイショ・豆類を基幹とする畑作に露地野菜を加えた経営確立が進められ，専業的な農業自立経営群を創出してきた。転作拡大ともあいまって農地集積による個別拡大も進展しており，大規模経営を中心に畑輪作の改善を意図した小麦作（新作目）の導入が進められてきた。それをサポートしているのが町公社であり（播種作業受託），これまでの産地形成・複合化支援のためのサポートに留まらず，土地利用型農業の維持・存続そのものへの支援に焦点が移行していると言えよう。

　非中核地帯では高齢化に伴う農家減少と農地流動化の進展が見通されるなかで，土地利用型農業の「再構築」は今後ますます重要な課題となる。基本的には「園芸振興を通じて確保してきた担い手を土地利用型農業の担い手として育成していく」という展望を描くしかないが，そこでのボトルネックは複合部門

と土地利用型部門の鋭い「競合問題」である。抜本的な解決策を構想することは難しいが，事例にも見るように組織的対応とサポート体制の構築を通じて問題を緩和していくしかない。いずれにしても，非中核地帯における土地利用型農業の確立をめぐる問題は，担い手育成，土地利用の「定型」の確立，サポート体制の構築という3つの面から総合的に対処することが求められる。実態に即した解明が引き続き必要であり，北海道農業研究が今後カバーすべき領域として特別な位置づけが与えられなければならない。　　　　　　　（東山　寛）

参考文献
山田定市（1976）「「限界地帯」稲作の構造」古島敏雄編『産業構造変革下における稲作の構造（実態篇）』東京大学出版会。
飯澤理一郎・坂下明彦（1983）「道南良質米生産の危機の構造」北海道農業研究会『生産調整下の北海道稲作』。
北海道農業構造研究会編（1986）『北海道農業の切断面』。
太田原高昭（1992a）「フリー・マーケット対応型産地形成と農協の課題」同『系統再編と農協改革』農文協。
太田原高昭（1992b）「厚沢部町農業発展計画（第一期）の成果と教訓」北海道地域農業研究所『野菜産地形成と生産・生活複合化農業の可能性』。
坂下明彦（1997）「農協による土地利用型農業支援システムと高齢者を含む野菜振興」北海道地域農業研究所『北海道の中山間問題2』。
坂下明彦（1998）「道南農業問題の構図」同『北海道農業の地帯構成に関する報告集』。
井上誠司（1999）「労働支援組織による集約作物の振興と土地利用問題」『農経論叢』第55集。
井上誠司（2003）「上層農形成の停滞と地域農業の新たな展開」『農業問題研究』第53号。
岩崎徹ほか編著（2006）『北海道農業の地帯構成と構造変動』北海道大学出版会。
柳村俊介（2006）「中山間地帯」岩崎徹ほか編著『前掲書』北海道大学出版会。
正木卓（2009）「地域農業を支える公社の支援体制」坂下明彦編『地域農業の底力』北海道協同組合通信社。
正木卓（2011）「施設園芸産地における土地利用型農業の担い手形成とその特質」『農経論叢』第66集。
井上誠司・正木卓・東山寛（2011）「産地形成型農協による土地利用型農業の再構築」『農業・農協問題研究』第46号。

第6章　北海道の衛星都市のまちおこしと今後の課題

はじめに

1　背景

　本稿で扱う江別市は，札幌市（人口192万人）に隣接する人口12万人の衛星都市である。市内に4つの大学と2つの短大およびシンクタンクや食品の研究機関などがある。人口は微減の傾向にあり，2011年の人口構成では60～64歳代が最も多く，前年度より1段階高齢化している。その一方で，同市で特産と目されている小麦（ハルユタカ）を原料にした麺のブランド化活動が，農商工連携施策に先駆けた例に選定された。それに至るまでの地域の商工業者の様々な試みは，行政や研究者から注目されている。そこでこうした活動をとりあげ，江別では農商工連携の先進的事例と評価された活動について考察した。

　江別の江戸時代前の歴史はあまり明確でないが，縄文時代の土器が発掘されていることから，古い文化があったと考えられている。この地域は石狩平野のほぼ中央に位置し，域内を貫く石狩川と支流の合接点となり，水路の要衝だった。江戸時代に，徳川光圀は，松前藩からさらに北方の蝦夷地を海岸づたいに旅をして川から上陸したとされるが，そこが江別であったことを窺わせる形跡もあるという。そして交易で行きかう人々に宿を提供する「通行屋」として，和人が定住し，明治期以降は，産業の拠点として発展していった（『野幌屯田兵史』）。最も，寒さゆえに明治初期の開墾は難航したようである。最初の入植者が断念した跡地は，榎本武揚の農場となった。その土地は明治100年記念行事の際に，所有者から江別市に寄贈されて，現在榎本公園となっている。江別村の誕生は明治11年，屯田兵が置かれた3カ月後である。昭和の高度経済成長期には，北海道の中心として札幌が発展し，この地域は，JR線で道都札幌より15～30分という利便性から，札幌のベットタウンとなった。夏祭りでは，多くの人が繰

り出してにぎわう一方，冬はひっそりしている。地球温暖化の影響で，平成19年8月には最高気温34.5℃を記録しているものの，過去10年の平均気温は6.8℃で，札幌より5度以上低い。地勢の関係で日本海から太平洋に向け，四季を通じて強い風が吹く。これが後述する小麦の生育には適した環境となっている。昭和29年に市制が施行されて江別市が誕生し，平成3年には，人口10万人を達成した。同市は，大麻，野幌，江別の3地域から成り，野幌地区の土は粘土質であるために昔からやきものが盛んで，煉瓦は，国内有数の生産地である。平成2年に煉瓦生産の歴史100年を迎えたのを記念して「えべつやきもの市」が始まり，毎年の恒例行事となっている。平成16年には，野幌煉瓦が北海道遺産に認定された。

　本稿でとりあげる活動は，地元の入植以来の大農家が，良質な強力系品種である「ハルユタカ」の初冬蒔き技術を確立したことに端を発している。これには「この初冬蒔き技術を農家に広めて収穫量を増やすことこそ，北海道産小麦の活性化につながる」と考えた製粉会社の，熱心な働きかけがあった。通常の物流からいえば，農家は農協等に収穫した小麦を納めるため，製粉会社と顔を合わせることはない。ところが，同市では，農家と実需者をつなぐ製粉会社が，農家と直接顔を合わせるところから話が始まっている。そしてこの「ハルユタカ」を生かして，地域ブランド化でまちおこしをしようと，地元製麺業者が率先してリーダーシップをとった。これが，垂直型の異産業間連携が新製品を生むという仮説のもとに推進されている農商工連携支援施策に先行する例となったのである[1]。そうした活動は研究者にも取り上げられ[2]，国からは連携に関わった人や企業が，何度か表彰を受けている。そこで，ブランド化活動の対象となった「江別小麦めん」のブランド浸透を中心に，アンケート調査を実施した。その結果はⅢの3で述べるが，域内におけるブランド浸透度はかなり高かったことを指摘しておこう。何故，同地ではこうしたことが，国の政策に先駆けてなされたのだろうか。

───────

[1] 農商工連携88選は，平成20年の2月に支援施策の先進的例が公募され240件の応募があり，選考の結果88件が選定された。
[2] たとえば，関満博ほか（2009）『農商工連携の地域ブランド戦略』新評論，166-183頁，高原一隆（2008）『ネットワークの地域経済学』法律文化社，第5章，濱田康行（2007）「ハルユタカ」『農林経済』時事通信社，1頁，三井逸友（2006）「中小企業の産学連携とその課題」『調査報告』No.119，社団法人中小企業研究センター，67-70頁などでは，江別の事例が具体的にとりあげられている。

2 中小企業支援の意義と農商工連携支援施策

　日本が戦後のアメリカ型のキャッチアップ型から，グローバル経済のフロントランナーになると，国民全体の生活水準も賃金も高くなり，もはや労働集約型の産業では優位性を維持できなくなった。そこで新産業の創出が期待された。そのためには，企業家活動の展開が不可欠である。経営資源の豊富な大企業も，新しい事業に取り組む柔軟性を有していれば，新産業のダイナミックな創出が期待しうる。しかしこうした組織の柔軟性は，中小企業においてこそ得意とするところであろう。すなわち，進取の気性に富んだ企業家によって導かれる中小企業に新産業創出の期待がかかったのである。平成18年に中小企業庁から発表された「地域資源活用企業化プログラム」は，地域の中小企業が有望な地域資源を活用して行う「新たな事業展開」を支援する施策であり，地域と中小企業の自立的発展を総合的に応援するとされた。具体的には日本の中小企業の力不足を補うため「域外市場を狙った新商品等の開発・事業化に対する支援」や「地域資源を活用した新たな取り組みや，地域資源の掘り起こし，地域資源の価値向上（ブランド化等）に対する支援」が必要になった。そこで，地域産業発展の核となる新事業を5年間で1000例創出するという目標が設定された。農商工連携支援政策は，こうした中小企業支援プログラムの一つである。北海道は国によって明治以降開拓されたという経緯から，こうした国の施策の動向には敏感だといえる。

I　江別産ハルユタカをめぐる地域の取り組み

1　江別産ハルユタカ誕生の経緯

　江別市は，石狩平野の中心にある寒冷地で，大陸からの乾燥した強風が吹くことが多いため，稲作より小麦の方が適している。北海道大学のクラーク博士らお雇い外国人が，北米から種を取り寄せて，北海道の気候にあった小麦をつくらせたともいわれている。実際，北海道は，国内小麦の半分以上を生産している。それゆえ，小麦の品種改良も盛んに推進されていた。ここで扱うハルユタカは，特産品のラーメンの麺用に開発された春まき小麦の新種だった。原種の1.5倍の収穫量という好成績をあげたため，ゆたかに実るようにという趣旨

で「ハルユタカ」と命名された。ところがラーメンの麺特有の黄色の発色が悪いため，もっぱら醸造用となっていた。また赤カビ病に弱く，その大量発生以来，農家に敬遠され「幻の小麦」と言われるようになっていた。

　昭和50年代後半，日本の環境問題を指摘する消費者層が，無農薬食品の運動を展開し，61年4月のチェルノブイリの原発事故を契機に，安全な小麦を用いて自分でパンを焼くことを望む人が増えた。消費者協会会長の辻から，「何故道産のおいしいパン用の小麦粉がないのか」と言われた江別製粉の安孫子建雄（当時開発担当常務）は，おいしいパンが焼ける国産小麦を探した。そして醸造用になっていたハルユタカを，勧められるがままに入札してパンを焼いてみたところ，香りの高いハード系のパンが出来上がった。ここにパン用として，ハルユタカの真価が見直されたのだった。安孫子はハルユタカの作付けを増やしてもらおうと，北海ポット株式会社社長のセールスに随行して，農家を回った。北海ポットは，日本甜菜糖株式会社の元常務の高木が同社から販売権を譲り受けて設立した会社で，ビート育成に使われるポットを，小麦用にも販売しようという販売戦略をたてていた。(3)しかし高木は，農家を説得できるだけの材料を持ち合わせていなかった。そこでビートのポット栽培を小麦に転用するという記事を読んで，「ハルユタカ」を活性させようと自ら高木にコンタクトをとってきた安孫子を誘ったのである。そうしているうちに江別市の畑作振興会長が片岡弘正になったという知らせを受け，挨拶に行き，ハルユタカのポット栽培を促した。片岡は，コスト高だと懸念を示したが，彼らに実験用農地を提供した。ポットの実験栽培は成功したが，やはり採算面で折り合わなかった。しかし片岡は，彼らの意見を無視したわけではなくその後，ハルユタカの初冬蒔きを成功させ，復活の契機を作ったのである。

2　江別経済ネットワークによる情報の提供と価値の創造

　江別製粉は，焼き菓子コンペや小麦フェスタなど，様々なイベントを企画して，北海道産小麦の知名度向上をはかっていた。そして全国焼き菓子コンペの企画時にできた人的ネットワークを「麦の会」として存続させた。この会が主

---

(3)「現代農業」農文協，1990年4月，7月，11月，12月，1991年1月。

催する農家むけの勉強会で，ハルユタカの初冬蒔きのノウハウが，地域の農家に伝授されていった。こうして江別では，ハルユタカの初冬蒔き栽培農家が増え，同地の特産と目されるまでになった。

　江別市役所は，2004年に市制50周年を迎える記念事業を検討するために，その2年前に「江別経済ネットワーク」を企画した。その総会では，「ブランドラーメン構想」が，地元製麺業者の菊水によって提案された。同地は，札幌近郊にありながら文教都市という側面も持っている。すなわち，札幌に働く大学人やその子弟の住む場所であり，札幌には大企業の支店も多いということからすれば，自ずとこのネットワークは，出入り自由な，知的水準が高い参加者が期待された。菊水の提案に対しては，まずブランドとは何かということが検討された。そこで全戸調査に近い，ブランド認識調査が，ITの補助金で実施された。この結果は「江別ブランド事典」としてアップロードされた（現在拡充にむけて休止中）。その中に「ハルユタカ」もあった。

　この提案のあと，しばらくしてテレビの「ラーメン王選手権」で，札幌のラーメン店の「純連（じゅんれん）」が，江別産のハルユタカ原料の麺（菊水が特別に提供した）を使って優勝した。これが契機になり，一気にブランド化の機運が高まった。最も，同市で生産されるハルユタカの量は十分ではなかった。そこで域内限定の質にこだわった高級麺としてブランド化が進められることになった。また商工業者が広く参加できるように，中華めん・スパゲッティ・うどんといった麺すべてのブランド化とし，さらに飲食店が参加できるように，ラーメンではなく「江別小麦めん」とし，メニュー作りも行った。ネットワークという「場」では，試食会が行われ投票制で推奨する「江別小麦めん」を使ったレシピも完成した。ちなみにラーメン用の麺は，菊水が1億円をかけて自社に工房をつくり，提案者の常務と社員が讃岐で修業するなどのこだわりを経て，黄色い発色の鮮やかなブランド麺が完成した。江別市経済局は，幟（のぼり）を作成して，このブランド麺を提供する飲食店に貸し出し，さらに「江別小麦めん」が食べられるマップを提供した。こうした動きは，話題をよび，各地のラーメンを一堂に集めたイベントでも，「江別小麦めん」に最も長い行列ができた。麺は，初年度260万食，約3億円を売り上げた。農商工連携の先進的事例の選定にあたっては，こうした経済効果が評価されている。

Ⅱ　江別の企業家達

1　失敗を恐れない農家

　人材は，組織マネジメントにおける最も貴重な資源であり，手法の如何によっては他の資源よりも大きな効果が生まれる。寒冷で泥炭地であった江別を含む石狩平野では，それまで本州で蓄積されてきた農法は使い物にならず，グローバルな視野にたった企業家達が，アメリカで採用されている酪農や麦栽培の農法にならった農業経営を遂行し，現在の北海道の農業経営に大きく貢献したのではないかと考えられる。中小企業学者の清成忠男も，地域における企業家機能の重要性を指摘している[4]。未だ農業地帯としての一面も持つ江別の活動では，江別経済ネットワークに個人として入会したアントレプレヌリアルな企業家達が，大きな役割を果たしたといえよう。

　江別製粉の安孫子からハルユタカ種のポット栽培を勧められた農家の片岡は，もともと収量の確保のために，自身も小麦の実験栽培で試行錯誤を繰り返していた。ポット栽培でこぼれ落ちた実が，翌年大きく実ったのをきっかけに，初冬蒔き栽培に本腰を入れた。普及協会に照会して初冬蒔きについて調べてもらった結果，深川に実験栽培の成功例があったことを知ったからでもある。失敗するおそれがあったが，失敗すれば春に蒔き直せばいいと思ったという。見落としがちだが，失敗を極度におそれない心意気こそが，アントレプレナーシップの本質だといえよう。翌年雪が融けた畑をのぞくと，ハルユタカの種が，もやしのような細い芽を出していた。最初にその芽を見たときには，失敗だと思ったが，土を返そうにも融雪でぬかるみ，畑に入れなかった。ところが数日たつと，ハルユタカの芽は，しっかりとした緑色の苗となり生育を始めた。そして，その年は通常の３倍となる640キロを収穫した。小麦は，積算温度110度で発芽する。早く蒔きすぎると越冬せずに芽がでてしまう。そこで播種の際の地温から根雪になると予測される日までの積算温度を計算し，農業試験場の協力を得て，科学的に基本型を確立した（2010年２月にインタビュー実施）。

---

(4)　清成（2010）49頁。

江別製粉は，まず北海道産小麦の良さを知ってもらおうと，1998年に「第1回焼き菓子コンペ」を開催，このときの農・産・学・官で構成された実行委員会をそのまま「江別麦の会」として存続させた。同会では，①良質小麦の安定生産・供給のための技術普及と，②産業間連携による付加価値の高い商品開発，③小麦に関わる人々の交流等を目的とした活動を行った。この会を通して，生産者は，「自分たちは良いモノをつくっているのだ」という自信を持ち，農作物の収穫とのかねあいで都合のよい初冬蒔きで3倍の収穫があることを理解し，生産意欲を向上させた。ハルユタカの普及活動に参画した農家の片岡は，北海道麦作共励会奨励賞（平成12年），ホクレン夢大賞（平成15年）や，JA中央会主催の第38回日本農業賞の大賞を個別経営の部で受賞し（平成20年），平成21年に，財団法人日本農林漁業振興会の第48回農林水産祭で，内閣総理大臣賞を受賞した。

2　北海道産小麦とともに成長する地元の製粉会社

　江別製粉株式会社は，戦後食料が極度に不足していた1948年に初代の社長となった安孫子安雄と，岩田醸造の社長との共同出資で設立された。戦後めまぐるしく変わる政策の影響を受けつつも，独立系として生き残り，現在は，資本金7600万円，従業員63名（平成23年），年商37億円（平成22年度）の中小企業となっている。現社長の安孫子建雄は，初代の一人息子で，千葉工業大学で経営工学を修め，卒業の謝恩会で父の訃報を受け，江別製粉に入社した。開発担当時代，消費者協会やフリーダイヤルの設置で消費者が安心安全な国産小麦を望んでいると知り，北海道産小麦の消費と生産の拡大に腐心してきた。初回の焼き菓子コンペで，まず菓子職人に北海道産小麦の良さを知ってもらおうと，道産の（チホク小麦）と甜菜糖を送った。これが思惑通りの評判をよんで，菓子職人の評価が高まった。同社の常務である佐久間は，安孫子の6年後輩で，精力的に全道を回わり，生産者と実需者に密接に関わって，積極的な営業活動を行ってきた。そして，同社は平成19年，農林水産省主管の「立ち上がる農山漁村～新たな力」で，農家の協力会社として表彰された。同社は，「小麦に関する情報を最も把握している特別な製粉会社」として，行政にも把握されている。また，ヨーロッパの軍用小型製粉機をスイスでみた安孫子は，道産の小麦を1トン単位で製粉できる小型プラントも設計した。規模の拡大を目指すばかり

だった装置産業に属する製粉会社が，地場の小麦用にミニプラントをつくった例は日本で初めてだった。平成19年に，経済産業省から「第2回ものづくり日本大賞地域貢献賞」が授与された（2010年3月，2011年7月にインタビュー実施）。

3 個人参加型ネットワークによる情報伝達のファシリテーター

江別経済ネットワークは，いわゆる商工者の集まりでなく，農家も含む市民に，肩書なしで情報交換ができる場を提供することを目指してつくられた。企画者の大川は，江別市に民間登用で採用された元ジャーナリストで，ある本からヒントを得て，肩書なしで誰でも参加できることにしたという。イギリスでは，こうした市民のサロンが，産業革命につながったと知ったからである。そして農家の参加や地元の住民の参加を促す一方，有益な情報を提供できる人を一本釣りし，周到に「場」づくりを行った。大川は「従来，行政は偏りなく公平な事業を行うものだという意識がありましたが，江別市は，地域の特色を生かして一点突破で全面展開している」と記述している(5)。行政は公平を旨とするために，ともすると市民との距離を置きがちである。しかし，江別では市が，選択と集中といったマネジメント手法を取り入れ，ネットワークを牽引したのである（2010年3月にインタビュー実施）。

4 ブランド麺を仕掛けた地元の製麺会社

株式会社菊水の歴史は，昭和24年12月，初代社長の杉野森一が北海道上川郡下川町のラーメン店で麺づくりを担当したことから始まる。昭和38年にブランド名「菊水」を社名にして資本金100万円で法人化，昭和42年に札幌市に進出し，昭和48年に江別市の工業団地に転入した。生麺は日持ちがしないため流通拡大がのぞめなかったが，手延素麺「揖保の糸」の乾燥手法にヒントを得て，低温熟成の寒風乾燥麺（寒干ラーメン）の開発に成功した。さらにNASAの真空技術を持つ装置を導入して改良を施し，新しい包装技術も開発した。ブランドラーメン構想を提言した杉野常務は先代の二男で，同社の商品開発にあたってきた。提言の一方，麺が黒ずむとされていたハルユタカ麺を，見事な黄色い中華麺と

---
(5)「産業立地」VOL.48, No.3, 2009年5月号，財団法人日本立地センター。

して完成させた。その麺は，色ばかりでなく，コシがあり，甘みがある。その企業家的チャレンジ精神は時として勇み足ともなり，現在大株主は伊藤ハムでその傘下にある。資本金1億8000万円，従業員は550名，平成23年度は，78億5800万円の売上を計上している。

こうした北海道の企業者達に共通していえることは，多様性を拒絶せず，向上のために前向きであるということだ。

Ⅲ 考 察

1 ハルユタカの品質と江別市内の作付け

農林水産省の食糧需給統計（2011年）で，小麦を小麦の国内消費仕向量は，625万8000トンである。国内収穫量は74万6300トンであるから，総量の十数％にすぎない。しかし，国内産小麦の需要は年々高まっている。麦藁は，バイオ燃料にシフトされ，外国産の小麦の価格は上昇しているからである。日本の小麦は，安全面で定評もあった。さらに北海道では道産小麦を地元で使おうという「麦チェン」運動をおこし，日本一の収穫量を誇る小麦の地産地消をすすめている。

このような背景のもと，ハルユタカは収穫量は少ないものの，高品質の小麦として捉えられるようになった。ハルユタカの品質を科学的に分析したのが，表6-1である。他の品種との比較で，ハルユタカは水分量にとみ，タンパク質量も多い。風味の濃厚さを表す灰分にも優れている。実際に焼くと香りもよい。注目すべきは麦の会発足後，農家のハルユタカの作付けは上昇している点である（表6-2参照）。もっとも，2009年は長雨の影響で2,522,760kgの粗麦量のうち歩留りが6.3％しかなく，2010年は天候不順で最悪の収穫となった。

表6-1　国内産小麦の成分分析

（単位：％）

	市販強力粉	ハルユタカ	ホロシリ	ホクシン	農林61号
水　分	13.89	14.49	13.84	13.23	13.36
蛋白質	15.73	15.01	13.66	12.75	12.35
灰　分	0.42	0.46	0.45	0.43	0.39
脂　肪	0.53	0.74	0.55	0.73	0.62
湿麩量	2.69	2.86	2.84	2.57	2.10
乾麩量	0.93	0.99	0.92	0.90	0.78

出所：新潟県農業総合研究所総合研究センター。

表6-2　江別産小麦品種別作付け面積

(単位：ha)

品　種	15年	16年	17年	18年	19年	20年	21年
ホクシン	191	211	300	356	334	326	314
ホロシリ	953	975	674	513	484	561	577
ハルユタカ	398	421	548	554	581	589	627
春よ恋	113	206	228	331	357	292	276
キタノカオリ	1	3	24	42	33		
他	12	14					
合　計	1,668	1,830	1,774	1,796	1,789	1,768	1,794

出所：「麦類・豆類及び雑穀の生産実績等の調査」JA回答より（合計は農政事務所統計と一致しない)。

2　地域ブランドとは何か

　地域ブランドは，マーケティング論におけるブランドから発想されている。ブランドについて石井教授は，「製品・サービスを特徴づけるために付与される名前やマークなどの総称」であると定義づけている。「企業は競合他社の財やサービスと区別したブランドをコントロールすることで売り上げの増加をはかり，また長期的な企業価値の向上のためにブランディングを行」っている。[6]アメリカ・マーケティング協会の1960年の定義でも「個別の売り手もしくは売り手集団の財やサービスと区別するための，言葉，記号，シンボル，デザイン，あるいはそれを組み合わせたもの」としている。[7]そしてブランドないしブランドの一部であって，口頭で発音可能なものがブランドネームであり，ブランドないしはブランドの一部であって法的に専用使用権がみとめられたものがトレードマーク（商標）である。こうしたブランド概念は，企業のマネジメントを念頭に，優れたブランドを構築することにより，価格プレミアム効果やロイヤルティ効果を享受して，収益性や成長性の拡大と，持続可能なマネジメントを可能にしている。老舗ブランドには，長時間をかけてつくりあげてきた無形の価値も多いが，新興企業が価値を創造するために，企業戦略として強いブランドの構築を試みることもある。そして創造以上に重要なのが，ブランドの維持管理と価値の向上であり，そのために有効な手法の一つが商標登録である。地域団体商標登録を念頭においた

---

[6] 石井（2004）423頁。
[7] Marketing Definitions: A Glossary of Marketing Terms, complied by the committee on Definitions of the American Marketing Association.

地域ブランドの定義について永野弁護士は「①ある特定の地域で生産あるいは提供される商品等であって，②他の地域で生産あるいは提供される商品等と明確に差別化し，肯定的評価を受ける個性を確立している商品等」であるとしている（永野，2006；13頁）。こうした地域ブランドの例としては，夕張メロンがある。これは，夕張市農業協同組合を通じて出荷される温室栽培用のメロンで，2種の交配によって得られた赤い果肉のマスクメロンである。メロンは青皮・青肉が一般的で，最初はあまり受け入れられなかったが，カロチンが豊富な赤い果肉の香りと味が，消費者に支持されるようになった。農協は，訴求性の高いブランドとして，出荷基準に合格したメロンだけを出荷し，ブランド維持管理を徹底した。特に熟成したメロンに甘みがあるため，食べ頃の表示を徹底し，流通を厳格にした。そして迅速なクレーム処理等で品質維持に注意を払った。さらに物流システムの進化によって，完熟直前に本州に出荷できるようになり，百貨店の中元贈答用に採用された。こうした徹底したブランド化がみとめられ，地域と商品名をつけた地域ブランドの商標登録が許された。

では，江別小麦麺の場合はどうだろうか。この地域は，主にハルユタカを使った江別産小麦を麺用に開発することで，ブランド価値の創造を図った例である。もっともそのためには，単なる特産品ではなく，ブランドとしての維持管理が必要である。江別では，ハルユタカが不作であるときは，ハルユタカがブランドを代表する品種であるから他の品種で代替させないという私的な取り決めをしている。これがブランド管理ともいえよう。もっとも江別でブランド化の対象となっているのは「江別小麦めん」であり，その実体は江別産小麦100％の小麦麺である。国は88選で，小麦めんの売上高を成果としたが，果たしてブランド化の結果といえるのだろうか。その前提として，江別市民には，このブランドネームはどれだけ浸透しているか。隣接する札幌では，ほとんどそのブランド名をきかなかったため，以下のような調査を実施した。

3　地域ブランドに関するアンケート調査

そこで農商工連携による地域活性化活動の成果を実証するために，地域ブランドの浸透度を調べた。次ページのアンケート調査は，ハガキ返送の方式で126枚を札幌駅構内の江別方面乗り場で配布した。

(1) **調査の概要**　調査では，まずこれが地域ブランドの調査であることを説明することにした。さらに地域ブランドの例として，夕張メロンの認知度を調べた（質問1）。その上でハルユタカの認知度を調べた。夕張メロンの次に来る問いであるから，地域ブランド産品であろうと推論できるように工夫した。次に，江別との関連でハルユタカを認識しているかをみるために，ハルユタカとは何だと思うかという質問をした。そして江別小麦の認知を問い，江別小麦とは何だと思うかと聞いた。ハルユタカと江別小麦がイコールになっている人にとっては，多少混乱する質問となった。もっともほとんどの人が真摯な回答を返送してきた。

〈資料1〉

<質問票>

```
地域ブランドに関しておたずねします。該当する箇所に〇をつけ，問いには空欄
に書き込みをお願いします。
1　「夕張メロン」という言葉を聞いたことがありますか？
    ①　はい　　②　いいえ
2　「ハルユタカ」という言葉を聞いたことがありますか？
    ①　はい　　②　いいえ
3　上記2で「はい」と答えた方に質問します。
    ハルユタカとは何だと思いますか？　　　　　　　
4　「江別小麦」という言葉をきいたことがありますか？
    ①　はい　　②　いいえ
5　「江別小麦（えべつこむぎ）」とは，何だと思いますか？
    　　　　　　　　　　　　　　　　　　　
6　上記についてお答えいただいたあなたは？
    ①　男　　②　女　　　　　　（　　歳代）
7　どこに住んでいますか？＿＿＿＿＿市・町
8　職業を差し支えない範囲で教えてください。
    主婦・勤め・学生　他＿＿＿＿＿＿＿＿＿＿＿＿
```

(2) **調査の結果**　①夕張メロンについは全員が知っていた。②ハルユタカについて65人（全体の62%）が知っていて，40人（全体の38%）が知らないと回答した。その65人のうちの37人が江別市在住であり，江別市在住でハルユタカを知らない人は4人（10%）だった。つまり江別市内では9割の人がハルユタカを知っていた。③次に江別小麦という言葉をきいたことがあるかという質問に

対しては，37人が聞いたことがあると答え，いいえ，と答えた人も，次にくる質問の「江別小麦とは何だと思いますか？」という問いに，「ハルユタカのことだと思っていました」と答えている。まさに，ブランドネームと品種が連動していた。そこでこれを聞いたことがあるという回答にプラスすると，江別小麦について聞いたことがある人は40人（全体の38%）だった。江別市在住者の41人のうち，江別小麦について聞いたことがないと答えた人は5人（江別市の12%）であり，江別市では36人（88%）が江別小麦という言葉を聞いたことがあるということなる。返送ハガキの最終行に2行程度の空白を設けたところ，ここに「最近，ハルユタカを使って，パンを作っています。風味がありとてもおいしいです」と書き込んでくる江別市在住の女性の回答者もいた。この調査は，母集団が小さいという点に難はあるが，概ねハルユタカおよび江別小麦について，域内ではすでに80％に迫る認知だということが2度確認された。もう一つは北海学園大学の高原教授のゼミとの調査結果である。そして，ハガキを返送してきたほとんどの江別市民が，ブランドの調査がんばってください等と書き込み「ハルユタカは春まき小麦だったが，確か冬の初めにまく」と説明して，初冬蒔に至るストーリーもよく知られ，ハルユタカをめぐる江別市の経済人の活動について，関心をよせている。したがって江別の農商工連携による「江別小麦」の域内でのブランド化活動は，すでに住民にある程度の周知をみとめることができた。

4　地域ブランドと活性化調査

　高原ゼミでの調査結果は，すでに財団法人北海道開発協会の「開発こうほう」に掲載しているが（「地域ブランド化活動と地域の活性化」2011年4月号），〈資料2〉のような質問に対して，353人の人が回答に応じた（市民300人）。注目すべきは，6問・7問の質問に対して通りがかりの人や祭りに来ているにもかかわらず，多くの人が積極的に答えてくれたことである（これを集計したのが表6-3，6-4である）。回答者の年代は平均化されるように工夫したが，こうした質問に答えている人は30年以上の在住者が多かった。質問1については，300人の市民の87％（261人）が住みやすいと答えている。さらにブランド化活動も，半数が知っていた。札幌に隣接した小都市とはいえ，定年後など長年江

別を好んで定住し続けている姿が窺われる。ブランド化についても知っている人のうち，それを否定的に捉えた回答は数人しかなかったことから，地域はかなり連帯感があると思われる。

〈資料２〉

<質問票>

江別市の地域ブランドおよび活性化に関する調査

北海学園大学高原ゼミ・北海商科大学堤ゼミ

1　江別市は住みやすい町ですか？
　　①　はい　　②　いいえ
2　「ハルユタカ」という言葉をご存知ですか？
　　①　はい　　②　いいえ　③聞いたことがある
　　何だと思いますか？　＿＿＿＿＿＿＿＿＿＿＿＿＿＿＿＿＿＿＿
3　「江別小麦」をご存知ですか？
　　①　はい　　②　いいえ
4　「江別小麦」を使った料理や商品を召し上がった事がありますか？
　　①　はい　　②　いいえ
　　何がきっかけですか　＿＿＿＿＿＿＿＿＿＿＿＿＿＿＿＿＿＿＿
　　感想をお聞かせください　＿＿＿＿＿＿＿＿＿＿＿＿＿＿＿＿＿
5　市内で様々な組織や個人が「江別小麦めん」のブランド化をすすめている事をご存知ですか？この活動は，農商工連携の活動として，国から優れた例と選定されています。ご存知ですか？
　　どう思われますか？　＿＿＿＿＿＿＿＿＿＿＿＿＿＿＿＿＿＿＿
6　あなたが知っている江別ブランドがあれば教えてください。（モノに限らない）
　　＿＿＿＿＿＿＿＿＿＿＿＿＿＿＿＿＿＿＿＿＿＿＿＿＿＿＿＿＿
7　江別でおすすめのエリア・スポットがあれば教えてください。
　　＿＿＿＿＿＿＿＿＿＿＿＿＿＿＿＿＿＿＿＿＿＿＿＿＿＿＿＿＿
8　あなたは，10年後の江別市がどのような地域になっていたらいいなあと思いますか？　＿＿＿＿＿＿＿＿＿＿＿＿＿＿＿＿＿＿＿＿＿＿＿＿＿
　　差し支えなければ下記の質問にもお答えください。
　　性別：①男　②女
　　年齢：①10代　②20代　③30代　④40代　⑤50代　⑥60代　⑦70代～
　　お住まい：江別市＿＿＿＿＿＿＿＿／江別市以外の方＿＿＿＿＿＿
　　年数：①３年以内　②３～９年　③10～19年　④20～29年　⑤30年以上
　　職業：①会社など勤務　②自営業（農業）　③主婦　④学生　⑤無職　⑥その他
　　職業地：①江別市内　②札幌市　③石狩管内　④その他道内　⑤道外

表6-3 知っている江別のブランドは
(自由既述複数可)

ブランド名	記入
れんが	104
れんがもち	40
やつめうなぎ	38
町村農場(牛乳,乳製品)	20
焼き物	18
米	9
麺類	8
とんでんファーム	7
えべちゃん(江別市が生み出したキャラクタ)	5
小麦	16
その他	77

表6-4 江別でおすすめのスポット
(自由既述複数可)

ブランド名	記入
森林公園,野幌原始林,開拓の森	41
とんでんファーム	14
野幌運動公園	13
ポスフール	12
町村農場(牛乳,乳製品)	11
大学(酪農学園,北海道情報,札幌学院,北翔)	10
湯川公園	9
その他公園	8
地域としての野幌	7
石狩川,河川敷	4
四季の道	4
旧い建造物	4
美原大橋	3
飛鳥山	3
その他	66

Ⅳ 結 論

既に説明したように，江別市は他の地域に比べ，歴史も比較的古く明確であり，都市にライフサイクル論を持ち込むとすれば，現在は，衰退期にあるといえるかもしれない。しかしながら，これを様々なネットワークや行事によって存続させようという試みが，意識的に続けられているといえる。

伊丹によると，「場とは，人々が参加し，意識・無意識のうちに相互に観察し，コミュニケーションを行い，相互に理解し，相互に働きかけ合い，共通の体験をする，その状況の枠組みのことである」と定義され「その枠組みはある意味で，人々の間の情報的相互作用の容れもの」とされている。そのマネジメントとは，自律した「個」の情報的相互作用を助け，その相互作用の中から新たな情報的秩序を生んでいくプロセスに方向性を与えることだとされている。これを江別の例から考察するに，同地は江別式土器が発掘されるほど，古くからの文化があったことが想起される。古くからの文化が存在するということは，そこに人が住むことができる資源が存在していたことを示すものであり，それが，入植者や移住者と融合して地元意識を目覚めさせたのではないだろうか。土地は気温の変動で大きく変化し，人が住む環境も変えてしまうであろうが，しかし歴史の流れが脈々と続き，資源は潜在していたのであ

る。そして「場」が，こうした地域という組織に潜在している資源を顕在化させて，ネットワークの中での情報交換と刺激により「知」を創造するプロセスを提供したといえよう。江別の例では「場」は，麦の会から江別経済ネットワークへと変容した。すなわち，より多様性をとりいれた場へと成長したのである。さらに折にふれて，くり返し広報活動が行われてきた。そして，地域の企業家達は，それぞれが重要な役割を演じながら，自社を含めた地域経済の発展に貢献している。

斎藤は，食物クラスターにおける地域ブランドについては，すでにバブル期に農業サイドから必要性や課題が提示されたが，消費者までをつないだブランド管理には至らなかったという（斉藤，2008；30頁）。その点では，江別のブランド化の活動は，消費者まで到達したことが実証された稀有な例だといえる。また地域ブランドを創出する場合，経済主体がステークホルダーとしての側面も有することからコーディネーターによる利害調整の必要性が指摘されている。江別の例では，それぞれの場面で，主役が入れ代わりながらその立ち位置が，臨機応変に変化している。こうしたことで，調和がとれていると考えられる。

そして，第一次産業を担う農家も，企業家機能論における企業家でありリスクテイカーだった。さらに江別製粉も，菊水も，大きな産業を担う産業構造から抜け出し，自社の生き残りのために，少なからぬ犠牲と，功を奏しないかもしれないリスクを負いながら，地域に密接に関わった。仮説的であるが，北海道は入植してきた人達の集まりという点で，すでにリスクに直面しつつ新しいことに挑んできた精神が培われているといえないだろうか。江別は，近代農法をアメリカから取り入れた町村敬貴を名誉市民にしている地域である。敬貴はのちに国会議員となり，その一族からは政治家および学者を多く輩出している。ここではさらに札幌駅北に拡がる北海道大学に通勤する教員の住民も多く，ノーベル賞受賞者の鈴木章の住居も同市内である。したがって知の創造のレベルでも高いと推測できる。こうした住民の知力を引き出す一つの手法が，江別経済ネットワークという場づくりだったといえる。また同地が，野幌・江別・大麻と，異なる3つの地域を形成してきた。そのまとまりは，まさに同郷者のまとまりであり，これがある意味，域内間での対抗意識を惹起し，互いに切磋琢磨してきたことを窺わせる。そうした中で，全国に先駆けて人口減少が始ま

り，危機感もあり地域の活性化については団結して対峙しようとしている。

　こうした江別の成功体験をもって，江別製粉は，「滝川ハルユタカの会」の結成を支援し，美瑛では美瑛産小麦100％の「香麦」ブランド化に関わっている。滝川では，ハルユタカ以外にも，水稲栽培で合鴨農法を取り入れ，合鴨ラーメンが提供されている。美瑛では，おそらくハルユタカが不作だった例から学んだのだろう，100％地元産という点に力点をおいて，香り高いブレンド麦として提供することにした。こうみると，江別の企業家は，別の地域でもファシリテーターとして能力を発揮している。農商工連携の支援施策は，連携の枠組みをもりたてることができる発想豊かな企業家を想定して支援しているが，こうした人達は次々に他に影響を与えているのだ。江別製粉は，まさにそうした役目を担い，ちょうど花火が何発も夜空にあがるように，似ていながら非なる連携を次々に打ち上げる支援をしている。もっとも市の担当者が，江別小麦めんは，域内では成功したが，域外政策としては足りなかったと述べているように，そしてアンケートからも明らかなように大都市へのブランド浸透度は必ずしも高くない。地域ブランドが域外市場を目的とするなら江別の例は道半ばだといえよう。しかし，この江別の例は，「地域ブランド化」という活動によって地域全体がひとつにまとまったということが重要なのだということを示している。

　このように，地域が活性化されるには，域内での明確なコミュニケーション交換の場が必要であり，明確な目的を設定しながらも，試行錯誤して，柔軟な道をとることであろう。土肥の『地域資源活用マニュアル』でも，地域資源が，事業の個性化，高付加価値化の鍵となり，事業に取り込むことや地域の独自性を強化することが指摘されている。ここに江別の地域資源とは，天然資源ばかりでなく，人的資源でもあるといえそうである。また同市内にある札幌学院大学や北海道情報大学が学食で江別小麦めんを提供していることからしても，「ブランド化」に関しては，多くの大学人と意見交換をしてきた経緯がみてとれる。表彰され，認定を受けることは，直ちに収益に結びつくものではない。しかし，北海道庁と道内の地方都市は，国の施策に常にアンテナを立て，あてはまる場合は，率先して応募してきた。それが評価されさらなる行政等の支援に応募する際の動機づけとなっているようである。こうした「場」における知性の相互作用によって，農協等に小麦を納めるだけだった農家，装置を稼働さ

せて割り当てられた麦を製粉するだけの製粉工場，コスト志向で麺をつくっていた製麺会社らは，自身の事業活動の枠組みが拡がったといえよう。

　北海道の中小企業は，その付加価値率が全国平均よりも低く，天然資源の豊富さに依存しすぎている観がある。素材が良質であることは強みであるが，さらにブランド化でそれに関わった事業者が様々な影響を受け，目に見えない恩恵を被りながら，地域全体が多少ともその目的にむかって活性化していることを，江別のこの例は示している。特に，ハルユタカ自身の真価の見直しは，自分達は付加価値の高いブランド小麦を生産しているという意識を喚起し，農家の自負も向上させたようである。自身の資源の価値を高めようとするには，その資源自身に精通していなければならないという意味で，意識も高まる。活動を経て，「江別経済ネットワーク」に参集した人達は産品の事情や情報，ブランド論にまで詳しくなった。ここでブランド化活動が，他のお祭りと違うのは，最終的に消費者に商品の価値を伝えなければならないからだといえよう。しかも，ブランド化を目的にする以上，継続されることが必要となる。その意味で単発のイベントよりも巧みな手法を採用したといえよう。また，生産者や加工製造業にとっては，こうした付加価値化という事業活動こそ，価格競争に耐えうる生き残り手法である。

　とはいえ，こうした地域の天然資源への信頼が，今回の福島第一原発の事故で，揺らいでいる。江別製粉は，チェルノブイリの原発事故以後，国産を望む声が増えたことから，果敢な活動を開始した。もし，今回の事故で，放射能汚染の疑惑が生じれば，打撃を受けるかもしれない。地域にできることは，地域にまかせるという施策をとる以上，国は，国レベルでしか把握できない地域の情報を，的確かつ迅速に伝えるべきであろう。受け手である国民が過度に心配しないように情報を選んでいるといった見解も表明されたが，一方で自立を望む以上，正確な全情報を提示することが重要だ。なお，江別の活動は，ベストプラクティスともなり，その中核団体と評価された「江別経済ネットワーク」は次々と新たな取り組みに挑みながら，現在も活動中である。　　　　（堤　悦子）

参考文献

石井淳蔵・栗本契・嶋口光輝・余田拓郎（2004）『ゼミナールマーケティング入門』

日本経済新聞社。
伊丹敬之（1999）『場のマネジメント 経営の新パラダイム』NTT出版。
江別市役所（1969）『野幌屯田兵村史』江別印刷。
江別市総務部（1995）『えべつ昭和史』江別市。
清成忠男（2010）『地域創生への挑戦』有斐閣。
小池直・山本康貴・出村克彦（2006）「ブランド力の構成要素を考慮した畜産物における地域ブランド力の計量分析」『農経論叢』Vol.62, 129—139頁。
コトラー，フィリップ著，恩蔵直人監修，月谷真紀訳（2001）『コトラーのマーケティングマネジメント』ピアソンエデュケーション。
財団法人中小企業研究センター（2006）「中小企業の産学連携とその課題」『調査研究報告』No.119, 平成18年3月, 68—70頁。
斎藤修（2007）『食料産業クラスターと地域ブランド』農山漁村文化協会, 18—40頁。
斎藤修編（2008）『地域ブランドの戦略と管理』農山漁村文化協会。
佐々木純一郎・石原慎士・野崎道哉（2008）『地域ブランドと地域経済』同友館。
関満博・及川信孝編（2006）『地域ブランドと産業振興』新評論。
関満博・遠山浩（2007）『食の地域ブランド戦略』新評論。
関満博・日本都市センター編（2007）『新「地域」ブランド戦略—合併後の市町村の取り組み』日本経済新聞社。
関満博（2006）『変革期の地域産業』有斐閣。
関満博（2008）『地域産業に学べ』日本評論社。
田中章雄（2008）『事例で学ぶ！ 地域ブランドの成功法則33』光文社。
高原一隆（2008）『ネットワークの地域経済学』法律文化社。
土肥健夫（2008）『地域資源活用マニュアル』同友館。
永野周志（2006）『よくわかる地域ブランド』ぎょうせい。
日本食糧新聞社（2008）「食品トレンド '08-'09総合編」日本食糧新聞社。
日本食糧新聞社（2008）「食品トレンド '08-'09産業編」日本食糧新聞社。
「日本経済新聞」（2007年3月21日，朝刊）「人が輝く共生のまち江別市」（全国広告）。
「日本農業新聞」（2003年12月25日, 2004年4月26日, 5月24日, 2007年3月27日, 6月25日）。
野幌開基百年記念事業協議会（1989）『野幌—戦後のあゆみ』。
「北海道新聞」（2004年2月13日, 3月25日, 4月1日, 4月23日, 6月25日, 2005年4月5日, 2008年4月16日）。
牧瀬稔・板谷和也『地域の魅力を高める「地域ブランド」戦略』東京法令出版, 1頁。
Monthly Hokkaido Magazine ISM（2007.5）「地産地消で真のブランドを築く」。
「毎日新聞」（2004年11月3日）。
麺業新聞社（2007）「'06麺業年鑑」107—115頁。
「麺の世界」（2006）「地域ブランドづくり，江別小麦めんの取り組み」初夏号。
「読売新聞」（2004年10月13日, 14日, 15日）。

第3部 東 北

第7章　東北の地域区分と地域的一体性

I　東北の範囲とその多様性

　本州の約3分の1の広がりを指している東北は，他の地域と同様にその地域的特徴は一様ではなく，いくつかに細区分される。今日では東北は北東北と南東北に区分されることもあるし，太平洋側と日本海側に分けられることもある。けれども，このような区分は今日に限ったものではない。

　例えば，古代には現在の東北に相当する地域は今の宮城県と山形県の中部あたりよりも北と南に分けて認識されていた。この南に相当する地域は畿内の政権の影響力が及ぶ範囲であり，その太平洋側は多賀城に国府がおかれ，陸奥国と呼ばれていて，歴史的には現在の関東との結びつきが強かった。これに対して日本海側は出羽国府が今の酒田におかれていて，北前船などによって近畿と強い結びつきがみられたと言われている。このふたつの国を合わせて奥羽と称したとも言われているが，何らかの地域的共通性から一体的にとらえられていたというよりも，畿内から縁辺の地である"みちのおく"とのとらえ方であったと思われる。これに対して北の部分は長らく畿内の政権の影響力が及ばない領域であり，そこでは奥州藤原氏の統治などがみられたが，後に豊臣秀吉の天下統一を通じて奥羽あるいは奥州への組み入れが完成したとも言われている。かなり雑駁な記述ではあるが，以上が現在東北とされている地域の大まかな区分の歴史的変遷である。ただ，このような経緯からも明らかなように，今日において東北と称されている範囲も，その地域の細分化も，何らかの地域的特性に基づいてなされているというよりも，その統治の実態と歴史的経緯の中で形成されてきたとみることができる。

　この奥羽あるいは奥州は，戊辰戦争の戦後処理により分割されている。すなわち，陸奥は磐城，岩代，陸前，陸中，陸奥に5分割，出羽は羽前と羽後

に2分割され，奥羽7州，あるいは東北7州と呼ばれるようになった。その後，これらは廃藩置県を経て東北6県となっている。さて，この"東北"という呼称であるが，その由来や意味，使用状況に関しては，岩本（1994）や米地（1995）にみられるような様々な議論がみられるものの，明治期に広く用いられるようになったとみられている。例えば，大日本帝国陸軍東北鎮台設置（1871年～1873年）や自由民権運動の東北七州自由党結党（1881年），東北帝国大学（1907年設立）などがそれに相当する。このように，東北と言う名称は明治維新以後に奥羽に代わって用いられてきたが，ただ学校教育においては第二次世界大戦以前の時期は奥羽を用いていた。したがって，東北と言う呼称が全面的に定着したのは戦後とみることができるのかもしれない。

　この東北の範囲は一般的には青森，秋田，岩手，山形，宮城，福島の6県を指すが，時として新潟県を含めることがある。これは電源開発において会津地方と下越地方を流れる只見川・阿賀野川が最重要地の一つと位置づけられていて，1942年に新潟を含む7県を管轄する東北配電株式会社が設立されたことから始まる。その後この東北配電株式会社と日本発送電株式会社の一部が統合されて1951年に東北電力となるが，その事業地域は新潟を含む7県となっている。このような歴史的過程を反映して，戦後の地域開発計画やその事業では新潟を含む7県を東北としていることが多い。例えば，東北開発促進法（1957年～2005年）や北海道東北開発公庫（1956年～1999年）などがそうであるし，今日の国土形成計画の東北圏広域地方計画地域においても，新潟を含めた7県が東北と区分されている。また，東北電力を最有力団体として構成されている東北経済連合会においても新潟を含めた範囲を活動対象地域としている。けれども，次節で示すように，東北に新潟県を含めるのは経済活動や交通ネットワークなどの実態から適当であるとは言えず，開発政策や電力事業などの限られた場面での地域区分とみてよいであろう。

　さて，青森，秋田，岩手，山形，宮城，福島の6県から構成される東北であるが，その様相は社会経済的な側面に限定してみても多様である。主要な活動を概観するならば，農牧業に関して元木（2008）は，青森県では米よりも畜産・果実・野菜の生産額の割合が高く，岩手県では畜産だけで生産額の5割を超えるし，他の4県では米が農牧業の生産額の4割以上を占めていると指摘し

ている。特に秋田県は6割以上を米が占めていて、極端な特化となっている。他の米中心の3県では、宮城では畜産が生産額の約3割を占め、山形では果実が約2割を、福島では野菜と畜産がそれぞれ約2割を占め

表7-1 東北での県別の人口・小売業販売額の割合

	2007年の東北6県の中での割合	
	人口（%）	小売業販売額（%）
青森	14.8	14.9
秋田	11.8	11.8
岩手	14.4	13.6
山形	12.6	12.6
宮城	24.7	26.1
福島	21.7	21.0

注：「人口推計」および「商業統計」より作成。

ると言った差異がみられる。東北の工業分布に関して、末吉（2008）は国道4号及び東北自動車道に沿って南から岩手県中部までと福島市周辺から山形市周辺までの国道13号沿い、それにいわき市から仙台市までの国道6号沿いで連続的な集積がみられ、それ以外は小規模な集積の点在と述べている。小売業販売額をみると、東北6県全体の中で宮城と福島が圧倒的割合を占めていて、2007年の調査ではそれぞれ26.1％、21.1％となっている。もっとも小売業活動は人口集積に影響を受けるので、このことを考慮するならば、表7-1にみられるように青森も人口を小売業販売額が0.1ポイント上回っているが、後者が前者を大きく上まわるのは宮城のみである。このことから宮城における小売業の強い購買力吸引力を推測することができる。

　東北の中での社会経済活動の多様性についてはほかにも数多く指摘することができる。となると、かつて統治の実態とその歴史的経緯の中で他の地域から区分して認識されていた本州の約3分の1を占める範囲の社会経済的側面での地域的一体性の有無それ自体が問われることになる。このことは、東北だけに限定されない、さまざまな地域経済の実態把握をめぐる課題でもある。そして、地域経済の一体性の把握においてはその検討対象となる地域のスケールの設定が大きな意味をもつが、東北と言ったスケールでの経済活動の地域的一体性は都市システムが形成される過程の中で把握するのが適当であろう。

II　東北の経済的統合過程

　都市システムとは『最新地理学用語辞典』（大明堂）によると、「ある空間的

範域に分布する都市群を，相互に関連をもった全体性を備えた都市の集合（システム）ととらえる概念」(209頁) と規定されている。都市と都市が相互に結びつきながら，全体としてひとつのまとまりを形成しているものを都市システムとしてとらえるわけであるが，その経済活動の側面に注目し，東北の経済活動の一体性の形成をも含むわが国全体の中でのその形成を明らかにしたのが阿部 (1991) 阿部・山﨑 (2004) であろう。阿部は特に大企業（上場企業）の本社と支所（支社・支店・営業所・出張所・事務所）を経済的中枢管理機能の担い手と位置づけて，その集積状況を把握している。ここでは同一企業であるならば本社と支所との間では業務命令等のネットワークが存在するわけで，これらの相互関係の総和が都市間ネットワークとして想定されることになる。このような相互関係は子会社や関連会社との間でも見出すことができるし，市場において取引関係にある企業との間でも比較的長期にわたる安定した取引関係が形成されている場合にはこのような都市間関関係の構成要素になると想定することができる。

　日露戦争が終結してわが国製造業の中心が軽工業から重工業に移りつつあった1908年には，阿部 (1991) によると上場企業の本社は多くの都市に分散立地し，支所は東京，大阪，京都，神戸，名古屋，横浜の6大都市に集積していた。本社の分布状況は，当時の上場企業の約3分の1以上が銀行であり，その中の多くの中小規模の銀行が創業地やその近接都市に本社を置いていたことが要因であると指摘されている。そのため，その後第一次世界大戦による好景気が終結して昭和恐慌に向かう中で，中小銀行が閉鎖，休業，合併に追い込まれ，地方都市での本社が減少している。他方，支所は人口規模が大きい当時の6大都市に分布している。支所の主要な活動が営業だとするならば，経済活動が活発であった地域を選択して立地していたと言うことになる。この点，日野 (1996) が支店は需要量（と移動効率）に基づいてテリトリーを設定して配置されると述べていることと符合する。以上のように第二次世界大戦以前の時期には今日指摘されているような都市システムの形成はみられない。また，東北も大企業の主要な活動対象地域となっていない。

　今日指摘されているような都市システムの萌芽は戦時経済体制下でみられ，東北も大企業の活動対象地域としてその中に組み込まれはじめることになる。

阿部（1991）によると戦時経済体制下の1935年の本社は東京・大阪で増加し，支所は6大都市と福岡，札幌，仙台，広島で増加している。本社については第一次世界大戦時の好況期に多くの製造業で生産能力の拡大がみられ，その中のいくつかの有力企業が東京や大阪に本社を移した。またその後の不況期を経て成立した戦時経済体制の下での新興財閥の勢力拡大は東京での本社増加の一要因ともなっている。また，戦時経済体制の中で，一県一行主義に基づいて経営が不安定な銀行の強制合併を推し進めた結果，いくつかの例外があるものの，多くの地方銀行はそれぞれの県庁所在地に本社を移転，集中することになった。支所はその活動の強化・拡大がはかられている。好況期に生産能力を拡大した企業にとって，不況期に生産設備を廃棄するわけにいかないので，生産物の販売活動を強化せざるをえなくなる。そのため，6大都市でより活発な営業活動を展開した。これに加えて，新に福岡，札幌，仙台，広島が大企業の活動対象地となった。これらの都市は人口がこの時期も多かったのに加えて，当時は軍事施設の拡充が進められていたこともあって，相当な需要量が見込まれていたのが支所進出の要因であるとみられる。これを東北が全国の都市システムに組み込まれた契機とすることができるが，そこには政治的要因・軍事的要因が強く影響している。

　東北がこのような都市システムの中に本格的に組み込まれ，その中で東北の都市システムが形成されたのは戦後であるとみることができる。戦後のわが国では高度経済成長やオイルショック，バブル，平成不況などと景気の変動が繰り返された。その中で，好況期に多くの企業は生産設備を拡充し，その結果全体としては生産能力が総需要に対して過剰な状態となり，不況期には需要が縮小しているがゆえに過剰な生産能力が生産物在庫を増大させることになる。いずれにしても諸企業は販売活動のより一層の強化を求められることになり，支所網の拡大が推し進められた。このことを反映して，とりわけ高度経済成長期には大企業の支所配置パターンが戦前の6大都市中心からテリトリー制に完全に移行したとみられ，福岡，札幌，仙台，広島と言ったそれぞれのブロックの拠点となる広域中心都市での支所集積が顕著になった。このような広域中心都市などでの支所集積は2000年まで続いていることが阿部・山﨑（2004）では確認されている。この動きは大企業をとらえたものであるが，千葉（1987）では

これに対応するように仙台へは東北各地に本社を置く非上場とみられる企業の支所進出も確認されている。この結果,「支店経済のまち」が形成され,そこで巨大企業と地元企業の取引活動などが活発に行われたとみられる。

　都市システムは東京を頂点とした都市間ヒエラルキー構造・都市間ネットワーク構造として現われたが,それぞれの都市はそれぞれのテリトリーの存在を前提としてその地位や役割を担うことになる。そして,このテリトリーは,日野(1996)は上から下に向かって,あるいは広域から細分化されるように分割されるとしている。このことは阿部(1991)において,1975年になると支所集積が三大都市および広域中心都市の他に大規模県庁所在都市で増加しているという指摘に対応する。ここでの大規模県庁所在都市とは具体的には岡山や金沢,新潟,熊本,鹿児島,静岡,千葉などの諸都市である。これらはそれぞれのブロックにおける広域中心都市の役割を補完するセカンドシティのような役割を担っているとみることもできるであろう。例えば中部全体の拠点は名古屋であることに変わりはないものの,その中で北陸3県に関しては金沢に配置される支所が統括すると言った役割分担になる。ただ,ここで問題となるのは,東北の場合にはこの広域中心都市を補完する都市が必ずしも明確ではないことである。人口規模でみた場合には仙台が突出していて,それに次ぐのは25万から30万人規模のいわき,郡山,秋田,盛岡,青森,福島,山形となっている。これに対して,日野(1996)ではそれぞれの都市に立地する支店のテリトリーと上位機関に関する調査を報告している。業種による違いが大きいものの,卸売機能を担う支店を中心に仙台支店の72.7%が東北6県をテリトリーとしているのに対して,北東北3県をテリトリーとする支店の割合は盛岡において20.3%で最大となっている。ただし,盛岡も含めて,青森,秋田,山形,郡山,福島の各支店では県全域をテリトリーとする割合が最大となっている。したがって,盛岡の支店にはある程度の仙台の拠点性を補完する役割はみられても,他のブロックほどその役割は明確ではないということができる。同様のことが各支店の上位機関の調査でも確認することができ,青森と秋田の支店の上位機関として仙台支店の割合が他の支店の割合を上まわっている。つまり,青森と秋田の支店は直接仙台支店と結びついている割合が大きいと報告されている。このように,盛岡支店にある程度北東北3県を統括する機能がみられたと

しても，それが必ずしも明確ではないのは北東北3県における需要量の小ささが反映しているとすることができるであろう。

日野（1996）は東北の都市システムとして上記のような県庁所在地クラス都市のさらに下位の都市の存在も指摘している。すなわち，八戸支店のテリトリーで最も高い割合は三八上北・岩手県北端部であり，いわき支店では浜通りが，会津若松支店では会津地方が，酒田支店では庄内地方が，それぞれ最も高い割合になっている。これらの支店の上位支店について確認すると，いわき，酒田，会津若松の各支店では県内他支店が仙台支店を上回っている。

これらは企業内組織を通じてみいだせる都市間の結びつきであるが，実際には企業間での取引関係を通じた都市間の結びつきもこれらと同様に存在している。したがって，これらの取引関係も考慮に入れるならば，東北では仙台を頂点とし，その次に県庁所在地クラスの都市が仙台とネットワークを形成し，さらに県庁所在地クラス都市にはテリトリーをさらに細分化した各地の中心的な都市が結びつくと言った東北の都市システムが形成されていて，全体としてこの都市システムを通じた東北での経済活動の統合を確認することができる。つまり，こう言った市場における企業の経済活動を通じた地域経済の統合によって，その経済活動の地域的一体性が形成されてきたとみることができる。

なお，鉄道網や高速道路などのインフラ整備はこのような経済活動の統合を支援するように進められている。生産活動に基づく整備要因もあるのでインフラ整備のすべてがこれによって説明されるわけではないが，東北の中では仙台と県庁所在地クラスの都市との間のアクセスが確保され，さらに県庁所在地クラス都市とそのテリトリー内のアクセス確保が進められる。その結果，県庁所在地クラス都市間での交通網整備やテリトリーにとって上位都市と位置付けられない都市との間の交通網整備が遅れることは珍しくはない。

Ⅲ　東北の地域的一体性の変容の可能性

都市システムの形成と表裏の関係で東北の経済活動の統合が進んだが，それが東北経済の総体ではないことは当然のことである。東北の地域経済を把握するためには農林水産業や製造業などの生産機能の分布や動向，それに人口分布

などによって規定される商業機能の立地や盛衰なども検討する必要がある。ただ，このような多様な地域経済の総体を統合し，地域的一体性が企業支所の立地展開と企業間の取引関係の継続を通じて形成された。とは言え，このような地域間関係に今日変化がみられるように思われる。

　その要因の一つとして市場の変化があげられる。今日のグローバリゼーションの一側面として工場の海外移転が指摘されるが，同様に小売業の海外店舗展開も活発に進められている。店舗の海外展開の要因としては，諸外国の経済成長が指摘されているが，同時に日本国内での少子高齢化と景気低迷の長期化，さらには非正規雇用の増大などによる国内市場の縮小も指摘される。この様な市場の縮小はある程度営業活動網が確立している企業組織にとっては新たに販売網を強化する要因とはならない。さらに，市場の変化としてはその量的変化だけではなく，質的変化も想定される。国内市場の成熟化，すなわちある生産物市場が飽和状態にあり，その購入においては画一性よりも個性や柔軟性，専門性などが重視されるような状況に変わりつつある。つまり，消費のポストモダン化が広がることによって，生産が従来の大量生産から多品種少量生産などへと変わりつつある。そのため，企業の営業・販売活動も従来の体制から変わらざるをえなくなる。以上のように，景気変動とは異なる，より長期的な国内市場の量的・質的な構造変化は企業の営業活動およびそのための企業組織の立地展開に影響を及ぼすことになるし，その影響は都市システムの変化を引き起こす可能性も小さくはない。

　けれども，市場の構造的変化以上に企業組織の立地展開に影響を及ぼすのは情報化の進展であろう。情報化の進展は消費のポストモダン化の前提でもあるが，同時に企業組織自体に及ぼす影響も少なくはない。企業内でのIT化の進展によってヒト・モノ・カネ・情報の一元的管理が可能になれば，企業内の従来の管理部門や調整部門などの組織の見直しが進められることになる。その結果が，一部の意思決定部門と生産機能や販売機能が直接的に結びつくような組織形態になるのか，それとも総体的に完結性が強い小規模な組織がプロジェクトごとに柔軟に結びつくような形態になるのか，それともそれ以外のネットワークになるのかは判らないが，いずれにしてもこれまで一般的であったヒエラルキー的な階層構造から成る企業組織は見直されることになる。となると，

企業支所の立地・集積が骨格となっていた都市システムに変化が現れると考えることは当然であろう。

　この他にも新幹線や高速道路の開通などと言った交通体系の整備の進展によって企業の支所もしくは支店の立地に変化がみられることは多くのところで指摘されている。例えば河北新報は，東北新幹線開通（1982年　大宮－盛岡間）後に郡山市と盛岡市などの支店が閉鎖されたり，縮小したりして，仙台市に立地する支所・支店がそれらのテリトリーを直接カバーするように変わってきていると報告している（2002年6月20日付『検証開業20年　東北新幹線が運んだもの④』）。また，東北新幹線の青森延長と八戸－新青森間開業に関しても同様に青森からの事業所撤退の懸念が報じられている（「河北新報」2010年11月30日付『675km全線開業　東北新幹線　青森へ②』）。このような企業の支所・支店の立地動向の結果，いくつかの県庁所在地クラス都市などではビジネス客の出張宿泊が増えている。例えば，ビジネスホテルの急増に関して，八戸（「デーリー東北」2007年10月31日付）や東北ではないが釧路（「釧路新聞」2008年5月31日付）などでの報道もみられる。また，他にも青森駅前での出張ビジネスマン向けのレンタルオフィスの開設（「東奥日報」2012年2月2日付）なども報じられている。

　このようなオフィス立地の変化に伴って仙台市への業務の一極集中が進んでいるとみられることもあるが，しかし必ずしもそのように単純に判断することはできない。つまり，上述の市場の構造変化や情報化による企業組織の変化などが，必ずしも仙台市に立地する支所の機能や役割を押し上げるように作用するとは限らないからである。前掲の河北新報記事（2002年6月20日付）では仙台に立地する支所・支店の機能の変化にも言及していて，総務や広報，経理などを備えていたオフィスから営業拠点としてのオフィスに変わりつつあるとも指摘されている。この機能変化には支所の規模縮小を伴うことも少なくはなく，仙台でのオフィス需要を低迷させる要因になっているともみられる。三鬼商事の調査によると，仙台でのオフィス空室率は95年12月5.48％，2000年12月10.82％，2005年12月10.22％，2010年12月19.41％と推移している。オフィスの需給状態は他方においてその供給状況によっても影響されるので，この一側面から判断することはできないが，業務の一極集中が進展の中での仙台でのオフィスの空室率の高い水準での推移はこのような状況からみていくこともでき

表7-2　仙台での主要なイベント

1月	初売り
	どんと祭
4月	ARABAKIロックフェスティバル
5月	青葉まつり
	仙台国際ハーフマラソン
7月	すずめ踊り
8月	仙台七夕祭り
9月	定禅寺ストリートジャズフェスティバル
10月	みちのくYOSAKOIまつり
	仙台クラシックフェスティバル
11月	仙台ゴスペルフェスティバル
12月	SENDAI光のページェント

る。この点は札幌でも，福岡でも同様の動向が確認される（「日本経済新聞」2008年11月17日付）。

　こういった「支店経済のまち」の役割変化には，これまでの都市間ネットワークの変化が伴うと考えられる。従来形成されていた都市システムそれ自体が解体しつつあるとは言わないが，そこでは従来とは異なる要素が都市間ネットワークの中で強くなりつつあるようにみられる。新しい地域間関係はそれ以前の各地域の役割を前提として形成されることになるが，その将来像を描くことは必ずしも科学的な議論としては耐えられないことも少なくはない。そのことを充分踏まえながらも今後の東北を展望するならば，仙台の中心地性あるいは集客機能がその地域的一体性のひとつの要素となる可能性が考えられる。

　2000年頃から仙台市を中心とした高速バス網は拡大していて，2011年時点で週末・休日の仙台市との往復本数は，宮城県外の都市では，山形市72，福島市45，郡山市28，盛岡市20，鶴岡市・酒田市16，秋田市10，弘前市8，会津若松市8，青森市6，いわき市5などとなっている。このことを背景に仙台市での小売商圏が拡大しつつあり，仙台市（2007）では従来の南東北3県から岩手県を含む4県になっていると述べている。実際，仙台市内ではブランド品を取り扱う店舗進出やアウトレットの立地などが活発である。このような商業機能のより一層の高次化に加えて，表7-2にみられるような様々なイベントなどによる集客機能の集積も顕著にみられるし，コンサート，ミュージカル・演劇などの公演，さらにはプロスポーツによる集客力も高まっている。現在，仙台にフランチャイズを置いているプロスポーツチームとしては野球の東北楽天ゴールデンイーグルスのほか，Jリーグのベガルタ仙台，バスケットボールのbjリーグの89ERSがある。また，セミプロチームとしては女子バレーボールの

仙台ヴェルフィーユ，女子サッカーのベガルタ仙台レディース，サッカー JFL のソニー仙台などもみられる。これらの様々なイベントと商業機能が組み合わさることによって，仙台の集客機能がより高まり，その集客範囲をさらに広げている。これには自家用車のほか，新幹線も活用され，隣接県ほど強くはなくても，秋田県や青森県にもその影響力は及んでいるともみられる。

　これらの動きはこれまで企業組織を通じて統括されていた地域の一体性とは異なる形での経済活動の地域的一体化とみることができる。したがって，新しい都市システムとして結実するかどうかを判断することは難しい。ただ，今後はこのような動きも東北の地域的一体性や地域区分を考える上で不可欠な事項になるとも思われる。

（千葉昭彦）

参考文献
阿部和俊（1991）『日本の都市体系研究』地人書房。
阿部和俊・山﨑朗（2004）『変貌する日本のすがた―地域構造と地域政策』古今書院
岩本由輝（1994）『東北開発120年』刀水書房。
櫛引素夫（2007）『地域振興と新幹線―「はやて」の軌跡と課題』弘前大学出版会。
末吉健治（2008）「鉱工業」田村俊和・石井英也・日野正輝編『日本の地誌4　東北』朝倉書店，102-113頁。
仙台市（2007）『創造と交流　仙台市都市ビジョン』。
千葉昭彦（1987）「仙台における「支店」立地の過程についての一考察」『東北地理』39，316-326頁。
日野正輝（1996）『都市発展と支店立地』古今書院。
元木靖（2008）「水稲作」田村俊和・石井英也・日野正輝編『日本の地誌4　東北』朝倉書店，73-80頁。
米地文夫（1995）「戊辰戦争時〜明治初年における地名『東北』―史料および明治前期地歴教科書の分析―」『季刊地理学』47，267-284頁。

第8章　北東地域における県土構造とオフィス立地

I　地方ブロックと県土構造

　人・モノ・金・情報の流れを促進するための骨格となる高速交通網（新幹線，高速道路，空港）の全国的な整備・拡充・展開は，市町村，都道府県といった従来の地域の枠組みを越えた流動をもたらしている。21世紀に入り，人口減少型社会が到来しているにもかかわらず，都道府県－市町村といった行政により設定された地域の枠組みを越えた流動は増加している。

　新たな動きの中心となる地域の単位が，地方ブロック，生活圏という二層の空間スケールである。国土政策における地方ブロックは，平成20（2008）年7月に閣議決定された国土形成計画に基づき，翌年8月に公表された「広域地方計画」に明示されている。従来から，道県という行政区域と地方ブロックの空間スケールが，ほぼ同等であった北海道，沖縄は別として，複数の都府県により構成される地方ブロックである「東北圏」「首都圏」「北陸圏」「中部圏」「近畿圏」「中国圏」「四国圏」「九州圏」が，独自にそれぞれの計画を策定した。また，生活圏に関しては，「平成の大合併」により，2000年代に入り，多くの市町村が，既存の行政の区域を統合し，通勤・通学・小売の流動を中心とする生活圏と同程度の空間スケールに再編されるケースが増えている。

　21世紀初頭において，行政による地域枠組みの設定は，国土政策レベルでは，「地方ブロック」の重要性が強調され，都道府県域内では，「行政区域」と「生活圏」の一致にむけた市町村合併の進行を特徴とした。明治期の廃藩置県により設定された「県」は，三大都市圏や県境を越えた日常交流がみられる一部の諸県を除き，19世紀，20世紀にわたり，都道府県それぞれの県土構造の形成，ならびに県土内流動の促進とその固定化をもたらしてきたが，2000年代においては，県土構造が，地方ブロックというより広域の動きに包摂される側面

をもっている。同時に，それまで県土内や市町村内で収まる空間スケールで形成されてきた生活圏が，次第に市町村のみならず都道府県を越えて形成されるケースも珍しくなくなってきている。

　本稿では，国土—地方ブロック—生活圏という空間スケールの階層制を規定する要因として，経済的中枢管理機能（オフィス）の立地に着目する。北海道，東北という北東日本においては，中枢管理機能の立地は，道県，地方ブロックという行政のテリトリー制によってほぼ成立している。地方ブロックというテリトリーにおける中心地となる札幌・仙台，県における中心となる県庁所在都市が中心となり，生活圏が形成されているが，その階層性は，中枢管理機能の立地により規定される面が強い。

　他方で，生活圏の経済規模（主に消費人口）がもたらす流動と，テリトリー制による企業管轄圏域（管轄となる対象の人口）がもたらす流動には，当然ながらズレが生じている場合もあるが，このズレが，北東日本においては，どのような特色をもっているのかについて，地域間流動などの統計をもとに，全国との対比の上でみていく。その上で，今後，北海道，東北という県土・道土を越えたブロックの形成にあたり，北東地域が抱える特色と現代的課題を明らかにしていきたい。

Ⅱ　市町村，県土を越えた流動

　市町村，都道府県を越えた流動が増加している背景には，第一に高速交通網の全国的展開により，地域間流動が時代とともに容易化していることがある。鉄道においては，1982年の東北新幹線（大宮〜盛岡）開業，1988年の青函トンネル津軽海峡線開業を契機として，高速鉄道の延長が，主要都市間の流動を高めるように拡充・整備されてきた。また，道路においては，1986年の東北縦貫自動車道（浦和〜青森）全通による南北の骨格形成を契機として，主要都市のみならず，高速道路沿いの小都市や農山漁村同士の流動までも高めるように建設されてきた。航空路においても，1993年の福島空港の開港により，東北6県には全て空港が設置された。北海道は，札幌を中心としたインフラ整備の骨格形成がされているものの，2012年4月時点で全道を網羅する縦貫道の形成

には至らず，高速鉄道も未整備であるが，それを補完する役割として，12もの空港で近・中・長距離の多様な航空定期便が運行されている。いずれの交通手段においても，他地域とのアクセシビリティを増加させている。加えて，高速化や，ICTの活用による運行の円滑化などの技術革新により，幹線については，鉄道・高速道路・航空路のいずれも頻度の充実化が進行している。

　地域間流動の容易性を促す条件が整ってきていることは，二つの側面から捉えることができる。まず，生活圏内や生活圏間の交流人口の増大である。生活圏内や生活圏間の交流は，基本的に距離によって規定されると考えられる。圏内における通勤・通学・個人消費といった活動は，中心地点（都市）からの距離に，ほぼ比例するものと考えられる。なかでも，通勤・通学や消費といった活動は，基本的にその周辺地域から，ある中心地に向かっての流れととらえることができる。また，生活圏同士の交流に関しても，同様に規模の大きな生活圏域同士が隣接している場合には，相互の交流は大きくなるであろうし，対照的に，規模の小さな生活圏がお互いに遠隔に位置する場合は，相互の交流は小さくなる。この面からとらえると，生活圏間の交通網の充実は，域間の交流を増加させているものと考えられる。生活圏を越えた，隣接した圏域に通勤・通学・購買を容易にする条件は，21世紀に入っても整ってきている。

　ある中心地に向かっての動きと対照的に，中心地からその周辺に向けての動きが主たる流動をみると，企業や行政の管轄区域（テリトリー）による管理の行動から捉えることができる。代表的なのは，大企業の本社・支所などのオフィスである。なかでも北東地域においては，支所（支社・支店・営業所・事務所など）の立地が各都市経済の構成要素として大きな役割を果たしている。これらの事業所は，管理，取引，情報収集のため，ある一定の区域を設定し，その中に一つ拠点を置くという形態をとっている。その形態が，地方ブロック，県域，市町村や生活圏のいずれかをとるかは，その事業所の担う機能によるが，いずれにせよ，一定の管轄の区域を設定し，そこに一つの中心を置き，中心から，管理，取引，情報収集のために，周辺であるテリトリー内の各地に移動し，業務が終われば，中心地に戻っていくという，中心地から周辺に向けての移動が主たるものである。企業の営業対象エリアや下部組織の管轄区域といったものは，一定面積内における消費人口の分布に基づく経営上の成立閾値に応

じて立地する訳では，必ずしもない。企業生成の初期条件としては，経営の成立のための閾値となる，一定以上の市場規模が必要であるが，さらに巨大化・複雑化するにつれて，全国展開・グローバル展開がなされ，新規市場の獲得に向けて，成立閾値に満たない「企業内事業所」が立地することもある。また，省庁や都道府県といった行政機関による区域設定と支所配置もまた，重要である。省庁では地方整備局，経済産業局，農政局といった地方出先機関が各地方ブロック単位に設置される。北海道は，複数省庁の担当業務を一元的に取り扱う開発局が配置される。都道府県においても，各県内をいくつかの地域に分割し，それぞれに出先機関を配置している。いずれの形態をとるにせよ，企業の支所の配置と同様に，一定のエリアを管轄区域に設定し，それを管理するという点，中心地から周辺地域に向けて，同様の流動をもたらしていると考えられる。そして，企業の支店立地以上に，経営の成立閾値は考慮されずに，配置が決定され，さらに配置地点の変動も少なく固定化されるという特色をもつ。

　企業の支所や行政の出先機関がもたらす流動は，距離より規定されるというよりも，その立地主体が設定するテリトリーにより発生する。テリトリーを設定する際に，ある中心地から極度に遠隔に位置する地域は，また別の中心地により管轄されるテリトリーになることから，テリトリーの決定そのものには距離が影響している。しかし，いったんテリトリーが設定されると基本的には中心地から周辺地にむけての距離ではなくて，テリトリー内の全ての地域に向けの移動という側面から流動が行われている。距離よりも，テリトリーが先行して，管理という活動が行われている。

　以上のように，二側面をもつ地域間流動であるが，次章以降では，北東地域における中枢管理機能の立地や地域間流動の実態について，近年のデータを基にみていきたい。

Ⅲ　北東地域における中枢管理機能の立地

　オフィス（本社・支所）の立地数における上位100都市をカウントすると，北東日本において該当するのは15都市（北海道が6都市，東北6県が9都市）である。なお，数値は，銀行業・小売業のオフィスを除いたものである（表8-1）。

表8-1 主要都市における本社立地特化係数 (2010)

順位	都市名	本社立地特化係数
1	東京特別区	6.85
2	大阪市	6.43
3	名古屋市	2.19
4	尼崎市	2.11
5	小牧市	2.03
6	福井市	1.79
7	厚木市	1.60
8	神戸市	1.59
9	京都市	1.59
10	富山市	1.28
11	沼津市	1.18
12	西宮市	1.11
13	福岡市	1.06
14	明石市	1.03
15	姫路市	1.00
16	春日井市	0.98
17	浜松市	0.97
18	長野市	0.94
19	横浜市	0.86
20	高松市	0.86
21	吹田市	0.84
22	堺市	0.78
23	金沢市	0.78
24	川崎市	0.75
25	北九州市	0.67
26	立川市	0.67
27	新潟市	0.66
28	福山市	0.65
29	下関市	0.64
30	長岡市	0.63
36	札幌市	0.53
48	仙台市	0.40
52	帯広市	0.36
62	八戸市	0.25
68	いわき市	0.17

注：1．立地特化係数は，当該地域（都市）の本社数の対全国比を，同地域の人口の対全国比で除したものである。
2．本社数には，銀行業・小売業の数値は含まない。
3．第31位以下は，北海道・東北の都市のみを抜粋している。

出所：総務省統計局『国勢調査平成22年度』，ダイヤモンド社『組織図・系統図便覧 全上場会社版 2011年版』を基に筆者作成。

これらの都市の立地特化係数を算出すると，本社立地においては，上位30位以内に入る都市はなく，ようやく第36位に札幌（0.53）が，第48位に仙台（0.40）が位置する。100位以内には，帯広（0.36），八戸（0.25），いわき市（0.17）と続くが，いずれの都市も，都市経済規模の基礎指標である人口の集中率に比較して，本社立地の集中度は小さい。

対照的に，支所立地特化係数をみると，上位30位以内に，福島市を除く全ての県庁所在都市が入る。第2位の仙台（4.63），第9位の盛岡（3.26），第20位の秋田（2.36），第21位の青森（2.32），第23位の山形市（2.25），第26位の札幌（2.18）と，いずれも，都市経済の基礎的規模を大きく上回り，支所が立地している（表8-2）。

省庁の出先機関が所在しない都市であり，かつ非県庁所在都市である場合は，数値が1を下回るケースもある。第91位の八戸（0.52），第100位のいわき市（0.30）である。

第8章　北東地域における県土構造とオフィス立地　143

表8-2　主要都市における支所立地特化係数（2010）

順位	都市名	支所合計	支社	支店	営業所	事業所総数
1	高松市	5.05	5.24	5.93	4.38	1.93
2	仙台市	4.63	6.38	5.74	3.54	1.89
3	立川市	4.00	2.35	4.37	4.00	1.85
4	金沢市	3.94	2.92	3.31	4.57	1.97
5	福岡市	3.83	6.64	4.85	2.63	1.67
6	広島市	3.67	4.46	4.56	2.89	1.47
7	水戸市	3.41	3.14	2.56	4.06	1.98
8	松本市	3.38	2.09	2.20	4.43	1.90
9	盛岡市	3.26	1.70	1.92	4.49	2.33
10	名古屋市	3.04	5.64	4.04	1.90	1.89
11	静岡市	2.73	1.42	2.22	3.32	1.55
12	山口市	2.64	1.29	1.75	3.51	1.54
13	大阪市	2.62	6.56	3.48	1.35	1.90
14	郡山市	2.59	1.00	1.75	3.47	1.93
15	宇都宮市	2.58	0.83	1.91	3.35	1.73
16	富山市	2.50	1.80	2.31	2.75	1.43
17	甲府市	2.47	1.28	1.92	3.06	1.56
18	新潟市	2.46	1.98	2.38	2.60	1.73
19	那覇市	2.39	0.80	1.82	3.06	1.34
20	秋田市	2.36	1.31	1.48	3.16	1.64
21	青森市	2.32	1.13	1.47	3.14	1.71
22	岡山市	2.32	1.55	1.64	2.94	1.51
23	山形市	2.25	1.33	1.66	2.83	1.90
24	沼津市	2.25	1.67	1.80	2.66	1.66
25	厚木市	2.22	1.51	1.87	2.59	1.67
26	札幌市	2.18	3.00	2.69	1.68	0.89
27	高崎市	2.17	1.59	2.01	2.38	1.43
28	長野市	2.13	1.77	1.70	2.50	1.48
29	松江市	2.08	2.19	1.38	2.57	1.34
30	土浦市	2.05	0.59	1.60	2.61	1.77
39	釧路市	1.74	0.47	1.16	2.36	0.92
41	帯広市	1.70	0.50	1.60	1.98	0.82
47	苫小牧市	1.56	0.49	1.54	1.75	0.95
63	函館市	1.23	0.30	0.96	1.58	0.87
64	旭川市	1.22	0.24	0.99	1.55	0.69
70	福島市	1.10	0.87	0.85	1.32	1.29
91	八戸市	0.52	0.00	1.05	0.23	1.29
100	いわき市	0.30	0.00	0.56	0.16	0.96

注：1．立地特化係数は，当該地域（都市）の支所数の対全国比を，同地域の人口の対全国比で除したものである。
　　2．本社数には，銀行業・小売業の数値は含まない。
　　3．第31位以下は，北海道・東北の都市のみを抜粋している。
出所：表8-1に同じく。

基本的に，出先機関所在都市（地方中枢都市），県庁所在都市の順に係数が高くなるものの，福島県においては，例外的に，非県庁所在都市の郡山の数値が高く，県庁所在都市の福島（1.10）は，第70位にすぎない。同県においては，立地数においても，同様に，郡山の支所数が，福島のそれを大きく上回る。

北東地方においては，支所立地が集中する都市間の距離が，相対的に長いという特徴がある。東北地方においては，人口20万人以上の都市圏の中心都市間平均距離は98.4kmであり，これは，3大都市圏はもとより，中国地方の40.3km，九州地方69.3kmの，四国地方の83.3kmと比べても長い（藤本，2010a）。都市間距離の長さは，生活圏レベルでの相互交流を不活発にしてきた面がある。しかし，管轄という観点からみると，都市圏間の可動性が低いことで，組織階層において上位の支所集積地から，下位の集積地のテリトリーに容易に出張できないという点で，影響が及びにくい。北東地方の諸都市においては，立地特化からみると，相対的に高い数値を示すケースが多いのは，都市間距離が長いことも一因である。

相対的に支所立地の特化が高かった東北地方の諸都市であり，地方中枢都市と呼ばれる札幌，仙台，広島，福岡の中でも，1990年から2000年までの間で，上場企業の数値をみると，仙台の支所減少率が最も低かったが，他のより上位の本社集積地，同レベルの支所集積地，下位の支所集積地とのアクセシビリティが最も弱かったことが大きい（藤本，2010b）。同様に，30万前後の中心都市ならびに都市圏人口である東北の県庁所在都市，北海道の支庁所在都市も同じ傾向にあった。しかし，2000年代に入り，高速交通体系の整備・拡充と高頻度化，ITの活用による高速情報通信の全国的ネットワークの構築が進展し，本社－支所の連絡，支所間の連絡を容易にしている。それに伴い，下位の管理部門が位置する地域は，より上位の管理部門により直接に管理されるようになる。それは，支所の撤退という形態として，表れる。北海道においては，依然として地方ブロック内の高速交通網整備の進捗度が遅く，人口10～30万レベルの都市圏の支所撤退は緩やかなものであるが，2000年代において陸路の高速交通網で県庁所在都市間が完全に結合された東北地方においては，90年代までのような，支所立地における，仙台や県庁所在都市の優位性は，今後は失われていくものと考えられれる。

Ⅳ　生活圏としての空間形成

　都道府県域を越えた地域間の交通流動の実態について，2000年代の動きを中心にみていく。表8-3をみると，総流動数は，2000年から2009年の間に，人口減少型社会の到来やリーマンショックによる景気後退があったにもかかわらず，5.7％の増加となっている。地方ブロック単位でみても，北海道（-8.5％），関西（-3.2％）が減少しているものの，それ以外の地域では増加がみられる。このことから，交流人口は，全国的に拡大していると考えられる。流動量そのものは，地域の基礎的経済規模（人口，所得，生産高など）に規定されると考えられる。各地域の流動の特化度を人口比により算出すると，2009年で東京が1.48と最も高いものの，大半の地域で1に近似した数値となる。北海道が0.86，東北が0.90となり，人口規模よりも，若干低い程度である（表8-3）。

　都道府県を越えた流動を「交流率」とすると，地域的偏差がみられる。都道府県を越えて日常的な通勤・通学圏が大規模に形成されている，京浜葉圏や京阪神圏を含む首都圏（15.4％）や関西（13.8％）の数値は高くなる。対照的に，中央日本からみて国土上は縁辺部に位置し，他ブロック，他県との日常的生活圏が形成されにくい北海道（0.3％），沖縄（0.5％）の数値は，極めて低い。東北（2.9％）も，これらの地域に準じたことがあてはまり，北海道，沖縄，四国（2.4％）の次に低い数値である。

　都道府県を越えた流動を，通勤・通学や日常的買物による流動（対個人向け輸送サービス）と，民間企業の支所・官公庁・工場などの事業所間を出張するというビジネス移動による流動（対事業所向け輸送サービス）とに概念的に分けることができる。しかし，この流動数を実態として正確に把握することは，「旅客地域流動調査」においては扱われていないために困難である。しかし，利用されている交通機関のうち，JR，民鉄に関しては「定期」と「定期外」に区分されている。民鉄（私鉄）が網の目のように張り巡らされ日常的通勤・通学流動を喚起している三大都市圏（東京，名古屋，大阪を中心とする圏域）は別として，それ以外の地域においては，若干の例外はあるものの，公共交通機関を利用して都道府県を越える流動は，日常，非日常の流れ如何に関わらず，

表 8-3　交通流動，特化度と交流率

地方ブロック (都道府県)	総流動 (千人) 2000年	2009年	増減率	全国比率 2000年	2009年	流動特化度 2000年	2009年	交流率 2000年	2009年
北海道	3,664,421	3,352,835	-8.5%	4.3%	3.8%	0.97	0.86	0.3%	0.3%
東北	5,744,756	6,080,063	5.8%	6.8%	6.8%	0.87	0.90	2.7%	2.9%
(青森)	912,050	843,927	-7.5%	1.1%	0.9%	0.93	0.85	1.8%	1.7%
(岩手)	852,569	774,695	-9.1%	1.0%	0.9%	0.90	0.81	3.3%	4.6%
(宮城)	1,470,464	1,588,559	8.0%	1.7%	1.8%	0.93	0.97	2.4%	3.6%
(秋田)	646,871	617,733	-4.5%	0.8%	0.7%	0.82	0.79	2.5%	2.1%
(山形)	689,283	805,279	16.8%	0.8%	0.9%	0.83	0.97	2.6%	2.2%
(福島)	1,173,520	1,449,870	23.5%	1.4%	1.6%	0.83	1.00	3.9%	3.3%
首都圏	30,168,685	32,990,695	9.4%	35.7%	36.9%	1.03	1.05	13.1%	15.4%
(茨城)	1,835,609	2,054,119	11.9%	2.2%	2.3%	0.92	0.98	8.2%	15.9%
(栃木)	1,219,287	1,386,315	13.7%	1.4%	1.6%	0.91	0.98	9.1%	11.9%
(群馬)	1,364,703	1,423,354	4.3%	1.6%	1.6%	1.01	1.01	7.3%	10.0%
(埼玉)	4,072,785	4,261,896	4.6%	4.8%	4.8%	0.88	0.85	18.8%	20.7%
(千葉)	3,578,787	4,504,573	25.9%	4.2%	5.0%	0.91	1.05	16.9%	17.0%
(東京)	12,220,332	13,038,819	6.7%	14.5%	14.6%	1.52	1.48	17.0%	16.7%
(神奈川)	5,877,181	6,321,618	7.6%	7.0%	7.1%	1.04	1.02	14.6%	15.6%
北陸甲信越	5,397,318	5,894,913	9.2%	6.4%	6.6%	0.93	1.01	4.3%	3.0%
(新潟)	1,491,476	1,496,385	0.3%	1.8%	1.7%	0.91	0.89	1.2%	1.0%
東海	9,879,091	10,993,372	11.3%	11.7%	12.3%	0.98	1.02	6.6%	6.8%
関西	13,617,563	13,175,135	-3.2%	16.1%	14.8%	0.97	0.92	11.9%	13.8%
中国	4,484,415	4,633,555	3.3%	5.3%	5.2%	0.86	0.85	4.7%	4.9%
四国	2,293,035	2,458,165	7.2%	2.7%	2.8%	0.83	0.86	4.4%	2.4%
九州	8,390,656	8,483,111	1.1%	9.9%	9.5%	0.91	0.89	4.8%	4.8%
沖縄	833,902	1,252,275	50.2%	1.0%	1.4%	0.95	1.27	0.6%	0.5%
全国	84,473,842	89,314,121	5.7%	100.0%	100.0%	1.00	1.00	9.3%	9.8%

注：1．総流動は，当該地域（都道府県，地方ブロック）を着地とする交通流動（総旅客数）の合計である。
　　2．流動特化度は，当該地域（都道府県）の流動量の対全国比を，同地域の人口の対全国比で除したものである。
　　3．交流率は，当該地域（都道府県）の総流動から，自地域を発とする流動を引いたものを，総流動で除したものである。また，地方ブロックの交流率は，ブロック内の都道府県の各数値の平均を算出した。
　　4．東海～九州までの，府県別数値は省略している。
出所：国土交通省総合政策局「旅客地域流動調査　各年度版」を基に筆者作成。

JR，高速バスを利用するケースが主たるものであると考えられる。

　このことから，JR定期，乗合バスによる流動が，三大都市圏以外においては，主に日常的流動を反映していると考えられ，その実態は，表8-4と表8-5に示されている。まず，JR定期利用の流動をみると，JR運行のない沖縄，さらに

通勤電車は運行されず，青森〜函館間で運行されている特急でも，両都市間で平均2時間の所要時間がかかる青函トンネルのみに，他県との陸路交流手段が限定されている北海道を除き，全ての地方ブロックで，都府県を越えた流動は存在する。しかし，交流数そのものは，首都圏（78.2％），関西圏（16.7％）で大半を占め，それ以外の地方ブロックの数値は低く，東北（0.3％）は，四国（0.1％）に次いで低くなっている（表8-4）。

各地方ブロック内の都府県の交流率を平均した数値は，首都圏（36.8％），関西（38.2％），東海（26.6％）において高いものの，それ以外の地方ブロックの平均は，10％以下となる。それ以外の地域では，中国（9.2％）が高く，岡山（岡山県）〜高松（香川県）間，岡山〜福山（広島県）間，広島（広島県）〜岩国（山口県）間，下関（山口県）〜小倉（福岡県）間など，鉄道の高頻度運行がなされている地域を抱える場合には，相対的に交流率は高くなる。都道府県でみた場合も，三大都市圏以外で

表8-4　鉄道による地域間流動（JR定期）（2009）

地方ブロック（都道府県）	交流数（千人）	全国比率	交流率
北海道	0	0.0%	0.0%
東北	5,136	0.3%	3.7%
（青森）	128	0.0%	1.8%
（岩手）	517	0.0%	3.8%
（宮城）	2,039	0.1%	3.1%
（秋田）	112	0.0%	1.0%
（山形）	427	0.0%	4.1%
（福島）	1,913	0.1%	8.2%
首都圏	1,292,793	78.2%	36.8%
（茨城）	26,363	1.6%	39.1%
（栃木）	9,632	0.6%	31.3%
（群馬）	5,097	0.3%	23.4%
（埼玉）	209,092	12.6%	51.9%
（千葉）	225,224	13.6%	47.8%
（東京）	606,659	36.7%	31.6%
（神奈川）	210,726	12.7%	32.3%
北陸甲信越	6,885	0.4%	8.8%
（新潟）	153	0.0%	0.3%
（富山）	997	0.1%	7.3%
（石川）	1,257	0.1%	9.8%
（福井）	403	0.0%	6.1%
（山梨）	3,407	0.2%	27.0%
（長野）	669	0.0%	2.2%
東海	46,341	2.8%	26.6%
関西	275,633	16.7%	38.2%
中国	12,490	0.8%	9.1%
（鳥取）	333	0.0%	4.7%
（島根）	329	0.0%	7.9%
（岡山）	3,723	0.2%	9.2%
（広島）	4,053	0.2%	5.1%
（山口）	4,052	0.2%	18.9%
四国平均	1,231	0.1%	3.1%
（徳島）	122	0.0%	1.8%
（香川）	1,000	0.1%	9.1%
（愛媛）	104	0.0%	1.5%
（高知）	5	0.0%	0.1%
九州平均	12,462	0.8%	7.5%
（福岡）	7,079	0.4%	5.3%
（佐賀）	3,871	0.2%	33.7%
（長崎）	89	0.0%	1.0%
（熊本）	642	0.0%	5.7%
（大分）	628	0.0%	5.0%
（宮崎）	41	0.0%	0.7%
（鹿児島）	111	0.0%	0.7%

注：東海・関西の府県別数値は，省略している。
出所：表8-3に同じく。

は，博多（福岡県）～鳥栖・唐津（佐賀県）を抱える佐賀県（33.8％），新宿（東京都）～甲府（山梨県）を抱える山梨県（27.0％）の数値が高くなる。

　東北，四国といった地方ブロックにおいて，交流率，交流数ともに低いのは，県土構造において，福島県，香川県を除き，全て，地理的に県土の中央部に位置する県庁所在都市を中心とした生活圏域が，県土で最大規模として形成され，なおかつ，それ以外の大規模な生活圏の生成が弱かったこと，そのため，県境付近における生活圏同士の関連が弱くなっていることによる。

　東北地方においては，県土構造において生活圏の特定都市圏（主に県庁所在都市）への集中がみられないという点で多極分散型である福島県は，県庁所在都市である福島市へ向けての流動による域内（県内）の中心性が弱く，なおかつ，県土の北部に偏って位置している。同様に，茨城県境に位置するいわき市も，県土の南に偏っている。この結果，量的には多くないものの，他県との間の交流が生じ，福島県の交流率（8.3％）を，東北においては最も高いものとしている。対照的に，秋田県（1.1％），青森県（1.9％）の数値がきわめて低いのは，県境付近に中核都市を中心とした生活圏が形成されていなく，人口の希薄地帯となっているためである。

　もう一方の日常的交流手段として用いられる高速バスの流動を多く反映しているとみられる乗合バスの数値をみると，鉄道と補完的な関係として，その流動を捉えることができる。交流数においては，首都圏（54.0％），関西（16.9％）で大半を占めるものの，東北（5.0％），四国（3.0％）といった，鉄道による県間交流が極めて小規模な地域においても，交流数においては，鉄道に比べ，より高い全国比率がみられる。東北の場合は，バス運行において，特色がみられる。それは，仙台を中心とし，そこと中核都市や中小都市との間の流動を強く反映しているということである。なかでも，山形市～仙台市の高速バスの運行頻度の高さを反映し，山形県の交流率は10.2％となっている。（表8-5）

　四国においては，徳島県（10.8％），香川県（18.2％）の流動数，流動率が高くなっているが，これは，ブロック内の他県との交流という側面よりも，主に関西，中国にむけての高速バスの高頻度運行による流動が強く反映されている。東北，四国という，県境を越えた日常的な流動が，鉄道という手段において希薄な地域では，それを補完する形で，高速バスが運行されている。

第8章　北東地域における県土構造とオフィス立地　149

高速バスは，日本においては，比較的，新しい交通手段という特徴をあげることができる。中距離程度の都市間運行のバスについては，1960年代からハイウェイバスが運行されていた東名道，名神道沿いの地域，1980年代から都市間バスが急展開された北部九州・山陽・新潟に比べ，東北地方は，人口希薄地帯が多く，都市間の平均距離が長いために，高速バスの需要がバス運行上の経営の成立閾値に満たないために成立しにくかった。高速道の延伸，運行面での技術革新が著しくなった1990年代後半からは，仙台〜山形の路線において高頻度の運行が本格的にはじまった。なお，バスは，1台あたり輸送人員が通常は50名未満であり，運行による総流動は，頻発のダイヤが組まれても，総数でみると鉄道とくらべてさほど大きな流動とはならない。

JR定期，乗り合いバスの総流動でみられた傾向は，国勢調査（2005年）における通勤・通学の実態調査においても，ほぼ同じ動向が観察できる。自都道府県外への流動比率は，上位10

表8-5　バスによる地域間流動（2009）

地方ブロック（都道府県）	交流数（千人）	全国比率	交流率
北海道	0	0.0%	0.0%
東北	5,178	5.0%	3.9%
（青森）	285	0.3%	1.1%
（岩手）	522	0.5%	2.4%
（宮城）	2,116	2.0%	3.1%
（秋田）	259	0.2%	2.1%
（山形）	992	1.0%	10.2%
（福島）	1,003	1.0%	4.5%
首都圏	56,049	54.0%	4.2%
（茨城）	3,026	2.9%	7.5%
（栃木）	366	0.4%	2.0%
（群馬）	757	0.7%	7.3%
（埼玉）	7,524	7.3%	3.8%
（千葉）	10,725	10.3%	4.3%
（東京）	25,211	24.3%	3.3%
（神奈川）	8,440	8.1%	1.3%
北陸甲信越	3,869	3.7%	7.3%
（新潟）	396	0.4%	0.9%
（富山）	298	0.3%	3.1%
（石川）	472	0.5%	1.5%
（福井）	262	0.3%	5.5%
（山梨）	1,018	1.0%	25.9%
（長野）	1,423	1.4%	6.6%
東海	6,249	6.0%	2.4%
関西	17,508	16.9%	2.4%
中国	3,480	3.4%	4.1%
（鳥取）	459	0.4%	8.3%
（島根）	471	0.5%	6.3%
（岡山）	913	0.9%	3.2%
（広島）	1,211	1.2%	1.1%
（山口）	427	0.4%	1.5%
四国平均	3,081	3.0%	10.3%
（徳島）	1,105	1.1%	10.8%
（香川）	881	0.8%	18.2%
（愛媛）	672	0.6%	5.0%
（高知）	423	0.4%	7.1%
九州平均	8,322	8.0%	3.7%
（福岡）	3,626	3.5%	1.4%
（佐賀）	1,211	1.2%	12.6%
（長崎）	923	0.9%	1.1%
（熊本）	1,135	1.1%	2.9%
（大分）	607	0.6%	3.0%
（宮崎）	446	0.4%	4.4%
（鹿児島）	373	0.4%	0.7%

注：東海・関西の府県別数値は，省略している。
出所：表8-3に同じく。

表8-6　都道府県外への通勤・通学流動(2005)

順位	都道府県	比率	通勤・通学者数/一日当たり
1	奈良県	33.4%	218,864
2	埼玉県	31.6%	1,124,966
3	千葉県	29.7%	883,987
4	神奈川県	25.3%	1,131,345
5	兵庫県	15.4%	404,021
6	滋賀県	13.6%	94,351
7	京都府	13.2%	165,194
8	岐阜県	12.9%	133,071
9	茨城県	11.8%	165,143
10	和歌山県	9.4%	40,924
11	佐賀県	9.3%	36,560
12	東京都	8.1%	481,636
13	三重県	7.8%	70,490
14	栃木県	7.7%	73,852
15	群馬県	6.4%	61,011
16	大阪府	6.3%	257,416
17	山梨県	4.5%	18,565
18	山口県	3.3%	22,753
19	福岡県	2.7%	63,892
20	鳥取県	2.7%	7,612
25	福島県	2.1%	20,125
27	岩手県	1.9%	12,066
32	宮城県	1.7%	19,164
38	青森県	1.2%	7,675
39	鹿児島県	1.2%	8,998
40	長野県	1.1%	11,636
41	愛媛県	1.1%	6,652
42	山形県	1.1%	5,843
43	高知県	1.0%	3,350
44	秋田県	0.7%	3,452
45	新潟県	0.4%	4,618
46	沖縄県	0.2%	1,343
47	北海道	0.2%	5,741

注：第21位～第39位は、北海道・東北の諸道県のみを抜粋している。
出所：総務省統計局『国勢調査平成17年度』を基に筆者作成。

位まで、三大都市圏やそれに隣接する府県が占めている。また、20位までをみても、佐賀県(9.3%)、山口県(3.3%)、福岡県(2.7%)、鳥取県(2.7%)が入っているのみで、残りは、同様にすべて三大都市圏の諸都府県である。

北東地域の中では、福島県(25位、2.1%)が最も高く、岩手県(第27位、1.9%)、宮城県(第32位、1.7%)と続いている。最も低いのは、北海道(第47位、0.2%)であり、同時に全国最低でもあるが、第38位の青森県(1.2%)、第42位の山形県(1.1%)、第44位の秋田県(0.7%)のいずれの数値も、全国的にみても低い水準となっている。北東日本においては、道県を越えた生活圏の形成がほとんどなされていないことを反映し、道県をまたいだ通勤・通学圏の流動数は極めて低くなっている。

鉄道、高速道路といった国土構造、地方ブロックの構造、県土構造の骨格をつくる交通インフラは、いずれも、道県内の各生活圏の形成の土台ではあっても、北海道、東北といった地方ブロックでの生活圏形成には至っていないと考えられる。通勤・通学といった都市圏・生活圏の根底となる流動を生成させるようには機能していない（表8-6）。

第 8 章　北東地域における県土構造とオフィス立地　151

V　管轄圏としての空間形成

　地方ブロック単位で整備されてきた交通インフラは，生活圏とはまた別の面で，都道府県を越えた流動を促している面もある。「ビジネス需要」であり，出張などに代表されるものである。これについては，鉄道・航空による地域間流動が主たるものと考えられる。これは，生活圏ではなく，管轄域（テリトリー）という別の側面からの流動である。

　新幹線，特急などが主たるものと推測されるJR定期外による流動をみると，交流数そのものは，首都圏（64.1％），関西（18.5％）が多くを占める。北海道が0.1％，東北地方は2.4％であり，四国（0.4％），中国（2.6％），九州（2.8％），北陸甲信越（2.7％）などの地域の交流数そのものは，相対的に低い。しかし，交流率は，北海道（1.5％）は別として，それ以外の地方は，高くなり，東北6県の平均は36.2％となる。また，四国4県のそれは89.0％となる。このことから，JRの定期外利用においては，県境を越えた交流の比率が，定期のそれに比べて高くなることを示している（表8-7）。

　定期外利用は，中長距離の交流をある程度反映していると考えられるが，ブロックを越えた交流に関しては，航空も重要な役割を果たしている。鉄道の流動では，基礎的な経済規模に比して小規模であった北海道が，航空流動では11.8％，また九州が17.5％と大きな比率となる。航空流動は，ごく一部（北海道内，九州内，南西諸島内など）を除き，ブロック外との交流，なかでも三大都市圏との流動でほとんどを占めるために，表では，交流率は算出していない（表8-8）。

　県外交流が，三大都市圏を核とし，それら同士の流動ならびにそれ以外の地方ブロックとの流動が主たるものであることを示しているのが，表8-9，表8-10である。ブロック間の交流数は，2005年までしか公表されていないために，数値は同年のものを用いている。

　南関東は，西側に隣接する東海（34.2％），さらに東海道沿いの延長である阪神（16.0％）を発とする流動が，第1位，第2位を占める。第3位に，北側に隣接する東東北（14.0％），甲信（11.8％）と続く。陸路で首都圏と隣接しない地域は，南関東を着とする流動の比率が低い反面，航空流動による交流数が多くな

表8-7　鉄道による地域間流動（JR定期外）(2009)

地方ブロック （都道府県）	交流数 （千人）	全国比率	交流率
北海道	793	0.1%	1.5%
東北	21,666	2.4%	36.2%
（青森）	2,376	0.3%	40.3%
（岩手）	3,187	0.4%	41.9%
（宮城）	7,497	0.8%	20.9%
（秋田）	1,323	0.1%	28.9%
（山形）	2,090	0.2%	44.5%
（福島）	5,193	0.6%	41.0%
首都圏	571,170	64.1%	40.1%
（茨城）	12,172	1.4%	49.8%
（栃木）	8,622	1.0%	54.2%
（群馬）	5,686	0.6%	49.6%
（埼玉）	77,373	8.7%	41.5%
（千葉）	85,095	9.6%	36.5%
（東京）	277,585	31.2%	20.7%
（神奈川）	104,637	11.8%	28.6%
北陸甲信越	23,705	2.7%	42.9%
（新潟）	5,726	0.6%	28.6%
（富山）	2,077	0.2%	36.4%
（石川）	3,024	0.3%	42.4%
（福井）	2,281	0.3%	56.8%
（山梨）	4,134	0.5%	54.6%
（長野）	6,463	0.7%	38.5%
東海	56,779	6.4%	44.3%
関西	164,900	18.5%	41.1%
中国	23,423	2.6%	30.9%
（鳥取）	920	0.1%	29.7%
（島根）	750	0.1%	31.2%
（岡山）	6,953	0.8%	31.7%
（広島）	9,481	1.1%	21.3%
（山口）	5,319	0.6%	40.5%
四国	3,674	0.4%	89.0%
（徳島）	308	0.0%	11.5%
（香川）	2,244	0.3%	40.2%
（愛媛）	809	0.1%	21.8%
（高知）	313	0.0%	15.5%
九州	25,111	2.8%	28.8%
（福岡）	14,282	1.6%	20.9%
（佐賀）	3,065	0.3%	55.7%
（長崎）	1,736	0.2%	29.4%
（熊本）	2,195	0.2%	34.2%
（大分）	2,119	0.2%	26.7%
（宮崎）	388	0.0%	13.5%
（鹿児島）	1,326	0.1%	21.3%

注：東海・関西の府県別数値は省略している。
出所：表8-3に同じく。

る。10％を越えるのは、北海道（22.0％）、北九州（16.9％）、阪神（14.6％）、南九州（11.1％）である。また、5％を越えるのは、沖縄（8.5％）、四国（7.1％）、山陽（7.0％）、北陸（5.1％）である。東北地方は、東東北が1.6％、西東北が2.3％である（表8-9）。

　鉄道、航空の両流動を併せてみると、首都圏に絶対距離で近い地域ほど首都圏との交流が高まるのではなく、全国どの地域でも、首都圏との交流が遍在している。結果的に、首都圏に隣接する地域においては陸路が、隣接しない地域においては航空路が、それぞれ比率として高くなり、首都圏からの距離に規定されている訳ではない。同様の傾向は、東海、阪神においても確認でき、距離に規定されて流動数が増加するのではなく、距離的に近接する地域とは陸路で、遠隔に位置する地域とは航空路により結合され、距離の関数により交流数が決定されている側面は弱い。このことから、地方ブロックを越えた交

第8章　北東地域における県土構造とオフィス立地　153

表8-8　航空による地域間流動（2009）

地方ブロック（都道府県）	交流数（千人）	全国比率	地方ブロック（都道府県）	交流数（千人）	全国比率
北海道	9,937	11.8%	関西	9,745	11.6%
東北	2,889	3.4%	（滋賀）	0	0.0%
（青森）	601	0.7%	（京都）	0	0.0%
（岩手）	169	0.2%	（大阪）	8,551	10.2%
（宮城）	1,221	1.5%	（兵庫）	1,127	1.3%
（秋田）	552	0.7%	（奈良）	0	0.0%
（山形）	244	0.3%	（和歌山）	67	0.1%
（福島）	103	0.1%	中国	2,833	3.4%
首都圏	28,569	34.1%	（鳥取）	339	0.4%
（茨城）	0	0.0%	（島根）	387	0.5%
（栃木）	0	0.0%	（岡山）	523	0.6%
（群馬）	0	0.0%	（広島）	1,220	1.5%
（埼玉）	0	0.0%	（山口）	364	0.4%
（千葉）	632	0.8%	四国	2,653	3.2%
（東京）	27,937	33.3%	（徳島）	356	0.4%
（神奈川）	0	0.0%	（香川）	636	0.8%
北陸甲信越	1,806	2.2%	（愛媛）	1,090	1.3%
（新潟）	362	0.4%	（高知）	571	0.7%
（富山）	408	0.5%	九州	14,696	17.5%
（石川）	1,010	1.2%	（福岡）	7,029	8.4%
（福井）	0	0.0%	（佐賀）	149	0.2%
（山梨）	0	0.0%	（長崎）	1,288	1.5%
（長野）	26	0.0%	（熊本）	1,352	1.6%
東海	2,738	3.3%	（大分）	720	0.9%
（岐阜）	0	0.0%	（宮崎）	1,265	1.5%
（静岡）	169	0.2%	（鹿児島）	2,892	3.4%
（愛知）	2,569	3.1%	沖縄	8,006	9.5%
（三重）	0	0.0%			

出所：表8-3に同じく。

流は，三大都市圏，なかでも首都圏からの距離によってその流動規模が規定されるわけではないことがよみとれる。

　これは，ビジネス利用の主たるものは，企業内・企業間の全国的連絡の必要性を反映しているためである。三大都市圏には，本社などの意思決定部門が所在し，それ以外の地方の支所との連絡のための流動という側面が，主に反映されているためである。

表 8-9　JR定期外による地域間流動（2005）

発＼着	南関東 流動数(千人)	比率	東海 流動数(千人)	比率	阪神 流動数(千人)	比率
北海道	215	0.3%	5	0.0%	16	0.1%
東東北	10,491	14.0%	414	1.0%	124	0.4%
西東北	2,102	2.8%	83	0.2%	32	0.1%
北関東	—	—	501	1.3%	329	1.1%
南関東	—	—	25,889	64.7%	12,225	41.0%
北陸	6,031	8.0%	1,094	2.7%	2,066	6.9%
甲信	8,885	11.8%	828	2.1%	279	0.9%
東海	25,692	34.2%	—	—	5,628	18.9%
近畿	6,229	8.3%	3,524	8.8%	—	—
阪神	11,984	16.0%	5,544	13.9%	—	—
山陰	109	0.1%	75	0.2%	519	1.7%
山陽	2,437	3.2%	1,197	3.0%	5,220	17.5%
四国	296	0.4%	210	0.5%	795	2.7%
北九州	486	0.6%	553	1.4%	2,240	7.5%
南九州	89	0.1%	107	0.3%	319	1.1%
沖縄	0	0.0%	0	0.0%	0	0.0%
全国	75,044	100.0%	40,025	100.0%	29,791	100.0%

注：1．同ブロック内の流動は省略している。
　　2．地域区分は次のとおりである。北海道：北海道，東東北：青森・岩手・宮城・福島，西東北：秋田・山形，北関東：茨城・栃木・群馬，南関東：埼玉・千葉・東京・神奈川，北陸：新潟・富山・石川・福井，甲信：山梨・長野，東海：岐阜・静岡・愛知・三重，近畿：滋賀・京都・奈良・和歌山，阪神：大阪・兵庫，山陰：島根・島根，山陽：岡山・広島・山口，四国：徳島・香川・愛媛・高知，北九州：福岡・佐賀・長崎，南九州：熊本・大分・宮崎・鹿児島，沖縄：沖縄
出所：表8-3に同じく。

表 8-10　航空流動（2005）

発地＼着地	南関東 流動数(千人)	比率	東海 流動数(千人)	比率	阪神 流動数(千人)	比率
北海道	6,720	22.0%	878	24.5%	1,439	12.6%
東東北	486	1.6%	337	9.4%	850	7.4%
西東北	705	2.3%	71	2.0%	139	1.2%
北関東	0	0.0%	0	0.0%	0	0.0%
南関東	345	1.1%	96	2.7%	4,333	37.8%
北陸	1,552	5.1%	82	2.3%	229	2.0%
甲信	0	0.0%	0	0.0%	12	0.1%
東海	97	0.3%	0	0.0%	0	0.0%
近畿	68	0.2%	0	0.0%	0	0.0%
阪神	4,460	14.6%	0	0.0%	27	0.2%
山陰	615	2.0%	32	0.9%	97	0.8%
山陽	2,148	7.0%	0	0.0%	0	0.0%
四国	2,175	7.1%	123	3.4%	601	5.2%
北九州	5,171	16.9%	863	24.1%	1,048	9.2%
南九州	3,394	11.1%	576	16.1%	1,556	13.6%
沖縄	2,592	8.5%	529	14.8%	1,124	9.8%
全国	30,526	100.0%	3,588	100.0%	11,455	100.0%

出所：表8-3に同じく。

おわりに

　国土政策，地域政策をはじめ，多方面から提言されている新しい地域の枠組みである地方ブロックという単位は，北東地域では，域外から進出した大企業の支所や省庁の出先機関が設定する，北海道，東北といったテリトリーによりもたらされている側面が強い。対照的に，道境や県境を越えた生活圏域同士の相互の日常的交流は，本稿で用いたデータをみる限り，不活発であり，三大都市圏や一部の地方圏にみられるような，都府県を越えた通勤・通学の日常的流動をもたらすには至っていない。さらにブロックを越えた流動も，基礎的な経済指標（所得，人口など）の対全国比率と比べる限りにおいて，不活発である。

　21世紀に入り，高速交通や情報通信に関する技術革新の進展により，他地域からの現場管理が容易になっているために，支所の立地そのものが減少していっている。これは，現状の交通や通信条件を大幅に変更したとしても，支所そのものの撤退により流動量も併せて減少させていく面が強いものと考えられる。生活圏間の遠隔性，他ブロックの中心都市との遠隔性により，相対的に多くの支所立地がもたらされてきた北東地域の諸都市は，今後は，支所そのものの撤退が継続し，流動を縮小させていく側面が強い。

　対照的に，日常的流動は，現時点では，生活圏間の遠隔性や生活圏そのものの経済規模が相対的小さいことにより不活発であったが，こちらは，支所撤退とは異なり，交通の条件を変更することで，流動を増加させていく可能性をもっている。生活圏同士が遠隔であり，鉄道運行による定期的な流動が成立しなくとも，1990年代以降は，東北地方においても安価な都市間移動手段である高速バスが普及することで，対全国比率では多くないものの，流動数そのものは大幅に増加している。北海道においては，今後のより一層の高速交通網そのものの整備が課題であるが，東北，北海道のいずれも当てはまるのは，生活圏同士の遠隔性，比較的規模の小さな生活圏の分布であり，これについては，人口減少型社会の継続を考慮すると変更することが極めて困難である。むしろ，低廉化，高速バスのように一単位あたりの乗車人員を減少させることによる高頻度化といった，交通の条件を変更させることが，北東地域の生活圏間の流動

を増加させる上でもっとも現実的な方法であろう。　　　　　　　　　　（藤本典嗣）

参考文献

阿部和俊・山崎朗（2004）『変貌する日本のすがた――地域構造と地域政策』古今書院。
藤本典嗣（2010a）「分散型県土構造とオフィス立地(1) 全国的な動向」『福島の進路』（福島経済研究所）336号、20-28頁。
藤本典嗣（2010b）「分散型県土構造とオフィス立地(2) 福島県の動向と県土構造」『福島の進路』（福島経済研究所）337号，21-28頁。
日野正輝（1996）『都市発展と支店立地――都市の拠点性――』古今書院。
森地茂・『二層の広域圏』形成研究会編（2005）『人口減少時代の国土ビジョン――新しい国のかたち『二層の広域圏』』日本経済新聞社。
山﨑朗（1998）『日本の国土計画と地域開発――ハイ・モビリティ対応の経済発展と空間構造』東洋経済新報社。
矢田俊文（1999）『21世紀の国土構造と国土政策――21世紀の国土のグランドデザイン・考』大明堂。

第9章　特別栽培米の展開と成立条件
——宮城県登米地域の事例——

はじめに

　現在，米の生産流通をめぐる環境は大きく変化している。米生産においては，米価下落のもとで産地間競争が激しさを増す中で，産地としての販売網を構築しつつ生産者の経済的条件をいかに確保するかがこれまでよりも重要となっている（胡，2003）。また，流通面では一段と市場競争の環境が整備されることによって農家レベルでの販売自由度が高まった反面，販売管理能力をも要請されるようになった（伊藤，2008）。加えて，制度的に農協が米を集荷できる保証は無くなった一方で，「売れる米づくり」の推進下で販路を確保することができれば，生産量を拡大する可能性も出てきた。つまり，米市場をめぐって産地段階における生き残りをかけた米生産・販売対応の地域的再編が急速に進められるようになっている。

　こうした中，特別栽培米を中心とした環境保全型農業[1]を推進することによって地域農業の存立を図ろうとしている動きが見られる。しかし，環境保全型農業を推進し，定着させるためにはいくつかの課題があることも指摘されている。

　その一つは，環境保全型農業によって生産された農産物を高価格で販売することが重要な条件であるということである（宋，2005）。例えば，慣行栽培の稲作所得を100とすると，無農薬・無化学肥料栽培の稲作所得は149という2003年度の農水省の試算に示されるように，ある程度の経済性がなければ成立し得ない。二つに，従来多くの農協は環境保全型農業に対して農薬の売り上げ減少等の理由から消極的であったことが挙げられる（大場・大田原，1999）。しかし，

---

[1]　環境保全型農業とは，農水省によれば「農業の持つ物質循環機能を生かし，生産性との調和などに留意しつつ，土づくりなどを通じて化学肥料・農薬の使用等による環境負荷の軽減に配慮した持続的な農業」と定義されている。

米流通自由化段階において米の集荷力が落ち込むことは農協の存立基盤の脆弱化を招き，事業展開に制約を与えることになる。その点から見れば，農協が環境保全型農業の推進に取り組むことは現在の米市場において優位性を保つための一つの事業戦略となりつつある。その点と関わって，三つめに環境保全型農業における産地形成の課題が挙げられる（松元ほか，2003）。松元ほかによると，従来の産地形成論は等質な農家群による規模の経済や専門化の利益を追求するものであるとして，市場取引コスト，組織内取引コストの観点から環境保全型農業による組織化を評価している。そして，環境保全型農業の産地形成においては有機質肥料の地域内循環や栽培技術の普及，認証制度による地域ブランドの形成が重要であるとして，その点が従来の規模の経済や等質の農家群による産地化とは異なると説明している。

　一方で，このような環境保全型農業の推進課題に対しては，地域的制約も存在する。東北地方ではこの間の兼業化の進展や米単一経営化の中で農家の階層分化は進行し，農家戸数も減少し続けている。また，この間の米価下落の中で地域農業の米生産に依存している地域ほど所得も低下傾向にある（SASAKI, 2009）。しかし，本章で分析対象とする宮城県北のJAみやぎ登米管内を中心とした登米市では耕種と畜産の有機的連関をはかる有畜複合経営を軸にした特別栽培米の主産地化によって地域農業の存続を図ろうとしている。特に，当該地域では生産者が自主的に取り組んできた環境保全型農業の取組みを農協がキャッチアップし，独自の認証制度によって面的拡がりを生み出しているところに特徴を持つ。

　本稿では，登米地域の宮城県南方町を事例にして以下の課題について検討する。一つは特別栽培米がどのような経緯で普及・拡大してきたか，二つに特別栽培米の展開に有畜複合経営がどのような役割を有しているか，そして土地利用の特徴から特別栽培米の地域的展開がどのようにして成立しているのかを明らかにする。

I　宮城県登米地域における特別栽培米の展開

1　特別栽培米の導入過程

　登米市は，宮城県北東部に位置し，北部は岩手県，西部は栗原郡，南部は

図9-1　研究対象地域

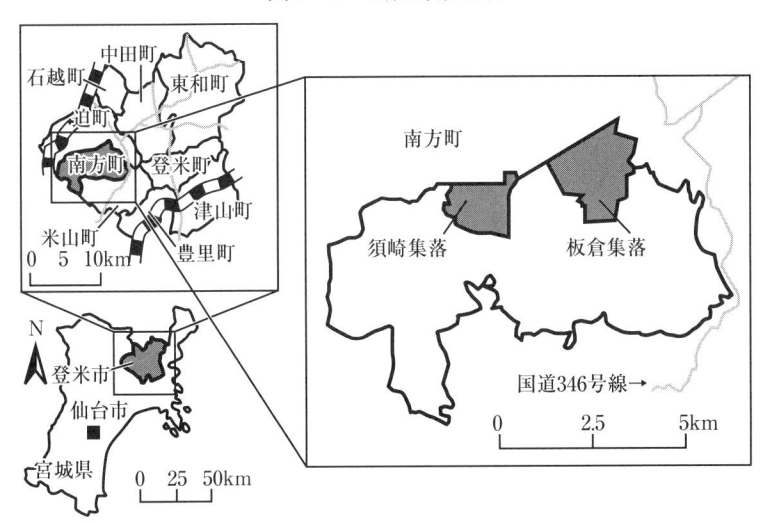

遠田郡および桃生郡，東部は本吉郡に接している（図9-1）。本市は2005年4月1日に登米郡と本吉郡津山町が合併して成立した。仙台市から約70km，近接都市である大崎市古川からは約25kmの距離にある。従来から宮城県の中でも穀倉地帯と位置づけられてきた平場農村地域であり，米の主要産地として位置づけられている。2005年国勢調査によると総人口は8万9316人である。産業別就業人口を見ると，第1次産業7335人（16.8％），第二次産業1万4178人（32.5％），第三次産業2万2001人（50.5％）である。総世帯数に占める農家数は1万527戸（42.0％）である。

表9-1によると，登米地域の環境保全型農業の導入は，全農みやぎが主導した1991年の「みやぎのヘルシーライス」の取組みにまでさかのぼる。当初，南方町水稲部会（当時：南方町農協水稲部会）が主体となって消費者の健康志向に対応した米づくりとしてスタートしたが，1993年の冷害とガット・ウルグアイラウンドの米関税化が決定打となって栽培を本格化させた。しかし，当初は農協の姿勢が消極的であり，販売面においても有利な状況ではなかった。1997年に農水省の「有機農産物ガイドライン」が示されたのを受け，これに適合する米作りに挑戦するなかで「環境保全米」という名前で栽培が本格的に始まった。そして，同年にはNPO法人「環境保全米ネットワーク」に加入すること

表9-1 登米地域における環境保全型農業の展開過程

年次	主な出来事
1991年	みやぎのヘルシーライス（系統指導による減農薬・減化学肥料栽培米）栽培開始
1996年	環境保全米学習会開催
1997年	南方町農協水稲部会が環境保全米マニュアルを作成 環境保全米づくり開始 京都生協への無農薬・無化学肥料栽培米の出荷開始
1998年	アイガモ農法開始 「南方町地域環境保全型農業推進方針」策定 紙マルチ田植機の導入 農協広域合併により「JAみやぎ登米」誕生
1999年	環境保全型稲作技術全国大会交流会に派遣参加 環境保全型水稲展示圃場を設置
2000年	JA青年部が南方町小学校で無農薬バケツ稲栽培を始める 京都生協から「産地サポーター」の来町が始まる 第6回全国環境保全型農業推進コンクールで南方町水稲部会が「優秀賞」を受賞 JAみやぎ登米稲作部会連絡協議会設置 温湯種子消毒の開始
2001年	水稲部会が「アイガモ農法有機栽培実習田」を設置 「環境保全米の生産現地検討会」開催 ㈱アレフ（びっくりドンキー）への省農薬米の出荷開始 小田急ストアへの出荷開始 九州グリーンコープ事業連合への出荷開始 「環境保全型稲作東日本集会」を開催
2002年	JAみやぎ登米が環境保全米への取り組みを開始 みやぎ生協へ出荷開始
2003年	東海コープ事業連合への出荷開始 JAみやぎ登米がCタイプを導入 南方町有機センター設置・操業
2004年	温湯消毒機100台の導入 学校給食田の設置と地元小学校への学校給食への供給開始

資料：『南方町役場資料』『JAみやぎ登米資料』より筆者作成。

で認証機関による評価制度も導入された。また，部会員数，栽培面積も徐々に増加したことも相俟って，1997年から京都生協への出荷もはじまった。1998年に農協が広域合併したことを契機として，水稲部会を中心とした活動は広がりを見せ，株式会社アレフ（びっくりドンキー）や小田急ストアなどへと販路を拡大した。そして，農協も2002年から米販売戦略の中に位置づけ，独自の認証基準を導入し，全面積転換運動として普及活動に努めている。

表9-2は登米地域で生産されている特別栽培米の栽培基準である。現在，

表9-2　特別栽培米の栽培基準

栽培タイプ	栽培基準 薬剤	栽培基準 肥料	認定基準	参考：60kg販売価格（慣行栽培比）
無農薬（Aタイプ）	不使用	有機質肥料	JAS有機	プラス8,000円〜10,000円
省農薬米	除草剤1回	有機質肥料	契約栽培米	プラス6,000円
低農薬・有機肥料（Bタイプ）	7種類以下	有機質肥料	自主認定（特別栽培米）	プラス5,000円〜6,000円
低農薬・低化学肥料（Cタイプ）	8種類以下	有機質肥料＋化学肥料（3.5kg以下）	自主認定（特別栽培米）組織認定：ISO14001	プラス300円

注：省農薬米は、㈱アレフ（びっくりドンキー）や生協との契約栽培米である。
　　Cタイプは農水省提示の特別栽培米の基準をもとにJAみやぎ登米を組織認定したものである。
資料：『環境保全米ネットワーク研究委員会編「栽培技術テキスト環境保全米作り」』より筆者作成

　環境保全米には農水省の有機農産物ガイドラインに基づいて認定される「Aタイプ」（無農薬・無化学肥料栽培であるJAS有機），農水省が提示している特別栽培米（農薬5成分以内・有機質肥料100％栽培）の基準にもとづいてNPO法人が自主認定している「Bタイプ」（低農薬・低化学肥料）と農協を組織認定している「Cタイプ」という栽培基準に基づいて3つに区分されている。この他に2001年から株式会社アレフ（びっくりドンキー）と契約を交わし，除草剤を一回のみ使用する栽培方法での「省農薬栽培米」も生産している。これらの認証を受けて生産された米は地域の環境保全をしていくことを目的としながら，慣行栽培より経済的メリットが高いということによって作付面積の大幅な拡大につながっている。その経済的メリットを参考価格（60kg当たり価格）として見れば「Aタイプ」は慣行栽培米よりも8000〜1万円，「省農薬栽培米」は約6000円のプラスになっている。一方，「Cタイプ」は慣行栽培米より300円の加算金であり，「Aタイプ」などに比べれば経済的メリットは少ない。しかし，これを契機として面的に拡大することによって産地ブランドとしての価値が上昇し，安定した販売につながっている。

2　特別栽培米の普及と農協の役割

　表9-3は農協が取り組みを始めた2003年以降の特別栽培米の拡大過程を示

表9-3　JAみやぎ登米管轄内における特別栽培米の普及拡大

年次		2003年	2004年	2005年	2006年
面積（ha）		1,086	5,995	7,759	8,263
管轄内面積に占める比率		10%	58%	75%	79%
数量合計（俵）		48,817	438,152	533,987	609,051
品種別数量（俵）	コシヒカリ	1,054	2,656	2,870	2,788
		2.2%	0.6%	0.5%	0.5%
	ひとめぼれ	41,539	402,273	493,554	563,582
		85.1%	91.8%	92.4%	92.5%
	ササニシキ	3,349	28,186	30,759	31,074
		6.9%	6.4%	5.8%	5.1%
	その他	2,875	5,037	6,804	11,607
		5.9%	1.1%	1.3%	1.9%

注：栽培面積，数量は全タイプ合計の値である。
資料：『JAみやぎ登米米穀課資料』より筆者作成。

したものである。面積を見ると，2003年1086haから2006年8263haへと4年間で約8倍に拡大している。また，管内に占める特別栽培米の比率も80%近くにまで達している。こうした面的拡大を支えているのは2003年から導入されたCタイプの存在である。図9-2は，管内の集落別におけるCタイプ普及率を示したものである。迫町では全町にわたって高い比率で作付けされており町平均90%以上の値を示している。加えて，米山町，石越町，登米町においても平均80%の作付率を示しており管内全域で栽培されつつあることがわかる。また，南方町の場合は，後述するように省農薬米の作付面積が増加しているため，Cタイプの普及率は70%台にとどまっているが，特別栽培米全体の作付率は町全体で90%を超えている。

　さらに，急速に面的普及を遂げる過程で農協は，独自の栽培マニュアルを作成し，栽培履歴管理の徹底化を図ることによって栽培技術の高位平準化を目指している。例えば，異品種混入によるリスクを回避するために，生産者に対して全量種子を更新させ，温湯消毒機による種子消毒を施したものを栽培向けに販売している。こうした営農指導体制のもとで，米の集荷率は80%の水準を維持しながら，購買，販売事業を安定化させることにもつながっている[2]。販売面

---

[2]　購買事業のうち生産資材部門では，2003年の20.9億円から2005年の22.4億円と推移している。一方，販売事業のうち米穀については2003年の109億円から2006年の120億円と伸びを示している。

図9-2　登米地域集落別における環境保全米Cタイプの普及率（2006年）

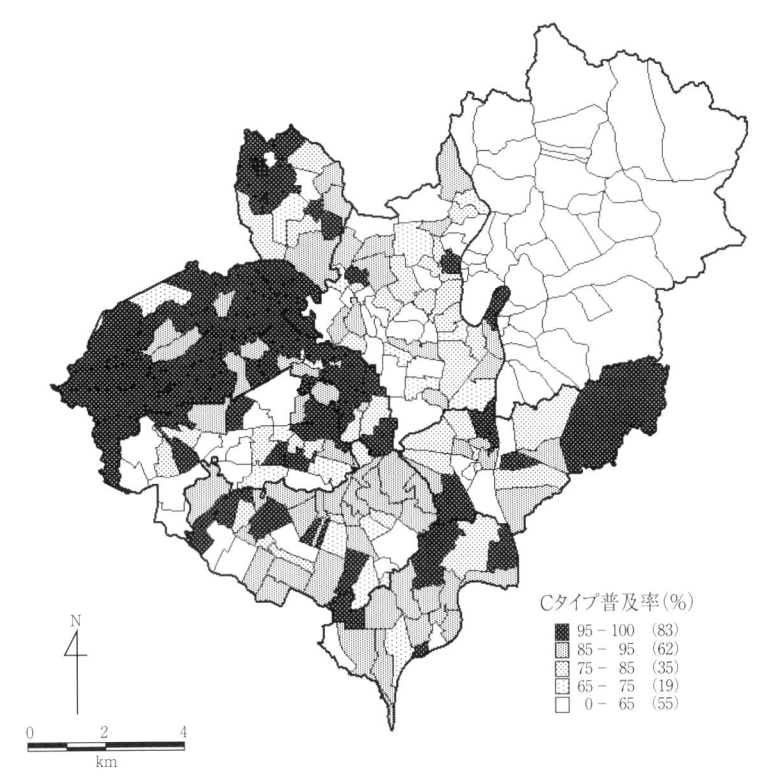

Cタイプ普及率(%)
- 95 – 100　(83)
- 85 – 95　(62)
- 75 – 85　(35)
- 65 – 75　(19)
- 0 – 65　(55)

注：東和町は町独自のプレミアム米として計上されているため控除した。
資料：『JAみやぎ登米米穀課資料』より筆者作成。

では，「売り切る米づくり」戦略を立て，全量を全農経由させることで，大型ロットによる販売対応を行なっている。販路については大型スーパーや生協など約150社との取引によって全量成約を実現している。また，消費者を現地に招き農業体験による産直交流や水田生き物調査，学校給食への取り組みなどのよって産地のイメージ作りにも力を入れている。

特別栽培米の生産拡大は，一面では米価下落の中で稲作経営の継続を願う農家層の独自の経営対応と農協の事業展開が結びついて生み出されてきたものであるが，他面では畜産の存在によって支えられている。その点を次に南方町を事例に有畜複合経営の役割から分析する。

II 宮城県南方町における有畜複合経営の展開

1 南方町における地域農業の特性

登米地域における農業生産の特徴は，稲作が卓越していることである。南方町の米産出額の構成比は1975年74.4％から2005年63.6％に減少している。登米地域では当該比率が70.7％から53.0％と大きく低下させているものの宮城県平均44.7％を上回っている。

南方町の総農家戸数は1970年1609戸から2005年1060戸へと34.1％減少している。経営耕地面積規模の動向をみると，1ha以下の農家率が1970年25.6％から2005年32.2％へと増大するとともに，3ha以上農家率は11.1％から17.2％へと増大し，5ha以上農家率については1970年0.2％から2005年6.4％へと増加している。さらに販売金額200万円以下の農家率が60％を占めることから理解されるように，農業所得のみで生計を賄う専業農家は少ない。専兼別農家戸数の割合（2005年）は，専業農家10.2％，第一種兼業農家17.9％，第二種兼業農家71.9％であり，専業農家数は1970年から2005年の間に311戸から109戸へと減少している。同時に60歳未満の生産年齢人口のいない高齢専業農家率が56.8％を示しており農家労働力の高齢化も進行している。

総経営耕地面積は1970年から2005年にかけて14.7％減少している。しかし，一戸あたりの経営耕地面積は一貫して増大しつつあり，2005年2.11haと宮城県平均1.74haよりも大きい。畜産は，乳用牛および豚において飼養農家，頭数ともに大幅な減少をみせている。肉用牛については飼養農家戸数の減少しているものの，飼育頭数は増加傾向を見せており，一戸当たりの飼養頭数は2005年15.3頭となり，畜産農家の減少の中で残存農家による規模拡大の傾向がうかがえる。ちなみに，肉用牛の飼養農家率が1970年55.3％から2005年24.9％と減少しているが，複合経営農家において稲作を1位とし，畜産を2位とする農家数は30％を占めることから，米と畜産による複合経営が南方町の農業経営の一つの特徴といえる。

本稿では特別栽培の成立条件を考察するにあたって，須崎集落と板倉集落を事例集落として取り上げる。須崎集落は，複合経営農家率23.5％（2005年）で

あり，肉牛飼養農家率も45％を示す有畜複合経営を代表する集落である。とりわけ後述するように，有畜複合経営は転作を牧草利用にすることで生産調整への対応を可能としているだけでなく，畜産の堆肥を特別栽培米の圃場に還元させる耕種と畜産の有機的連関の基礎をなしている。板倉集落は，複合経営農家率31.8％であり，肉牛飼養農家率22.7％となっているが，5ha以上農家率が16％と高く，特別栽培米の生産者も多く見受けられる集落である。

2 須崎集落における有畜複合経営の展開

須崎集落は，町内北西部の迫町に隣接した集落である（図9-1）。調査時点での農家戸数は38戸であり，各経営形態別に区分した後に，世帯内労働力保有の有無，経営耕地面積を基準して，①有畜複合経営層（11戸），②米単一兼業層（9戸），③農地貸付・委託層（18戸）に区分した（表9-4）。以下，この区分に従って検討を加える。

複合経営農家層は集落内の中心的担い手である。その特徴を見ると，男子労働力において農業専従者は30代1人，40代1人，50代3人，60代4人，70代3人，80代1人と合計12人存在している。それに対して，女子労働力は40代1人，50代2人，60代3人，70代1人，80代1人と合計8人である。さらに世帯構成をみると3世代同居が圧倒的に多く，高齢単身世帯は存在しない。経営形態は，11戸すべてで米と繁殖牛との有畜複合経営であり，稲作規模は100a～1100aまで存在し，飼養頭数規模も3～80頭までと多様である。農地貸借関係をみると，有畜複合経営が集落内農家から複数の利用権設定を結んでおり，借地によって経営規模拡大を図っている。

米単一兼業層は，兼業従事者のみで農業専従者は存在しない。男子労働力のうち50代7人，60代2人が農業生産に携わっている。経営面では，水稲作業を部分委託に出す世帯が5戸存在しており，そのうち「肥料散布」で1戸，「田植え」で2戸，「刈取り」で4戸となっている。委託先は，集落内の有畜複合経営層または集落外である。ただし，農業機械を保有しているため，農業生産の全面委託あるいは農地貸付にまで至っていない。すべての世帯で兼業従事者1人のみが農業従事となっており，世代交代や機械の故障等を契機として次に見る農地貸付・委託層へと転化する可能性を持つ。

表9-4　南方町須崎集落に

区分	農家番号	経営耕地(a)	稲作(a)	繁殖牛(頭)	転作(a)	男子労働力 20代	30代	40代	50代	60代	70代	80代	女子労働力 20代	30代	40代	50代	60代	70代	80代
有畜複合経営層	1	1100	700	38	400			●		●		□		△		●		□	
	2	1040	760	23	340	○			●		●		○			●		●	
	3	1010	10	80	880			●		□						●		□	
	4	560	480	20	80			◎		●		□			○		●		□
	5	430	400	15					●		□					△		□	
	6	400	300	9	100			◎		●					○		●		
	7	380	255	3	125			◎		●						△		●	
	8	340	275	5	65				◎		●						●		□
	9	280	180	28	100	△			●					△			●		
	10	200	170	26	30	△			●					△		△			□
	11	100	100	4					●		●								●
米単一兼業層	12	420	220		200	△			◎		●					□			
	13	300	250							◎						□			
	14	100	100			△			◎							△		□	
	15	90	90				△		◎						△				□
	16	80	80						◎						△		□		
	17	75	60					◎							△			□	
	18	61	60					◎						△		△			
	19	42	40					◎								△			
	20	36	40			△		◎						△		△			
農地貸付・委託層	21	150	30		120			△			□				□				
	22	130	0		130				□							□			
	23	90	90				○						○					□	
	24	90	90				○											□	
	25	66	66					○								△			
	26	40	40					○											
	27	30	30			△			○		□								
	28	0	0						□					□				□	
	29	0	0				△		□									□	
	30	0	0					○		□				○				□	
	31	0	0												○				
	32	0	0				△							△					
	33	0	0			△								△					
	34	0	0																
	35	0	0					□									□		
	36	0	0	4			○		●						△		□		
	37	0	0			○			○		○		○			○		□	
	38	0	0				△				□								

注：労働力の記号は，以下のことを示す．
●農業専従　▲農業主兼業従　◎農業従兼業主　○他産業のみ（町内）　△他産業のみ（町外）　□無職・主婦
作目の「その他」は，s＝イチゴ，bc＝繁殖牛，fc＝肥育牛，を示す．
農地貸借，作業受委託の番号は農家番号を指し，「外」は集落外，「親」は親戚を指す．
農業機械の「トラ」はトラクター，「田植」は田植機，「コン」はコンバイン，「乾」は乾燥機を指す．農業機械の△は共同利用を指す．
資料：2006年9月の聞き取り調査より作成．

第9章 特別栽培米の展開と成立条件

おける農家世帯の経営動向

水稲作業受委託		農地貸借関係			農業機械保有状況			
○受託 △委託	相手	○借 △貸	相手	面積(a)	トラ	田植	コン	乾
○	10,22	○	24,26,28,31,34	400	○	○	○	○
○	9,12,16,25	○	32,35,36,外	440	△	○	○	○
		○	23,27,29,外	680	○	×	×	×
		○	親	80	○	○	○	○
		○	36	80	△	○	○	○
					○	○	○	○
					○	○	○	○
		○	33	20	○	○	○	○
△	2				○	○	×	×
△	1				○	○	×	×
					○	○	○	○
△	2				○	○	○	○
○	17,24				○	○	○	○
△	外				○	×	×	×
					○	○	○	○
△	2				○	×	×	×
△	13				○	○	×	×
△	外				○	○	×	×
					○	○	○	○
					○	○	×	×
△	親				×	×	×	×
△	1				×	×	×	×
△	外	△	3	140	×	×	×	×
△	13	△	1	100	×	×	×	×
△	2				×	×	×	×
△	親	△	1	200	×	×	×	×
△	親	△	3	40	×	×	×	×
		△	1	70	×	×	×	×
		△	3	50	×	×	×	×
		△	親	47	×	×	×	×
		△	1	50	×	×	×	×
		△	2	35	×	×	×	×
		△	8	20	×	×	×	×
		△	1	40	×	×	×	×
		△	2	100	×	×	×	×
		△	2,5	180	×	×	×	×
					×	×	×	×
					×	×	×	×

農地貸付・委託層は，男女ともに全て他産業従事あるいは無職となっている。男子では40代から50代の層を中心に他産業従事者が集中し，60代以上はほとんどが無職であり，女子においても同じような傾向にある。しかし，世帯としては2～3世帯構成を保持している。農業経営においても，自ら耕作している家は存在せず，農地貸付あるいは作業委託を行なっているが，農地を売却する例が38番のみと極めて少ない。それは，もともと所有面積も小さく，売却するにも現在の農地価格の低迷の状況では手放せないことを示している。加えて，貸付農地はすべて転作牧草に利用されており，地域内における有畜複合経営層に利用されていることも特徴として指摘できる。

3　板倉集落における特別栽培米の展開

板倉集落は町内北東部の平坦地に位置する集落である（図9-1）。調査時点での農家戸数は50戸であり，須崎集落と同様に各経営形態別に区分した後に，世帯内労働力保有の有無，経営耕地面積を基準して，①複合経営層（22戸），②米単一兼業層（11戸），③農地貸付・委託層（11戸）に区分した（表9-5）。

複合経営層は集落内の専業的農家群をなしている。男子労働力における農業専従者は，30代2人，40代1人，50代6人，60代4人，70代5人，80代1人の合計19人存在している。女子労働力は30代1人，40代1人，50代5人，60代2人，70代4人，80代1人と合計14人である。経営形態は，米＋畜産が9戸，米＋花卉で4戸，米＋野菜5戸である。稲作においては規模拡大を行っている農家ほど機械装備を充実させているが，借地先についてみれば，一戸を除いて集落外に求めている。一方で，作業受委託関係は集落内で広範に形成されており，全作業を受託することによって規模拡大を図る農家層も存在している。板倉集落の場合，転作は複合部門が各経営によって異なるため，転作対応も個人にゆだねられていることが特徴的である。そのため，有畜複合経営農家は，飼料確保の点において転作団地化を実現できていない。

米単一兼業層は，経営耕地面積60a～770aと広範な層によって形成されている。農業専従者を見ると，男子では40代1人，50代1人，70代5人であり，女子では50代2人，70代1人となっている。しかし，40代と50代の専従者が存在する農家では農業労働力を二人以上抱え，経営耕地面積においても5ha以上

であるのに対して，70代専従者の農家では労働力1人，経営耕地面積2ha以下という特徴を持つ。経営面では，水稲作業を受託する農家が5戸，委託に出す農家が9戸存在している。委託内容についてみれば，「肥料散布」1戸，「田植え」2戸，「刈取り・調整」8戸となっており，委託先については，集落内の農業機械保有農家あるいは集落外に向けられている。

農地貸付・委託層については2戸を除いて作業全面委託の形態をとっている。この階層は所有耕地面積がもともと1ha未満の農家層であるために，農業経営では生計を立てることができなかったと見ることができる。また，板倉集落の場合，農地貸付よりも作業委託のほうが主流をなしている理由は，複合部門の違いとそれに関わる転作対応の相違，そして小作料と作業料金の違いなどの経済的条件によるものである。

Ⅲ 宮城県登米地域における特別栽培米の成立条件

1 転作利用における貸付層の存在と飼料基盤の形成

南方町においては複合経営形態の専業的農家層と圧倒的多数を占める兼業農家層，機械更新期などを契機として発生する農地貸付層へと農家が分化しつつある。ここでは，こうした農家分化の傾向の中でどのような条件によって特別栽培米が成立しているのかを考察する。

図9-3は専業的農家による有畜複合経営が展開している須崎集落行政区内の圃場と転作地の分布を表している。特徴として第一に，転作地の分布が基盤整備された圃場ではなく，1960年代後半に新規に開田された圃場に多くみられる。須崎集落の総耕地面積のうち基盤整備が完了した耕地は約60％であり，町内他集落の多くが基盤整備率90％近くの数値を示していることと比べれば，基盤整備率が低い。上記した開田は作業効率から見れば，採算性が合わず稲作耕作圏には入り得ないが，複合部門である畜産部門の飼料確保用農地としては耕作条件の中に位置づけられている。

第二に，転作利用が有畜複合経営を反映してすべて牧草転作である。牧草は専業層を中心として飼養されている繁殖牛経営のために，生産調整下で米を作付けできない面積を畜産飼料確保のための手段として利用されている。他方で

表9-5 南方町板倉集落に

区分	農家番号	経営耕地(a)	稲作(a)	転作(a)	肉牛(頭)	男20代	男30代	男40代	男50代	男60代	男70代	男80代	女20代	女30代	女40代	女50代	女60代	女70代	女80代
有畜複合経営層	1	990	670	飼料320	肥育50					●						●	●		□
	2	840	690	飼料150	肥育78	△			●		□		△			●			□
	3	780	780	花卉10		○			●							●			□
	4	780	730	花卉30			●		●				○			○			
	5	430	330	飼料100	繁殖95				●				○			●	○		
	6	370	280	飼料90	肥育30				●							●			
	7	360	335	花卉22				●							○		●		
	8	250	230	花卉20		○			●				○			●			
	9	220	160	キャベツ60				△		●				△		●			
	10	220	190	ニラ30				○									●		
	11	250	200	飼料50	肥育14					●		□							
	12	230	190	飼料40	肥育7			◎			□				●		□		
	13	200	200		肥育7	△		◎		●			○			□			
	14	200	200	ニラ10	肥育11						●						□		●
	15	200	120	飼料50	一貫40					●							□		
	16	130	115	ニラ15			○	◎		●							●		
	17	90	80	ニラ10						●							□		
米単一兼業層	18	770	600					○		●						●			
	19	570	500						▲					○		●			
	20	550	550					●			□				○		●		
	21	450	450						▲							○			
	22	220	220				○		▲				○						
	23	210	210					○			□			△			□		
	24	200	200						○				△		△	◎			
	25	200	175					◎			□			△		△			□
	26	200	170				○									△			
	27	200	135					◎						△			□		
	28	190	160							●							□		
	29	180	180				○			○				△		○			
	30	170	170					○								□			
	31	150	150					◎								□			
	32	150	150							●							□		
	33	130	130																
	34	120	95					△		▲			△						
	35	117	85					△		◎			△		□				
	36	110	105					○		●									
	37	95	95					○		●									
	38	80	80					◎					△		□				
	39	60	60					△		◎			△						
農地貸付・委託層	40	60	60					△			□		△		△				
	41	45	45						△		□			□					
	42	40	40					□											
	43	36	36					△			□		△				□		
	44	34	34					△											
	45	33	33						□										
	46	30	30						○			□				○	△		
	47	25	20			○			○		□					△			
	48	20	20						○		□					△			
	49	20	20						○					△					
	50	0	0								□								

注：労働力の記号は，以下のことを示す．
●農業専従　▲農業主兼業従　◎農業従兼業主　○他産業のみ（町内）　△他産業のみ（町外）
作目の「その他」は，s=イチゴ，bc=繁殖牛，fc=肥育牛，を示す．
農地貸借，作業受委託の番号は農家番号を指し，「外」は集落外，「親」は親戚を指す．
農業機械の「トラ」はトラクター，「田植」は田植機，「コン」はコンバイン，「乾」は乾燥機を
資料：2006年9月の聞き取り調査より作成．

第9章 特別栽培米の展開と成立条件　171

おける各農家世帯の経営動向

水稲作業受委託 ○受託 △委託	相手	農地貸借関係 ○借 △貸	相手	面積(a)	農業機械保有状況 トラ	田植	コン	乾	栽培基準
○	31,42	○	外	200	○	○	○	○	JAS,C
○	28	○	外	200	○	○	○	○	JAS,省
○	16	○	40,外	260	○	○	○	○	JAS,省
○	外				○	○	○	○	―
○	41	○	外	200	○	○	○	○	C
△	21				○	×	○	○	C
○	35				○	○	○	○	省,C
					○	○	○	○	省,C
○	48				○	○	○	○	C
○	49				○	○	○	○	JAS
		○	外	150	○	○	○	○	C
					○	○	○	○	省
○	43				○	○	○	○	C
△	19				×	×	×	×	―
△	外				○	×	×	×	―
△	3				○	×	×	×	C
△	親				○	×	×	×	―
○	33,外				○	○	○	○	JAS,省
○	14,37,46,外				○	○	○	○	省,C
○	35,36,40,44				○	○	○	○	省,C
○	6				○	○	○	○	C
					○	○	○	○	省
					○	○	○	○	C
					○	○	○	JA	C
					○	○	○	○	省
					○	○	○	○	C
					○	○	○	○	C
△	2				○	○	×	×	
○	47				○	○	○	○	C
					○	○	○	○	省
△	1				○	○	×	×	C
△	親				○	○	○	○	
△	18				×	×	×	×	―
					○	○	○	JA	C
△	20				○	○	×	×	C
△	20				○	×	×	×	C
△	19				○	○	×	×	C
△	外				○	○	×	×	C
△	外				○	○	×	×	―
△	20				×	×	×	×	―
△	5				×	×	×	×	―
△	1	△	3	170	×	×	×	×	―
△	13				×	×	×	×	―
△	20				×	×	×	×	―
△	外				×	×	×	×	―
△	19				×	×	×	×	―
△	29				×	×	×	×	―
△	9				×	×	×	×	―
△	10				×	×	×	×	―
		△	外	200	×	×	×	×	―

□無職・主婦

指す。農業機械の△は共同利用を指す。

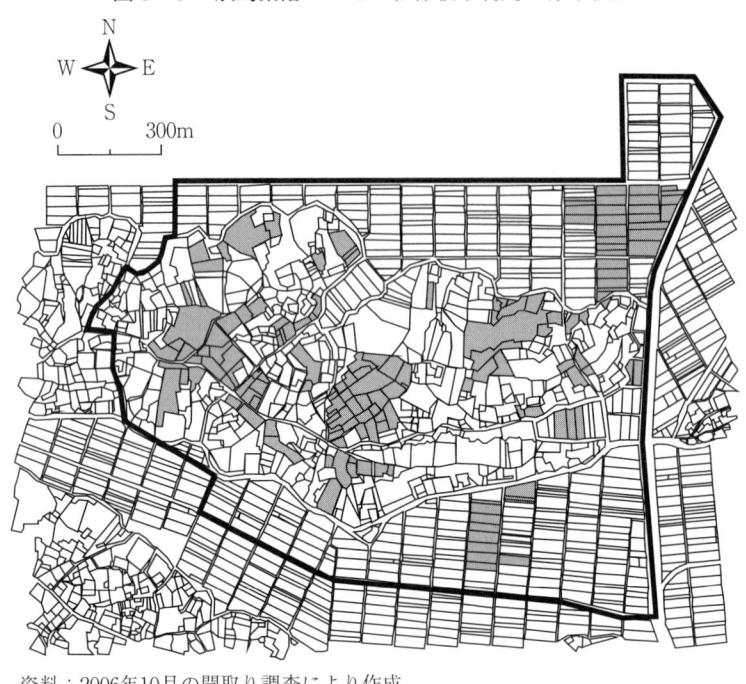

図9-3 須崎集落における転作牧草利用の分布状況

資料：2006年10月の聞取り調査により作成。

　家畜を飼養していない農家はほとんどが米単一兼業農家であるために，転作面積を個人対応では消化できない，あるいは個別で転作対応を行う場合には転作助成金が少ないという理由によって，配分面積を集落内の畜産農家に貸付や作業受委託によって対応を図っている。そして，この牧草を飼料として飼養されている繁殖牛からのし尿は，2004年に設置された有機センターを通じて，地域内の特別栽培米農家に供給されている[3]。しかも，米生産において基肥と追肥に化学肥料を使用した場合よりも約3～4割の費用節減になるため，特別栽培米の生産を経済的側面からも支えることになっている。
　そして第三に，転作面積の団地化である。それは，生産調整の制度の中に存在する転作団地加算金の奨励金，さらに町単独事業の「耕畜連携の推進対策」

---

[3] 有機センターの利用方法は，し尿をセンターに持ち込む農家は600円/tを支払い，堆肥化された製品を買う農家は3150円/tを支払うことになっている。

第9章　特別栽培米の展開と成立条件　173

表9-6　須崎集落における農地貸付層の特性

農家番号	所有面積(a)	貸付面積(a)	65歳以下世帯主・後継者 年齢	就業先	65歳以上(前)世帯主 年齢	就業先	貸付状況 時期	相手	契約更新年	主な理由
5	230	140	46	県職員（石巻）	—	—	1997	3番	5年	世帯主の死去，転作事業への参加
9	200	100	46	土建業（町内）	—	—	1998	1番	7年	前世帯主の離農，転作事業への参加
34	240	200	—	—	66	無職	2000	1番	3年	機会の故障，後継者不足
6	70	40	50	板金業（町内）	87	無職	1997	3番	5年	機械の故障，転作事業への参加
2	70	70	—	—	65	無職	2000	1番	5年	転作事業への参加
3	50	50	50	運転手（迫）	—	—	2000	3番	5年	圃場条件悪い，転作事業への参加
15	47	47	41	公務員（町内）	67	無職	?	親戚	?	親戚同士，機械への過剰投資回避
21	50	50	46	パート（町内）	—	—	1990年代	1番	10年	前世帯主の死去
23	50	35	40	製造業（中田）	—	—	1999	2番	5年	転作事業への参加
27	20	20	36	製造業（若柳）	63	無職	1980年代	8番	?	機械所有なし
29	40	40	—	—	71	無職	1996	1番	10年	後継者不足，機械の故障
31	100	100	—	—	69	無職	1998	2番	5年	世帯主高齢化，転作事業への参加
32	180	100	47	公務員（町内）	72	農業	2002	2番	5年	世帯主高齢化，転作事業への参加
		180					2002	5番	5年	世帯主高齢化，転作事業への参加

資料：2006年9月の聞き取り調査より作成。

による耕作者に対する転作集団の組織化と転作作業実施者への助成金の交付によって成立している。例えば，転作を個人対応で行った場合，奨励金は1万2000円/10aであるが，団地化の場合には4万3000円/10aとなる。一方，転作作業実施者には1万5000円/10aの作業料金が支払われるため，このことが団地化に移行させる経済的条件となっている。

しかし，この団地化がそもそも可能となるためには，貸付層が一定程度存在しなければならない。表9-6は，須崎集落の農地貸付層の特性を見たものである。所有面積は20aから240aであり，必ずしも零細所有者から貸付層が発生しているわけではない。しかし，貸付時期においては1990年代後半から2000年に集中している。さらに貸付理由を見ると，圧倒的に転作事業への参加を契機としていることがわかる。すなわち，1990年代後半以降の米価下落と農家の世代交代が重なったことが貸付層を集中的に発生させることになったと見てよい[4]。とりわけ，1ha以上の農家においてその傾向が伺える。

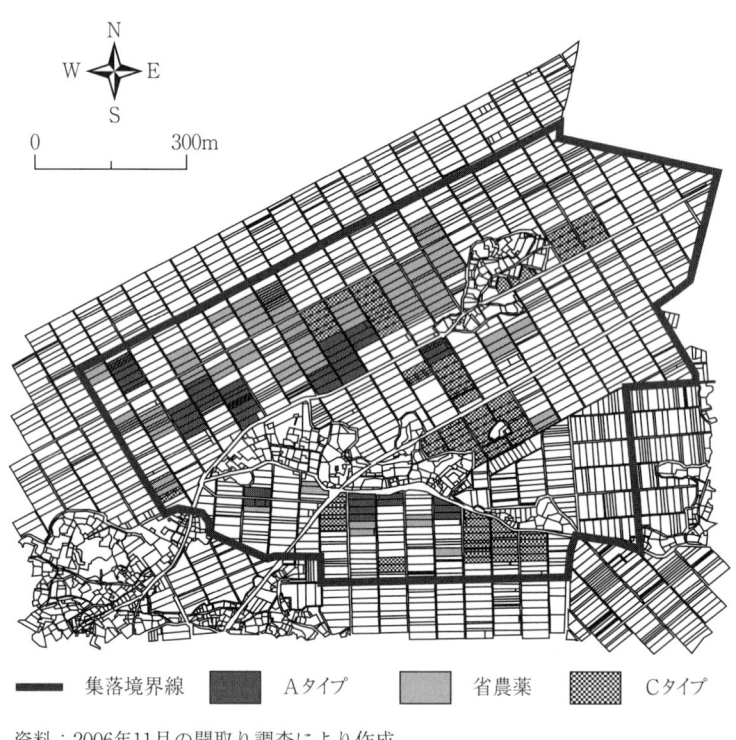

図9-4 板倉集落における特別栽培米タイプ別の作付状況

凡例：集落境界線　Aタイプ　省農薬　Cタイプ

資料：2006年11月の聞取り調査により作成。

　地権者にとって見れば米価下落の中で，自ら耕作しなくとも団地化転作によって得られる助成のほうが有利となるからである。他方，複合経営層の立場から見れば，団地化することで飼料作物を効率的に確保でき，刈取り作業に対する助成もあることによって自らの経営を安定・拡充させることにつながる。しかし，高齢化や世帯員他出等の労働力不足によって家畜を飼養できなくなった農家にとっては，生産調整への対応，転作は経営拡大の方途にはならず，逆に経営条件を急速に狭める方向に作用することにもなる。有畜複合経営の存在は，牧草の転作利用を通じて畜産農家の飼料基盤の確保となること，そして畜産から排出される堆肥は耕種との循環の仕組みを形成することによって特別栽

---

(4) 食糧管制度が廃止される前年の1994年と2005年の価格を比較すると，「宮城県産ひとめぼれ」は2万1440円から1万2694円へと，約40％下落している。

培米の生産を間接的に支えている。

2　特別栽培米作付農家の階層性

次に，広範な作業受委託関係が結ばれている板倉集落における特別栽培米の生産構造を作付農家の階層性から考察する。図9－4は板倉集落行政区の圃場と特別栽培米の分布を表した図である。

板倉集落の特別栽培米生産の特徴は，集落内水稲作付面積の61％で特別栽培米が作付けされていることによって一定の面的広がりを見せるだけでなく，農家間の経営耕地規模に関係なく作付けされていることである。その理由として，一つに今日の米価低迷の下で相対的に環境保全米の価格が高いこと，いま一つはJAみやぎ登米が販売戦略の中に全面積転換運動として「Cタイプ」基準の導入を位置づけ，産地として確立するために普及を行ってきたことを指摘できる。そして，面的広がりは，技術体系の確立・普及，栽培マニュアルの作成によって稲作農業の生産基盤を安定化させる方向に作用したこと，産地として一定のロット数を確保することができることで販路の堅実性をもたらしている。

第二の特徴として，栽培要件が緩やかな「Cタイプ」および「省農薬栽培米」を栽培する農家が多いことを指摘できる。また特別栽培米のタイプ別に生産者の階層性ついて見るならば，「Aタイプ」は5戸（8.0％），「省農薬栽培米」は11戸（22.0％），「Cタイプ」は22戸（44.0％）となっている（表9－5）。とりわけ，経営耕地規模に着目すると，5ha以上農家では「Aタイプ」や「省農薬栽培米」が作付けされる傾向にあり，一戸当たりの作付面積においても前者が397a，後者が232aという値を示す。一方で，「Cタイプ」は，経営耕地面積規模に規定されることなく栽培されており，一戸当たりの平均栽培面積も90aとなっている。

すなわち，「Aタイプ」や「省農薬栽培米」は，栽培基準の中に生産計画や圃場管理，さらに栽培履歴の明確化など綿密な管理作業工程を必要とされているために各農家の中に農業専従者の存在を必要とする。とりわけ「Aタイプ」の場合，認定を受けるまで3年間を要するため，この要件をクリアできる農家は集落内でも専従者を抱えた複合経営層や一定規模に拡大した米単一経営層に限定される。この特別栽培米のタイプ別の作付における農家間の差異は，農業

経営における米依存度の違いを反映したものである。今日の米価水準の下では，特別栽培米が環境を保全する意味を持つと同時に経済的メリットにもつながることによって集落内の60％の農家で作付けされている。しかし，農業経営における米生産の比重が高い専業的農家層は，この間の米価下落によって一定規模に拡大しなければ採算が取れないという事情のために，借地を基礎にした規模拡大を図りながら，より価格が高い特別栽培米の生産を指向することになる。そして，「Aタイプ」などの綿密な管理作業のために農業専従者を必要とする特別栽培米において，その栽培基準を達成できる農家層は専業的農家層に限定される。

また，生産調整における転作については事例とした集落では対応を異にする。板倉集落では前節で見たように個別的に複合経営が展開されているために，須崎集落のような転作における土地利用の集団性は見られない。1988年から2005年までは麦やキャベツを団地化し，ブロックローテーションを図りながら転作していたものの，1997年頃から環境保全米が普及していく中でその対応は解消された。すなわち，集落内の各農家は基本的に自己完結的性格が強く，稲作機械保有率も高かったことに表れているように，個別経営を継続しうる生産基盤を持っていたからである。そこに，特別栽培米が普及していく中で，各農家にとっては自ら耕作できるうちは経営を存続し，転作においては施設園芸のためのハウス建設や野菜転作など個別対応に変化したのである。

3　農地貸借関係と作業受委託との経済的条件

最後に，土地利用における農地貸借関係と作業受委託との関係を地権者側，耕作者側からそれぞれ米価水準との関わりで検討することで特別栽培の成立条件について考察する。

まず，地権者側にとっては以下のような経済的条件に置かれることになる。第一に，転作に関わる補助金については，個別で転作を行う場合には1万2000円/10aであるが，団地化転作を行う場合は，団地化加算金によって4万3000円/10aへと増加する。第二に，2006年の標準小作料は2万1300円/10aであり，稲作の全作業を委託した場合には4万3190円/10aの支払いとなる。そこで，これらの条件の下で①自作の場合，②全作業を委託する場合，③農地貸付を行う場

合と3つの段階に分け，米の生産者受取価格を1万3000円/60kg，10a当りの収量を登米市平均8俵と仮定して地権者農家の所得を見ると次のようになる。

①自作した場合の所得率32%（米生産費調査2006年東北平均）とすると，所得は1万3000円×8俵(480kg)×32%＝3万3280円となる。②全作業委託に出した場合には10万4000円−4万3190円＝6万810円となる。③農地貸付を行い，農地が転作として利用される場合には2つのケースが考えられる。個別転作の場合は2万1300円＋1万2000円＝3万3300円，そして団地化転作の場合は2万1300円＋4万3000円＝6万4300円となる。すなわち，地権者側にとっては，①自作（≒個別転作），②全作業委託，③農地貸付（転作団地化）の順序で所得が上昇していくこととなり，米生産の経済的条件は減反政策と米価水準に規定されていることがわかる。今回の事例に照らし合わせると，須崎集落では転作団地化によって③の方向性が指向され，板倉集落の場合には転作団地化の条件不在のもと農地貸付を行わず，②全作業委託の方向性が指向されることになったと見ることができる。

次に，耕作者側の経済的条件について考察する。特別栽培米（「Aタイプ」）を生産すると仮定すれば，生産者受取価格を60kgあたり2万1000円，10a収量を特別栽培米の平均収量7.5俵を用いると，2万1000円×7.5俵(450kg)＝15万7500円/10aが稲作粗収益となる。そして，所得率32%の場合では，15万7500円×32%＝5万400円となり，5ha以上農家が自作した場合の所得率を43%（米生産費調査5ha以上）とすると，所得は15万7500円×43%＝6万7725円/10aとなる。

この仮定が示しているのは，あくまでも一定程度の規模拡大をしたうえで，かつ米価水準においても2万1000円/60kg台が維持されている場合に，自作によって経営を継続できる指標である。板倉集落の事例で見られたような作業受委託関係は，耕作者側にとっても特別栽培米の価格条件を前提として展開されている。加えて，特別栽培米の栽培タイプの階層性は，経営耕地面積規模と米価水準の経済性に裏打ちされたものであると見ることができる。よって，農地貸借関係が広範に形成されない理由としては，自ら生産できる条件にある間は特別栽培米を栽培し，機械の更新期を契機として作業委託へと進むものと思わ

---

(5) 特別栽培米は，慣行栽培よりも収量が減少するとされている。ここでは，聞取り調査によって得られた収量を平均した値を用いた。

れる。また，農地貸付の場合，生産物は基本的に耕作者のものとなるため慣行栽培よりも相対的に高価格を維持できるうちは自作形態をとるといえる。

　以上のように，特別栽培米の展開は有畜複合経営を前提としながら，多くの農家経営を維持させる方向に作用している。加えて，肉牛飼養農家の減少は残存する畜産農家の規模拡大を飼料確保の基盤形成によって実現させるだけでなく，堆肥循環という点において複合経営を地域的な広がりの中で機能させている。そのことによって，多くの農家層を農業所得形成のための特別栽培米の生産へと向かわせつつある。

おわりに

　これまでの考察から特別栽培の成立条件は以下のようにまとめられる。

　第一に，登米地域の特別栽培米は，今日の米価低迷に代表される農産物市場条件の下で高付加価値化を実現していることによって成立している。この高付加価値化は，水稲部会という生産者レベルでの取組みに販売力をもつJAが事業戦略の中に位置づけたことによって結実した。とりわけ，従来は個別経営や生産組織単位など点的存在であった環境保全型農業の取り組みが，農協を媒介とした組織的展開によって面的あるいは産地レベルで普及していることが特徴的である。

　第二に，登米地域の特別栽培米は，評価基準を段階的に設定していることである。とりわけ，Cタイプにみられるような農協を組織認定することによって，地域内の栽培技術を標準化させ，生産基準による生産者の組織化を図っていることが面的拡大をもたらしている。こうした面的拡がりは，生産者にとっては農地や環境を保全していくことが経済的メリットにもつながり，地域農業としても産地レベルで高い販売力を保持することに結びついている。また，認証制度を導入していることが産地としての情報発信，販売先との信頼関係に寄与していることも看過できない。

　第三に，有畜複合経営の存在である。畜産から提供される堆肥について町内の有機センターを通じて，地域内の特別栽培米農家に有機質肥料として供給され，稲わらは畜産農家へと渡ることによって耕畜連携の循環も生み出されてい

る。したがって，有畜複合経営は，地域内で肥料と飼料を循環させることでそれぞれの経営費の節減効果につながっている。

　残された地域的課題としては，農家層が生産農家と非生産農家に分化しつつあることが挙げられる。今日の特別栽培米の生産は，農業経営における米依存度の割合が高い地域における営農継続の可能性を模索する対応として生み出されてきた。それは，特別栽培米を積極的に展開している主体が専業的農家層であるように，これまで以上に稲作経営の経済的条件が厳しいものになりつつあることを示している。一方，有畜複合経営においても転作団地化の事例のように一定の貸付農家の存在によって専業的農家群が中核的存在となりつつある。すなわち，一定規模に拡大しなければ採算が取れないような米価水準こそが専業層を中心とした相対的に価格が高い米生産を面的に規模拡大させる要因となっている。とりわけ，評価基準の導入は，稲作農家にとって地域の農地環境を保全しつつ営農を継続させる経済的条件を生み出す一方で，基準別の価格設定によって生産者間の競争的環境を作り出している。しかも米価下落の中において，特別栽培米の生産を通じた「環境保全」は農地の保全といった側面よりも商品差別化のためのスローガンとして強調される可能性を内包している。それは生産者の競争を通じた新たな地域農業の再編をもたらすこと，そして産地としての進化を問われることになるだろう。　　　　　　　　（佐々木達）

参考文献
伊藤忠雄（2008）「米市場の変貌と水田作経営の対応」日本農業経営学会編『与件変動期における農業経営』所収，207-223頁。
大場教正・大田原高昭（1999）「農協による環境保全型農業の推進可能性」『農経論叢』55，135-44頁。
宋丹瑛（2005）「環境保全型農業の存立条件―滋賀県の環境こだわり農業とエコファーマーとの比較研究―」『地域政策研究』7，83-91頁。
胡伯（2003）「山間地域における環境保全型稲作産地の形成条件―熊本県上益城郡清和村の事例―」『農業と経済』3，86-97頁。
松元直子・納口るり子（2003）「環境保全型農業産地における組織化の特徴と意義」『2003年度農業経済学会論文集』210-215頁。
SASAKI, T. (2009) "The price decline of rice and its effects on the family farm: A case study of the Tohoku region," *Science Reports of Tohoku University, 7th Series* (*Geography*). 56, pp.35-48.

第10章　水揚げ長期低迷下における三陸水産地域の動向
――震災復興をみすえて――

はじめに

　東北地方の太平洋沿岸部は2011年3月の大地震と大津波で生活・生産の両面で壊滅的被害を受けた。その被害の中心となった三陸海岸[1]は国内の主要な水揚げ漁港が集まる漁業地域であり，またその沿岸部は海面養殖の隆盛地帯でもある。しかし90年代以降，水揚げの低迷と関連産業の縮小，漁業就業者の急減・高齢化の中で決して発展的な地域とはいえず，経済地理学においても多くの注目を集める地域ではなかった[2]。

　本稿はもともと東北太平洋沿岸地域の中でも地域経済の水産業への依存度が高い三陸海岸地域の水産業の動向を整理するとともに，その中での近年の地域づくりの動きを報告することが目的であった。しかし大震災後の現段階では，はじめに（Ⅰ）三陸沿岸地域の被害概況を確認しておきたい。その後に（Ⅱ），震災前までの水産業を主とする地域動向を統計により整理してその容易ならざる地域状況を確認する。そして（Ⅲ），水産依存度の高い地域の事例として女川町をとりあげて，その水産資源を生かした地域づくりの経緯と効果について紹介することにしたい。周知の通り女川町は今回「最強」との報道もある大津

---

[1]　「三陸海岸」の範囲については米地ほか（1997）の論考があり，「北上山地が太平洋に臨む海岸」という地形的共通性から「八戸市鮫角から石巻まで」が妥当としている。筆者はそれに沿岸域の生業や地域経済における水産業への依存度の高さという点を加味して，統計上可能な限り八戸〜七ケ浜間を，県・大海区別の場合は宮城・岩手両県と青森県太平洋北区を対象として分析する。

[2]　1990年以降に地理関係雑誌に発表された経済地理学的関心が含意されていそうな三陸沿岸地域にかかわる論考（発表要旨類を除く）としては，阿部（2001），横尾（1997），岩間（1997）の3つが見出せる程度である。

波の直撃をうけて中心市街地と漁村集落の大半が壊滅状態となり，ようやく再建への動きが始まったばかりである。本論末尾では震災前の地域づくりの経験がもつ復興への意義について付言したい。

I 大震災被害の概況

　今般の大震災の被害の中心は岩手，宮城，福島3県の沿岸部であったが，人的および住宅被害は岩手・宮城2県の沿岸部にとりわけ集中し，人的被害の9割，住居・家屋被害の64%を両県が占めた（表10-1）。市町村別でみると，宮古から石巻の三陸海岸でとりわけ大きかった（図10-1）。東松島町以南の仙台湾沿岸，宮古以北の田老町や野田村でも沿岸集落は破壊的被害を受けたが，それでもやはり宮古〜石巻間の海岸部の被害はより甚大であった。

　産業被害では，水産業が岩手・宮城の両県において文字通り壊滅的な被害となった（表10-2）。水産業の基本的生産手段である漁船では，全国登録漁船の11.5%が被害を受けたが，そのうち岩手・宮城両県の被害漁船は7割を占めた。とりわけ宮城県では登録漁船のほとんど（95%）が被害を受けた。漁港・魚市場でも両県のほとんどすべてが被害を受けた。養殖業や水産加工場でも，両県の被害が北海道から沖縄まで及んだ全国の被害の8割を占め，しかも加工場被害の大半が「全壊」であった（表10-3）。また水揚げ魚介類の鮮度維持に欠かせない製氷や冷蔵工場も大半が操業不能の被害をうけた。

　次章にみるように90年代以降は縮小傾向にあるとはいいながらも日本の主要な水産地域の1つであった三陸沿岸地域は，今般の大震災と大津波によってそ

表10-1　東日本大震災による人的および家屋被害（消防庁，8.15）

	死者	行方不明	全壊	半壊	非住家被害	避難者（自県）	避難者（他県）	避難先不明
全国	15,698	4,666	113,061	145,824	45,495	17,653	56,979	12,653
青森県	3	1	307	851	1,195			
岩手県	4,633	2,036	21,019	3,587	3,623	990	1,355	
宮城県	9,396	2,376	70,946	70,676	26,479	7,361	6,721	
福島県	1,603	250	17,037	41,507	1,052	9,302	48,903	12,653
岩手・宮城2県の割合	89.4	94.6	81.3	50.9	66.2	47.3	14.2	0.0

の生活基盤と担い手を奪われ，生産・加工・流通手段の大半をも破壊されるという未経験の事態に直面した。まずこのことを認識しておきたい。

図10-1 人的被害（左）および住居被害（右）の分布（消防庁，2011.8.15）

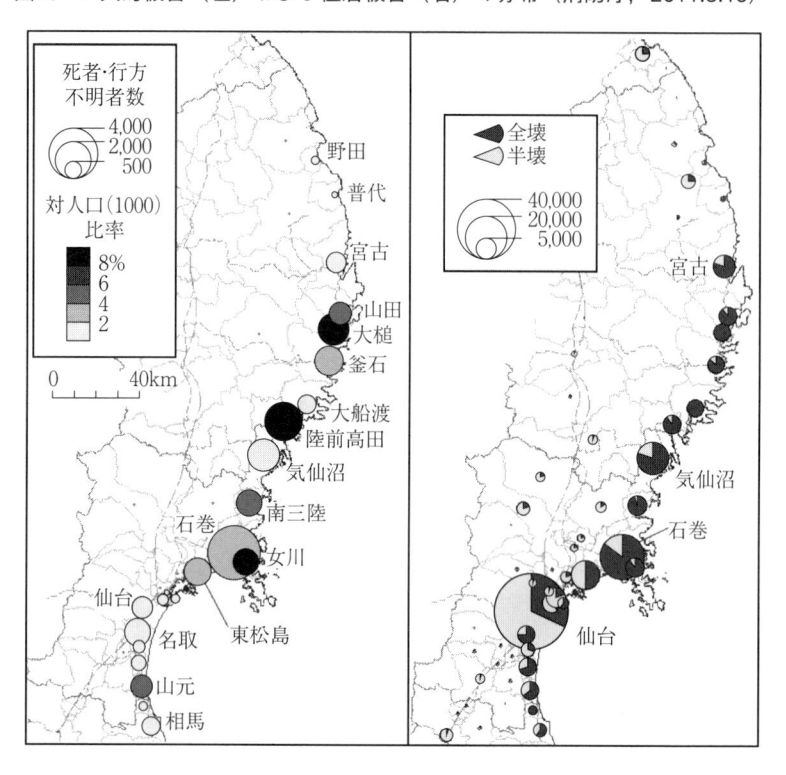

表10-2 水産被害の状況—漁港，漁船，魚市場

	漁船				漁港			魚市場		
	登録漁船数	被災漁船数	被災率(%)	被害額	漁港数	被災漁港数	被害額	魚市場	被災市場	被害額
全 国	224,063	25,852	11.5	161,392	730	319	823,040	105	61	32,785
岩手県	14,177	6,254	44.1	15,842	111	108	285,963	13	13	14,290
宮城県	13,570	12,023	95.2	112,900	142	142	424,286	10	10	10,577
2県の対全国比	12.4	70.7	—	79.8	34.7	78.4	86.3	21.9	37.7	75.8

資料：水産庁web掲載の「被害状況」（2011.8.09現在）。ただし岩手県の登録漁船数のみは漁港港勢概要2007。

表10-3 水産被害の状況—養殖,水産加工

	養殖施設		水産加工場			
	施設被害額	養殖物被害額	総数(2008)	全壊	半壊	被災率(%)	被害額
全　国	74,135	57,517	2,108	540	129	31.7	181,746
岩手県	13,200	11,000	178	128	16	80.9	39,195
宮城県	48,700	33,189	439	323	17	77.4	108,137
2県の対全国比	83.5	76.8	29.3	83.5	25.6	—	81.1

資料：水産庁web掲載の「被害状況」(2011年8月9日17時現在)。

II 地域社会の縮小に直面する三陸水産地域の動向

　本章では三陸水産地域が直面してきた状況について，漁業・水産業に関する諸統計の分析に基づいて検討する。[3]

1 水産業への依存度

　三陸沿岸地域の産業構造の特徴はいうまでもなく水産業依存度の高さである。図10-2は2003年の漁業センサスによる漁業就業者，水産加工業従事者，冷蔵冷凍従事者を「水産業」従事者とみなし，その合計と，2001年事業所・企業統計による全産業従事者数でそれを除して算出した「水産業従事者率」の平成合併前の市町村による分布図である。[4] 50％を超える町村が普代，田老，唐桑，歌津，雄勝，女川，牡鹿の7つを数え，山田町と志津川町も30％を超える。これらは「純漁村」としての性格が強い地域である。率の低いのは商工業が集まる都市部であるが，集積数では「純漁村」を大きく上回る。主要漁港をもつ港町では上記の従事者のほか，鮮魚や水産加工品の流通，造船，艤装，仕込み，船員サービスなど統計では把握しにくい部分がさらに多く集まる。ここでは24％と算出される気仙沼市では，人口の82％が水産業に支えられているとの分析もある。[5]

---

(3) 漁業センサス，漁業養殖業生産統計年報，水産物流通統計年報，および農林水産統計年報の各県版。
(4) やや古い統計を用いたのは，大合併が進んだ平成合併前の市町村単位で把握するため。塩釜より南は水産業従事者数も率も格段に低いため省略。

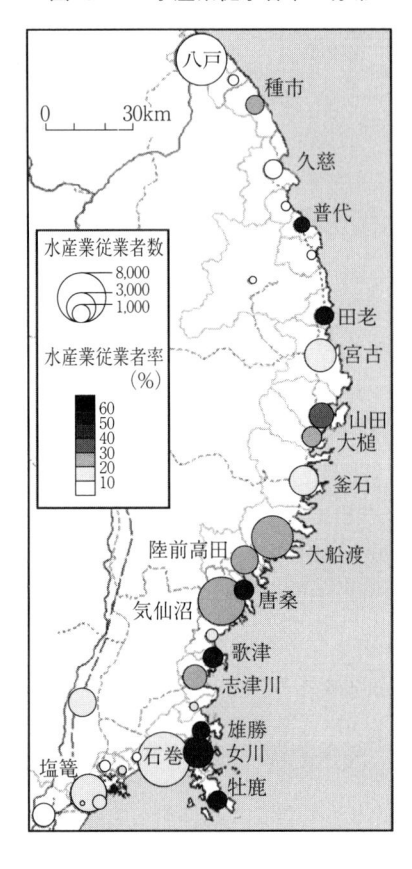

図10-2 水産業従事者率の分布

2 担い手の減少・高齢化

　しかしこの水産関連人口は90年代以降は激減の趨勢にある。漁業就業者数でみると，1978年から08年の30年間に60.8％も減少した（表10-4）。ほぼ同期間の1975～2005年の岩手・宮城両県の農業就業人口の減少率の46.0％と比べると，この数値はまさに激減といえる大きさである。特に「雇われのみ」就業者は70.9％の減少であった。漁業従事者世帯数でも同様で，「漁業雇われのみ」

---

(5) 宮城県・東北経済開発センター（1978）によれば，地域中心機能以外の都市的機能として漁港しか持たない気仙沼市の漁港依存率を82％と算出している。同書の執筆メンバーは板倉勝高，河上税，佐々木公明の3氏。

世帯が2003年までの間に76.3％もの激減となった。漁業雇用の減少率は全国値でみても大きいことから全国的な趨勢であるが，三陸においては全国値を上回る減少となっている。

図10-3　主要漁港における漁業就業者数の推移

漁業雇われ就業者数の減少は，遠洋・沖合漁船の船員雇用の激減を反映したものである。遠洋漁業の根拠地である八戸，宮古，釜石，気仙沼，女川，石巻における雇われ就業者数の変化を確認してみると，(6) 大漁港ほど大幅な減少となっていることが分かる（図10-3）。

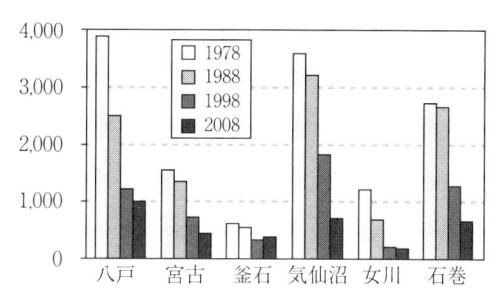

他方，沿岸の小漁業と関連する個人経営体数，自営漁業のみの就業者，沿岸漁業就業者数の減少率は40％前後であるが，この値は雇われ就業者に比べれば小さく，全国の減少率と比べても小さい（表10-4）。三陸の沿岸漁業は全国的に見れば健闘しているといえるのかもしれないが，それにしても約40〜50％という減少幅は，1975〜2005年の岩手・宮城両県の農家数の減少率31.4％と比べれば，やはり大きいといわねばならない。

次に漁業就業者の高齢化の進展状況をみると（表10-4），90年代以降に急進

表10-4　三陸沿岸地域における漁業経営体等の推移

	漁業経営体数			従事者世帯			漁業就業者			
	計	個人	会社	計	漁業雇われのみ	漁業雇われが主	計	自営漁業のみ	雇われのみ	沿岸漁業就業者	高齢人口率
1978	17,285	16,818	213	18,845	9,386	8,355	53,329	25,932	23,526	28,415	6.1
1988	14,842	14,460	220	16,537	6,875	8,664	44,283	21,871	19,339	25,771	8.0
1998	11,251	10,901	211	9,281	3,075	5,301	27,814	16,160	9,566	19,070	20.1
2003	9,915	9,624	161	6,851	2,220	4,092	23,056	14,386	6,838	17,315	28.3
2008	9,491	9,211	160	—	—	—	20,881	13,131	—	—	32.8
変化率*	-45.1	-45.2	-24.9	-63.6	-76.3	-51.0	-60.8	-49.4	-70.9	-39.1	—
全国率	-47.1	-47.9	9.8	-60.8	-62.8	-62.5	-59.7	-53.1	-62.5	-42.1	—

＊漁業センサスにより作成。八戸〜七ケ浜間の集計値。「変化率」は1978年と可能な最新年の間で算出。秘匿および下位項目を全部示していない項目があり「計」とは合わない。

(6) 漁業センサスは経営体に帰属する属人統計であり，海員組合の名簿によって属地の雇用数を把握した高野（1985）による雇用規模とはやや異なる。

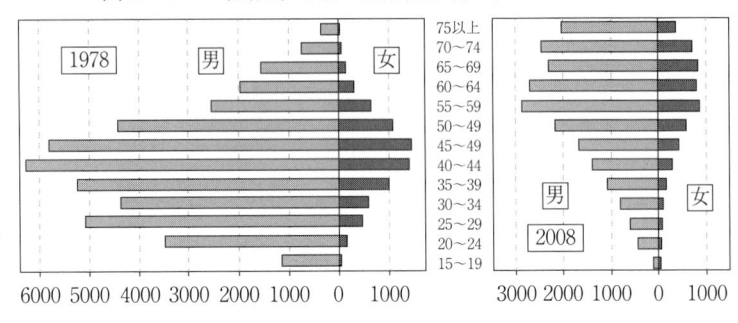

図10-4　三陸沿岸地域の漁業就業者の人口ピラミッド

（漁業センサスにより作成）

し，2008年では漁業就業者の3分の1が65歳以上の高齢人口となっている。人口ピラミッドを作ってみると（図10-4），30年間の変化の大きさが把握できる。さらに2008年の年齢構成をみると，今後も高齢化の進行は必然であることが分かる。

3　漁獲・水揚げ量の長期低迷

こうした漁業の担い手の大幅な減少は，90年代以降の沖合・遠洋漁業生産の大幅な縮小に起因している。図10-5は，青森・岩手・宮城3県の1960年以降の海面漁業漁獲量（属人）の推移である。それが示唆する変化の特徴は，①北洋を中心とする遠洋漁業の発展によって漁獲量を急増させた高度経済成長期，②油価高騰と国際的漁業規制および漁獲効率の低下により停滞する1970年代後半，③沖合回遊魚の急増によって漁獲量を回復させた80年代，④そして回遊資源の減少やマグロをはじめとする漁業資源の国際的規制の強化などを背景として急減に転じる90年代以降，という4期に分けて把握することができる。この趨勢は全国と概ね同様である[7]。

一方，属人漁獲量の減少は属地水揚量へも反映する。図10-6は水産物流通統計年報において1970年以降の産地漁港調査の対象にされる回数が多かった主要9漁港の水揚げ量の推移である。多くが回遊魚資源の恩恵を受けた上記の③

---

[7]　全国の水揚げ推移グラフは「水産白書」に付されておりweb公開されている。

図10-5　三陸3県の海面漁業生産量（棒グラフ）とその対全国比率（折れ線）の推移

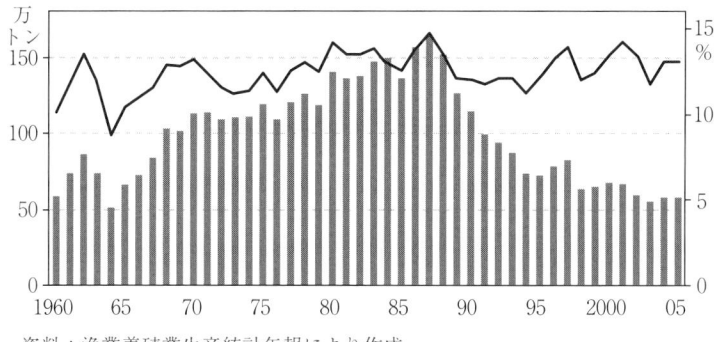

資料：漁業養殖業生産統計年報により作成。

図10-6　三陸主要漁港の水揚量推移

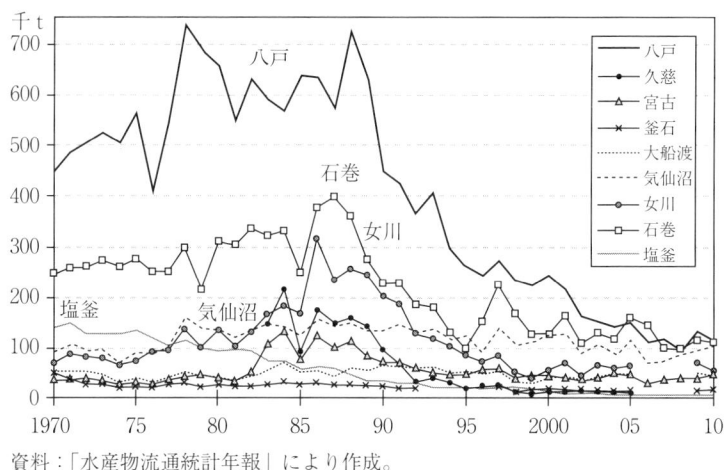

資料：「水産物流通統計年報」により作成。

の時期に水揚げピークを記録している。この時期の回遊魚資源は東日本の太平洋沖合に回遊する大衆魚が主であったこともあって，日本の水揚げ量がピークの1,282万トンを記録した1984年には全国水揚上位20漁港のうち13を銚子以北の太平洋沿岸の漁港が占め，そのうち6つ（八戸，久慈，宮古，気仙沼，女川，石巻）が三陸3県の漁港であった。

そして1990年以降は水揚げ低迷の時代を迎えている。90年代にはさらに，輸入魚貝類の急増により水産物価格の下落を招いて，(8) 漁業経営の採算性を悪化さ

表10-5　水揚量上位漁港とその平均単価（2010）

	漁港	水揚量 t	単価 円		漁港	水揚量 t	単価 円
1	銚子	214,209	118	10	枕崎	68,799	113
2	焼津	211,544	194	11	長崎	66,499	209
3	釧路	118,396	114	12	網走	64,550	183
4	八戸	114,908	186	13	根室	56,395	246
5	石巻	109,656	153	14	女川	53,985	137
6	境	104,322	80	15	羅臼	52,433	218
7	気仙沼	104,069	208	16	稚内	51,377	99
8	紋別	94,761	113	17	大船渡	49,575	136
9	松浦	87,804	134	18	宮古	48,918	159

注：漁港のアミ掛けは三陸沿岸。単価の下線は全国平均（191円）以上。
資料：「漁業・養殖業生産統計年報」により作成。

せるという困難ももたらした。もともと北洋のタラ類や沖合回遊魚そしてイカなど単価の安い魚種を多く水揚げしてきた三陸の主要漁港は，水揚量に比べて水揚額では焼津や西日本の主要漁港よりも下位になる場合が多い。回遊資源が減少した今も平均単価の安さは変わらず，主要漁港で全国平均単価を上回るのは気仙沼だけで，石巻，女川，大船渡，宮古は30～40円も安い（表10-5）。伸び悩む単価を補うコスト削減のために，遠洋漁業では外国人船員の雇い入れが常態化していることも，地元船員雇用の減少の一因である[9]。

4　漁獲物処理機能の縮小

　水揚げの減少を背景にして，水揚げ漁港の重要な機能であり雇用機会でもある水産加工業もまた従業者数を減らしている。かつて大量に供給された北洋のタラや安価な回遊魚資源は，漁港の地場産業である産地水産加工業の原料となって産業を支える役割を担い，八戸，気仙沼，石巻，塩釜などは日本有数の水産加工集積地であった。表10-6は三陸主要漁港の1988年以降の水産加工業場と従業者数の変化を示したものである。1988～98年の間では従業者が増えて1工場あたり規模が拡大した漁港と減少した漁港がみられ，漁港間での淘汰が

---

(8)　日本および世界の水産物需給については水産白書に整理されている。
(9)　2008年漁業センサスによれば，雇用者に占める外国人比率の高い漁業種別は次の通り：遠洋まぐろはえ縄83.0％，遠洋かつおまぐろ旋網64.1％，遠洋かつお一本釣62.0％，近海まぐろはえ縄44.1％，遠洋いか釣38.9％

表10-6　三陸主要漁港における水産加工業集積の変化

	1988~98 加工場数	1988~98 従業者数	1988~98 従業者数/工場	1998~2008 加工場数	1998~2008 従業者数	1998~2008 従業者数/工場	2008 加工場数	2008 従業者数	2008 従業者数/工場
八戸	-23	121	4.1	-112	-2,980	9.7	88	3,872	44.0
宮古	-3	124	4.2	-6	-147	0.3	37	818	22.1
釜石	-16	-626	-8.9	-5	-11.5	-1.0	12	237	19.8
大船渡	-9	0	13.1	-6	-310	-2.4	15	586	42.9
気仙沼	-7	353	5.3	-8	-104	1.6	93	3,130	33.7
女川	-11	-273	0.2	-12	63	11.7	32	1,199	37.5
石巻	-11	279	4.5	-52	-1,256	5.6	78	2,969	38.1
塩釜	-39	-1,238	-1.7	-89	-1,635	2.4	108	2,554	23.6

資料：漁業地区単位。八戸には市川，気仙沼には鹿折・松岩を含む。漁業センサスにより作成。

生じたようにみえる。1998~2008年の間では，八戸，大船渡，気仙沼，石巻，塩釜などの集積地でも大幅な減少を来たしている。これには，水揚げの減少だけでなく，量販店からの厳しい求めへの対応など，流通構造の変革による「川下」側からの影響もある（高野・水梨，2006）。

5　三陸水産業の地位

このように困難な状況にあるとはいえ，三陸沿岸は世界有数の漁場を控えた日本の重要な食料資源の供給を担う地域であることには変わりはない。海面漁業生産量の対全国シェアは90年代以降の長期低迷の中でも12~13％を維持して，最近はむしろ微増傾向にあるようにもみえる（図10-5）。さらに海面養殖業生産量でも近年は全国の16％前後の割合を維持している。魚種別でみれば，漁業養殖業生産統計年報の魚種100余の分類中15％を越える分類を示すと表10-7のようである。また水産加工業においても，近年の集積量は減少しているとはいえ，全国の産地漁港の中で八戸市，石巻市，気仙沼市，塩釜市はそれぞれ1位，4位，5位，8位の集積量を維持している。[10] 長期的縮小傾向にある現段階においても，海浜・沿岸立地の環境と産業基盤としての水産業は，今後も活かしていくべき三陸沿岸地域の地域資源であるといえる。

---

[10]　産地の範囲に該当する漁業地区のとりかたや秘匿の扱いによって数値と順位は変わる。2008年漁業センサスの水産加工従業者数で2,000人を越える産地は，函館，八戸，気仙沼，石巻，塩釜，銚子，焼津，広島，下関である。

表10-7 三陸地域における主要魚種別漁業生産の対全国シェア

		三陸計(t)	対全国比(%)			三陸計(t)	対全国比(%)
漁業	まぐろ類	39,852	16.7	漁業	おきあみ類	40,964	89.0
	くろまぐろ	3,089	16.0		あわび類	421	23.8
	みなみまぐろ	2,097	34.3		いか類	115,552	35.0
	びんなが	9,876	18.6		するめいか	90,568	40.7
	めばち	14,229	19.9		あかいか	17,503	37.6
	かじき類	6,116	31.6		うに類	3,254	27.1
	まかじき	654	20.3		海産ほ乳類	1,223	74.0
	めかじき	4,271	45.0		わかめ類	848	23.5
	くろかじき類	1,033	18.6	養殖業	銀ザケ	9,174	99.6
	さめ類	27,098	75.2		カキ	69,006	30.7
	さけ・ます類	38,520	15.6		ホヤ	11,906	95.4
	さんま	52,049	22.2		コンブ	15,366	30.1
	めぬけ類	604	81.7		ワカメ	43,460	72.6
	きちじ	706	43.5	計		564,257	12.7
	その他の魚類	34,152	15.4				

注:青森太平洋北区と岩手・宮城両県。
資料:漁業養殖業生産統計年報(2005)により作成。

6 人口・産業の空洞化

　本章の最後に,水産業以外をも含めた人口と産業の状況をみておきたい。

　基幹産業であった水産業が縮小しても,他の産業が雇用を吸収できる余地があるのであれば,三陸沿岸地域の地域経済としては問題は少ない。しかし近年の人口・産業集積の状況をみると,ここでもやはり縮小の傾向を免れていない。図10-7は商業統計による卸売販売額の推移である。卸売機能は都市の中心機能の代表とされてきた。しかし地域の拠点都市である八戸,宮古,釜石,大船渡,気仙沼,石巻のいずれも,90年代以降は卸売販売額の落ち込みが顕著である。久慈,女川,志津川,山田といったいわゆる「地方町」級の市町でも機能の縮小が激しい。もちろんこの傾向は,三陸沿岸に限らない東北の地方都市に共通の傾向であるが(高野,2010),しかし三陸沿岸の諸都市はより縮小が明瞭であったといえる。

　人口の動向にもまた厳しい地域状況が表れている。1970～2000年の人口増減率と2000～2030年の人口増減の予測値をクロスさせたグラフ(図10-8)からは,○(マル)で囲んだ三陸沿岸地域の諸都市が2000年までの30年間でも既に大幅な減少傾向にあり,加えて2030年までの30年間でもより大幅な減少が見込まれ

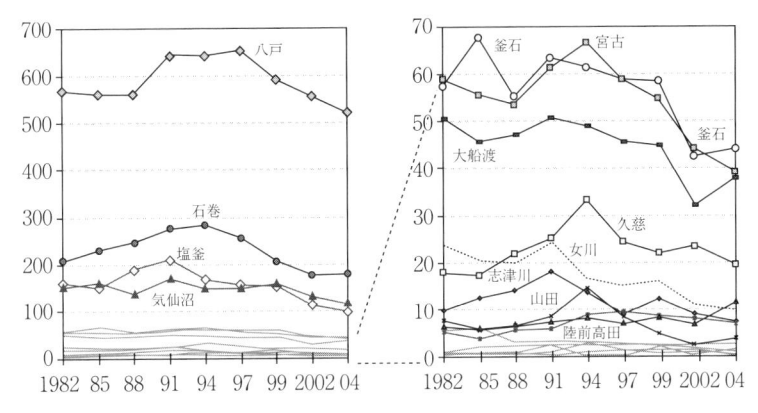

第10章　水揚げ長期低迷下における三陸水産地域の動向　191

図10-7　三陸沿岸市町村の卸売販売額の推移（単位：10億円）

図10-8　1970～2000年（横軸）と2000～2030年（タテ軸）の
　　　　人口変化率のクロス散布図

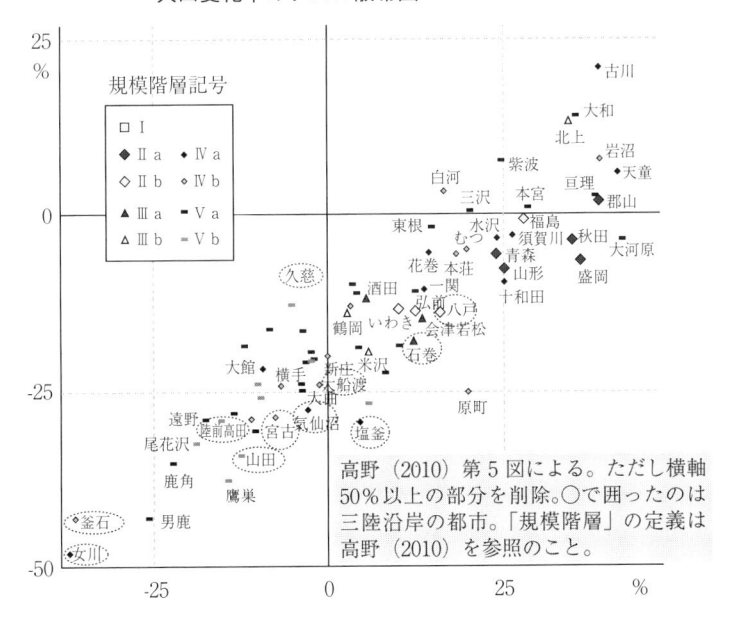

高野（2010）第5図による。ただし横軸50％以上の部分を削除。○で囲ったのは三陸沿岸の都市。「規模階層」の定義は高野（2010）を参照のこと。

るという位置に多くが布置している状況が読み取れる。こうした三陸沿岸地域の厳しい状況は，海に開かれた立地にありながら，それがもたらす資源の長期縮小傾向に直面する中で，背後に北上山地がせまってもともと後背地人口が少

なく，さらには国土周辺部の交通幹線からははずれた位置にあるという立地条件ともあいまって生み出されてきたとみることができる。

Ⅲ　水産資源を生かした地域づくり

　こうした地域状況の中で，三陸水産地域は手をこまねいていたわけではない。1990年代以降，表10-8に整理したような多彩な取り組みが各自治体でおこなわれている。本章では，これらの中から，今回の震災で壊滅的な被害を受けた女川町の震災前年までの地域づくりの流れを紹介する[11]。

1　女川町の立地と産業・人口の動向

　女川町は三陸海岸の南部，石巻から車で30分，仙台からは1998年3月に石巻河南ICまで開通した三陸自動車道を利用すれば90分程度の時間距離に立地する水産業の町である。町域の地勢を示した図10-9にみるように，付近はリアス海岸の典型で平坦地が乏しく狭小な谷沿いに町の中心集落が立地する。これは宮古以南の沿岸地域に共通の地形的特徴でもあるが，女川の場合はそれが極端である。そのため地域経済は水産業への依存度が高く，三陸沿岸の中でも特に高い自治体の1つとなっている（図10-2）。

　また女川には町域南端に東北電力の女川原発が立地し，町の財政基盤を豊かにし，最大で約1000人という関連雇用を生んでもいる[12]。それでも水産業が地域の基幹産業であることに変わりはない。

　その水産資源はというと（図10-10），全般には既にみたような全国共通の変化傾向を示すが，しかし女川の地域特性も読み取ることができる。すなわち1970年代までの女川はカツオ釣りの出漁・水揚げの基地であったが，80年代にはサバとイワシを中心とする沖合回遊魚の水揚げ基地として三陸の大漁港と並ぶ規模にまで港勢げを急伸させた。しかし1990年をピークに水揚げ量は激減に

---

[11] 本章は高野（2011）で発表した内容の骨子であり，図表と写真はそこからの転載（一部改変あり）である。
[12] 東北電力のヒアリングでは，2009年度の月ごとの女川原発構内従事者数のうち地元（女川町と石巻市）の雇用数は730〜1267人の間で変動している。

表10-8　三陸沿岸地域における水産資源を生かした地域づくりの取り組み例

		小売，拠点建設	ブランド		グルメ	体験・交流
八戸		八食センター		2002	北のグルメ都市	朝市めぐり
	湊	魚菜小売市場			せんべい汁	
久慈	久慈			2002	わかめラーメン	もぐらんぴあ，小袖海女
田野畑						体験村たのはたネットワーク
	田老		真崎ワカメ	岩手三陸ワカメ		
宮古		魚菜市場	秋サケ		海のラーメン	1987，サーモンランド宣言
		シーピアなあど				
山田		道の駅			わかめラーメン	鯨と海の科学館，マリンツーリズム山田（観光協会）
大槌	吉里吉里					吉里吉里国
釜石		シープラザ釜石				A&Fグリーン・ツーリズム実行委
	三陸町	道の駅，物産セ	乾しアワビ			
大船渡		お魚センター				体験メニュー（観光物産協会）
気仙沼		海の市	フカヒレ	2002	魚食健康都市	朝市，1995国際水産文化都市
	大島					島の学校
南三陸	志津川	魚市場拡張	志津川ダコ			汐風の学び舎，民宿組合
女川		マリンパル女川	伊達のぎん	2007	女川どんぶり	シーパルⅠⅡ
	鮎川	ホエールランド	クジラ		クジラ料理	
	網地島					島の楽校
	田代島					まんがランド，ネコ
石巻		海鮮いちば	金華ブランド		さんふぁん館	
東松島	宮戸					奥松島体験ネットワーク
松島		松島さかな市場	カキ			ホテルとの連携
塩釜		塩釜仲卸市場	ひがしもの		生マグロ，寿司海道	

注：新聞記事，web検索と筆者見聞による情報を整理して作成（2011.4）。

転じ，それに代わって特に金額面で「サケマス」の増加が目立つようになった。これは国内生産の大半を占めるようになったギンザケ養殖の発展による。また従来からのサンマも量・額とも一定量を維持している。これは金華山沖漁場からの距離が主要漁港の中で最短という立地条件のためといえる。

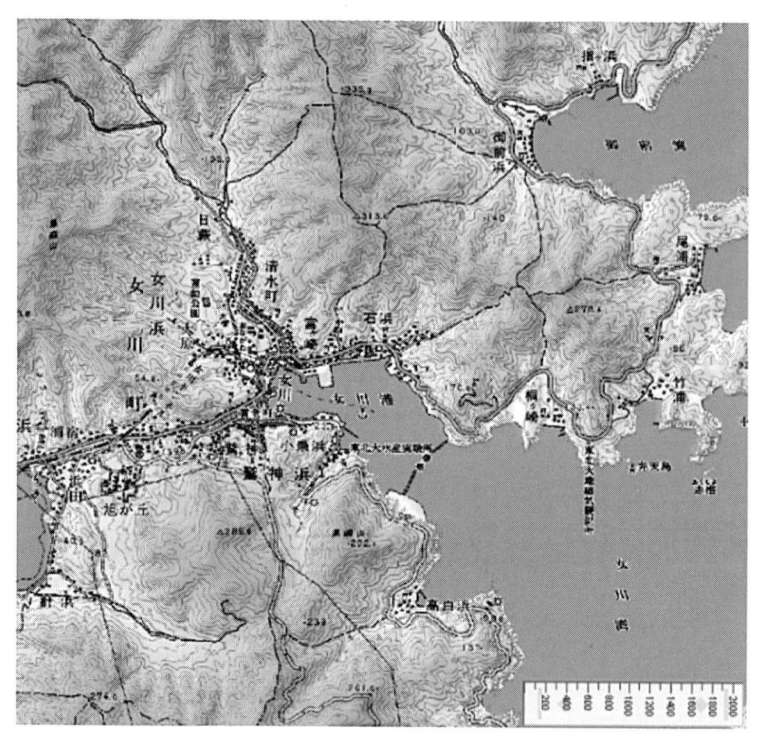

図10-9　女川町の地勢

　夏のギンザケは，従来同時期の水揚げ魚であったカツオマグロを補い，他の大衆魚に比べて高い単価により，秋のサンマとともに女川の水産関連産業を支えてきた。既述のように，90年代以降，淘汰・縮小してきた三陸各地の水産加工業も近年の女川ではむしろ維持・拡大してきた（表10-6）背景には，加工場の周年操業を可能にする水揚げ資源の持続がある。
　一方で，町の利便性を保つ役割を担うはずの商業機能は縮小・空洞化が進行しており（図10-11），人口の減少と高齢化もまた顕著である（図10-12）。公共施設の充実という点では，原発立地の財政的恩恵をうけてきたとはいえ，三陸沿岸地域に共通の地域社会の状況を抱えてきた。

第10章　水揚げ長期低迷下における三陸水産地域の動向　195

図10-10　女川港の魚種別水揚げ推移

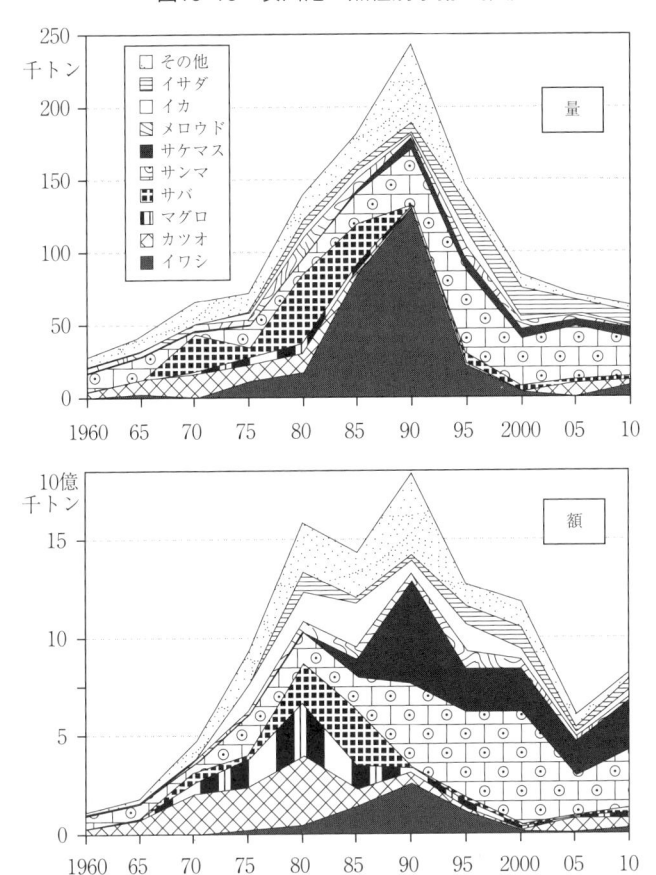

女川魚市場水揚実績により作成。

図10-11　女川町の商業動向

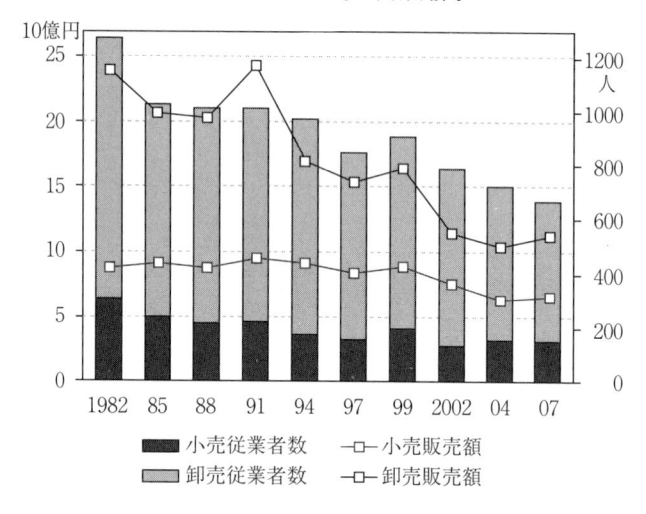

■ 小売従業者数　―□― 小売販売額
▧ 卸売従業者数　―□― 卸売販売額

資料：商業統計により作成。

図10-12　女川町の人口推移

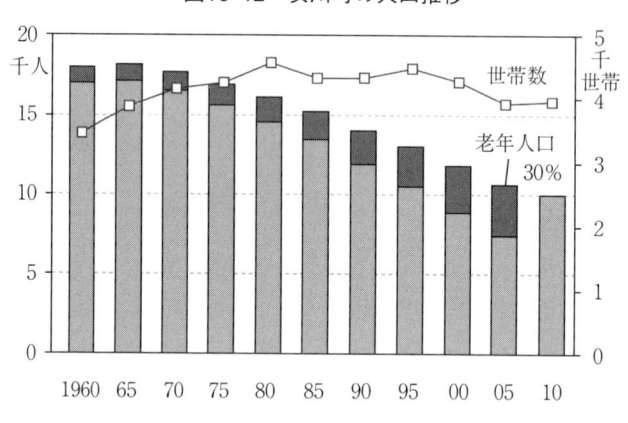

老年人口
30%
世帯数

資料：国勢調査結果により作成。

2 地域づくりの流れ

こうした中で，女川の地域づくりの流れを整理すると，概ね四つの時期に分けられる。第一は日本の高度経済成長期と重なる1950〜70年代で，女川の基幹産業である漁業・養殖業にかかわるインフラ整備と技術開発の時期である。とりわけ1953年，女川湾内で新方式のワカメ養殖技術が開発されて三陸各地に普及し，さらに60年代にはホタテ，70年代にはホヤ，70年代後半にはギンザケが導入された。

第二の時期は1980年代と90年代で，原発計画と立地に伴う公共施設の整備の時代である。すなわち79年に1号機が着工，84年に営業運転開始，89年には2号機が着工となり，それに伴って町には多額の交付金と固定資産税が入り，公共施設の整備が相次いだ。とりわけ1990年までの運動競技施設群の整備によって，小中高のスポーツ合宿や県レベルの各種大会が誘致されるようになって，入り込みの増加に寄与してきた。

1994年，原発資金の恩恵を受けた施設の1つ「マリンパル女川」が開業した。この施設は女川初の本格的な観光・交流施設であり，ちょうど衰退しつつあった金華山詣渡航地としての女川観光のイメージを一新させる新たな交流拠点としての役割を担うことになった。これ以降が「第三期」ととらえられる（表10-10）。

マリンパル女川は港湾エリアの再開発によるFishermans Warf型の水産物小売・文化施設としては釧路などに比べれば小規模であるが東北では最も早いものであり，近隣に類似施設もなかったこともあって，女川・牡鹿半島，さらには南三陸を代表する交流拠点としての役割を果たすことになった。

施設は（写真1），共同小売施設である「シーパルⅡ」と，女川の海と漁業に

表10-10 女川地域づくり年表（1994〜）

1994	4	「マリンパル女川」開業
1995	8	女川原発2号機官業運転開始
1996	9	女川原発3号機着工
1997	4	町立病院開業
1998	11	第二多目的運動場完成
2002	3	魚市場改装工事完成
	3	女川原発3号機宮業運転開始
	5	マリンパルⅠ有料入場者50万人
2003		学校給食への地場水産物導入
2006	4	温泉施設「湯ぽっぽ」完成
2007	4	マリンパルⅠ，リニューアルオープン
	10	県内の漁協が大合併，宮城県漁協となる。
	10	「さんま料理！和洋中」提供開始
2009	7	「おながわ冷や中」発売，海藻料理コンテスト
2010	2	「どんぶり天国おながわ」
2011	3	東日本大震災

写真1 「マリンパル女川」全景（2010年7月）。

左：共同小売施設「シーパルⅡ」，右：展示・体験施設「シーパルⅠ」

図10-13 女川町の観光入込みの推移

関する有料の展示・体験施設「シーパルⅠ」からなり，とりわけ15店が入居して事業組合を作って運営する「シーパルⅡ」が集客の要となってきた。特に，旬の地場水産物をテーマとする月例イベントは，ローカルTV放送で毎月のようにPRされる効果もあって，女川のイメージを広く認知させる役割も担ってきた。同施設を含めた女川の観光入込み数の推移をみると（図10-13），バブル不況期と重なって入り込みを大きく減らす観光地が多い中で，開業年直後以外は大きな減少なく推移している。事業組合でのヒアリングによれば，これは固定客の獲得と団体客の誘致によるものという。

他方，有料施設のため入込み数では効果的とはみえない「シーパルⅠ」も，石巻広域行政圏管内の小中学生の入場の無料化により，毎年管内の小中学校が団体で来訪して，教育面からのPR効果を上げてきた。

しかし「マリンパル」が交流施設としての役割を高める一方で，その来訪者が，海側を向いたマリンパルの背後の中心市街地に流れることはなく，いわば

1点豪華ともいえる状況であった。

3 「地産地消」の取り組みと展開

こうした中で2003年，町の政策として，月1回の学校給食への地元水産物を使用したメニューの出食が始まった（表10-10）。以後，地元の代表的な水産物を小中学校の家庭科授業や校外活動，さらには一般町民を対象とする調理講習に取り入れる試みや，「海藻料理コンテスト」なども実施されるようになった。これは，水産資源を一般町民の視点から見直そうとする点で新しい動きといえ，これを「第四期」ととらえたい。こうした展開は，もともと農産物に比べて遅れ気味だった水産物の「地産地消」の動きがようやく女川にも波及してきたということと，それまで漁業者や加工・流通業者にとって「外貨」を得るための資源であった水産物が一般町民にとっての資源へと，その意義を拡大する効果を果たすようになったとみることができる。

この動きはさらに「女川ならでは」の飲食店メニューの開発の取り組みの動きへと展開する。これは，2008年秋から実施されることになった観光キャンペーン「仙台・宮城DC」を前に，町観光協会が主導して来訪客への「もてなし」対策を検討したのがきっかけで，その食材にはサンマが選ばれた。女川は1980年代にはサンマ水揚げ全国トップを争ってきた漁港であり，サンマは女川の秋を象徴する食資源であることから，「女川サンマ」のPRを兼ねた企画でもあった。

メニューの開発にあたっては，観光協会から町内の飲食店団体である飲食業組合と麺飯業組合（仕出し・弁当）によびかけて協力を得，試作メニューの審査を経て，2007年10・11月，15店の55メニューにより，「サンマ料理！和・洋・中華」として旗揚げされ，2カ月で2500食の出食数となった。DC本番の翌2008年は17店の参加で7500食と3倍の出食数となった。これには仙台発着のJR東日本の「日帰りバスツアー」の効果が大きかったといい，昼時にバスがマリンパルに着くたびに，幟を掲げた参加店に来訪があったという。DC翌年の2009年も6500食を出食した。よそから食べるために客が来訪するようなことはそれまでなかった女川にしては，これらは画期的な効果であった。

4 「ご当地メニュー」開発の広がり

こうした効果を受けて、2009年は、夏季のメニューの検討も行われた。その結果、仙台発祥とされる「冷やし中華」を基本として、それに女川が発祥地であるワカメ養殖にちなんでワカメを添えることを条件とする「おながわ冷や中」が旗揚げされた。参加9店で、2009年7・8月で934食の出食であった。さらに女川町商工会でも、こうした効果に注目して、2008年10月、中小企業庁の「地域資源∞全国展開プロジェクト」への応募の打診があったのを機に、四季を通して出食できる「女川どんぶり」メニューの開発に乗り出した。その結果、飲食業組合加盟店14店、計21種類のメニューを得て、2010年2月11日から販売が開始された。

この際、「女川どんぶり」を名乗ることのできる条件として「七箇条」を取り決め、商工会内の委員会が「認証」を与えるという体制を整えた。七箇条の内容（図10-14）をみると「緩い」内容で、「女川らしさ」もわずかに第四条の「海草」ぐらいにしか認められない。これらは、参加する個人料理店が調達できる範囲で、またそれぞれの技量の中でおいしく調理できる、という中で合意されたものと理解される。箇条の内容よりも、江戸勘定体の文字体に込められた遊び心がかえって「親しみやすさ」を演出する効果を発揮しているといえる。

参加店の分布を示すと（図10-15）、その特徴は、魚市場と小乗浜の食堂以外は、マリンパルから400mの範囲に収まり、マリンパル駐車場にクルマを止めて歩いていくのもおっくうではない。またマリンパルから通りを眺めると、参加店の幟がどの方向にも目につき、通りを歩いてもどこかの店の幟がみえて、視野から消えることがない。これは、リアス海岸の湾奥に形成された港町のコンパクトさが生かされて、それまで観光客に無関心のようだった町並にフレンドリーな印象の演出効果もたらして、イメージアップにつながっていると思われた。

図10-14　女川どんぶり「七箇条」

― 女川どんぶり七箇条 ―
一．「丼鉢」を使用している。
二．食材は、宮城県内産を使用することを基本とし、特に海産物は三陸地域で水揚げ、加工または製造されたものを使用している。
三．食材は、安全・安心な良質なものである。
四．どんぶり本体またはサイドメニューとして「海草」を使用している。
五．デカ盛である、またはデカ盛ができる。
六．おいしい。
七．サービス精神、愛情を隠し味としている。

これら一連のメニュー開発の取り組みの効果について，複数のメニューづくりに参加した8件の飲食店を対象に聞き取りと質問紙による調査を行った結果，以下の点が把握された。まず，参加した飲食店の側の効果としては，①地元の食材の良さの再認識，②組織的に地域づくりに参加することの意義の認識，③地域づくりの傍観者から積極的な参加者への転化，④加工業者とのつながりの形成，という点が指摘された。①に関しては，参加飲食店のうちマリンパル2階のレストラン以外はすべて近隣食堂という中にあって，「サンマ料理」では鮮度とサンマらしい味に，工夫余地が限られる「冷や中」ではとりあわせのワカメ，ホヤ，ウニ，石巻エゴマ豚の豚しゃぶなどに，また工夫の自由度が広い「女川どんぶり」ではクジラ，サクラマス，エビ，カニ，ホタテ，アナゴ，えごま豚など，それぞれ技量の中で「地元」にこだわった工夫がなされた。

図10-15 メニュー開発参加店の分布

また地域社会レベルでみた効果としては，①来訪客を町中に回遊させる効果，②マリンパルや水産関係者を中心に進められてきた地域づくりの輪の拡大，③港町女川の新たな魅力の創出する効果，といった点が指摘された。いずれも実効ある効果であったといえる。

おわりに——復興への記憶として

　三陸沿岸地域は90年代以降の水揚げ減少の中で，産業の縮小，人口の減少と少子高齢化の進展という，日本のとりわけ地方都市や農山村などのいわゆる「周辺地域」が等しく直面している状況に同様に直面している。しかしそう

した中でも，沿岸地域ならではの食資源を生かして，交流人口の獲得をめざすとともに，住民に「地元の良さ」を再認識してもらうことによって地場資源に新たなアイディアを掘り起こそうとする取り組みが行われるようになっている。それはここで紹介した女川だけでなく，表10-8にみるように，「北のグルメ都市」が旗揚げされた八戸，全国唯一のフカヒレ産地で「魚食健康都市」を宣言した気仙沼をはじめ，三陸沿岸の各漁港でも多かれ少なかれ取り組まれている。こうした沿岸地域の食資源は，圧倒的に多数の非沿岸の都市や農山村地域と比べれば，それ自体が稀少資源でもあり，他地域との交流・連携のための資源ともなる。

　2011年3月11日の地震と大津波で，三陸沿岸の漁港や水産地域は広範囲にわたる壊滅的被害を受けた。マリンパル女川は今も（2011年11月）破壊した姿のまま建っている。それは更地になってしまった背後の中心市街地を海から守っているようにも，また以前の港町の記憶を一身に体現して侍立しているようにも感じられる。震災半年後の9月には復興計画の策定が終了し，10月8日にはマリンパルの共同小売店が津波の影響がなかった内陸側の廃業ドライブインを利用し，事業組合加入16店のうち6店が出店して営業を再開し，賑わいの一部を取り戻している。

　災害で多くの人命が失われ，避難や離散した人々の帰還も産業基盤の回復なくして困難であり，大幅な人口減少の長期化・恒常化は避けがたい。しかし海の資源はなくならない。生活基盤の復旧から産業の復興に移る段階では，前章でのべた沿岸ならではの資源とその地域づくりへの利活用の経験と記憶そして，それに基づく交流・連携のネットワークが，復興への大きな財産となるはずである。そのプロセスを注視していきたいと考える。　　　　　　　　（高野岳彦）

引用文献
宮城県・東北経済開発センター（1978）「モデル的都市機能調査—漁港都市・気仙沼」92頁。
高野岳彦（1985）「漁船員の地縁集団性からみた漁業労働市場の地域的開放・閉鎖性の分析」『地理学評論』58-2，80-96頁。
横尾実（1997）「八戸の工業発展と都市拡大」『北海道教育大学旭川校地理学研究報告』16，1-11頁。

岩間英夫（1997）「釜石における鉱工業地域社会の内部構造とその発達過程」『地理学評論』Ser. A，70，216-234頁．

米地文夫・今泉芳邦・三浦修（1997）「地名「三陸リアス海岸」に関する地理学的・社会学的問題」『岩手大学教育学部研究年報』57-1，125-141頁．

阿部敦（2001）「宮城県女川町におけるギンザケ養殖の地理学的研究」『秋大地理』48，9-14頁．

高野岳彦・水梨勇介（2006）「水揚げ低迷下における八戸産地水産加工業の動向」『東北学院大学東北文化研究所紀要』38，144-126頁．

高野岳彦（2010）「人口減少時代を迎える東北地方の都市システムの動向」『東北学院大学東北文化研究所紀要』42，65-81頁．

高野岳彦（2011）「2010年・女川の食資源を生かした地域づくり」『地域構想学研究教育報告』1，1-18頁．

第11章　山形県置賜紬産地の特徴と課題

はじめに

　産地織物業に関しては，これまでに多方面から多数の研究が行われてきている。特に産地構造分析と産地系列化に関する研究が多く，事例として取り上げられている産地もほぼ全国に及び，多数のケーススタディが蓄積されている。これらの研究は産地の生産を支える社会的分業体制の解明と外部資本によるその再編成に主眼を置いており，産地の地域的特性と生産システムとの関係を分析の中心においていた。

　しかし，1980年代以降に産地の衰退が深刻化すると，新しい視点からの研究が行われるようになった。その一つが産地の存立基盤に着目する研究の増加である。上野（1984），竹内（1983）は，機屋が農漁業などと兼業することによって機業の存立基盤を強化させていることを明らかし，地域社会と織物業との関係をより深くとらえることを通して産地織物業の基礎をとらえた。また，初沢（1988; 1989）は，新潟県見附産地を事例として産地の生産構造の変化を地域外資本の動向と結びつけながら検討を加えた。立川（1997）も，同様の視点から福井産地の分析を進めている。さらに，近年ではより川下部門にシフトした研究が進められている。池田（2003）は近年盛んに行われているSPAを行うアパレルメーカーの生産構造を分析，アパレルメーカーの生産体制が国内の産地にも影響を与えることを指摘した。

　一方，伝統織物産地の構造変化も進んでいる。上野（2006）は久留米絣産地を例に，現在では久留米絣の90％がアパレルや雑貨用テキスタイル素地として使用されていることを指摘し，このような用途の多様化が産地の存続基盤の一つになっていることを指摘している。しかし，伝統的織物を生産し続けている織物産地の実態分析と存立基盤の解明などに関しての研究は少ない。

そこで，本研究では山形県置賜地方に展開する伝統的工芸品である置賜紬産地を事例としその存立基盤について考察を加えることにしたい。

　置賜紬は米沢盆地において生産が進められており，一部ではあるが米沢織物と共通した生産基盤を持つ。そのため，米沢織物と一体的にとらえられることが多く，初沢（1997），范ほか（2005）など米沢織物産地の生産構造を分析した研究においても中心的な対象とされることはなかった。そこで，本小論では研究対象を伝統的工芸品を生産している機屋に限定し，分析を加える。

I　置賜紬の概要

　置賜紬は，米沢市を中心とする山形県置賜地方において生産される伝統織物である。

　山形県置賜地方は古代から養蚕が盛んで，和銅7年（714）には朝廷に繭を献上したことが記録に残されている。しかし，織物業が盛んになったのは上杉氏の移封後，特に上杉鷹山の産業振興策後のことである。文化・文政期には仙台や京都などから高度な技術が導入され，幕末期には現代に受け継がれている製織技術がほぼ確立されたとされている。このため，置賜地方の織物生産地域は，ほぼ旧上杉領に限定されている。

　このような伝統に基づき，置賜紬は1976年に通産省により伝統的工芸品に指定された。しかし，事業所数・生産高ともに減少を続けている（表11-1）。約30年間に事業所数は51から27へ，従業者数は679から341へとほぼ半減している。しかし，地域的に見ると米沢地区が非常に安定しているのに対し，長井・白鷹地区は減少が著しい。このような地域差が出てきたのは，両地区の間で製品に違いがあるためである。この点についての詳細は後述する。

表11-1　事業所数及び従業者数の変化

	事業所数			従業者数	
	1975年	2002年	2006年	1975年	2002年
合　計	51	31	27	679	341
米沢地区	11	11	10	145	141
長井地区	26	15	13	459	173
白鷹地区	14	5	4	63	27

資料：置賜紬伝統織物協同組合連合会資料により作成。

このような産地の縮小を受け、生産高も減少してきている（図11-1）。1981年に17億580万円の生産高を記録した後は一貫して減少し、2004年には5億7033万円と、最盛期の3分の1以下にまで減少している。生産額の減少幅は事業所数・従業員数の減少幅をかなり上回っているが、これは各事業所が置賜紬以外の生産もあわせて行っていることによる。

近年の製品別生産数量などを表11-2に示した。生産数量で最も多いのは緯総絣だが、単価は低く、生産額では紅花・草木染紬が最も多い。単価が最も高いのは白鷹板締小絣だが、生産量は小さなものにとどまっている。置賜紬は、これらの性格の違う多様な製品の総称であり、「置賜紬」という一般的な製品は存在していない。これらの製品はそれぞれ生産地域が異なっており、それが前述のような産地動向と結びついているのである。

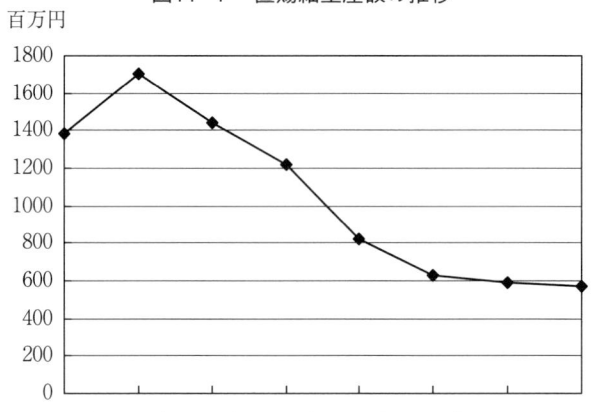

図11-1　置賜紬生産額の推移

資料：表11-1と同じ。

表11-2　生産品別生産量等（2004年）

品名	生産反数	生産額（万円）	1反あたり生産額（万円）
白鷹板締小絣	221	2785	12.6
米琉板締小絣	772	6794	8.8
緯総絣	3873	13168	3.4
併用絣	3047	12797	4.2
紅花・草木染紬	3705	21489	5.8

資料：表11-1に同じ。

置賜紬産地は，大きく米沢産地，長井産地，白鷹産地に区分される。これらはいずれも紬織物を生産していたものの，各産地の独立性が強く，織物の性格も異なっていたため，あまり交流がなかった。しかし，伝統的工芸品の指定を受けるにあたり，特に白鷹産地の規模が小さく独自に指定を受けることがむずかしかったため，県の指導などもあり，3産地が合同で「置賜紬」として指定を受けた。このため，産地によって指定内容が異なる。(以下は置賜紬伝統織物協同組合連合会のパンフレットによる。)

　米沢産地は，「草木染め」が指定されている。ここでは，「たて糸及びよこ糸に使用する糸は植物染料を用いて染めます。絣の染めは手くくり又は手摺こみにより，織機は手投杼又は引き杼を用いて織ります」と定められている。

　長井産地では緯総絣と併用絣が指定されている。緯総絣は「先染めの平織でたて糸，よこ糸は水よりされ，絣つくりは手くくり，手摺こみ又は型紙捺染で行います。絣糸の柄合わせは手作業で織られます」。併用絣は「たて糸にも絣を使用し，よこ糸の絣とあわせて手作業で織られます」と定められている。

　白鷹産地では米琉白鷹板締小絣が指定されている。これは「先染めの織物で，たて糸及びよこ糸は水よりされ，絣は板締で染織されます。たて，よこ糸の絣合わせは手作業で行い，高機式手織機で織られます」と定められている。

　指定内容から見ると，米沢産地が染色原料に重点を置いているのに対し，長井産地と白鷹産地は技法こそ違え，絣に特色がある。このため，「置賜紬」と称しても，米沢産地と長井・白鷹産地とでは性格が大きく異なる。前述のような産地動向に違いが出てきたのはこのためである。そこで以下においては，置賜産地を二つに分けて検討を進めることにしたい。

II　長井・白鷹産地の特徴と課題

　前述のように，長井・白鷹産地，特に長井産地は，かつては事業所数・従業者数とも置賜紬の中で中心を占めていたが，近年は急激に衰退してきている。その大きな原因の一つが，絣の生産に非常に手間がかかることにある。長井産地が手くくり，白鷹産地が板締と手法は異なるものの，糸の段階で模様を染め，それを織る段階で模様を合わせなければならない。そのため，生産性を向上さ

せることは困難であり，また，その技術を利用しながら新たな製品を製作することもむずかしい。この結果，長井・白鷹産地には，組合員は17名いるものの，絣の生産を中心的に行っているのは5企業にすぎない。本研究では，このうち4企業の調査を実施した。以下，調査に基づき，長井・白鷹産地の特徴と課題について検討を加えることにしたい。

　この産地の機屋は付加価値の高い製品を少量生産することを指向するものと，比較的安価な製品を大量に販売するものとに分かれる。まず，それぞれの事例の紹介を通して生産構造の特性の違いを見ることにしたい。

　A社は付加価値の高い製品を生産する企業である。現在の社長は5代目で，古くから絣生産にあたってきた。糸はすべて地元産のものを使っている。これは地元に養蚕農家が残っていることもあるが，その方が物語を作りやすく，PRがしやすいためである。A社は3年前までは輸入生糸を使っていた。輸入生糸も品質的には問題ないのだが，地元の糸を使った方が付加価値がより高まると取引している買継商から薦められ，転換した。同様の理由により，染色も自分で行っている。このようなことの結果，見学者も多く訪れるようになった。染料は草木も化学染料も用いているが，染色を自分で行うと，自分の色を出せるようになるというメリットもある。

　生産は基本的には手織りで行っている。織機は手機が6台（他に内職が4台），半自動（ペダルで動作を止めることができる，いわゆる「絣織機」）が2台ある。簡単な製品は半自動織機で織っている。製品価格は高いもので8万円/反，安いもので2万円/反程度である。御召と紬はそれぞれ月5反程度生産しているが，これらは10万円/反程度である。しかし，価格の高いものの方が生産時間が長くかかるため，利益率はかえって落ちる傾向にある。内職は以前勤めていた女性が結婚してやめた後に行うというケースが多い。そのため，特に技術指導などは必要ない。販売は米沢の買継商を通して行っている。年間200反ぐらい売れれば経営は成り立つので，これ以上の生産拡大は考えていない。

　もう1社事例を示そう。

　B社は逆に比較的安価な製品を大量に生産することを指向している企業である。糸はすべて輸入品で，中国産を中心にブラジル産も使用している。ブラジル産生糸は片倉製糸がブラジルに種をもっていって生産しているため，品質が

優れている。また，手紡糸は中国産のものが品質がよいと判断している。染色は外注しているが，米沢の染色業者は絣の染色に不慣れなものが多く，できるだけ地元で行いたいと考えている。染料はほとんどが化学染料，一部草木染めも行っているが，コスト的にあわないので，PR用に限定している。

織機は半自動織機を使用，6人で生産にあたっている。生産量は120～150反/月であるが，これだけでは採算がとれないため，米沢の賃機を使用している。賃機は普通織機20台を使用，生産量は400～500反/月である。ただし，米沢には半自動織機がないため，経絣や縞，格子などの生産しかできない。賃機を利用して生産量を増やしているのは，高価格品ほど売れないためである。特に絣は和装品の中でも需要が少ない方であるため，量の期待できる初心者向けの安価な製品の生産に中心に取り組み，薄利多売によって利益を確保している。価格は工場出し値で2～3万円のものが中心だが，小売価格では20万円程度になる。取引は米沢にある特定の買継商とのみ行っているが，これは取引に関して発生する可能性のある様々なリスクを，この買継商が負担しているためである。

以上，性格の異なる2社の事例を紹介したが，長井・白鷹産地においては，絣を生産している機屋は，A社のような行動をとる機屋とB社のような行動をとる機屋とにほぼ半々に分かれる。しかし，いずれのタイプの機屋も課題に直面している。前述のように，長井・白鷹産地においては絣が中心製品になっているため，生産性の向上が困難である上，製品の幅が狭いという問題点がある。また，この産地の製品は結城紬や大島紬のようなネームヴァリューがないため，小売価格で20～40万円が限界である。また，近年の不況の深刻化にともなって，価格の高い製品ほど売れ行きが悪くなっているため，価格を上げることは困難である。長井・白鷹産地では小売価格は工場出し値の4倍～10倍に設定されることが多いため，生産原価を下げざるを得ない。このため，賃機を利用して生産量を拡大せざるを得ないのである。しかし，このような安価な製品の大量生産では，産地を振興させることは難しい。このような産地構造が，長井・白鷹産地の急速な衰退につながったのである。一方，高付加価値製品の生産を指向している企業においても，課題は大きい。産地の製品の価格設定に限界があるため，少量生産では十分な利益の確保が難しい。産地の特性から価格が低いレベルに設定されていることが，産地の衰退につながっていると言える。

この他にも課題がある。その一つは高齢化の進展にともない、産地内で生産連関を完結させることが難しくなりつつあることである。その一つが絣板の生産である。絣板は板締絣を生産するために不可欠であるが、既にこれを生産する職人が産地内にいなくなってしまっている。現在は建具職人によって生産が続けられているが、コピーはできても新しいデザインはできないなどの問題が生じている。また、現在生産している職人も高齢で、後継者はいない。これに対応するため、山形県の工業技術センターなどによって天童の将棋駒を生産するための技術を応用して機械化する可能性が検討されたが、生産ロットがあまりにも小さく、導入は断念された。しかし、絣板が生産できなくなれば、板締絣は生産が不可能にならざるを得ない。早急な対策が求められている。

また、手くくり絣にも課題がある。くくった糸の染色を行う業者が産地内になくなりつつある。米沢産地には多くの染色業者があるが、B社の事例でも紹介したように、米沢産地の染色業者は絣の生産に不慣れで、十分な生産ができない。そうなれば、各機屋で染色工程を担当しなければならず、コストアップにつながる。産地の集積構造そのものが崩壊しつつあり、生産基盤の維持が困難な状態となっているのである。

このような状況においては、従来の産地の集積を前提とした生産構造は見直さざるを得ないと考える。今後の方向性としては工房化などを進め、一貫生産によって付加価値の高い製品の生産を進めることなどが考えられる。しかし、長井・白鷹産地は米沢産地に比べて交通の便が悪く、観光客やバイヤーの誘致には限界がある。また、絣という製品特性から規定される新商品開発の限界も視野に入れなければならないだろう。絣の技術のさらなる向上と高付加価値化をすすめ、産地ブランドのレベルアップを図ることが必要である。

Ⅲ　米沢産地の特徴と課題

次に、米沢産地の特徴と課題について検討を加えることにしたい。米沢産地は長井・白鷹産地とは異なり、「草木染め」という染色方法によって伝産指定を受けており、生産する製品の幅が広い。このため、組合に加入している10社すべてを対象にヒヤリング調査を実施した。この結果、伝産の条件を満たす製

品を中心に生産している企業が3社，それを一部生産している企業が4社，あまりまたは全く生産していない企業が3社となった。ここでは，前二者を中心に事例を紹介しながらその特徴を把握していきたい。

まず，伝産品を中心に生産している企業を紹介しよう。

C社は漢方薬の原料となる植物を使用して染織を行う特徴的な企業である。生産は一貫作業で，すべての工程を工房内で仕上げている。糸は県内の山辺で作られている手引き真綿を中心に使用している。品質面から言えば輸入品でも代替できるのだが，地元産にこだわっている。漢方薬の原料となる植物を使って染めているのも同じ理由である。漢方薬といっても，米沢とその周辺でとれるもの以外はあまり使わない。米沢という風土にこだわった製品づくりを行っている。草木染めを中心とする米沢産地の中で，特徴ある素材を使いことが製品の差別化に力を発揮する。染めは一反一反手で行っている。そのため，同じものを複数作ることは不可能であるが，それが消費者へのアピールともなっている。売れ筋商品は小売価格で40万円程度のものが多い。流通ルートは集散地問屋への出荷が中心であるが，展示会をまわって販売にあたらなければならない。展示会で生産者が消費者に直接説明することによって，はじめて物語を伝えることができる。C社は，工房化し，一貫生産を行うことによって「物語のある製品」をつくりだし，消費者にアピールするという戦略をとっているのである。伝産品を中心に生産している企業は，このように工房化し，付加価値を高める戦略をとっているところが多い。

もう一社，事例を紹介しよう。

D社は草木染めと紅花染めを中心に行っている企業である。製品は何種類かあるが全体の約6割が紬であり，その比率は比較的高い。D社は米沢産地で最も早く紅花染めを開発した業者である。置賜地域においては江戸時代から紅花染めが行われていたが，明治時代にその生産が途絶えていた。それを惜しみ，米沢第二中学校で理科の教諭をしていた鈴木孝男氏が紅花染めの復活を織物業者に訴えていた。D社はこれに応え，1963年に紅花紬を開発した。昭和50年代以降は紬の生産を主力としている。現在ではゴムを使用した手くくりと摺りこみを併用して絣生産も行っている。使用している糸は国産もあるが，中心は中国産である。既に中国産でも品質的には問題はなくなっている。むしろ糸で問

題になるのは価格である。現在の状況では原料費が上昇してもそれを販売価格に転嫁できず,経営を圧迫してしまう。そのため,コスト面を重視せざるを得ない。

　一方,紅花染めでは特徴を出すように努めている。D社は原料の紅花は県の生産組合との契約栽培で確保している。しかし,紅花の生産は天候によって大きく左右され,2005年も申込数量の半分しか確保できなかった。そのため,一定程度の備蓄を行う一方で,自社の畑で紅花の栽培を行っている（300～500坪）。自分でも栽培しているのは,紅花の種と栽培技術を後世に継承するとともに,紅花を使った製品づくりを進めることを従業員に自覚させていくためである。D社では20年ほど前に染色室をつくり,従業員全員にその技術を習得させている。現在も新入社員はまず染色の仕事から始め,そこで自分の色が出せるようになって,初めて織りを担当させられる。このような従業員教育においてD社は自社のものづくりの基本を作り上げている。このため,D社もすべて自社内で一貫生産を行っている。

　しかし,販売面から見ると,手間のかかる製品ほど利益が出ない状況である。売れ筋商品は30万円台のものが多く,紬以外の製品と,安価な紬で利益を上げるような構造になっている。流通は産地内の買継商十数社と取引しているが,C社と同様,展示会に出張してそこで販売することが多い。消費者と直接会えることは製品企画力を高める上でも重要である。染み抜きなどのアフターサービスを行うことも,リピーターの確保に大きな力を発揮する。

　D社は将来戦略として染めの多様化に取り組んである。しかし,幅を広げるほど伝統産業の枠に収まり切らなくなり,産地としての一体性も薄れてしまう。「産地」をどのようにしてとらえていくかが課題となろう。

　次に,伝産品を一部生産している企業の事例を紹介する。

　E社は近年になってから紬生産に参入した企業である。戦後,女性用雨コートを専門に作っていたが,平成に入る頃から晴れの日も使えるおしゃれコートの需要が増え,晴雨用コート地や帯地を生産するようになった。しかし,1997年に消費税率が上がったのをきっかけにして商品が売れなくなり,新しい製品の開発に迫られた。この時,D社などが外へ出て販売しているのを見て,紬生産への参入を決めた。現在では製品の3分の1程度が紬である。

糸はほぼすべて輸入品を使用している。特にブラジル産は品質が良い。国内産の糸と比較しても難はなく，むしろ製織技術で特色を出すことができると考えている。染色は外注で行い，化学染料と草木染めを併用している。伝産品を作るためには100％草木染めであることが必要であるが，堅牢度の問題から消費者からクレームが付く恐れがあり，草木染めだけの製品をつくるのはむずかしい。そのため，伝産証紙を貼るのは藍染めだけにとどめている。証紙を使っての差別化を進めるためには，消費者の草木染めに対する理解が深めることが前提となる。

E社が特色としているのはジャガードを用いた機械織りである。コート地は非常に糸が細く，小幅織物で4000～6000本の経糸を使用する。これに対し，紬は同じ幅に1400本程度である。コート地で蓄積した紋織り技術を応用することにより，他の機屋や手織りでは出せないような柄を織り出すことができる。これを特色として製品をアピールしている。

流通は産地の買継商が中心であるが，全体の7，8割は展示会での出張販売となる。これは問屋などがリスク負担を回避しているためであるが，メーカーにとっても直接消費者の声を聞けるいい機会となる。以前に比べてよく売れる製品を作れるようになった。

もう1社紹介しよう。

F社は撚糸を工夫した盛夏用一重着尺地の生産を得意としている。特に絽や紗などのもじり織物の生産に取り組んでいる。ただし，この技術は伝産品の対象ではない。伝産品については別に紬着尺を生産している。

糸は中国産が多い。国産は玉糸などの特殊なものが中心となっている。F社では撚糸の関係から特に良質な糸を仕入れているが，それでも中国産のもので何の問題も発生していない。むしろ，国産糸にこだわった場合，採算がとれなくなる危険性があると考えている。

出荷先は産地買継商が約6割で最も多いが，集散地問屋が約2割，小売店が約1割，消費者への直売が約1割と多様化が進んでいる。これはF社がアンテナショップをもっているためである。前の事例でも示したように，近年は問屋などが製品を仕入れなくなり，メーカーが直接展示会へ出張し，販売するようになっている。しかし，これは消費者情報が得られるなどのメリットはある

ものの，基本的にメーカーに負担を転嫁する販売方法である。この結果，メーカーの資本回転率は低下せざるを得ない。F社はこのような状況から脱却するため，山形県で国体が開催された際，観光客の誘致などをねらって工場の向かいにアンテナショップを開設した。ここでは小物を中心に生産・販売を行っているが，友禅のオーダー生産も行っている。友禅はF社の社長の娘が京友禅を修業して身につけたもので，オーダーメイドを中心として消費者と接点を持つことを目的としている。作家による単品生産を通して付加価値の向上を図る事例と言えよう。

以上，4社の事例を通して，米沢産地の生産構造の特徴をとらえてきた。ここで注目されることは機屋の多様性である。長井・白鷹産地とは異なり，米沢では染色の種類が伝産指定の基準になっている。そのため，各機屋の生産の自由度が大きく，それぞれが特色ある製品の生産を行っている。これが産地の活力を生み出し，前述のように企業の減少が少ない安定的な経営を生み出していると考えられる。しかし，このことは一方で産地としてのまとまりを見えにくいものにしている。

米沢産地と長井・白鷹産地とのもう一つの違いは，製品単価の高さである。長井・白鷹産地の製品が，小売価格で一反あたり20〜40万円のものが多かったのに対し，米沢産地では30〜100万円とかなり高くなっている。これは前述のように製品の自由度が高く一品物の生産など，付加価値の高い製品の生産がしやすいことによるところが大きい。このような特徴が，米沢産地の優位性を生み出していると考えられる。

しかし，課題もある。特に最も大きな課題は流通問題である。事例の中で繰り返し指摘されているように，集散地問屋・買継商が製品を仕入れなくなってきている。各機屋が製品をそろえて展示会に持ち込み，自ら販売するにもかかわらず，伝票は買継商・集散地問屋を通さなければならない。その結果，小売価格が工場出し値の4〜10倍に跳ね上がってしまうことになる。また，これにあたっては買継商などは展示品すべてを購入せず，展示会で売れたものだけを仕入れるという形をとる。これは産地内では「消化仕入れ」と呼ばれ，機屋に大きな負担をもたらす。展示会には1回あたり100反程度の出品が必要になるため，機屋は常にその準備をしておかなければならない。複数の買継商と取引

する場合はその数倍のストックが必要である。ヒヤリングを行った企業の中には年間生産量の半分ぐらいを常に在庫としてもっていなければならないとの指摘もあった。これは機屋の資本回転率を低下させ，経営を悪化させる原因となる。しかし，機屋は零細企業が多いために独自に販売ルートを形成することは難しい。Ｆ社のような事例は例外的である。産地振興を進めるにあたっては，流通問題の解決が不可欠である。

　また，手形の問題も多く指摘された。現在，産地内では手形の期間が6〜8ヶ月と非常に長い期間が設定されている。これに手形発行期間が1ヶ月，それに納品してから月締めまでの期間も必要になる。この結果，資金力の大きい企業でないと経営が成立し得なくなってきている。これも流通問題の一側面である。

　ただし，消費者と直接向き合うことは機屋にもメリットが大きい。かつては集散地問屋や買継商が産地の窓口となって情報の提供源となっていたが，現在では機屋の方が消費者動向に詳しいという状況も珍しいことではない。集散地問屋などのリスク回避が，機屋の機能を高める働きをしていることも見逃すことはできない。また，これによって「物語のある製品づくり」も可能となった。これが，産地の今後の方向性の一つを示しているのではないかと考える。すなわち，消費者に直接提案する物語のある製品をどのように作り上げていくかということである。事例で紹介した工房化による一貫生産や特徴ある生地の生産による差別化はこの方向を追求したものの一つの姿であると考える。

Ⅳ　産地機関の活動の特徴と課題

　以上では，機屋の活動に焦点を当てて産地構造の特徴と課題について検討を進めてきたが，産地内には，これらを支援する各種機関が存在している。以下ではこれらの機関の活動の概要と成果，課題を検討することにしたい。

(1) **置賜紬伝統織物協同組合連合会ならびに米沢繊維協同組合連合会**　置賜紬伝統織物協同組合連合会（以下，「組合」と略す）は，置賜紬生産者を中心とした組合であり，伝産指定の受け皿ともなっている。ただし，具体的な組合事務は米沢繊維協同組合連合会に委託されている。

組合の活動は合同展示会などが中心であり，あまり活発とはいがたいが，これまでにいくつかの重要な成果をあげてきている。その中でも，特に注目されるのが「古代米琉の開発」である。

　置賜地方には明治時代中期には非常に高度な技術の織物が存在していた。しかしその技術はいつの間にか失われてしまい，過去のものとなった。以前に産地問屋をしていた長井市の業者の蔵を整理した際，組合員がその織物を発見し，明治百年祭の時に展示された。これを何とか復活できないかと考え，1997年頃から山形県村山市にあった蚕糸総合研究センター（現在は廃止）に依頼して原料糸を開発するなどの活動を続けてきた。この結果，白鷹町で作られた「あけぼの」（蚕の種類）の生引き糸，真綿紬糸を使用し，パラエキス，ヘマチンを使用した草木染めを行い，明治後期の柄を再現して特徴ある織物の再現に成功した。産地の特色ある製品この成果は現在も何社かの機屋に受け継がれ，付加価値の高い製品の生産が進められている。

　現在の段階では，糸の生産量が限られているため復元した織物の生産は年間30反程度が限界であるが，この製品に限っては，機屋が直接小売店と取引し，安価な価格で販売するように努力している。このようなルートがつくれたのも組合活動の成果の一つであると言える。産地振興のために組合の果たした役割は大きい。

　近年は組合員の減少が進み，活動が停滞していることは否めない。しかし，社会環境が変化しても，産地の共同事業の持つ意味は依然として大きく，その活性化が課題である。

　(2) **山形県工業技術センター置賜試験場**　山形県工業技術センター置賜試験場（以下，「試験場」と略す）には，特産技術部と機電技術部が置かれている。特産技術部は山形県内の織物業に関する事業を統括しており，織物業の振興に大きな役割を果たしてきた。現在，試験場では研究業務，指導業務，受託業務，技術者養成業務，情報提供業務などを行っている。

　研究業務には単独研究と共同研究があるが，いずれも地域の需要によってテーマを設定して進めている。2004年度には，単独事業として「産地デザイン企画力強化技術研究事業」「草木染めを利用した置賜紬の製品開発研究」「天然染料を用いた新規シルク広幅織物の開発」の3事業が，共同研究として「草木

染めを活用した置賜紬の商品開発」の1事業が行われた。いずれも産地の振興に直接結びつく重要な課題である。

指導事業では，同年に「新しい仕上げ加工技術の開発」「整軽糊付け時の粉末発生原因とその対策」「後加工による絹織物の硬化」「テキスタイルデザインシステム活用による絣織物の開発」が実施されている。この他，技術相談が年に700件程度，受託試験が年に1600件程度ある。

このように，試験場は地域に密着した研究を展開しており，その成果の活用が期待される。しかし，その一方で，産地内からは「試験場は検査証明書をつけるときぐらいしか利用しない」という声も聞こえる。これは試験場の人員削減が進み，対応できる内容が大きく減少しているためである。かつては繊維部門だけで30人近い人員が配置されていたが，現在はわずか4人すぎない。このため，織布部門については全く指導できない状況になっている。

試験場が地元にあることは，産業振興に非常に大きな役割を果たす。現在でも，例えば天蚕の織物を生産する際，試験場の検査証明書を添付することなどが普通に行われているが，これも地元に試験場があるからこそできることである。しかし，これほどの人員削減が進んでは，その機能を十分に果たすことができないことも事実である。試験場の体制の強化が必要である。

おわりに

以上，置賜紬産地の現状について検討を加えてきた。これによって得られた知見は以下の通りである。

①置賜紬は江戸時代から盛んに生産されている伝統的工芸品であるが，近年は事業所数・生産高ともに減少を続けている。ただし，これには地域差があり，米沢地区が安定しているのに対し，長井・白鷹地区は減少が著しい。このような地域差が出てきたのは，両地区の間で製品に違いがあるためである。

②置賜紬産地は，大きく米沢産地，長井産地，白鷹産地に区分される。米沢産地は草木染めに特徴があるのに対し，長井産地は緯総絣と併用絣，白鷹産地は米琉白鷹板締小絣を特徴とする。米沢産地が染織原料に重点を置いているのに対し，長井産地と白鷹産地は技法こそ違え，絣に特色がある。このため，

「置賜紬」と称しても，米沢産地と長井・白鷹産地とでは性格が大きく異なり，その結果，産地動向に違いが出てきたのである。

　③長井・白鷹産地の現状を企業調査から分析すると，絣が中心製品になっているため，生産性の向上が困難である上，製品の幅が狭いという問題点がある。また，近年の不況によって高価格品が売れなくなっているため，賃機を利用して生産原価を下げている。しかし，このような対応が逆に産地の衰退につながっている。また，高齢化の進展にともなって産地内での社会的分業が困難になりつつあり，存立基盤が揺らいでいる。

　④これに対し，米沢産地は多様性に富んでいる。これは産地の製品の自由さが大きいためで，それが単価を押し上げ，産地の優位性を形成している。これは産地の「文化性」とも絡むものである。文化は単に過去を継承するだけのものではない。歴史を継承しながらも，それを現代の製品として仕上げていかなければならない。米沢産地はそれに成功していると言えよう。ただし，流通面では様々な課題があり，その解決が必要になっている。　　　　　　（初澤敏生）

　　本稿の作成にあたり，財団法人伝統的工芸品産業振興協会の産地診断事業の一環として，財団法人政策科学研究所から東京学芸大学（研究代表者 上野和彦）が受けた奨学寄付金を使用した。本研究の概要は東北地理学会2008年度春期学術大会において報告した。

参考文献
池田真志（2003）「製版統合型アパレル機業の生産・流通体制」『経済地理学年報』49-3，34-47頁．
上野和彦（1984）「遠州別珍・コール天織物業の生産構造」『経済地理学年報』30-1，66-76頁．
上野和彦（2006）「久留米絣産地の伝統性と産地の継続」『学芸地理』61，1-9頁．
竹内裕一（1983）「播州綿織物業地域における社会的分業の進展と農業的基盤」『経済地理学 年報』29-1，13-33頁．
立川和平（1997）「福井合繊織物産地の構造変化」『経済地理学年報』43-1，18-36頁．
初沢敏生（1997）「米沢織物業の生産構造」『福島地理論集』40，50-57頁．
初沢敏生（1988）「新潟県見附綿織物業の構造変化と産地再編成」『経済地理学年報』33-2，33-48頁．
初沢敏生（1989）「低成長下における見附綿織物業の産地構造」『経済地理学年報』34-2，19-28頁．
范作冰ほか（2005）「米沢織物産地の現状と課題」『日本シルク学会誌』14，3-8頁．

第12章　福島県郡山地域における電機産業の存立構造

はじめに

　日本経済は，リーマンショック（2008年9月）以降，ドバイショック（2009年11月），ジャスミン革命（2010年）とそれに引き続くアラブの春，ギリシャ危機に代表されるソブリン危機と超円高，東日本大震災，タイの大洪水など，立て続けに影響を被っている。その一方で，中国をはじめとするBRICS（ブラジル，ロシア，インド，中国，南アフリカ）の新興経済国家の台頭によって市場争奪競争も厳しくなっている。

　このような中で，ソニー，シャープ，パナソニック，東芝，日立製作所，三菱電機の電機6社合計の営業利益率は3.9％まで低下している（『日経ビジネス』2011.9.26）。例えば，稼ぎ頭だったといわれる液晶テレビは，パナソニック（当時，松下電器産業）が2009年に尼崎第2プラズマパネル工場を稼働させ，シャープも2007年1月に亀山工場第2期ライン，2009年には堺工場（3800億円投資）を稼働させた。しかし，サムスン，LGをはじめ韓国メーカーの台頭や円高によって，パナソニックのテレビ事業は2009年に赤字転落し，シャープも2012年3月期連結純損益で約4000億円の赤字になっている。一方，ソニーも2005年以降同部門の赤字が続いている。このため，パナソニックはプラズマテレビ用パネルの尼崎第1，第3工場（兵庫県尼崎市）の生産を2011年度中に中止し，液晶パネルの茂原工場（千葉県茂原市）も売却する方向で検討し，1000人超の人員を削減する予定である。また，日立製作所も2011年にテレビの自社生産からの撤退することを明らかにした。それと同時に，東芝，日立，ソニーは中小型液晶事業を統合することになった。このように，日本の電機産業は大

---
(1)　パナソニックの大坪社長は2006年当時の想定レートを1ドル＝115円～120円としていた。2011年までの5年間で輸出利益の40％近くが消えた（『日経ビジネス』2011.9.26）。

きな岐路に立たされている。

　一般に好景気は海外投資や既存工場の稼働率上昇を除けば，産業地域内では工場設備の更新投資や新増設が相次ぎ，産業地域の活況と地理的拡大が起きやすくなるが，逆に不況期は産業地域の再編成と地理的縮小が起きやすくなる。その点で「いざなみ景気」終了（2008年2月）以降は再編成期に入ったと考える。本稿はこのような観点から，産業地域の活況や地理的拡大期の直前にあたる2007年8月に，テクノポリス地域として認定されていた福島県の郡山市，須賀川市，鏡石町，石川町，三春町，玉川村（これらを一括して郡山地域とする）を対象に電機産業の実態調査を行った。

　その理由は冒頭に記したように，リーマンショック以降，世界経済における変化とその影響によって円高が進み，いよいよ大企業といえども国内生産では採算が合わなくなってきたことや，東日本大震災の影響と福島第一原子力発電所事故のため生産活動が大幅な停滞，縮小と中止を余儀なくされていることから，その直前の地域的生産体制を分析する意義があると考えたからである。この地域的生産体制は，大手電機会社を中心とした工場の新増設と撤退を繰り返す中で，さらには1980年代以降の海外進出の本格化の中で形成されてきたものである。特に，地方における地域的生産体制は常に同種部品・同製品を作る国との競合にさらされてきた。そのため生産品目や製品と製造の難易度を高めながら空洞化に対抗してきた場所でもある。

　Weber, A.（1909）によれば，工場の集積と分散は運送費と労働費それに集積因子の一般因子によって決定されると説明している。そして運送費や労働費指向による生産コストの節約額よりも，工場集積による費用の節約額が大きい場合は工場集積が進み，逆に地価騰貴などその反作用が表われた場合は分散するとしている。山本（1994）の整理によれば，このWeber, A.の立地論は極大利潤の追求に理論的核心が求められ，価格の問題が考慮されてないとする。そこでスミスを取り上げ，複数の収益性の空間的限界を示して，工場立地によって最大利潤が得られなくとも，利潤が得られれば工場が存続できることを明らかにした。しかし，電機産業は地域的に工程間分業（組立－部品工場等）を行っているため，各工場間の収支を判定することは調査する立場からは困難である。

　そこで，電機産業を取り巻く経済環境や適応の仕方を踏まえながら，郡山地

域において，成功している企業（工場）や，経営不振でも操業を続けざるを得ない企業（工場）があると考えた。そして，そこには操業を継続してきた事業規模，生産技術，賃金，従業員教育，情報・研究開発体制，流通等の合理的組合せ，あるいは不合理になりつつある適応の仕方があると考えた。よって本稿は，これを地域的に明らかにしていくことを目的とする。

I　統計からみた電機産業

製造業の輸出比率と海外生産費比率（JAICA調べ）によると，1995年の輸出比率は12.1％だったのが，2000年には15.2％に2005年には18.4％に上昇している。一方，海外生産比率は，同8.3％，11.2％，16.7％に上昇し，その差は接近してきている。図12-1は業種別に海外生産比率を示したものである。これによると，電気機械と情報通信機械産業（注：2002年より「電気機械器具製造業」は「電気機械器具製造業」「情報通信機械器具製造業」「電子部品・デバイス製造業」に分割）の比率は輸送機械に次いで高い比率を示している。特に情報通信機械は2004年以降の数値は30.0％を超えている。これらの事から電機産業は海外生産比率の高い業種といえる。

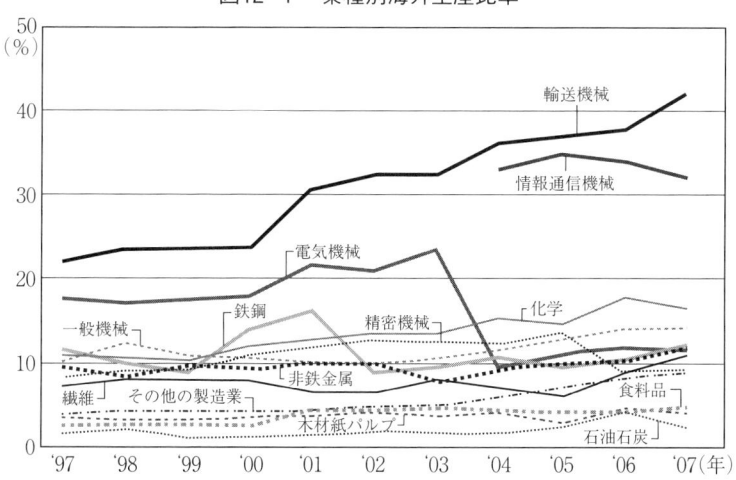

図12-1　業種別海外生産比率

出所：経済産業省「海外事業活動基本調査」各年版からJICA調査団作成。

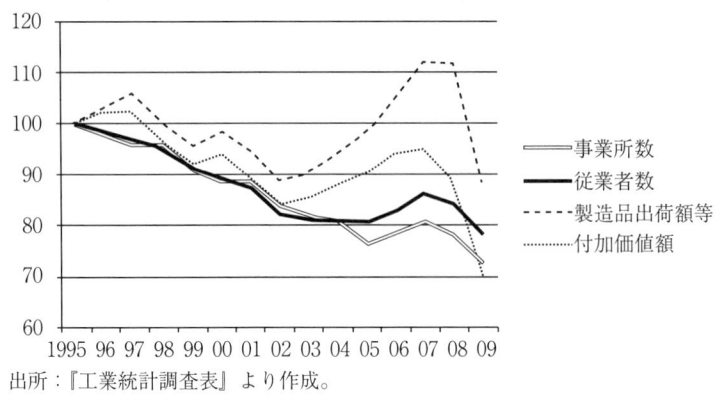

図12-2 日本の製造業の主要指標（従業者10人以上）

出所：『工業統計調査表』より作成。

　一方，国内の製造業について1995年を100とした主要指標（従業者10人以上）でみると，1995年の水準を超えたのは1996年と1997年の製造品出荷額等（1995年：292兆2796億円）と付加価値額（同109兆8820億円）が超え，あとは2006年から2008年にかけて製造品出荷額等が超えたに過ぎない。つまり製造品出荷額等と付加価値額は2002年まで傾向的下落が確認できる。一方，事業所数（同1万7418）と従業者数（同904万8325人）の減少傾向は2005年まで続いている。その後，リーマンショックによって2007年をピークに再びすべての指標で減少を示している。このことから日本の製造業は2002年のITバブルの崩壊による不況までは，衰退の一途を辿っていたが，その後，2007年までは生産性の向上をめざしていたことがわかる。

　表12-1は，日本の主な工業における従業者数と付加価値額を比較（2002年と2007年）したものである。2007年の付加価値額の産業中分類24業種の平均値（4兆3472億7000万円）を上回った8業種に加え，電機産業に分類される情報通信産業を追加して示した。

　この時期の従業者数は，2002年は製造業全体で746万3435人だったのが，2007年には約781万6315人と約34万2880人増加している。業種別では，輸送用機械が約19万9614人増加しており，次いで一般機械が約13万2601人増加している。電気機械産業関係では，電子部品・デバイスが3万4640人と最も増加しており，情報通信は1730人増とほぼ横ばい，逆に電気機械器具は1万2595人減少

表12-1　日本における製造業の従業者数と付加価値額

	従業者数（人）		付加価値額（億円）	
	2002年	2007年	2002年	2007年
全体	7,463,435	7,806,315	926,879	1,043,345
食料品	1,044,113	1,054,457	84,314	83,948
化学	347,052	350,220	109,518	107,271
鉄鋼	198,762	218,996	36,961	54,332
金属	547,255	560,534	54,494	52,987
一般機械	835,239	967,840	93,258	125,323
電気機械器具	568,189	555,594	60,912	66,983
情報通信	226,772	228,502	29,722	36,505
電子部品・デバイス	483,062	517,702	52,757	69,474
輸送	823,833	1,023,447	140,669	175,237
その他	5,074,277	5,477,292	662,603	772,063

出所：『工業統計調査表』より作成。

している。一方，2002年の付加価値額は製造業全体で11兆6466億円増加したが，化学と金属はそれぞれ2247億円，1507億円減少した。電機産業は電子部品・デバイス1兆6717億円，情報通信6783億円，電気機械器具6071億円の増加となっている。電子部品・デバイスと情報通信は従業者数，付加価値額とも増加しているが，電気機械器具は従業者数減少下で付加価値を増加させている。これは，家電製品など製品成熟化が進んでいて相対的に付加価値の低い部門が，中国等の工業新興国の追い上げにあう中で，海外移転を進めながら国内生産はより付加価値の高い部門にシフトせざるを得ない現実を反映している。これを付加価値生産性（従業者1人当たりの付加価値額）でみても，2002年は1090万円で平均1242万円を下回り，2007年も1206万円で平均の1337万円を下回っている。これに対して，情報通信は2002年1311万円，2007年1598万円と平均を上回っている。電子部品・デバイスは，2002年は1092万円で平均を下回ったものの2007年は1342万円と上回っている。しかし，電子部品・デバイスはIC産業のシリコンサイクル（4年毎の受給変動）のように乱高下するため，一概に生産性が上昇しているとはいえない。

II　福島県の電機産業

　ここでは，都道府県別および福島県市町村別の視点から，電機産業（従業者

4人以上）の地域的特徴を分析する。

1　全国からみた福島県の電機産業の地位

　ここでは電機産業を電機機械器具，情報通信，電子部品・デバイスに分けて検討する。

　電気機械器具について，2002年は事業所数において大阪の1318を筆頭に，福島県は15位246となっている。2007年は同じく，大阪府が一位の1178で，福島県は21位227と順位を下げ事業所数も減っている。従業者数では，2002年の1位が愛知5万1875人で，福島は14位1万4348人，2007年は同じく1位が愛知県の5万1723人で，福島県は11位1万6485人（2137人増）と順位が上がり従業者数も増加している（図12-3）。付加価値額について(2)，2002年の1位が大阪府6087億3500万円で，福島県は15位の1102億8900万円となっている。2007年は1位が静岡県7145億4200万円で，福島県は14位の1874億5900万円である。順位の上昇と付加価値額の増加が認められる。

　情報通信について2002年の事業所数は，東京都が1位の298を筆頭に，福島県は4位209となっている。2007年は，神奈川県が1位の286で，福島県は5位の153と順位を下げ事業所数も減った。従業者数では2002年の1位が神奈川県2万9585人で，福島県は4位1万5267人，2007年は同じく1位が神奈川県2万8503人で，福島県4位1万5485人となっており，福島県は順位に変化がないものの，従業者数は218人減となっている。付加価値額は，2002年の1位が神奈川県3757億3500万円で，福島県は3位2746億3500万円となっている。2007年の1位は神奈川県の4738億7200億円で，福島県は4位1947億6400億円だった。福島県は付加価値額を減少させ，順位も一つ落ちている。

　電子部品・デバイスについて2002年の事業所数は，1位が東京都の561で，

---

(2)　特定都道府県のR&D部門の研究費が，他の都道府県の値から差し引かれていないという理論的な問題がある。しかし，企業活動基本調査確報（2009年度）によれば，売上高研究開発費率について電子部品・デバイスで6.27％，電気機械器具5.42％で，これを福島県の付加価値額（2007）に当てはめ，その差額をそれぞれ参考値として求め，他の地域をそのままにして順位を比較してみると，電気機械器具は18位から19位に，電子部品・デバイスは17位で変化なしだった。このことから本稿での傾向把握をいう目的からすれば問題ないと判断した。

図12-3　電機産業部門別の都道府県別従業者数（2007）

電気機械器具

情報通信

電子部品・デバイス

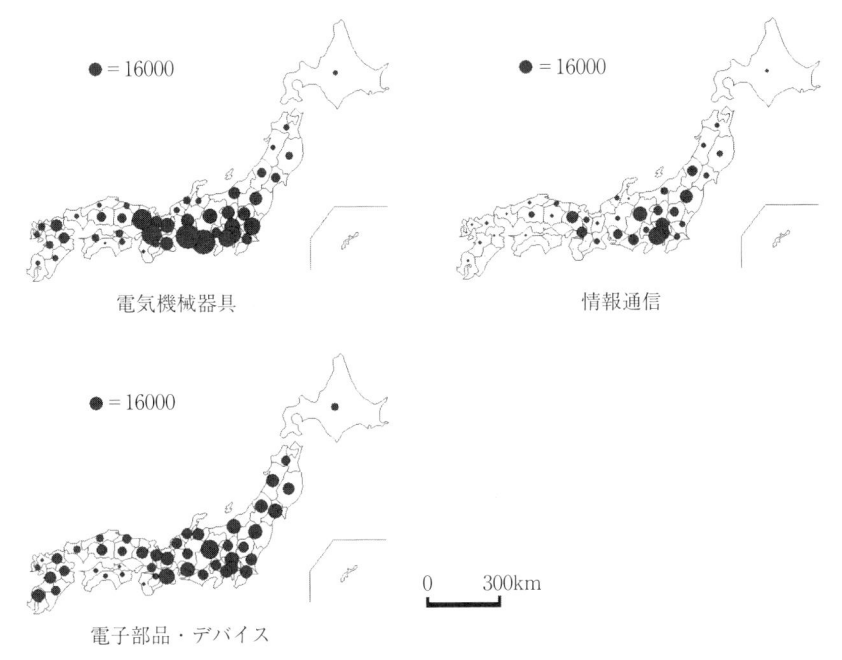

出所：『工業統計』（2007年版）より作成。

福島県は5位302だった。2007年も1位は東京都492で，福島県は5位276だった。2002年の従業者数は，長野が1位で2万8785人，福島が5位で2万178人だった。2007年は，やはり1位が長野県で3万3410人，福島県は3位2万991人だった。付加価値額は，2002年は1位が東京都の2613億4600人，福島県は14位の1570億5900万円だった。2007年は，1位は三重県が9433億1800万円で，福島県は9位1935億6500万円となっている。福島県は，従業者数に対して相対的に付加価値額が低いことがわかる。

事業所数では電子部品・デバイスが横ばいで，それ以外は減少している。従業員数と付加価値額では電機機械器具と電子部品・デバイスがいずれも増加している。とりわけ電子部品・デバイスの全国順位が10位以内となっている。

2 福島県の電機産業

　東北六県における福島県の製造業は2009年現在,事業所数4408（東北におけるシェア：26.2％）,従業者数16万7581人（同27.7％）,付加価値額1兆4958億7700万円（同32.0）と,いずれの指標においても1位となっている（『東北のポイント　平成23年版』東北経済産業局）。また,『工場ガイド』(㈱データーフォーラム）で福島県の製造業の存続状況（1997年と2007年）を比較したところ,①1997年〜2007年を通じて工場が存続しているのは969（全体の57％）,②1997年にはなく2007年に新規立地が確認できた企業は578（34％）,③同期間に確認が取れないまたは撤退した工場が171（10％）あった。一方,実態調査対象地域の一部にあたる郡山市と須賀川市は,①存続164（47％）,②新規開業・立地は162（46％）,③確認が取れないまたは撤退した工場が26（7％）である。当該地域は県内において,相対的に新規立地の盛んな地区といえる。

　図12-4は福島県の製造業の主要指標について示したものである。これは1990年の企業数（7928）,従業者数（24万2295人）,付加価値額（1兆7874億円）を100とみなした指数で示してある。これによると,事業所数と従業者数は傾向的に低落し,付加価値額はリーマンショック後の2009年が底となっている。また同様に図12-5で電機産業についてみると,1990年の事業所数（1310）,従業者数（7万7901人）,付加価値額（5671億円）に対して,事業所数は傾向的に低落し,従業者数と付加価値額は2005年に増加している。しかし,2009年にはいずれの指標も低下し,2010年に付加価値額のみが回復している。

　表12-2は福島県内各振興局の区分に基づく電機産業（2007年）の概要を示したものである。これによると,県中（中心都市：郡山市）地区[3]の事業所数（189）,付加価値額（3463億円）が最も多く,従業者数は1万2715人で,県北の1万5704人に次ぐ数値となっている。

　県中地区（2007年）をより詳細にみると,事業所数は電気機械器具62,情報通信59,電子部品・デバイス68となっている。従業者数は電気機械器具4354人,情報通信4627人,電子部品・デバイス3734人となっている。付加価値額は電気機械器具324.1億円,情報通信は463.4億円,電子部品・デバイスは345.1

---

(3)　郡山市,須賀川市,田村市,鏡石町,天栄村,石川町,玉川村,平田村,浅川町,古殿町,三春町,小野町が該当する。

第12章　福島県郡山地域における電機産業の存立構造　227

図12-4　福島県製造業の主要指標（指数値）の推移

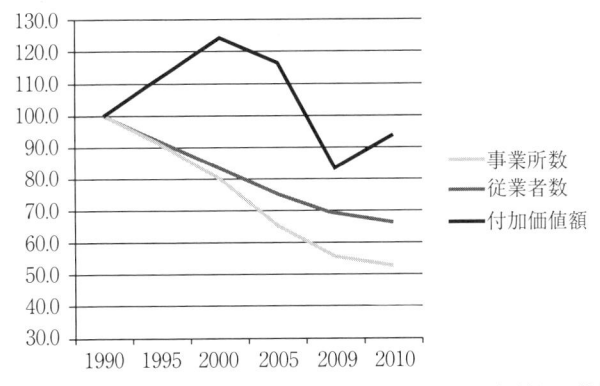

注：2007年調査において，調査項目を変更したために付加価値額は接続していない。
出所：『工業統計調査結果』福島県各年版より作成。

図12-5　福島県電機産業の主要指標（指数値）の推移

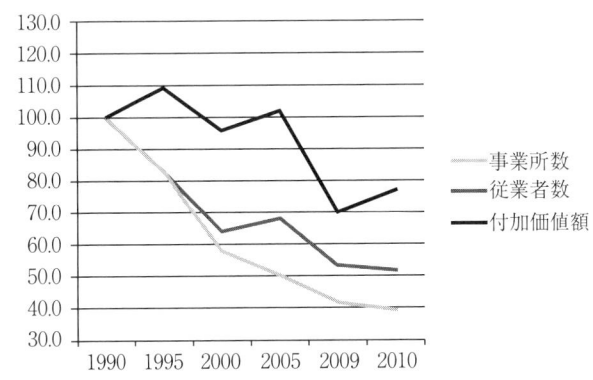

注：2007年調査において，調査項目を変更したために付加価値額は接続していない。
出所：『工業統計調査結果』福島県各年版より作成。

表12-2　福島県地区別の電機産業の概要（2007年）

	企業	従業者数（人）	付加価値額（億円）
県北	173	15704	2074
県中	189	12715	3463
県南	75	6853	704
会津・南会津	74	6638	771
相双	66	3371	147
いわき	61	8331	927

出所：『工業統計調査結果』福島県版より作成。

億円となっている。また，県中地区の中心都市である郡山市の割合をみると，事業所数において，電気機械器具46.8％，情報通信45.8％，電子部品・デバイス33.8％，従業員数は同じく59.5％，54.4％，42.3％，付加価値額が60.9％，62.5％，62.0％となっており，当該地区における郡山市は，いずれの指標においても4割〜6割を占めている。また，電子部品・デバイスの付加価値生産性が相対的に高いことも指摘できる。

Ⅲ 郡山地域の実態分析

2007年8月に電機産業実態調査を郡山地域で行った。アンケートは福島県産業振興センターで把握している関係企業100件を対象に，郵送式で18件の回答（回答率18.0％）を得，さらにその中から6社に対して聞取り調査を行った。以下はその結果と分析である。

1 企業概要

表12-3は企業概要を2006年の年間販売額順に並べたものである。ここでは便宜的に番号1〜4を第1グループ（100億円以上の企業），番号5〜8を第2グループ（10億円〜100億円未満の企業），番号9〜14を第3グループ（1億円〜10億円未満の企業），番号15〜18を第4グループとした。

地域分布に関して第1グループ（整理番号1〜3の企業：以下企業は数値のみで記述）は，3のみが須賀川市に立地し残りは郡山市にある。2グループは4が郡山市，5が三春町，6が須賀川市，7が天栄村，3グループは，11が須賀川市にある以外は，郡山市にある。4グループも16が須賀川市にある以外は郡山市にある。総じて，郡山市への立地が多いが，2グループのみは分散している。

各社とも操業年は1936〜1988年となっている。全て操業20年以上の企業である。2001年の年間販売額は3000万円〜200億円までばらつきがある。2001年と2006年との比較では第1グループはほとんどの企業が年間販売額を増やしているが，4は減少している。第2グループは2001年実績が未回答だった6を除くすべてが増加している。ところが第3グループは9が増加した以外は，10，14は減少，11は横ばいと業績が分かれている。同様に第4グループも15，17は増

表12-3 調査対象企業の概要

グループ	整理番号	操業年	本間販売額（億円） 2001年	本間販売額（億円） 2006	延床面積 (m²)	従業員数（人）2001 男	従業員数（人）2001 女	従業員数（人）2006 男	従業員数（人）2006 女	平均年齢（2006）男	平均年齢（2006）女	税込平均[1]賃金（2006）男	税込平均[1]賃金（2006）女
1	1	1969	200.0	250.0	60505	700	50	520	30	37.4	37.9	30.4	26.5
	2	1978	159.0	218.1	8569	—	—	143	19				
	3	1979	149.0	156.9	4366	165	—	210	—	25.5	—		
	4	1986	154.5	128.7	22500	219	47	248	46	35.7	38.1	29.2	25.2
2	5	1936	9.0	21.0	1398	—	—	25	22				
	6	1988	—	15.0		—	—	2	21	50.0	52.0	29.1	16.7
	7	1972	10.1	12.8	2333	33	28	26	18	400	39.0	22.0	21.0
	8	1969	3.0	10.0	2800	10	50	50	200	30.0	30.0	15.0	14.0
3	9	1987	4.0	8.0	1200	30	1	50	8	28.0	32.0	25.0	20.0
	10	1973	3.8	3.3	1188	20	2	18	4	44.0	40.0	33.3	25.0
	11	1985	3.0	3.0	800	15	2	17	3	31.0	25.0	35.0	20.8
	12	1973	—	2.8		16	2	17	3	43.0	43.0	—	—
	13	1986	—	1.3		8	1	35	26	35.0	26.0	30.0	15.0
	14	1978	3.2	1.1	538	7	65	7	38	36.0	25.0	25.0	17.0
4	15	1970	0.8	0.9		5	1	7	1	40.0	65.0	33.0	10.0
	16	1985	1.0	0.7	186	4	26	3	12	52.0	37.0	13.8	13.8
	17	1965	0.4	0.3	330	2	11	1	4	40.0	39.0	25.0	15.0
	18	1981	0.2	0.3	200	3	0	2	0	38.0	—	25.0	—

注：1）ボーナスなど全てを12カ月で除した額。
出所：聞き取り調査から作成。

加しているものの，16，18は減少している。

　従業員の増減については，2006年の1836人（有為な回答14社）は2001年から81人増加している。この間，男子は26人減，女子は107人増となっている。

　第1グループは1が200人減（うち男子180人減）で，3は45人増，4は28人増だった。第2グループでは7が17人減で，8は190人増（うち女子150人増）だった。第3グループの主なところでは9の27人増と14の27人減，第4グループの主なところでは16の15人減となっている。このことから1の男子雇用の減少，8の女子雇用の増加が全体の雇用動向を規定していることがわかる。

　平均年齢は男子で，20代が2企業，30代が7企業，40代が5企業，50代が2企業となっている。女子は，20代が3企業，30代が7企業，40代が2企業，50代以上が2企業となっている。男女とも30代が多い。平均賃金は，社会保険料や税金，ボーナス等を含んで12カ月で除した数値を示してある。これによると，男子は30万円台が5企業，20万円台が7企業，10万円台2企業となっているが，

女子は30万円台1企業，20万円台5企業，10万円台7企業となっており，女子が男子を上回った企業は0である。特に男女の差額が大きいのは，15（男女差額：23.0万円），13（同15.0万円），11（同14.2万円），6（同12.4万円），18（同10.0万円）となっており，いずれも10万円以上の差がついている。これらのことから，女子労働力の相対的低賃金と下位の第3，4グループになる程，賃金格差が大きくなっていることを指摘できる。また，パート従業員（女子）は，9の19万円（就業時間：8:30～17:15，休憩を含む以下同じ）以外は，4（13.1万円：同正規雇用と同じ），6と7（同12.0万円：同正規雇用と同じ），14（5万円：10:00～14:00），15（5.8万：9:00～16:00）となっており，就業時間にもよるが女子の平均賃金より更に低く抑えられていることが指摘できる。

労働生産性（年間販売額／従業員数）を求めるため，従業員数をパート労働者も含めて数値を求めた（パート利用の記載がある14企業）。その際，パートの作業内容は従業員と同等と仮定し，就業時間が異なる場合は按分して従業員数を調整した。その結果，1が4347.8万円，4が3487.8万円，7が2837.8万円の順となっている。しかし，下位の第4グループ15が1074.6万円で第2グループの7（2837.8万円），8（285.7万円）を上回っている。特に8は第4グループの17（807.3万円），18（500.0万円），16（295.5万円）をも下回る数値となっている。その理由は業容拡大のため積極的に人員を増やしたためである。

正規従業員男子の居住地で多いのは回答企業17企業のうち13企業が郡山市を1番と答えている。ついで須賀川市が3企業，残りが川俣町となっている。企業内で2番目に居住地が多いと答えたのは，須賀川市6企業，鏡石町2企業，残りはいわき市，三春町，矢吹町，天栄村の各1企業となっている。同3番目は田村市，天栄村以外に，白河市，本宮町，二本松市，本宮市など，より遠隔地に住む傾向がみられる。女子は，回答した6企業全てが1番に郡山市と答えている。2番目は船引町，玉川村，天栄村，須賀川市となっている。3番目は三春町，本宮市，矢吹町となり，男子に比べると地理的移動距離は短くなっていることが指摘できる。

2 生産品目の変化

表12-4は生産品目の変化について，2001年と2007年で比較した。これによ

表12-4 生産品目の変化（2001年と2007年対比）

		2001年			2007年		
1	1	電子交換機50	システム製品25	その他25	IPテレフォニー機器50	システム製品25	その他
	2				会計用PC,周辺機器		
	3	VTメカ65	デジカメ20	液晶プロジェクタ15	マイクロレンズ80	他レンズ10	ヒンジ5
	4	電子計測器50	情報通信端末機50		電子計測器90	情報通信端末機10	
2	5	アンテナのアンプ			散薬機	アンテナアンプ	船のレコーダー
	6				ワイヤーハーネス90	ソーラーとりつけ8	他業種：保険2
	7	モーター	コンミ	コード	モーター	コンミ	
	8	アルプス	ソニー	ヒロセ	S11	コパル	ヒロセ
3	9	電気多層盤100			電気多層盤100		
	10	基板80	保守，メンテナンス20		基板80	保守，メンテナンス20	
	11	開発設計（カーナビ，DVD）90	その他		開発設計（カーナビ，DVD）90	その他10	
	12	複写機			複写機		
	13	自動専用装置70	変電所の設計，製作30		自動専用装置70	変電所の設計，製作30	
	14	VTR部品60	携帯電話40		携帯電話部品70	デジカメ部品30	
4	15	冷凍機30	空調設備70		冷凍機30	空調設備70	
	16	クラリオンのCD，MDの基板100			パチンコの基板，コイル60	通信機器の基板30（携帯電話など）	デンオンのコードステレオ10
	17	クラリオンの基板組立80	他メーカーの基板組立20		アルス電子の基板組立60	他メーカーの基板組立40	
	18	金属プレス，加工部品100			金属プレス，加工部品100		

注：生産品目の後の数値は金額ベースの構成比。
出所：聞き取り調査から作成。

ると，第1グループは1，3に生産品目の違いがみられる。1については，音声系の製品品質に自信があり，価格も少し高めに設定してIPテレフォニー機器に参入している。3については金型を内製化していることと一貫生産ができる

ことから、より付加価値の高い製品づくりにチャレンジしていた結果と回答している[(4)]。2については、もともと会計用業務に強く、市場がそんなに大きくなく、大手もあまり参入しない分野なので継続的に事業が行える。そのため、少量多品質にこだわり、顧客のニーズに合うものを提供するようにしている。4についても、保有するコアテクノロジー（アナログ高周波、デジタル信号処理、デジタル回路設計等の技術）があるため特に変更がないとしている。ちなみに、電子計測器の比率（金額ベース）は生産シェアが40％に上昇している。

　第2グループは2007年に5の散薬機が増えた以外で、7のコード生産が無くなるなど、ほとんど変化が見られない。5の品質重視、6の不良品を出さないこと、7の社員の品質に関する意識レベルの高さ（流出不良が低い）、9の不良品率が低い、短納期率100％など、親企業との仕事の関係から品質を重視した回答が目立つ。第3グループは、14の携帯電話部品、デジカメ部品以外に変化が見られない。回答も10の設計から生産までを自社で行うこと、11のディスク関係（CD、DVD、ブルーレイ、HDDVD、ポラロイド）の技術力以外、生産品目の特徴に関する指摘が無い。第4グループは、16は従業員の年齢が若いため細かい作業が可能であることや、17の基板組立やカーステレオの技術があること。18のステンレスの薄いものに関する加工をしているところなど、第3グループ同様、一芸の加工技術を得意とするところが多い。

　これらの事から第1グループを中心に生産品目変化が起きていることと、特化した生産技術を有する企業は、今日の製品寿命の短命化や多品種化の中で生き残りが厳しくなっているという事が指摘できる。

---

(4) 聞取り調査によれば、3は、長年VTR用メカユニットの生産を通して精密プレス・成形部品から精密機器までの設計、加工、管理固有技術を培ってきた。また、新たに光学技術を導入し、ミクロと光を融合したオプトメカトロニクス技術を構築した。最新鋭の測定機器を揃え、進化し続けるコンベアレスのセル生産方式を全ラインに展開し自社開発の冶工具を駆使した高効率生産を行っている。海外工場では大量生産安定供給を、国内工場では高精度加工を有機的に連携させることで最適な低コストを目指している。光学機器分野におけるオプトメカトロニクスの専門メーカーとして、機構・レンズ・金型の要素技術と最新技術を追求し、品質は千分の1ミリメートルの狂いもない品質の確保を条件としている。その結果、携帯カメラのレンズで世界第3位の地位を築いている。

3 産業空洞化と競争力

同業他社や外国製品との競争や産業空洞化をしないで事業継続が図られた理由を聞いた。

第1グループは，1は競争相手として「NEC，沖電気など同業者」と回答し，2は「特に無し」，3は「台湾，韓国企業」，4は「国内，アメリカ，EU」と回答している。1は品質や特殊技術で競争しているとコメントしている。2はトップブランドを有しており競争力が強い。また，3のように2001年から新規事業に取り組んでいる企業もある。一方，4のように固定費の削減，ワークシェアリング，生産改善運動等によって競争力を保つ工夫をしている企業もある。

第2グループは，競争相手として7の「中国モーターメーカー（日系）があり，今も空洞化は進んでいる」と指摘している。8は具体的な国の指摘は無いが「大きなダメージを受けた」と回答している。これに対し，7は「品質レベルの高さで対抗してきたが，中国の品質レベルも向上しており価格的に厳しい」としている。

第3グループは，競争相手として10が「海外との競争は無い。国内ではバブル崩壊後から競争が激しくなった」，11「常に新しいことをやっているので，空洞化は特になし」とコメントしている。これに対して9は「技術の向上を図った」，10は「産業空洞化によって辞める企業も多く次第に競争は弱まる。」という見方や，11の「県内に同業者がいない」ので特に問題がないという指摘もある。また14は「親企業からの依頼は全て引き受け，受注先企業を増やし，業務内容を進化させる」ことで対応していこうとする企業もある。

第4グループは，競争相手として15の「空調設備は価格競争」や18の「単価が下がっているので不利」，16の「受注（価格）の下落」や17の「中国の低賃金」，など価格に関する指摘が多い。これに対して17は「技術力」を強調し，18は「あまり大企業が手をつけないステンレスを取り扱っているところ。都市と比べて賃金が低いところ。」を指摘している。

これらの事から，第1グループは，技術力に裏打ちされた品質やブランド力，新規事業の開拓によって活路を開こうとしている。その一方で，固定費の圧縮に取り組む企業もみられた。第2グループは，競争に対する厳しい経営認識が

ある。第3グループは，産業空洞化の今後の傾向把握や競争相手（福島県内）の限定など，競争の見方が示されるにとどまっている。第4グループは専ら価格競争に焦点が当てられていることが指摘できる。

4　従業員の教育

　従業員の教育について聞いた。第1グループの1は，職能教育を行っている。この職能教育は，技術教育と技能教育の二つに分けられる。また，マネジメント教育も行っている。この教育は，キャリアごとに新入社員，部長職などに体系化されている。2は，入社時に教育センターで行っている。従業員は工学部で学位をとった人が多い。4は適宜研修を行っている。第2グループは，5は会社全体で個々に提案を出させ表彰している。6は自分の目標をチェックする表があり毎月提出するようにしている。これによって，能率や儲けることを意識させている。また環境を守るようにも教育している。7はOJT，OFFJT教育を1週間に1時間は行っている。8は入社時の教育，OJT教育，管理者研修を行っている。QCサークルで改善策を話し合ったり，危機管理を行ったりしている。第3グループは，9がリーダー研修会，月1回の責任者会議，新入社員に対しての指導を行っている。10は商工会議所などが行う外部イベントへ参加したり，年に2回ほど外部講師を呼んで，社員のモラル教育等を行ったりしている。また，社員に必要な資格も取得させている。11は海外とのやり取りが多いため，アメリカやイスラエルに出張して勉強する機会を与えている。12～14は特に行っていない。第4グループは，16が，あいさつ重視，5Ｓ運動（5Ｓ：整理・整頓・清潔・清掃・躾）を行い，技術教育に関しては直接会社から指導している。17は工場長が技術や情報を習得して，従業員の指導を行っている。18はOJTによって技術を教えている。

　このように規模の大きい企業ほど教育体系は整備されマネジメント教育まで射程に入れた教育制度になっているが，規模が小さくなるほどOJTを通じた教育で，それすらも体系化されているとは言えない体制となっている。

5　情報収集と研究機関との連携

　会社の情報収集と研究機関との連携について聞いた。第1グループの1は情

報収集のためオープンセミナーへ参加している。またNTTが開設している講座や日立の技術研究所の講座に社員が参加している。この他，岩手大学と開発協力を行っている。2は日大工学部で学んで入社する従業員がいてその後の繋がりがあることや，ソフト開発については自社開発を基本としながらも，各セクションがIC関係子会社と連携しながら開発を行っている。また，セミナーへの参加は不定期だが行っている。開発に関しては各セクションで積極的に行っている。3はカメラ周辺ユニットの開発企業と技術交流を行っている。その他に企業や業界の展示会，セミナー等に積極的に参加している。第2グループの5は，大学や企業と交流し，セミナーや展示会等にも参加している。6は会社主催で企業同士の交流を行っている。7は特に行っていない。第3グループの9は公共機関や事業団体関係者それに技術者を呼んで講義を行っている。10は日大工学部や福島大学と勉強会や研究を行っている。また郡山テクノポリスや日立，三菱等の勉強会に参加している。11は日大工学部と交流を行っている。また大学で理論ができてもモノが造れない場合はそれを委託されることもある。最先端のモノを作るため情報取集は常に行っており，これに関してはセミナーレベルの情報収集では遅すぎると考えている。12はセミナーに参加している。13は東芝，三菱の新しい部品に関するセミナーに参加している。14は郡山テクノポリスのアライアンス形成会議等に参加している。また，業界団体が主催する研修会や工場見学に月1回〜2回程度参加している。第4グループの17は，以前から松下電工から技術を収集している。16，18は特に行っていない。

このように，第1グループ，第2グループは，大学や大企業への展示会やセミナーに参加したり連携した開発の動きがみられたりするが，第3グループは郡山テクノポリスを有効活用する動きがみられるが，第4グループになると特定企業からの情報提供に限られるか，特に行っていない企業がある。これは情報収集にかんする人員がマンパワーや経費の点から割けないことによる。

6　部品購入と製品納品

主要生産品目に使用する部品の購入先企業（営業所）と所在市町村について聞いた。それによると，2001年と2007年の比較では部品と購入先企業，所在地ともに変化がなかった。

第1グループについて，1は半導体（ルネサステクノロジー：仙台市），2は県外，3はモーターとアルミダイキャスト部品（いずれも購入先不明），4は電気部品（アンリツ，厚木市）となっている。第2グループは，6の電線（矢崎総業：静岡県），第3グループは，9の電気多層基板（松下電工：郡山市），10は本体の外枠（加藤工業：山形県）と配線（富士，三菱，日立産機：それぞれ郡山市，郡山市，仙台市），11はコンピューター設計支援装置（伯東株式会社：東京・仙台営業所）とその他装置（加賀電子・NEC販売），12は鋼材（企業名不明：仙台市），14と第5グループの15，16，17，18はいずれも親企業から無償支給（場所は不明）を受けている。グループごとの差異は特に見当たらないが，仙台市にある営業所との関係が相対的に密であることが指摘できる。

　製品の納入先（倉庫）については，第1グループの1が首都圏にある企業，2は首都圏（個数ベースで5割），3がシャープ，4がアンリツ（厚木市）となっている。第2グループは，5がアール＆ケイと㈱トーショウ光電製作所，6はホンダ（鈴鹿），7は山本電気（須賀川市），8は日本電産コパル（郡山市）となっている。第3グループは，9が松下電工，10が作田電機（郡山市，時々土浦市），11がソニークラリオン，松下電工，富士通テン，13が空調関係会社（郡山市），14がカンタツ（須賀川市）となっている。第4グループは，16がエスケー電子工業（㈱福島岩通：須賀川市），18は，さの製作所（泉崎村）となっている。販売規模が小さくなるほど地元に近い企業（倉庫）への納入が増えている。

　これに関わって，製品納入の為に高速道路の利用について聞いた。第1グループの1は，須賀川から首都圏まで利用している。その理由は早く安全であり，小さな道を通ると危険なためと回答している。2～4は業者委託（高速道路利用）で2については空輸も行っている。時々の利用を合わせるとすべての企業が高速道路を利用している。第2グループは5が業者委託（高速道路利用）で，6は緊急時のみ利用している。7，8は特に利用はしていない。高速道路利用ありと時々利用を合わせると50％になる。残りの企業は納品先が7は須賀川市，8は郡山市なのでほとんど必要が無い位置にある。第3グループは，9が短納期に対応するため利用し，13が郡山～栃木間で時間短縮と危険を避けるために利用している。一方，10（郡山～土浦），12（須賀川～白石），14（郡

山南～矢板）は時々利用している。10は時間節約，製品の安全（一般道は凸凹あり）を考えている。9と11以外は時々の利用になっている。第4グループは，15（郡山～西那須野）は時間節約のため利用し，16（須賀川～福島飯坂）は部品受けと納品のドッキング作業を行う場合のみ利用している。

このように，18社中8社（44.4％）が常時利用し，5社（27.8％）が時々利用している。両方を合わせると72.2％になる。高速道路の機能として，利用料よりも時間節約と安全性が評価されている。

7 行政への要望について

行政に対する要望について，第1グループの1は以前から郡山に立地している企業が，新規立地してきた大企業（東京本社）によって，人材が引き抜かれたり，地元の賃金水準が引き上げられたりなどして，結果的に倒産に追い込まれていると指摘している。また，大手企業からの一方向の発注によって，長い目で見ると個人企業が育ちにくくなっていることも指摘している。2は特に要望は無いが以下のような評価をしている。県所有の高価な機械設備が使えることや，福島空港ができて出張が楽になったと回答している。国内のネットワークは東京本社を中心に札幌，松本に開発部門を置いているためである。また工場は郡山（立地条件：土地が安い，首都圏に近い）にあり他拠点との交流に便利だと考えている。第2グループの6は，近年海外に工場が移転している所が多い。もしこの工場が廃業したら，従業員はどうなるのか。逆輸入は安いが，安全面はどうなのか，など考えてほしいことを指摘している。また，雇用が安定していないので施策を打って欲しいと訴えている。第3グループの9は，中小企業の税金を下げて欲しいと要望している。10は，産業立地はほとんどが大企業で，下請企業や地元への波及効果が少ない。行政への要望として，一つの大企業に一括して仕事を依頼するだけで，複数の地元企業へ依頼することが少ない。結果的に地産地消が行われていないことを指摘している。11は，もっと企業に対する行政指導をしてほしい。14は，福島県に限らず，全国の中小企業はデフレからの脱却はできていない。今後もできないと考えている。理由は，受注工賃については自由競争の中で下降するのみで，行政は，社会保険，介護保険，その他を上げるばかりでからである。最低賃金の上げもあり，中小企業は

上からも下からも圧迫されるのみで，逃げ場がない状況に置かれていることを指摘している。第4グループの15は，社会保険料の負担が大変としている。16は関東との取引をもっと増やすべきで，仕事があまりないと訴えている。17は若い人が働ける環境と大企業の誘致をもっと熱心に行ってほしいとしている。

比較的規模の大きい第1グループが大企業の進出を警戒していることや，国内生産ネットワークの利便性を指摘している。第2，3グループは地元企業への存続にかかわる要望が多かった。第4グループは大企業誘致や仕事の確保に関する要望が出ている。

おわりに

国内有数の電機産業地域である福島県のコア地域に位置する郡山地域における電機産業の分析結果を総括すれば，以下のようになる。

まず，全体に共通する傾向として，当期間中の業績は下位グループになるほど増加と減少に二分される傾向にある。また，雇用については1の男子減と8の女子増が増減に大きく関わっている。賃金は男女格差が下位グループになるほど開く傾向にある。また，パートは女子よりも一段低く賃金が抑えられている実態も分かった。居住地は男女いずれも郡山市在住が多く，男子より女子のほうが地理的に近接した地域に住む傾向がある。また高速道路の利用について，72.2％の企業が利用し，利用料金よりも時間節約と安全性を評価している。

各グループの特徴を整理する。第1グループは，生産品目の変化が対2001年との比較で起きており，各社ともコア技術を有しているところに特徴がある。また，4以外は2001年比で販売額を増やしている。また，3，4で従業員が増えているが，いずれも男子従業員の増加によって牽引されている。労働生産性は1と4が高くなっている。産業空洞化対策と競争力確保に関しては，技術力に裏打ちされた品質やブランド力，新規事業の開拓によって活路を開こうとしている。その一方で，固定費の圧縮に取り組む企業もみられた。従業員の教育体系もマネジメントまで組み込まれており，大学や大企業との連携もしっかりしている。

第2グループも，ほとんどの企業が2001年比で販売額を増加させているが，

生産品目の変化はあまり見られず親企業との関係が強いといえる。労働生産性は8を除いて相対的に高い。産業空洞化対策や競争力確保策については，親企業依存の為か，特にもち合わせていない。従業員教育は整備され，大学や企業との連携もなされている。

　第3グループは，年間販売額は増加と減少に分かれる。従業員数は9が増加している。産業空洞化対策や競争力確保に関しては，特に対策はもち合わせていない。男女別の賃金格差も相対的に大きい。また，郡山テクノポリスの活用などを通じて投資の節約を行っている企業がある。

　第4グループは，零細かつ労働生産性も低い。産業空洞化対策や競争力確保も専ら価格競争に収斂している。また，一芸による加工技術を得意とするところが多いことから，製品寿命の短命化や多品種化の中で，この環境変化に対して生き残ることが課題となっている。従業員教育もマンパワーが割けないことから十分ではなく，情報提供も特定企業からの提供に依存している。また，仕事を得るため大企業の誘致を希望しているところもある。

　こうして，郡山地域の電機産業は，高速交通体系利用の利便性と市場との相対距離の短縮を担保にして，大企業を中心とした企業間・男女間の賃金格差とパートのより安価な利用によって成立していることがわかった。ただし，この変化に不適応になりつつある下位グループの存在も同時に明らかになっている。例えば，産業空洞化対策や競争力確保についても，下位グループに行くほど公共施設の利用から親企業頼みに変化していく様子や，研究開発や従業員教育も十分とは言えない状況が明らかになっている。

　個別企業の意見として，そこで収益の継続確保が成立すると，規模が大きい企業ほど他地域からの企業進出に否定的（理由：地元企業の倒産）になるが，逆に下位企業からは仕事確保の面から歓迎するという意見があった。

　スミスの研究に対する収益性の空間的限界については，高速道路のような納期と安全性を担保する利用法が一般化すると，その収益空間の中でも物流面で対応できない場所は取引が事実上不可能となる。つまり流通時間を考慮したモデルの修正が必要と考える。

　2012年現在，東日本大震災と超円高，日本の電機産業の衰退によって，福島県の中小企業の多くは生産活動の縮小や停止を余儀なくされている。2007年現

在の産業地域の構造から，どう変化したかについては今後の課題としたい。

(柳井雅也)

参考文献
山本健兒(1996)『経済地理学入門』大明堂。
ヴェーバー,アルフレート(1966)『工業立地論』日本産業構造研究所訳,大明堂。

第13章　東北地方の流通システムと東日本大震災

はじめに

　本章では，東北地方の流通システムの現状について把握することを目的とする。東北地方は南北に細長い構造であり，南北約600km，東西約200kmの大きさを持つ。東北地方の中心には地方中核都市である仙台市が立地していて，その一方で，東北地方全体としては農村地域が広く展開しており，関東地方など他の地域と比較すると人口密度が低くなっている。さらに，三陸沿岸など都市遠隔地域も広く存在し，そうした地域では過疎化が顕著であり，流通システムを維持することが大きな課題となっている。

　さらに2011年3月11日，宮城県沖を震源として東日本大震災が発生した。地震による被災だけでなく，津波による大きな被害は大きな物的，人的被害をもたらした。東日本大震災は，現代の流通システムが直面した最大の試練であろう。阪神大震災や新潟県中越地震の際には，スーパーやコンビニは支援物資をいち早く供給し，ライフラインとして一定の役割を果たした。今回の東日本大震災は被災地域が極めて広域であったので，流通システムは約1カ月にわたって機能不全となってしまった。

　本章では，東北地方における流通システムの再編成を把握するとともに，現在の流通産業の特徴について検討する。さらに，東日本大震災によって東北地方の流通システムはどのような影響を受けたのかについて考察したい。特に，1980年代以降，東北だけでなく全国でも進んでいる流通システムの「垂直統合」に注目し，東北全体，東北各地の流通システムがどのように変わったのか，東日本震災にどのような影響を与えたのか，について検討したい。

I 東北地方における流通システムの再編成

長谷川（1979）は，地理学の立場から東北地方の流通システムについて体系的に研究している。1970年代における東北地方における流通システムの空間構造が示されており，垂直統合されていない流通システムの段階を把握することができる。ここでは，長谷川の研究から東北地方の流通システムの空間構造を把握するとともに，1980年代以降における再編成について検討する。

1 1970年代における東北地方の流通システム――長谷川典夫『流通地域論』より

表13-1は，都市階層別にみた卸売流通の段階と卸売商圏の関係を示したものである。1970年代において，一次卸は東京都に立地し，二次卸は主に仙台市に立地している。仙台市の二次卸にはメーカーやメーカー販社の支店が立地するとともに，様々な商品を取り扱う地元二次卸が存在している。そうした卸売業は宮城県だけでなく東北一円を商圏として営業を展開している。そうした二次卸から商品仕入れする三次卸は，仙台市を始めとする各県庁所在都市に立地し，県を単位とした商圏を持っている。さらに，副次中心都市には三次卸ないし四次卸が立地しているのである。このように都市の階層性と卸売流通の段階が対応していることが示されている。

図13-1は，模式的に示された東北地方の卸売商圏を示したものである。東京に近い県（福島県）では，広域中心都市（地方中核都市）である仙台市を介さない卸売流通が存在していることが示されており，東京からはなれた県では仙台市を介した卸売流通が中心であることが示されている。さらに各県では，三次卸が県単位の卸売商圏を持ち，四次卸が県をいくつに分割した商圏を持っていることが示されている。

そして図13-2では，小売業における商品仕入れ構造が示されている。一般消費財や生鮮品では，最寄りの卸売業者から仕入れているが，耐久消費財銘柄品では仙台市など卸売業が集積している地域から仕入れ，流行非規格化商品になると東京からの仕入れが中心になっていく。1970年代当時の小売業は，百貨店，スーパーと独立形成の一般小売商店によって構成されていたが，それぞれ

表13-1 都市の卸売商の特色と流通経路

都市	東京	仙台 (広域中心都市)	県庁所在 地級都市	県内副次 中心都市	(周辺地域)
都市を特色 づけている 卸売機能	一次(元)卸	二次(ブロック)卸	三次卸	三次(四次)卸	(小　売)
上記の機能 を担う卸売 商の業態	メーカー メーカー販売 会社 専業元卸商	支店 地元二次卸商 (販売会社・代 理店・特約店 を含む)	支店の一部 二次卸商支店 地元三次卸 (販売会社・代 理店・特約店 を含む)	二次・三次卸商(小売商) 支店 地元三次(四次) 卸 (販売会社・代 理店・特約店 を含む)	(小売商協同 仕入機構)
上記の主要 販売範囲	全日本的	東北一円	県内一円	県内一部	(周辺地域)
販売経路	①→②→③→④→⑤→⑥→⑦→⑧				
都市内およ びその周辺 地域内応需 のための卸 売機能	二　次　卸 三　次　卸 (小　　売)	三　次　卸 (小　　売)	三次(四次)卸 (小　　売)	(小　　売)	

出所：長谷川 (1979) より。

の仕入れ先の選択は，主に商品の種類によって決められており，百貨店など品揃えが広い小売業では，仕入れ圏の重層性が存在していた。チェーン展開するスーパーにおいても，既存の卸売業者を活用しており，自社配送システムは積極的に導入されていなかった。

　このように1970年代における東北地方の流通システムは，都市の階層性と対応しており，上位の都市には高次の商品を取り扱う卸売業，小売業が集積し，下位になるに従って低次の商品を取り扱うものが中心となる。卸売業から小売業への商品流通にはいくつかの段階があり，都市からはなれた農村や漁村へは

図13-1 卸売物資の流通経路模式図

A B C D E F

A：東京　　B：広域中心都市　　C：県庁所在地都市
D：県内副次中心都市　　E：小売業のある集落　　F：Dの卸売販売範囲

出所：長谷川（1979）より。

図13-2 小売業の商品調達圏

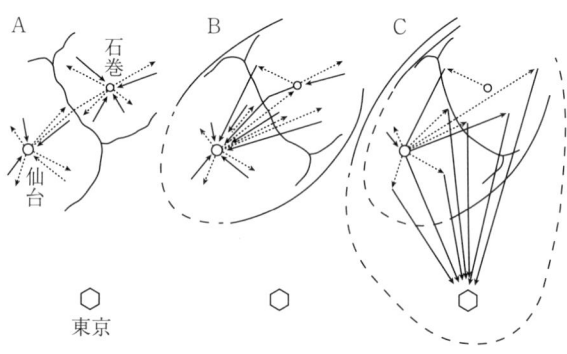

A：一般消費財・生鮮食料品　　B：耐久消費財銘柄品
C：流行非規格化商品　　実線：小売商の仕入先　　破線：卸売商の販売先

出所：長谷川（1979）より。

三次，四次卸を経ることによって末端の小売業者へ商品配送されていた。このように中心地理論的に流通システムが構築されていたと解釈することができる。

2　1990年代以降における流通システムの再編成

では，長谷川（1979）によって示された流通システムはどのように再編成されたのであろうか。長谷川が示した流通システムは，高度経済成長期という消費市場が拡大している時期に形成された空間構造である。1980年代以降の安定経済成長期，1990年代後半以降の価格デフレ期という，消費市場の低迷期においてどのように推移したのか。

図13-3は，県別にみた卸売業の年間販売額の推移を示したものである。1990年代より年間販売額の減少傾向が明確であり，特に宮城県の減少が大きいことがわかる。宮城県は，長谷川（1979）が示したように東北地方随一の卸売拠点であり，広域な卸売商圏をもつ二次卸の集積が進んでおり，他県に比べて年間販売額が多くなっている。しかし，1990年代から急激に年間販売額が低下しており，2000年代初頭には1990年代初頭の約3分の2にまでになった。

続いて図13-4は，県別にみた小売業の年間販売額の推移を示したものである。1990年代の終わりから2000年代にかけて年間販売額の減少がみられる。卸売業と比較すると，10年ほど減少開始が遅れており，かつその減少率は低い。概して，小売業年間販売額における各県の差は各県の需要の差を示しており，卸売業のように宮城県が特出している状況ではない。2000年代入ると，宮城県とその他の県との差が若干拡大しており，宮城県のみで成長を確認することができる。

このように，卸売業と小売業では年間販売額の減少にタイムラグがある。卸売業は，流通の中間に位置しているため，多段階性が短縮化すれば最終消費が減少しなくても年間販売額の減少が起こる。一方，小売業は最終の消費段階であるので，景気悪化や人口減少が生じなければ減少傾向が明確にならない。

1990年代は，日本の流通システムの大きな変革期であった。一般に，①大店法の運用緩和などの規制緩和，②POSシステムなど情報システムの積極的導入，などを契機とした流通システムの再編成のことを「第二次流通革命」と呼ばれる（荒井・著本, 2004）。東北地方においても，1990年代は大店法の運用緩和

図13-3　東北地方における卸売業年間販売額の推移

出所：商業統計表より作成。

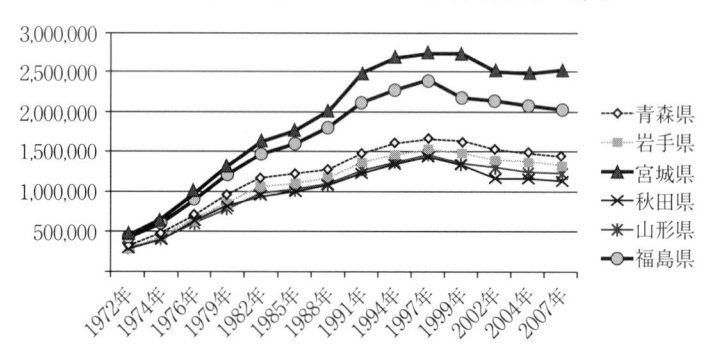

図13-4　東北地方における小売業年間販売額の推移

出所：商業統計表より作成。

により郊外出店が加速し，イオンに代表されるような全国チェーンが台頭していった。さらに，コンビニなどの大手チェーンストアでは，POSシステムを積極的に活用してきめ細かい消費市場の把握をおこない，メーカーや卸売業への発言権が強くなった。

　こうしたチェーンストアの販売力や発言力の拡大は，流通システムの垂直統合へと帰着した。すなわち，各チェーンストアへの商品配送がスムーズに行われるよう，メーカーの生産体制や卸売業の配送体制が組み込まれることとなったのである。

II　卸売業界の再編成

　第二次流通革命を迎えた1990年代以降，東北地方の流通システムはどのように再編成されたのか。まず，小売業界よりも再編成が早く進んでいった卸売業界の状況について具体的に検討したい。ここでは，1980年代より進んだ「流通段階の短縮化」，1990年代より進んだ「大手卸売業者の進出とベンダー化」について注目していきたい。

1　流通段階の短縮化

　1980年代までの日本の流通システムの特徴は，零細性，多段階性にあると言われていた。卸売業界，小売業界ともに経営が零細であり，商品がメーカーから最終消費者まで到達するまで，多くの段階を経る状況であった。

　このような流通の多段階性を測る尺度としてW/R比（卸売業販売額対小売業販売額比率）がある。W/R比とは，流通経路の長さを示す指標であり，数値が大きければ大きいほど流通経路が長いことを示す。一般に，卸売業界の再編成，すなわち零細な三次，四次卸が淘汰されることによって流通経路は短縮化し，W/R比は低くなると考えることができる。

　図13-5は，東北地方におけるW/R比の年次変化を全国と比較しながら示したものである。全国の動向をみてみると，1970年代から徐々に低下する傾向にあり，流通の多段階性は解消されつつある。東北地方でも全体として低下傾向であるが県によって異なり，宮城県ではW/R比が高くなっている。

　宮城県は，東北地方の卸売拠点に位置づけられており，宮城県以外の各県への卸売販売額が多い。高度経済成長期よりメーカーの販社・支社の集積があり，東北の卸売拠点としての地位が維持されている（日野，1996）。一方，宮城県以外の東北地方の各県をみてみると，宮城県と比較して卸売業の占める割合が低い傾向にあり，加えて低下傾向が明確であるが，①メーカー販社の事務所や営業所の閉鎖，②独立小売業の淘汰による三次・四次卸の販売先の減少，などが理由として挙げられる。

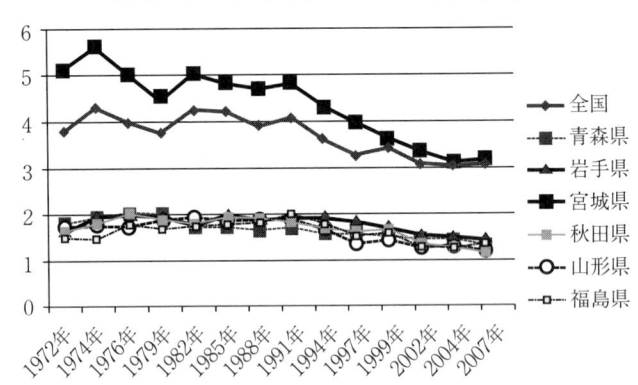

図13-5　東北各県におけるW/R比の推移

注：1．W/R比：卸売年間販売額/小売年間販売額。
　　2．一般にW/R比は，他部門への卸売販売額を除した値で計算するが，本研究では除していない。
　　3．商業統計表より。

2　大手卸売業の進出とチェーンストアのベンダー化

　東北地方における卸売業の再編成は，1980年代における三次卸，四次卸といった零細卸売業の淘汰というかたちで始まった。さらに1990年代以降になると，チェーンストアの発展によって，チェーンストアによる卸売流通への関与，垂直統合がおこなわれていく。販売競争が激しいチェーンストアは，商品仕入に伴うコストを下げることによって，低価格販売を実施するとともに，品揃えの差別化を目指すのである。

　表13-2は，大手流通グループのイオングループ，東北最大の食品スーパーであるヨークベニマルを事例として，両者が運営している東北地方の物流施設を示したものである。イオンでは，全国に展開する系列の店舗への商品配送効率を高めるために2001年度より「戦略物流構想」を立て，2008年の段階では，国内19カ所，27施設が稼働している。東北地方では，リージョナル・ディストリビューション・センター（各店舗とクロスドックセンターへの配送を兼務）が1カ所，クロスドックセンター（在庫を持たずに店舗別の仕分けのみを扱う）が4カ所，プロセスセンター（生鮮品を取り扱う）が1カ所，稼働している。

　ヨークベニマルでは，2011年現在，生鮮センター6カ所，加工食品を扱うグローサリーセンター3カ所を運営している。さらに，表13-2では示されてい

表13-2　大手チェーンストアによる専用物流施設

イオン			ヨークベニマル		
東北RDC	2006年	センコー	郡山センター	2005年	ニチレイ
青森DX	2004年	福山通運	仙台センター	2006年	ニチレイ
秋田DX	2004年	福山通運	山形センター	2002年	日本アクセス
盛岡DX	2005年	ニチレイ	いわきセンター	2009年	ニチレイ
山形DX	2004年	福山通運	栃木センター	2009年	ニチレイ
仙台PC	2001年	ニチレイ	茨城センター	2006年	ニチレイ
			福島グローサリーセンター	2001年	菱食
			宮城グローサリーセンター	2001年	菱食
			北関東グローサリーセンター	2001年	菱食

注：1．イオンについては，「イオンが仕掛ける3兆円物流」Logi Biz 2008年3月号，よる。
　　2．ヨークベニマルについては，2011年8月に実施した聞き取りによる。

ないが，所属しているセブン＆アイHDのイトーヨーカ堂と共同で運営している住居・日用品を扱うセンター3カ所が稼働している。2011年現在，170店舗を抱えるヨークベニマルでは，南東北に密度高く展開している店舗にきめ細やかな配送を実施しているのである。

　こうした大手チェーンストアが運営している物流施設の特徴は，上位の卸売業者，物流業者との共同で構築されていることである。ヨークベニマルは，地元の卸売業者による個別の配送を取りやめて，大手卸による専用センターを構築して独自の店舗配送システムを実現している。イオンの場合は，物流業者によるサードパーティロジスティックス（3PL）によるシステムである。

　こうした動きはコンビニ業界でも進んでいる。多頻度小口配送が必要であるコンビニでは，スーパーよりも早く専用センターを活用しており，商品だけでなく，米飯などの食品工場を併設した配送センターが稼働している。加えて，各県で展開している食品スーパーなどの地元スーパーや生協などにおいても，専用センターの配置を積極的におこなっている。

　このように，チェーンストアによる流通システムの再構築は，東北地方に大きな影響を与えている。それまで，卸売業者は様々な小売業を取引先として商圏を確保してきた。上記のようなチェーンストア専用の流通システムによって，流通段階の垂直的な統合が進められる。こうした垂直統合された流通システムが主導的になると，そうしたシステムの外に存在する独立零細経営の卸売業や小売業による流通システムの弱体化をもたらすことになるのである。

III 小売業界の再編成

続いて東北地方における小売業界の再編成について展開したい。上述のように第二次流通革命期を迎えた1990年代から，東北地方の小売業は急激に再編成を迎えている。山川（2004）が指摘するように，大店法の運用緩和によって大型店を中心とした郊外化が顕著になり，郊外に顧客を奪われた中心商店街の衰退が顕著となった。東北地方における小売業界の再編成を解釈するために，本章では「大型店の郊外展開」，「ロードサイドショップの発展」，「既存小売業の衰退」の3点から考えていきたい。

1 大型店の郊外展開

まず，東北地方における百貨店やショッピングセンターなどの大型店（1万m^2以上）の立地動向についてみてみたい。表13-3は，現存している大型店の開設年次と立地についてみたものである。1970年代までの大型店とは，商店街や駅前などに立地する百貨店や総合スーパーであった。

1980年代では大店法の運用強化により大型店の出店は減少したが，1990年代に入ると大店法の運用緩和が行われた結果，大型店の出店が急激に増加していく。そうした大型店には，イオンなどのショッピングセンターだけでなく，食品スーパー，家電量販店やホームセンターが中核店舗となるリテイルパーク型のショッピングセンター（イオンスーパーセンターやヨークタウンなど）もみられるようになった。

イオンのショッピングセンター開発において，東北地方には1990年代初頭から進出が進められていた。坪田（2001）によると，1992年に青森県柏村にショッピングセンターが開発された。柏村は五所川原市に隣接しており，1990年代までは五所川原市商圏に組み込まれていた。しかし，イオンのショッピングセンターが立地したことによって，①税収入が増加した，②地元に雇用の機会が創出された，といった地元への経済的な利益がもたらされたのである。

このような既存の商業集積からはなれて開発される大型店の可能性は，1990年代前半においてイオンを始めとした流通資本やディベロッパーに認識されて

表13-3 東北地方における立地環境別にみた超大型店（10,000m²以上）の出店動向

	ターミナル型	駅前・駅近辺型	商店街型	郊外住宅地型	郊外幹線道路沿型	その他
～1979年	3	6	12	1	1	
1980～1989年	1	2	4	5	6	1
1990～1994年		1	1	2	6	1
1995～1999年		2	3	3	31	6
2000～2004年		1	1	7	22	4
2005年～			4	7	25	16

出所：『2011全国大型小売店総覧』東洋経済新報社より。

いなかったが，柏村における出店以降，青森県八戸市に隣接する下田町（現おいらせ町）でのショッピングセンター開発など，イオングループの中でビジネスモデルとして確立されたと考えられる。また，中心商店街が存在する市に隣接している町村では，イオンなどのショッピングセンターを誘致することによるメリットを享受するようになり，1990年代以降において町村部における大型店の立地がみられるようになったのである。

2000年代後半になると，郊外幹線道路沿いだけでなく，立地の多様化も進んだ。特に，仙台市の都心部には専門店が入居する大型商業施設が立地するようになった。ファッションビルや家具専門店が立地している。さらに仙台都市圏内ではアウトレットモールの立地も進み，宮城県を超える広域的な商圏をもつ大型店が立地するようになった。一方で，宮城県に隣接する県では，県庁所在地を中心とする商圏において仙台商圏との競合が激しくなり，商業集積の集客力が低下する状況が生まれている。

2 ロードサイドショップの発展

1990年代以降における東北地方では，ロードサイドショップ，郊外立地志向で専門的な品揃えのチェーン展開型の大型店，の発展が顕著であった。食料品スーパー，衣料品スーパー，家電量販店，ホームセンターなど様々な小売業態が展開している。

表13-4は，東北地方に本社所在地をおいている主なロードサイドショップ・チェーンを示したものである。食料品スーパーを中心として，さまざまな企業が成長しており，中には全国的な展開をみせるものも存在する。また，表13-5に掲載していない非上場の地元チェーンストアも多数存在しており，東

表13-4　株式上場している東北地方のロードサイド型小売業

企業名	本社所在地	単体売上・億円	主な業種	店舗数	備考
㈱ヨークベニマル	福島県郡山市	3,375 2010/2	食品スーパー	173	セブン&アイグループ
ゼビオ㈱	福島県郡山市	1,172 2010/3	スポーツ用品	122	
㈱ユニバース	青森県八戸市	1,020 2011/4	食品スーパー	47	
マックスバリュ東北㈱	秋田県秋田市	899 2010/2	食品スーパー	56	イオングループ
㈱ヤマザワ	山形県山形市	789 2010/3	食品スーパー	51	
㈱やまや	宮城県仙台市	763 2010/3	酒量販	262	イオングループ
㈱ジョイス	岩手県盛岡市	437 2010/2	食品スーパー	40	
㈱薬王堂	岩手県紫波郡	392 2010/2	ドラッグストア	127	
㈱サンデー	青森県八戸市	358 2010/2	ホームセンター	80	イオングループ
㈱ダイユーエイト	福島県福島市	290 2010/2	ホームセンター	67	
㈱サンワドー	青森県青森市	271 2010/2	ホームセンター	61	
㈱フジ・コーポレーション	宮城県黒川郡	137 2010/10	カー用品	33	

注：1．東京証券取引所の1部と2部，ジャスダックに上場している企業。
　　2．各社ホームページより作成。

北地方各都市の郊外幹線道路沿いでビジネスを展開している。一方，他地域に本拠地をもつ全国展開のチェーンストアも進出しており，地元企業との競争が激しくなっている。

　こうしたロードサイドショップを展開するチェーンストアの発展は，東北地方の卸売業界にも影響を与えている。食品スーパーの中には特定の大手卸との関係を深め，自社配送システムを卸売業者に構築させるケースが増えている。卸売業者としては，特定のチェーンストアのために投資するわけであるが，①長期的な契約を結ぶことができること，②チェーンストアの店舗網が増えることによって取引量を増やすことができること，のメリットが存在する。

　そして，1990年代以降におけるコンビニの進出も活発であった。表13-5は，2011年現在における東北地方におけるコンビニ上位5社の進出状況である。土屋（2000）が指摘しているように，コンビニは大都市から展開が始まり，1990年代から全国各地へ店舗網を展開していった。東北地方では，仙台市を抱えている宮城県や首都圏に近い福島県から進出が始まり，現在では東北地方の隅々にまで展開している。

　東北地方で最も店舗数が多いセブンイレブンが東北全県に進出していないのは，ドミナント出店を志向しているからである。コンビニは，各店舗の売場面積が狭く，かつ約3000種類もの商品が陳列されていることから，商品配送は多頻度かつ少量でおこなわれる。このようなきめ細やかな配送を維持するために

表13-5　東北各県におけるコンビニの進出状況

	青森県	岩手県	宮城県	秋田県	山形県	福島県
セブンイレブン		72	335		144	375
ローソン	169	160	193	153	61	99
ファミリーマート	34	99	200	48	87	116
サークルK・サンクス	179	90	104	95	47	21
ミニストップ			92			57

注：1．各社ホームページにより作成。
　　2．2011年現在の店舗数。

は，店舗密度が高いほどトータルの配送距離が短くなり，配送コストを低く抑えることができるのである。

こうした集中出店はコンビニ業界において共通しており，そのためチェーンによって出店している県に濃淡が存在する。また，配送頻度が多いコンビニでは，配送センターからはなれた店舗展開を避ける傾向になり，三陸地方など配送が困難な地域では，コンビニの出店が遅くなっていた。

3　既存小売業の衰退

上述のようなチェーンストアの発展に伴って，東北地方の小売業界全体はどのような構成となっているのか。表13-6は，商業統計表の業態別集計より，東北各県における小売業態毎にみた年間販売額の特化係数を示したものである。特化係数が1である場合は，各県での販売シェアが全国と同じであることを示し，特化係数が1を超えれば，販売シェアが全国平均よりも高いことを示す。

東北地方の特徴としてあげられるのは，専門スーパー，その他スーパーの係数が高いことである。前述のように専門スーパーやその他スーパーは，典型的なロードサイドショップであり，郊外化が顕著な東北地方の小売業界の象徴となっている。一方，全国と比較して百貨店の割合が極めて低くなっている。仙台市を除いて，既存の商業集積における集客も減少しており，都市部の地位低下が激しくなっている。

2000年代より，東北地方では百貨店の閉鎖がみられるようになった。2000年には，東北地方で百貨店ビブレを展開していたマイカルが破綻した後には，さくら野として再生したが，2003年，ams西武仙台店（跡地にはロフトが入店），2005年，さくら野福島店，2008年，さくら野石巻店，2009年，三越名取店，

表13-6　東北各県における小売業態の特化係数（2007年）

	青森県	岩手県	宮城県	秋田県	山形県	福島県
百貨店	0.46	0.52	0.50	0.21	0.31	0.27
総合スーパー	0.75	0.52	0.78	0.90	0.49	0.69
専門スーパー	1.14	1.16	1.08	1.14	1.25	1.27
コンビニエンスストア	0.80	0.88	1.13	0.72	0.88	1.15
ドラッグストア	0.84	1.12	0.87	0.67	0.68	0.76
その他のスーパー	1.27	1.20	0.92	1.40	0.98	1.15
専門店	1.01	0.98	1.05	1.01	1.00	1.00
中心店	1.10	1.15	1.05	1.15	1.20	1.01
その他の小売店	0.33	1.08	0.89	0.77	0.64	0.60

注：1．特化係数：(各県における各業態の年間販売額／各県の全業態の年間販売額)／(全国の各業態の年間販売額／(全国の全業態の年間販売額)。
　　2．商業統計表の統計データを基に算出。

2010年，中合会津店，三越秋田店が閉鎖されている。駅前立地の総合スーパーの閉鎖も進んでいる。秋田市ではダイエーとイトーヨーカドーが閉鎖し，駅前を中心とした商業集積の魅力が低下している。

なお，専門店，中心店といった独立経営の小売業は，ほぼ全国と同様のシェアとなっている。商店街や各地域に点在している専門店や中心店は，上述のような流通システムの垂直統合の外に位置づけられ，商品仕入など経営基盤が脆弱になってきている。しかし，農山村地域に沿岸漁村など，チェーンストアの展開が進んでいない地域においては，地域の生活に重要なものとなっている。今後，専門店や中心店がどの程度衰退してしまうのか，注目していく必要がある。

Ⅳ　東日本大震災と東北地方の流通システム

上記のように1980年代以降，東北地方の流通システムは大きく再編成されてきた。そうした中，東日本大震災は東北地方の流通システムにどのようなことを投げかけたのであろうか。2011年3月11日から約2カ月間における復旧過程を概観するとともに，大震災によってみえてきた流通システムの問題点について考えていきたい。

なお，「日本経済新聞」などの全国紙に加え，宮城県を中心とするローカル紙である「河北新報」を基に，3月11日以降に報道された内容を時系列で整理

した。また，『食品商業』や『激流』などの流通関連情報誌が4月以降，東日本大震災に関する特集を組んでいることから，詳細なレポートも参考資料とした。さらに，津波が来襲し，一時的に機能停止した大手スーパーの配送拠点にインタビューし，復旧過程からみえてきた諸問題について展開する。

1　東日本大震災後の復旧過程

　震災直後，流通システムには具体的にどのような被害が生じたのか。ショッピングセンターなどの郊外型の大型店では，天井・壁の落下，窓ガラス崩壊など，店舗内の設備に大きな損傷が生じた。あるショッピングセンターでは店内での落下物による死亡者が若干名生じている。商品供給する製造・配送拠点も大きな被災を受け，セブンイレブンの場合，関東・東北地方にある81の米飯工場のうち41拠点が被災した。津波が襲来した仙台空港近くの工業団地には，今なお復旧していない大手スーパーの配送センターも存在する。電力の供給不能により情報システムの停止も相次ぎ，店舗での発注業務や労務管理だけでなく，配送センターでの物流業務にも大きな支障が生じた。

　震災後における流通システムの復旧はどのように進んでいったのか。震災の翌日には，商品供給が限られている中で，既存在庫の店頭販売，あるいは無料提供がおこなわれた。大手スーパーの中には，震災から1週間を過ぎると，各店舗では個数制限販売や計画店休など限定販売が開始し，ライフラインとしての役割を果たそうとしているチェーンも存在した。

　徐々に復旧が進んでいき，大手スーパーでは，山形県や栃木県などの隣接地域からの商品補充がおこなわれた。また，東北地方内の配送センターの復旧作業がおこなわれ，供給力を補強するために仮営業の配送センターの設置もおこなわれた。しかし，2週間が経過しても補充されない商品群があり，鮮魚などの生鮮食品や，乳製品などの一部の加工食品では，製造過程で電力を利用することから，計画停電の影響で供給不足が続いた。震災から1カ月が過ぎると，徐々に限定販売が解除されるようになり，通常営業の店舗が増加していく。

　そうした中で苦戦を強いられたのは，きめ細やかな流通を広域で展開しているコンビニであった。表13-7は，「読売新聞」の記事からコンビニの復旧状況を示したものである。震災直後の3月13日には，岩手，宮城，福島の3県内の

表13-7　岩手県・宮城県・福島県におけるコンビニの復旧状況

	全店舗数	休業店舗数		
		3/13	3/18	4/18
セブンイレブン・ジャパン	778	約500	約340	53
ローソン	421	329	113	31
ファミリーマート	418	約250	78	39
サークルKサンクス	221	約170	37	9

注：「読売新聞」2011年4月19日付「コンビニ物流落とし穴　何度も配送できず品薄『製造と出荷』効率化裏目」より作成。

　大手コンビニ4社の店舗の約3分の2が休業していた。徐々に店舗の復旧は進み，4月18日時点には休業店舗は約1割になっている。大震災から1カ月を過ぎても，飲料や日用品のスペースは依然空きが目立っていたが，メーカーの製造能力が回復しなかったことや，燃料不足などによりコンビニ特有のこまめな配送体制を維持できなかったことがその理由である。

　続いて，津波の襲来を受けたある配送拠点の復旧過程について詳しくみてみたい。スーパーや大手卸売業では，多くの製造・配送拠点で被災を受けたが，1週間後にはその大半で機能を回復させている。しかし，津波の被災を受けた配送拠点では，津波汚泥の撤去作業や電源回復の遅延などにより大幅に機能回復が遅れた。

　事例とした配送センターは，東北地方に展開する大手スーパーの専用センターであり，常温管理の加工食品や飲料などを取り扱っている。表13-8は，事例センターの復旧過程を示したものであるが，3月11日には津波の襲来を受けて機能停止し，その晩には多くの従業員が宿泊している。翌日から9日間にわたって全く機能しておらず，同じ機能をもつ別の拠点によって配送が補完されていた。その後，徐々に復旧作業が進められていき，仮電源を確保した4月11日にようやく商品が入荷されている。すべての業務が正常化したのは，電源が完全に復旧した5月10日であり，津波被災から2カ月後のことであった。

　今日の専用センターの特徴は，第一に，荷受・出荷チェック，在庫管理，外注先とのやり取りなど様々な業務が情報システムによって管理されている点である。配送トラック，人材派遣，庫内商品移送など，様々な業務が外注化されているため，そうした協力会社との連携のためにも情報システムが欠かせない。第二に，動力源として電力が使われている点である。庫内の商品を運ぶフォー

第13章　東北地方の流通システムと東日本大震災　257

表13-8　津波被災地域に立地する大手スーパーの配送センターの動き

日付	被災状況，復旧作業の内容
3月11日	地震発生，津波の襲来，従業員の宿泊（翌日，帰宅）
12～20日	配送業務の停止，庫内商品の補完のみ
21～23日	復旧作業開始，汚泥の排除，浸水商品の廃棄，商品の整理など
24日	一部店舗への供給開始（水，飲料，カップ麺など）
4月11日	仮電源の確保，商品入荷業務の開始（60％程度）
15日	EOS（自動発注システム）による受注の復旧
5月10日	電源完全復旧，全ての業務で正常化

注：2011年6月12日に実施したインタビュー調査より。

クリフトや，店舗別に商品を仕分けるピッキングマシーンは，電源がないと機能しないのである。

2　大震災でみえた流通システムの問題点

　今回の大震災からみえてきた流通システムの問題点とは何か。第一に，電力などエネルギー源の喪失に対して脆弱であったことである。配送などの動力源はいうまでもなく，ハイテク化した配送拠点では情報システムを動かすため電源が必要である。第二に，競争激化のなか進めてきたコスト削減政策が裏目に出たことである。1990年代の第二次流通革命で進められた在庫削減，自動化，情報化といった取り組みは，震災時の流通システムに脆弱性を引き出す要因となったのである。

　第三に，震災による急激な需給バランスの崩壊に十分に対応できなかったことである。生産・流通機能が被災して供給能力が低下し，首都圏を中心とした買い占めによって，被災地である東北地方への商品供給が滞ってしまったのである。情報化によって需要をきめ細かく把握し，在庫を切り詰めて生産，販売する体制は，急激な需給関係の悪化に対応が難しいのである。

　それでは東日本大震災を受けて，流通業界はどのように対応しているのか。表13-9は「日本経済新聞」から流通各社における流通システムの見直し動向を示したものである。第一に，配送拠点の分散化への動きである。ファミリーマートでは，米飯工場と商品配送を統合した総合センターを配置していたが，集約化された拠点が被災したために大半のカテゴリーの商品供給が一時的にできなくなった。分散化でリスク分散を試みている。

表13-9　各流通業者による配送システムの見直し内容

企業名	見直し内容
イオン	東北各県の商品の仕分け拠点に一定の在庫を持たせ、店舗向けの供給余力をつくる
菱食	これまで進めてきた国内物流拠点の集約を再考
ファミリーマート	弁当の委託先工場と物流拠点を別々の場所に配置するリスク分散策を検討
メディパルHD	岩手県内の物流センター新設を1年前倒し
日清オイリオグループ	40億円投じて人手を活用する大型倉庫を新設
サントリーHD	全国7カ所の自動倉庫の管理システム改良
キリンHD	震災時にトラック確保が難しかった反省から、鉄道輸送を拡大

注：「日本経済新聞」2011年6月2日付『分散物流』で安定供給」より。

　第二に、緊急用在庫の確保への動きである。近年の配送拠点では在庫機能をスリム化して仕分機能に特化させたものが中心であるが、緊急用の在庫を持たせる動きがみられるようになっている。第三に、手動が可能なシステムへの変更である。配送や製造拠点では、人件費を削減するために自動化を進めていったが、震災直後の停電によってシステムの停止や誤作動が生じた。電源喪失に対応できるよう、手動が可能であるシステムへ転換が進められているのである。

3　ライフラインとしての流通システム

　では、今回のような大震災において流通システムをライフラインとして機能させるにはどのような条件が必要なのか。現代の流通システムは、情報システムによって運営しているので、電源を失った時には非常に脆弱である。しかし、様々な流通システムが共存していれば、バックアップ機能が維持されると考えられる。

　今回の大震災で大きな力を発揮したのは、全国ネットワークのバックアップ力である。イオングループは平時からメーカーと直接取引していたことから、震災後メーカーから優先的に商品を仕入れることができ、需要増に対応して平時の6倍の量を調達している。セブン＆アイHDは、系列のヨークベニマルに対して商品補給しただけでなく、配送センターなどにグループ内職員を派遣して、電源がない中で商品仕分けを実施した。また、セブンイレブンには優先的に商品を融通することによって、被災者の最寄りまで商品を届けた。

　そして、チェーンストア間の水平的なネットワークもその協力体制が発揮さ

れた。全国の中小スーパーの共同仕入れ機構であるCGCは，三陸地方に展開するローカルスーパーにいち早く商品を供給し，被災地での商品供給を可能とした。全国各地に存在する生協は，被災地の生協に商品や燃料を届けるとともに，共同購入用トラックを派遣して津波被災地に救援物資を供給した。

　加えて，ローカルな流通システムの可能性も確認された。例えば，宮城県石巻市河北地区の道の駅「上品の郷」では，震災翌日から農産物直売所などを営業していた。地元農家が直接持ち込む産直方式のため，流通ルートが回復しなくても野菜が入荷できた。さらに，水道が回復すると入浴施設も稼働させ，被災地の住民だけでなくボランティアの拠点になったという。加えて，三陸沿岸では移動スーパーが巡回し，交通弱者である高齢者に生活必需品を届けている。このようにローカルな小規模流通システムは，大手チェーンストアができない支援活動が実施できたのである。

　このように，全国チェーンのスーパーとコンビニ，地元スーパー，生協の共同購入，中小小売業，道の駅などの農産物直売所など，様々な流通システムが共存することが重要ではないか。大震災時において全てが機能しなくても，どれかの流通システムが存続すればライフラインは確保され，それぞれの特性を生かすことによって商品供給が充実する。すなわち，垂直統合が進んでいる全国ネットワークと水平連携が発揮されるローカルネットワークとの併存が重要なのである。　　　　　　　　　　　　　　　　　　　　　　　（土屋　純）

参考文献
荒井良雄・著本健二編（2004）『日本の流通と都市空間』古今書院。
土屋純（2000）「コンビニエンス・チェーンの発展と全国的普及過程に関する一考察」『経済地理学年報』46，22-42頁。
坪田幸治（2001）「農村地域における郊外型大規模商業集積が地域経済に及ぼす影響—青森県柏村を事例にして」『経済地理学年報』47，121-133頁。
長谷川典夫（1979）『流通地域論』大明堂。
日野正輝（1996）『都市発展と支店立地—都市の拠点性』古今書院。
山川充夫（2004）『大型店立地と商店街再構築—地方都市中心商店街の再生に向けて』八朔社。

第14章　奥州市における二つの商業地の変容
――水沢と江刺の事例――

はじめに

　わが国の都市の中心商店街は，1980年代まで多数の小売店や大型店の集積により街の賑わいが醸成され，多くの人々を引きつけた（岩動，1989）。1990年代に入り，大店法の規制緩和や90年代末から2000年にかけて施行されたまちづくり3法により，郊外地域へショッピングセンター（SC）や専門店等の大型店の出店が助長された。これに加えて通販，テレビやインターネット販売等多種の小売形態の多様化も進み，かつて小売業の中心であった中心商業地はその多くが疲弊にあえいでいる（山川，2010）。駒木（2010）は大型店の出店が中心商業地での消費者行動にも影響を及ぼし，同商業地を衰退させていると指摘している。また荒木（2009）はまちづくり3法による中心市街地再生は困難であることを指摘している。つまり1990年代半ば以降，小売店舗数，年間販売額，徒歩通行量の減少はもちろん，街中での各種祭りや催しの開催すら危うくなる所も多く，もはや壊滅状態にある商店街も多く，特に地方の小規模都市の場合にこの傾向は顕著である（岩動，2001）。衰退する商店街の再生に関する報告は，組織の再生について論じた牛場（2006）や家具店街からファッション専門店街へと転換することで再生に成功しつつあることを論じた川口（2008）があるものの，いずれも大都市圏の商店街が対象であり，地方小都市の事例は少ない。

　さて岩手県の旧水沢市と旧江刺市は，2006年に他町村も含めて合併し奥州市となった。旧水沢市の中心商業地は，かつて岩手県南地域の商業中心地として賑わった経緯がある（岩動，1988）。一方，旧江刺市は岩谷堂の中心都市として発展したものの，東北本線のルートから大きく外れており，都市整備が前者に比べると遅れた感が否めず，早くから人口減少がみられた。合併により奥州市

となって以降，水沢と江刺の商業地にはどのような展開がみられるのであろうか。そこで本章では両地区の商業地の最近の動向に着目して，商業機能の変容と商店街再生への取り組みとその効果について明らかにすることを目的とする。

研究方法は2009年8月27～29日にかけて東北学院大学の岩動ゼミ学生と共に奥州市市役所商工観光部で同市の概要と中心市街地活性化基本計画についての現状と展望について，奥州商工会議所江刺支所では江刺の蔵を使ったまちづくりの経緯と概要について聞き取りを行った。さらに水沢の中心商業地，江刺の中心商業地で景観機能調査と聞き取り調査を実施し，10年前と現在との機能変容を解明しようと試みた。なお対象は水沢が水沢駅通り商店街，江刺が中町および蔵まちモールの各商店街である[1]。

I　奥州市の概要と歴史的経緯

1　奥州市の概要

藩政時代まで岩手県南部は伊達藩に属し，胆沢郡もその支藩である留守氏（石高1万6千石）が治めていた。町割りは中心地である水沢に家臣を配し，奥州街道の城下町・宿場町として栄えた。街道沿いには商家町として商人が多く居住し，経済活動が盛んであった。その東側に寺院が集積する寺町を形成していた。

奥州市は2006年2月20日に水沢市，江刺市，前沢町，胆沢町，衣川村の5市町村が合併して誕生した（図14-1）。市域中央を北上川が流れており，北上川西側には胆沢川によって開かれた胆沢扇状地が広がっている。奥州市最高峰の焼石岳（1,548m）を主峰とする西部地域の焼石連峰は，ブナの原生林が多く残されており，北上川東側には，北上山地につながる田園地帯，東端部には，種山高原，阿原山高原が連なっている。土地の利用状況は，総面積に対して，田17.7％，畑4.8％，宅地3.5％，山林44.1％であり，山林を除くと農地の割合が高

---
[1]　商業地調査ではさらに水沢駅通り商店街振興組合と同商店街で開催する定期市・楽市での聞き取り調査も合わせて実施した。
[2]　市名の由来は，明治以前の日本地区区分である「国」の一つの呼称に由来する。岩手県の内陸南部に位置し，北は北上市，金ケ崎町，西和賀町，花巻市，南は一関市，平泉町，東は遠野市，住田町，西は秋田県に接している。

図14-1 岩手県における奥州市の位置

く，稲作を中心とした複合型農業による県内屈指の水稲地帯となっている。また，交通利便性の良さを背景に，県内でも商業集積が進み，工業団地等が整備され，伝統産業や基幹産業の事業展開が図られている。

今回取りあげる水沢は，かつて小売年間販売額が盛岡市に次ぎ，県南の商業流通都市としての役割も大きい。施設面では1万人収容スタンドが完備する水沢競馬場，桜で著名な水沢公園があり，奇祭で有名な黒石寺の蘇民祭，囃子屋台の日高火防祭等で知られる。また，平安初期のアテルイ，江戸初期の後藤寿庵，幕末期の高野長英，箕作省吾，明治初期の山崎為徳，後藤新平，斎藤實など著名な先覚者を多く輩出した「偉人のまち」としても著名である。江刺も金札米と称す江刺米の産地であり，近年は和牛や江刺りんごの産地としても知られるようになった。また，NHK大河ドラマをはじめTVや映画の撮影場として利用される「えさし藤原の郷」(1993年開業) や奥州藤原氏時代の史跡等が多く存在し，観光面での開発に力を入れている (表14-1)。街の中心部には，多くの町屋や土蔵が残存し，これを活かしたまちづくりにも力を入れている。

表14-1　岩手県奥州市年表

年	月	日	奥州市の主な概要	わが国の主な政治・経済動向	景気動向
1889	4	1	前沢村制施行 衣川村制施行		
1941			後藤伯記念公民館開館 皐水記念図書館開館	金の解禁実施で金本位制へ ラジオ放送が一般化	
				ドッジライン実施，1ドル360円実施 NHK東京テレビ局が本放送開始，民間テレビ放送開始	
1954	4	1	水沢市制施行		神武景気
1958	11	3	江刺市制施行	テレビの受信契約数が100万を突破 高度経済成長開始 カラーテレビの本放送開始	鍋底不況 岩戸景気
1963	11		マルサンデパート開店（水沢）	テレビ受信契約数が1000万件を突破 東海道新幹線開業 東京オリンピック開幕	オリンピック景気
1967	4	1	胆沢村が町制施行	自動車生産台数世界第二位 全国自動車保有台数200万台突破	いざなぎ景気
1970			消防記念館できる	岩手県で国体開催	
1971			高野長英記念館開館		
1975			斎藤實記念館（展示館）開館	GNP戦後初のマイナス成長 石油危機による戦後最大の不況，赤字国債発行 全国自動車保有台数300万台突破 経済対策官僚会議が海外経済対策決定（大幅輸出超過による黒字減らし）	
1978			後藤新平記念館開館		
1980	6		三春屋（ダイエー水沢店）開店		
1983	5		総合水沢病院新館業務開始		
1985			東北新幹線水沢江刺駅開業	東北，上越新幹線上野・大宮間開業 プラザ合意により円の急ピッチな上昇始まる	バブル景気
	11	13	ジャスコ水沢店開店		
1986			水沢市伝統産業会館開館		
	11		第1回水沢の商人まつり開催		
1987			水沢市立図書館移転新築	東北自動車道全面開通 水沢江刺駅が国鉄分割民営化によりJR東日本が管轄	
1988			水沢市文化会館開館		

年	月	日	事項		社会情勢
1989			水沢市武家住宅資料館開館		
			東北ニュージーランド村オープン（衣川）		
1990			水沢市埋蔵文化財調査センター開館		
	11	1	東北本線水沢駅リニューアルオープン		バブル経済崩壊
1991			乙女川先人館開館	東北・上越新幹線東京・上野間開業	
	5		ステーションアベニュー710（アーケード）完成		
			区画整備		
1992			水沢市道の駅交流館開館		
			狼ヶ志田神楽関連　100年祭挙行		
1993			水沢市総合体育館開館		
			朴の木沢念仏剣舞　国重要無形民俗文化財に指定		
			えさし藤原の郷完成		
1997			岩手県立胆沢病院移転	消費税5％に引き上げ	
1998	7	1	ダイエー水沢店閉店		
2000			えさし郷土文化館オープン		
2002			みずさわ観光物流センターＺプラザアテルイオープン		
2003			蔵町モール完成	NHK，民法で地上デジタル放送始まる	
2004	6	27	ジャスコ水沢店閉店（撤退）	解散総選挙で自民圧勝（9月），郵政民営化法案可決	
2006	2	20	水沢市・江刺市，胆沢郡前沢町・胆沢町・衣川村が合併し，奥州市が誕生		
	4	6	ジャスコ跡にメイプルオープン		
	11	20	奥州エフエム放送株式会社設立		
2007			水沢江刺駅前に後藤新平像を設置	郵政民営化開始	
2008	5	8	奥州宇宙遊学館オープン		リーマン・ショックによる不況
	6	14	岩手・宮城県内陸地震において，最大震度6強を観測		
	9	29	奥州エフエム放送メイプルサテライトスタジオ開設		
2009	4	1	水沢・江刺・胆沢・衣川の商工4団体が合併し，奥州商工会議所が開業	民主党に政権交代	

2　人口の推移と産業構造

　2008年における奥州市の人口は12万8581人であり，10年前より人口は減少傾向が続いている（図14-2）。1998年から2008年までに約6000人の人口が減少した。今後も少子高齢化の進行に伴い人口の減少はさらに進むと考えられ，国立社会保障・人口問題研究所による将来見通しでは，2035年には人口が10万人を下回ると予測されている。合併前の旧市町による人口では，2005年の集計で旧水沢市が6万239人と最も多く，以下旧江刺市が3万2544人，旧前沢町が1万5131人，旧胆沢町が1万7302人，旧衣川町が4955人となっている。

　1980年より増加をしていた奥州市の就業人口は，1995年をピークに減少に転じ，現在は69,100人である。各産業別の就業人口の割合をみると，第一次産業が年々減少しており，第二次産業は横ばいで推移し，第三次産業は徐々に増加している。2005年の産業別の人口の割合は第一次産業が18.6％，第二次産業が27.9％，第三次産業が53.2％となっている（図14-3）。奥州市の産業も全国的な傾向と同じ傾向を示しており，就業人口が第一次産業から第二次産業に，さらに第二次産業から第三次産業へと産業構造が転換している。

　合併前の市町村別の産業別就業人口をみると，2005年の集計では旧水沢市は第一次産業が8.6％，第二次産業が26.7％，第三次産業が63.9％であり第三次産業が圧倒的に多くなっている。全国平均では第一次産業が4.8％，第二次産業が26.1％，第三次産業が67.2％であり，旧水沢市は全国平均と類似した割合である。

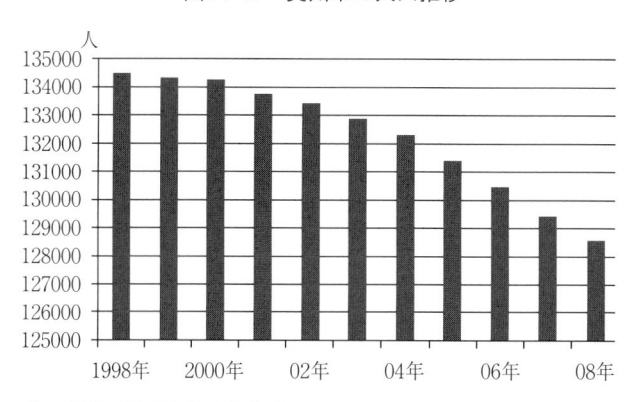

図14-2　奥州市の人口推移

注：奥州市役所資料より作成。

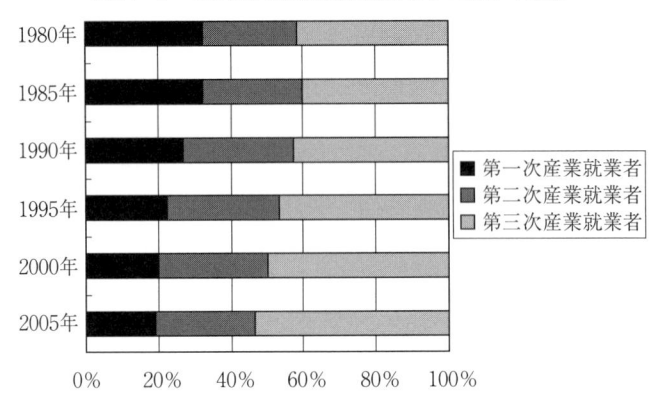

図14-3　奥州市の産業別就業人口の割合の推移

注：国勢調査より作成，合併以前は5市町の数値を合算した。

一方それ以外の旧江刺市，旧前沢町，旧胆沢町，旧衣川町は第一次産業が20～30％，第二次産業が25～30％，第三次産業が40～50％であり，全国平均よりも第一次産業の割合が高く，第三次産業の割合が低いのが特徴となっている。

II　水沢の商業地の変容

1　奥州市の商業特性

1999年より2007年までの奥州市の小売商店数は一貫して減少を続け，2007年では1380店となっている。同期間の小売従業者数は，2002年の8811人をピークとして以降は減少し，2007年には7984人となっている。小売年間販売額は一貫して減少しており，2007年の年間販売額は1253.9億円となっている。小売業売場面積は2002年の17万4023m^{2}から増加し，2007年には18万9428m^{2}となっており，これは郊外に大型商業施設が出店したことが影響している。

2　水沢駅通り商店街における小売機能の変化（1999年と2009年の比較）

水沢駅通り商店街はJR東北本線水沢駅の西側から北西方向に延びており，延長上にあるT字路の北側には大町商店街，南側には横町商店街が位置している。水沢駅通り商店街は，"STATION AVENUE710"という名称が付けられ

図14-4　奥州市の小売商店数の推移

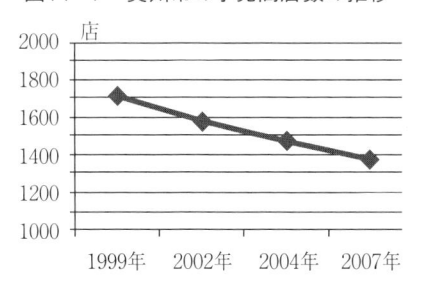

図14-5　奥州市の小売業従業者数の推移

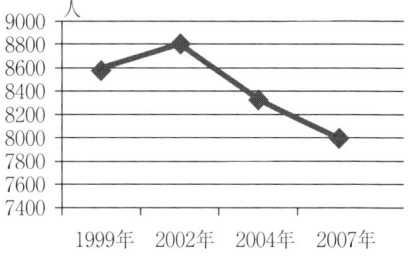

図14-6　奥州市の小売年間販売額の推移

図14-7　奥州市の小売業売場面積の推移

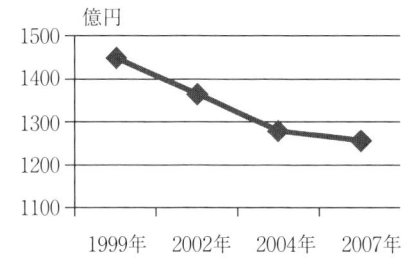

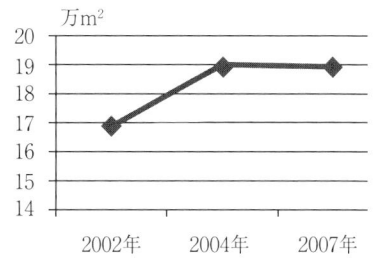

注：図14-4・5・6・7奥州市HPと経済産業省HPより作成。

ており，総延長710メートルにわたり，アーケードが設置されている（写真1）。

　駅通り商店街は戦後，水沢駅を中心に人や物の流れが増加し，1963年には百貨店のマルサンデパートが開業し，1980年には大規模小売店舗である三春屋（後のダイエー）が開業した。当時の旧水沢市は近隣の旧江刺市や旧前沢町を商圏に含む中心都市であったため，水沢駅通り商店街には多くの来街者が集い，賑わいをみせていた。その後1985年には商業ビルであるメイプルに核テナントとしてジャスコが出店した。しかし，近隣市町への大型商業施設の相次ぐ進出により，かつて県南の商業拠点として旧水沢市内外から集客があった水沢駅通り商店街の賑わいは徐々に失われた。この危機に対して，駅前再開発を含めて1991年に商店街にアーケードが架設された。しかし，思った効果は得られず，モータリゼーションが加速的に展開する中で，顧客はますます郊外型商業施設へと流出し，1998年にダイエーが，2004年にはジャスコが撤退した。また同時期に，地元資本の建設業者が倒産し，その影響は飲食店の売り上げにも大きな打撃を与えた。現在の商店街は，空き店舗の増加，さらに上層階が店舗と
(3)

写真1　水沢駅通り商店街

(水沢駅から北西方向を望む，2009年8月鴇田撮影)

写真2　水沢駅通り商店街

(2009年8月　鴇田撮影)

して使用されず倉庫となっている場合が多い（写真2）。

　1999年の全件数は75であり，業種構成は，小売業が36で最も多く，全体の48％を占めている。以下，サービス業13（17％），飲食業7（9％），駐車場6（8％），空き店舗とその他・不明が共に5（7％），業務管理機能3（4％）であった（図14-8）。当時の駅通り商店街は小売機能が卓越した旧水沢市の中心商店街であり，靴，薬局，めがね，宝石，スポーツ用品など多種にわたる小売店舗が立地していたことが伺える。

　2009年の全件数は73であった。業種構成は1999年と同じく小売業が23と最も多く，全体の31％を占めている。次いで飲食業17（23％），サービス業13（18％），駐車場と空き店舗が共に7（10％），業務管理機能4（5％），その他・不明が2（3％）となっている（図14-9）。小売機能がこの10年間で17％も減少し，代わって飲食機能が増加している。

　次に，1999年から2009年の業種構成の変化の特徴は，両年とも小売機能の割合は依然高いものの，この10年間で店舗数は13も減少している。また1999年の第2位の機能はサービス業の18％だったが，2009年では飲食業が10増加して23％となり2位となっている。小売業の減少数や水沢駅通り商店街の景観変容からみても，以前まで小売機能を果たしていたいくつかの店舗が飲食店に入れ替わったことが読み取れる。またホテルや美容院などのサービス業はほぼ変わ

---

(3)　2009年8月の水沢駅通り商店街振興組合事務局長・千葉嘉一郎氏への聞き取りによる。

第14章　奥州市における二つの商業地の変容　　269

図14-8　1999年の水沢駅通り商店街の業種構成

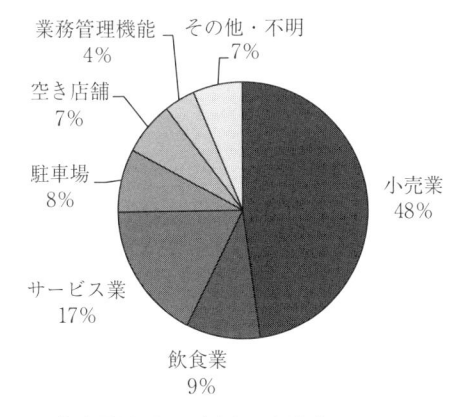

- 業務管理機能 4%
- その他・不明 7%
- 空き店舗 7%
- 駐車場 8%
- サービス業 17%
- 飲食業 9%
- 小売業 48%

注：『ゼンリン住宅地図（1999年）』より作成。

図14-9　2009年の水沢駅通り商店街の業種構成

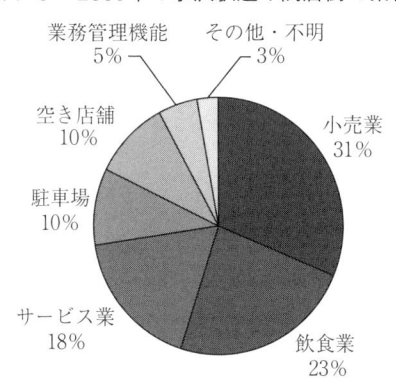

- 業務管理機能 5%
- その他・不明 3%
- 空き店舗 10%
- 駐車場 10%
- サービス業 18%
- 飲食業 23%
- 小売業 31%

注：2009年現地調査により作成。

らず立地している。このことから，水沢駅通り商店街は1999年から2009年にかけて，小売機能が衰退する中で，飲食機能の集積が増加し，サービス機能は横ばいで推移していることが読み取れる（図14-10）。

　聞き取り調査によれば同商店街11店舗中，後継者を「有する」のは5店，「無し」が2店，「不明」が4店であった。「無し」と「不明」を合わせると7店でまだ未定ということになる。後継者を有する店舗は，「チェーン店として経営している」，「弟子がいる」，「息子とすでに働いている」という回答であっ

図10　1999－2009年の水沢駅通り商店街の景観変容（上：1999年，下：2009年）

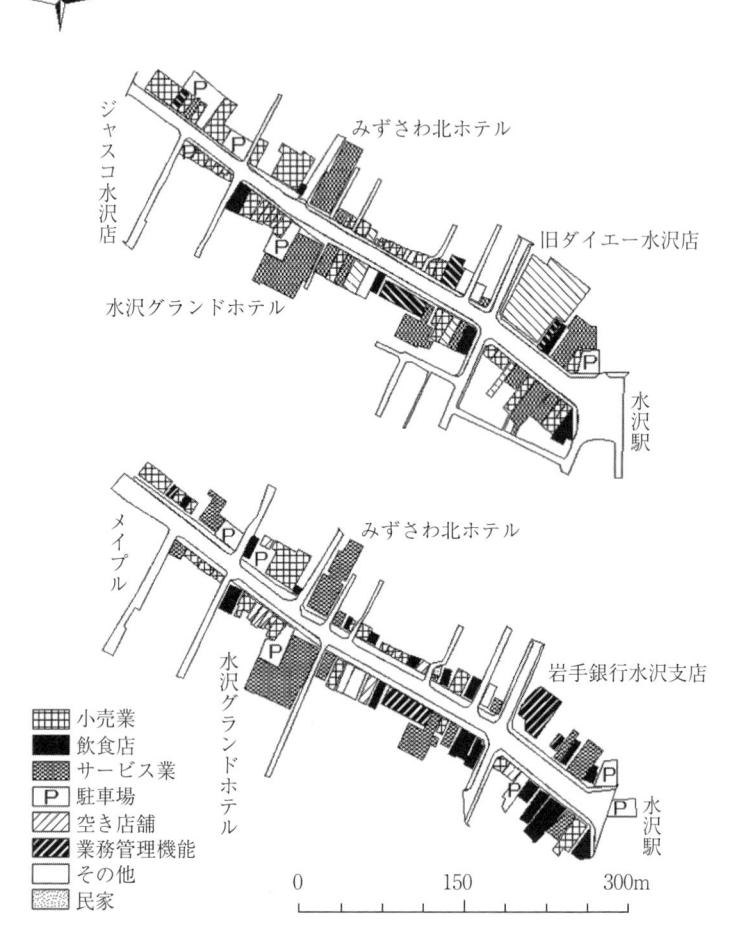

注：『ゼンリン住宅地図』および2009年の現地調査により作成。

た。しかし中には，「子どもはいるが衰退している商店街の店舗を継いでほしいといえない」，「子どもの意思次第である」という悩みを抱えている経営者もあった。逆に後継者がいない店舗では，「子どもが東京に就職してしまった」という理由であった。

商店街の賑わいを取り戻したいとの意向から水沢駅通り商店街では，2001年から毎週土曜日の午前9時から午後2時頃まで楽市と命名したフリーマーケットを開催している（写真3）。これは，登録料を納めれば誰でも出店が可能である。しかし，以前は商店街の各店舗も参加していたが，あまり売上が見込めなかったため，現在では主に他地域からの出店者によって構成されている。現地で販売しているものは，自家栽培の野菜や植物，古着や手作りの人形，またその場で調理する焼きそばや焼きおにぎりなど商品は様々で，参加者の年齢層は60歳代以上の世代に多い。

　そこで楽市への5人の出店者に「出店時期」，「居住地域」，「出店の動機」や「取扱商品」などについて聞き取り調査を行った（表14-2）。まず，「出店時期」については，2001年の開始当初から出店しているのが2店，2008年から参加が2店であった。「居住地域」では，江刺区，胆沢区を含む市内が4人であるが，一関市といった奥州市以外からの参加もみられた。また「出店の動機」は，ほとんどが他者からの紹介であった。「初め自家栽培した野菜を無料で配っていたところ，商工会や友人から楽市で販売してみてはどうかと助言された」ケースや「友人の手伝いがきっかけ」になったケースもあった。出店した際のメリットには，「ここに来れば友人に会えるし，いろんな人と会話ができるから楽しい。」，「多くの人と会話できるのが楽しい。」と回答するケースが認められ，売り上げ至上主義とは別の要因が出店者の出店意欲を促していることがわかる（写真3，4）。

写真3　楽市の様子

（2009年8月　鴇田撮影）

写真4　出店の様子

（2009年8月　鴇田撮影）

表14-2　楽市出店者の居住地域，出店動機，商品の特性

性別	年齢(代)	出店時期	居住地域	出店の動機	取扱商品	その他の出店理由
男性	50	2001年	市内	知り合いの紹介	ぬいぐるみ	―
女性	70	2001年	江刺区	知り合いの紹介	手編みのもの・古着・バッグ・栽培した花	ここに来れば友人に会えるし，多くの人と会話ができるから楽しい。自宅で未使用のものや，趣味で育てた花を販売することができるから。
女性	70	2006年	胆沢区	商工会の紹介	野菜	多くの人と会話ができて楽しい。
男・女	70	2008年	一関市	知り合いの紹介	野菜	夫婦で参加が可能。
女性	60	2008年	市内	友人の手伝い	焼きおにぎり	友人の参加時期は数年前から。

(現地での聞き取り調査により作成)

Ⅲ　江刺区・中町商店街にみる蔵を活かしたまち並み整備

1　蔵を活かした商店街形成の動機

　中町は江刺区市街地の南部に位置する。東部は川原町，西部は南大通りに隣接し，中町そのものが商店街になっている。北部には主要地方道水沢人首住田線が通じている。中町の伝統産業・特産物は，岩谷堂箪笥と岩谷堂羊羹である。これらは江戸時代からの産物であり，独特の工法や製法の改良を重ねて県内はもとより県外まで販路を拡大している商品である。1970年代後半に入ってから，大型店の郊外進出に伴い，中町商店街が担ってきた旧江刺市の中心市街地が急激に空洞化し，商店街の商業者にとって死活問題となった。その後1990年に中町商店街の都市計画道路整備の際に「蔵」を活用した街並み整備と一体となった「中町地区商店街活性化街路事業基本計画」を策定し，計画の転換を図ってきた。そこから1993年に中町振興会と商店会が「中町まちづくり委員会」を結成し，点在する蔵の保存・活用と街並み整備への取り組みを開始するなど，まち再生に向けての動きが活発化した。翌年，「中町まちづくり協定」が結ばれ，新増築に際して建物の高さ，屋根の形，色などを蔵とマッチした和風感のある

ものとする取り決めが行われた。この協定は当時の自治会長自らが汗を流し数年がかりで中町の住民の同意を得て実現した。蔵の街並みが中町以外にも広がり，1996年には川原町南大通線「蔵まちモール」の歩行者専用道路の整備事業が開始されて景観的にも統一され，観光地としても知名度がさらに上がってきている。

そもそも蔵にこだわったまちづくりに着手した理由は何であろうか。かつての中心市街地である「岩谷堂」地区はたびたび大火に見舞われた。特に明治30年代後半にわずか3年間で5回の大火があり，1080軒が焼失した。そこで当時の住民の多くが蓄財を守るため，蔵の建設を促進させたことも一因のようである[4]。白漆喰のなまこ壁に黒色の瓦屋根を冠する土蔵は，大切な商品と代々蓄えてきた家財道具を守ってきた。岩谷堂の商店街では，どの店もほぼ表通りに面して店舗があり，背後又は店舗の2階に母屋，さらにその背後に「蔵」が連なり，敷地は一様に細長く，双方の街を結ぶ路地裏は，「蔵」が建ち並びその景観はみごとである（写真5）。

また，歴史のテーマパークである「えさし藤原の郷」は，観光面で江刺区に大きな経済効果をもたらしてはいるが，この中町をはじめ旧江刺市の中心市街地は「えさし藤原の郷」とそう遠くない距離にありながら，立ち寄る観光客は期待された数より極めて少なく，「えさし藤原の郷」の存在は必ずしも中心市街地衰退を食い止める効果は無かった。これに危機感を抱いた青年会議所のメンバーが中心市街地活性化には街の資産である「蔵」を活用する方向で，街のにぎわいと経済活性化をめざしたという。蔵の活用を考えてきた若手経営者たちと滋賀県長浜市の「㈱黒壁」との結びつきが蔵まちを築き上げるきっかけになったのである。

1995年，NHKの大河ドラマ「秀吉」のロケが「えさし藤原の郷」で実施され，当時の江刺市の関係者が秀吉ゆかりの地・滋賀県長浜市を訪ねて，「㈱黒壁」専務・笠原司朗氏へ出店を促したことが功を奏し，「㈱黒壁」の旧江刺市への出店が決定した。1997年には街の活性化に向けて行動してきた若手経営者11人

---

[4] 2009年8月に奥州商工会議所江刺支所の商工会議所共済制度担当の小松原克彦氏，江刺支所指導課の荒川翼氏，事務局次長兼江刺支所長の高森俊文氏より聞き取りで得られた内容にもとずく。

写真5　明神通り　　　　　　　　写真6　黒壁ガラス館

（2009年8月　岸撮影）　　　　　（2009年8月　岸撮影）

が中心となって「㈱黒船」を設立し，街の再生に向けて本格的な蔵を活かした街づくり事業が始まった。「黒船」の名前の由来としては，「黒船」が鎖国状態から開国へ導くきっかけとなったように「まちの活性化の象徴」となるように，街にインパクトを与えるという思いを込めて命名された。

　1998年「㈱黒壁」が中町の中心にシンボルとなるガラス製品を販売するショップと製造するガラス工房とを併設した「黒壁ガラス館」を開設し（写真6），2002年には「㈱黒船」がガラス館を直営し，㈱黒船の収益事業の中心となり，街づくりの原動力となった。ガラスをテーマとしたのは歴史性，文化芸術性，国際性という考えを満たし，「蔵」という伝統的な雰囲気と調和し，既存商店と競合せずに，地元に不足している業種・業態の導入を図ることにあった。このような流れを踏まえ，中町に蔵の集積がしだいに進み，民間でも蔵を生かした店舗が次々と開設されるなど，商業的な利用もなされ，街並みを作るとともに「蔵を活かしたまちづくり」の波及効果が表れた。また街づくりを進める際に地域住民の同意が不可欠であり，中町の多数の住民が蔵まちづくりに賛同したのは，活性化する地元への熱い思いと商店街関係者に加えて自治会の住民が積極的に協力してくれた結果でもある。

2　江刺区・中町商店街の小売機能の変化（1998年と2009年の比較）

　ここでは中町を対象として，1998年と2009年の業種構成を比較してみる。1998年の全件数は71であった（表14-3）。業種構成は，小売業が23で最も多く，全体の33％を占めている。以下，サービス業14（20％），飲食業12（17％）駐車場6（8％），業務管理機能が1（1％）であった。次に，2009年の全件数は76

表14-3　1998−2009年の中町商店街業種構成の変化

	1998年	2009年	増減
①小売業	23	13	-10
②飲食業	12	9	-3
③サービス業	14	5	-9
④駐車場	6	8	2
⑤空き店舗	0	1	1
⑥業務管理機能	1	3	2
⑦その他・不明	15	37	22
合計	71	76	5

注：『ゼンリン住宅地図』および現地調査により作成。

図14-11　1998年と2009年の中町商店街業種構成

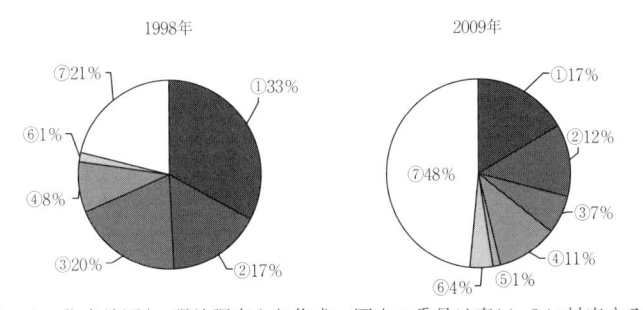

1998年
⑦21%　①33%　⑥1%　④8%　③20%　②17%

2009年
①17%　②12%　③7%　④11%　⑤1%　⑥4%　⑦48%

注：「ゼンリン住宅地図」，現地調査より作成。図中の番号は表14-3に対応する。

であり，業種構成は小売業が13で最も多いものの，全体の17％を占めている。以下，飲食業9（12％），駐車場8（11％），サービス業5（7％）となっている。

　1998年から2009年の業種構成の変化をみると，空き店舗とその他・不明を除いた全店舗数の比較では，1998年の56から2009年の39へ17減少している。1998年から2009年では小売機能が中心であるが，店舗数は10店も減少している。また1998年で2番目に占めるのはサービス業で20％であったが，2009年では9減少し7％となり，大幅に衰退した。飲食業が2009年では3減少し，サービス業と比べ減少が穏やかだったため12％で2番目に高い割合を占めている（図14-11）。駐車場の数は6から8へ2増加している。これは大型店舗の郊外進出による経営難，そして区画整備などの要因により小売業やサービス業を営んでいた店舗が駐車場に取って代わったためである。これらのことから，大規模な区画整理により商店街の規模が縮小し，小売業とサービス業を中心に全体的に衰退傾向にあることが指摘できる。

1998年の中町の景観を図14-12に示した。中央を南北に通っている道路がメインストリートである中町通りであり，中町通りに面して主に中央から北側が本屋や魚屋，電気屋，商店などの小売業，そしてクリーニング屋や学習塾，雀荘，パチンコ屋などのサービス業が集積している。1998年から2009年にかけて景観における大きな変化は，同地区で区画整理が進行し，歩道・車道が拡幅されたことや図14-13の中央よりやや北側に東西に延びる歩行者専用道路である蔵まちモールが整備されたことなどがあげられる。歩道・車道の拡幅により奥行きのない店舗が移転・閉店した。本屋は閉店し，電気屋などの小売店が駐車場と化し，パチンコ店が公園として整備され，商店街の規模が縮小した。また，蔵まちモールの整備により多くの民家や小売店などが立ち退き，蔵まちモールに面する場所に老舗の和菓子店である菊正堂や菊泉堂を移転し，まちの活性化の象徴である黒壁ガラス館や小売店である見楽館，飲食店などを新設し，蔵まちモールは整備されて実現した。

　1998年から2009年にかけての中町商店街の景観は，モータリゼーションの進

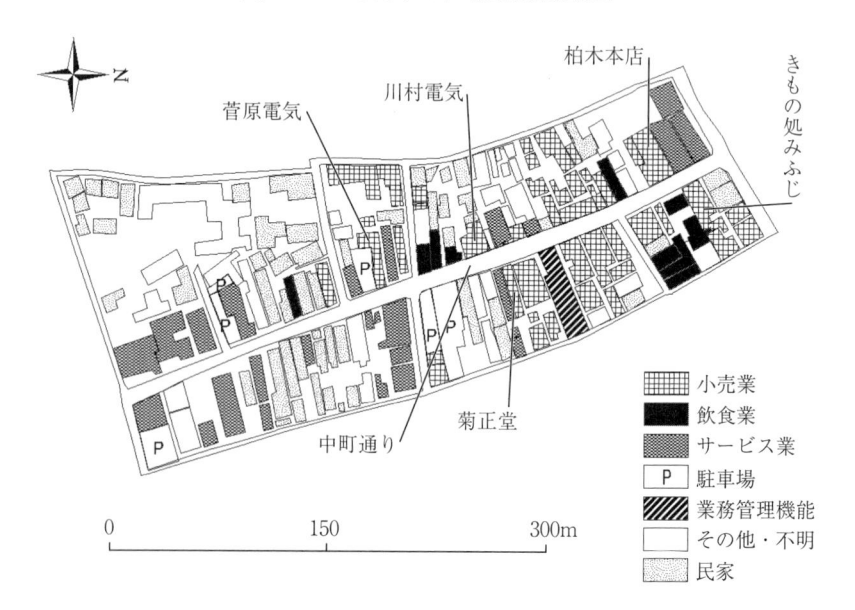

図14-12　1998年の中町商店街景観図

注：「ゼンリン住宅地図」より作成。

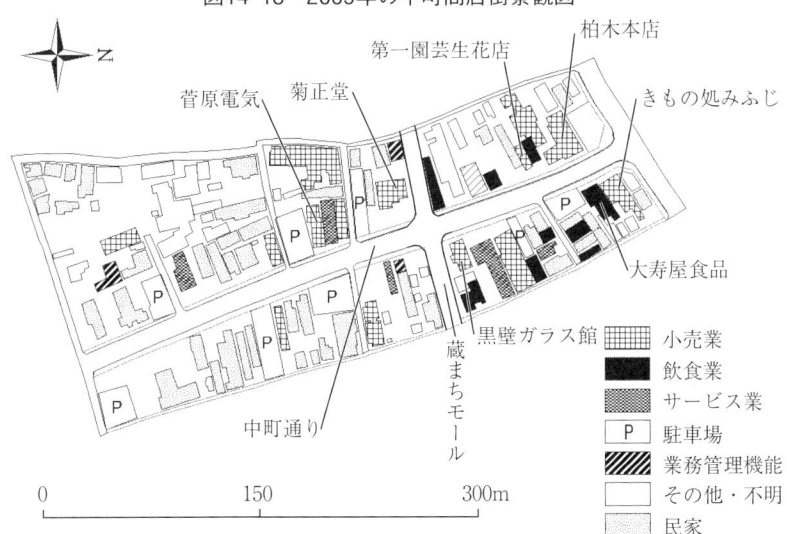

図14-13　2009年の中町商店街景観図

注：2009年の現地調査により作成。

展と郊外型大型商業施設の影響によって業種構成が大きく変化した。蔵まちモールの整備は中心商店街が衰退傾向にあることへの対策として近接する観光施設・えさし藤原の郷の観光客を商店街に吸引し，商店街を活性化させることを目的としたものであった。商店街の規模は縮小したが，蔵を強烈に意識した景観が実現した。蔵を活かしたまちづくりの波及効果はまだ小さく発展途上だが，中町商店街の景観統一と蔵まちモールを実現した住民と商店街と自治体の今後の取り組みが期待される。

3　蔵まちモールと中町商店街の可能性

整備された蔵まちモールにおいて今後の方向性を明らかにする目的で，聞き取り調査を実施し，その結果をまとめると以下の通りである(5)（表14-4）。

創業年は老舗の菊泉堂が創業1903年と最も古く，次に菊正堂の1935年となっているが，これらの店舗は蔵まちモール整備に伴い移転したため外観は新設店

---

(5)　2009年8月に蔵まちモールに面している小売店4店舗と中町通りに面している小売店6店舗を対象に創業年，後継者の有無，区画整理事業に対する聞き取り調査を行った。

表14-4　蔵まちモール小売店聞き取り調査結果

店名	業種	創業	区画整理のメリット	区画整理のデメリット	後継者
黒壁ガラス館	ガラス細工	1998年	観光客の増加	店舗数・住民の減少	無
菊正堂	菓子	1935年	観光客の増加,景観の向上	観光バスの駐車場が遠い	無
菊泉堂	菓子	1903年	観光客の増加	特になし	無
見楽館	小物	2000年	店舗の拡大	店舗数・住民の減少	無

舗同様差がない。新設店舗の見楽館は2000年で最も新しく，蔵まちのシンボルでもある黒壁ガラス館は，1998年の創業である。区画整理におけるメリットでは，観光客が増えたという意見が多く，蔵まちモール整備による効果が伺える。デメリットでは店舗数と居住人口の減少が指摘された。これは区画整理により歩道・車道が拡幅したため，移店・閉店する店舗が増え，店舗数，居住人口ともに減少へと結びついた。後継者は現在のところ4店舗とも無しである。

　老舗店舗と新設店舗が半々であることから，住民のまちづくりに対する理解と協力する姿勢が伺える。また，4店舗中3店舗が中町商店街に立地していることから，川原町南大通線の中央に位置する中町に小売機能が集積している傾向が読み取れる。区画整理事業の実施は，訪れる観光客の増加をもたらし，蔵まちモール整備により観光地としての基盤がつくられたといえる。反対に区画整理事業は，店舗数や居住人口の減少を招き，新たな課題ももたらしている。

　次に中町通りに立地する6店で聞き取り調査を実施し，さらに中町地区の現状を分析する（表14-5）。「岩谷堂」は創業1800年代であり，対象店舗の中で最も古い。反対に最も新しい店舗は1974年創業の「第一園芸生花店」であり，同通りには1970年代以前創業の店舗が立地していた。

　後継者についてであるが，「有り」が「きもの処みふじ」と「岩谷堂」の2店舗で，「無し」が「大寿屋食品」をはじめ計4店舗であった。「第一園芸生花店」，「柏木本店」，「菅原電気」の3店舗は，店主に子供はいるものの，収入が不安定なため，後継者にはしないという。区画整理事業は中心市街地活性化を図る一方で，商店街衰退の影響が強く，今後の店舗存続へ必ずしも結びつかないという現状が理解できよう。

　その区画整理事業についてであるが，「景観がきれいになった」，「交通が快適になった」という効果をもたらしている。土産品を多く扱い，通りの入口に

表14-5　中町商店街小売店聞き取り調査まとめ

店名	業種	創業	区画整理のメリット	区画整理のデメリット	後継者
柏木本店	酒屋	1873年	観光客の増加，歩道の利便性が向上	店舗数の減少	無
大寿屋食品	食料品	1909年	まち全体が明るくなった	観光客の減少	無
きもの処みふじ	着物・呉服	1891年	自治体への信頼性が向上　交通の利便性が向上	特になし	有
第一園芸生花店	花屋	1974年	景観の向上	店舗数の減少	無
菅原電気	電気屋	1937年	店が立派になった	店舗数・住民の減少	無
岩谷堂	箪笥屋	1800年代	客の増加，景観の向上	店舗数・住民の減少	有

注：聞き取り調査により作成。

位置する「柏木本店」からは「観光客が増加した」という好意的な意見もみられる。しかし，反対に「店舗数減少により，住民が減少した」という意見も多く上げられている。区画整理により歩道が拡幅され，奥行きのない店舗は移転・閉店を強いられ，従来に比べると商店街の規模は明らかに縮小した。また「柏木本店」からは，交通が快適になったことにより，交通量は増えたものの，商店街に足を止める客は少なく，郊外への流出が目立つようになったことが商店街の課題として指摘された。

　商店街の規模は縮小してしまったものの，交通の利便性が向上し，住みやすくなったという意見も一部にみられた。住みやすいといった住民生活の満足度と観光客の増加は必ずしも結びつくものではないが，区画整理事業がもたらした結果である。

おわりに

　中心商店街の活性化問題は多くの取り組みがみられるものの，これといった特効薬は依然みあたらない。イベントや祭りといった催事，すなわちソフト面からの賑わい創出を目指すタイプと通りそのものの景観をリニューアルさせて街並み整備を図るハード面からの賑わい創出を目指すものとがあるとすれば，前者は水沢駅通り商店街，後者が江刺・中町商店街ということになろう。しかし，水沢駅通り商店街の場合，10年前から開催している楽市が交流人口の効果で人と人との出会いや結びつきに一定の効果をもたらしたものの，商店街の各店舗の協力体制が未熟であり，一体感を創出するまでにはなく，今後の存続・

発展に課題を抱えているように思う。また古くからの地域資源である蔵を活用して通りの景観を一新して，賑わい創出を狙った江刺・中町通りは，観光客の増加や景観のリニューアルに評価がある一方で，地域住民の減少に伴う日常空間の変化が新たな課題として浮上している。いずれ商店街の賑わい消失が叫ばれて久しい今日，賑わいを取り戻すには，ソフト，ハード両面の効果と課題をしっかり見極め，小売機能のみにこだわった方向性から転換して市民のためのサービス提供空間，イベントや祭りの開催空間，観光客による交流空間，といったコンセプトをしっかり掲げて進めることが今後ますます重要となろう。

（岩動志乃夫）

参考文献

荒木俊之（2009）「倉敷市における大型店の立地動向」『立命館地理学』21，17-28頁。

岩動志乃夫（1988）「盛岡市と水沢市におけるブティックの立地・展開」『いわて地域科学』2，21-30頁。

岩動志乃夫（1989）「盛岡市における都心商業地の景観変容」『東北文化研究所紀要』21，184-198頁。

岩動志乃夫（2001）「大規模小売店舗法規制緩和に伴う秋田市商業地の変容」『地域研究』12，49-56頁。

牛場智（2006）「都心型商店街のまちづくりにおける体験型商業モデルとソーシャル・キャピタル―大阪・福島聖天通商店街を事例に―」『都市研究』5・6，77-99頁。

奥州商工会議所（2010）『中心市街地コンセンサス形成事業に係る調査研究等業務報告書』奥州商工会議所，総頁数168。

川口夏希（2008）「更新された商業空間にみるストリート・ファッションの生成」『人文地理』60-5，443-461頁。

駒木伸比古（2010）「徳島都市圏における大型店の立地展開とその地域的影響―大型店の出店規制に着目して―」『地理学評論』83，192-207頁。

山川充夫（2010）「福島県商業まちづくりの展開」『商学論集』（福島大学）79-2，1-25頁。

第15章　残存する大土地所有が地方都市の土地利用改変に及ぼす影響

——山形県長井市の事例——

I　地方都市の構造変容に関わる問題点

　都市は人口の集住地区と定義され，第一次産品を加工，流通させる施設が立地する。従来，それらの機能はさらなる人口集積によって，維持，向上されると考えられ，その過程が都市成長と見なされてきた。このような形での都市成長が継続する限り，都市人口の増加が都市存続の前提条件となり，都市は人口許容力の上昇を目的にした開発を逐次行ってきた。

　都市の人口許容力を上昇させる方法は，大きく既成市街地の高密度化と新市街地の造成に分けられるが，相対的に地価が高く，立ち退きや換地が必要になる既成市街地の再開発より，農地を宅地に地上げし，大規模な区画整理を可能にする新市街地の開発の方が，より短期間で大きな人口許容力の上昇が見込まれることから，都市域の空間的拡大が都市成長の証として受け入れられてきた。しかしながら，高い出生率と都市的生活に対する指向に裏付けされた都市人口の増加は永続的なものではない。また，新市街地の造成に伴う自然環境の変化や拡大した市域に対する行政サービスに掛かる財政的負担も看過できるものではない。そのため，新たな形での都市成長が検討されるようになった。

　都市人口の増加を前提にしない都市成長のあり方に関する議論は，コンパクトシティ政策をわが国の地方都市の都市計画に適用しようとした海道（2001）によって本格化した。都市域を往来する交通機関のエネルギー消費を抑えるために1970年代にヨーロッパで提唱されたコンパクトシティの概念は，米国の都市計画に応用されることによって費用対効果の分析が進み，都市活動の合理性をより追求する都市計画に改変された。米国でのコンパクトシティ政策は，行政の財政負担を軽減し，都市生活の効率性を高めるために，ゾーニングによる計

画的な都市施設配置が提案され，人口増が見込まれない都市では市街地拡大型の都市構造から都心集約的な都市構造への再編が進められる。

　国立社会保障・人口問題研究所（2006）の発表によれば，わが国の人口は2005年を境に絶対的減少期に転じることが指摘されており，人口動態の変化に対応した新たな都市計画の策定が急務となっている。特に，個人経営の事業所が多い地方の中小都市では，人口の少子・高齢化が，後継者不足による商工業活動の先細りや情報収集能力の低さによる時流への乗り遅れ等となって都市活動に直接反映されやすく，都心部の絶対的衰退が確実視されている。一方，自動車交通網の整備や自家用車保有台数の増加によって，消費者の行動範囲は拡大しているため，基幹道路沿線のロードサイドショップや中央資本の郊外大型小売店の位置づけは相対的に上昇している。

　2000年代前半に進められた広域市町村合併やその後の定住自立圏構想は，それぞれの都市のユニークな機能を高め，集約化させていく一方で，交通や情報のネットワークを整備することによって単独の都市として自立しにくくなった中小都市同士の連携を高め，まとまりのある都市群を一つの広域行政圏として存続させていこうとするものであった（山田，2008）。しかし，地価を指標とし，関東地方1都6県における都市構造の再編を概観した山田（2010）によれば，集約化の達成度は大都市よりも中小都市において，また，大都市圏の都市よりも地方圏の都市においてそれぞれ低い。これは，自家用車の利用率が高い中小都市の方が，郊外商業核を高く評価する傾向があることが一因であるが，より重要な点は，機能の集約化，具体的には都心部の評価を絶対的に向上させるような土地利用改変が行われていないことである。

　多くの中小都市の中心商店街では空地や空店舗が目立つようになってきており，郊外の新市街地との地価格差は大都市のそれに比べて圧倒的に小さく，立ち退きや換地に関わる費用や労力も大都市ほどではないにも関わらず，大都市よりも土地利用改変のサイクルが長い。投下資本の回収効率が悪いことが最大の原因であることは明らかであるものの，地方中小都市で都心部の土地利用改変を進みにくくさせている別の要因があるのであれば，その問題を解消することで，地方中小都市の構造改編を早めることができると考えられる。本研究では，地方都市の土地利用改変を遅らせている大きな要因として残存する大土地

所有を挙げ，山形県の長井市を事例にして，土地所有に起因する地方都市特有の問題点を明らかにすることを目的とする。以下では，まず長井市の現状を統計数値から整理し，市街地に展開する5つの商業地区の特徴を現地調査に基づく土地利用図から把握する。次に，土地台帳調査によって商業地区の土地所有の状況を明らかにする。最後に，個人店舗の経営者を対象にした聞き取り調査から，土地利用者の現状に対する意識を整理し総括する。

II　長井市の現状

1　長井市の概観

　長井市の市街地は，朝日山地を源流とする野川によって形成された扇状地の扇端部から最上川の氾濫原にかけて展開している（図15-1）。山形県の主要河川である最上川は，長井盆地で白川，野川とそれぞれ合流し水量を増すため，最上川舟運を利用しようとする米沢藩によって整備され，近世期半ばからは同藩の外港として商業集積が進んだ。また，米沢藩9代藩主上杉治憲（鷹山）によって設立された藩営の縮織工場をもとに養蚕や紡績等の織物産業が発達し，近代に入っても長井市は昭和期前半まで織物の街として成長した。

　しかし，オイルショック以降加速した軽工業の全国的斜陽化とともに，長井市も産業構造の再編を迫られることになった。旧米沢藩領である置賜地域の中核都市として機能する米沢市も同様な産業構造を確立していたが，同市は軽工業の斜陽化と併行して進められた先端エレクトロニクス産業の企業誘致によって，基盤産業の転換に成功し，電機産業を主軸にした県内有数の工業都市に再生された（山田，2004）。一方，長井市では，機械組立工場の立地が進められたもものの，地理的な位置関係から地場資本の大型化や中央資本の定着には至らなかった。長井市と他都市を結ぶ公共交通機関は，短距離の路線バスを除けば，JR奥羽本線赤湯駅（南陽市）から第三セクター方式で運営されている盲腸線のフラワー長井線のみである。現代の高速交通ネットワークの末端に位置するその地理的な位置関係が，同市発達の大きな障害となっていることは明らかであろう。

　2000年時点での市域を基準にして，山形県全13市の1920年から2005年までの

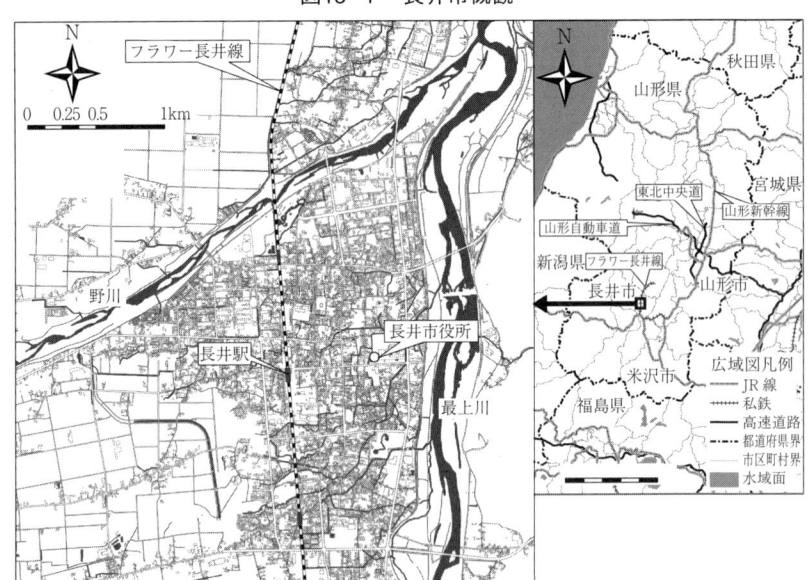

図15-1　長井市概観

　人口推移を見ると，長井市は県内都市システムにおける下位階層に属していることが分かる（図15-2）[1]。下位階層に属する都市は9都市存在し，1970年代から山形市のベッドタウンとして宅地開発を進めていた天童市を除くと，人口は5万人未満で推移している。それらの都市は，戦後の復員による人口増以後，人口が微増する都市群と微減する都市群に分けられるようになるが，長井市は後者の都市群に属する。住民基本台帳による人口把握によれば，1950年代には3万8千人に達していた同市の人口は，2009年以降3万人を割り込み，なお減少し続けている。

　土地利用の総合的な評価を表す指標として地価を採用し，山形県内13市の最高路線価を比較してみると，山形市の中心地性は地価にも反映されているものの，2000年代に入ると，山形市の下落幅が大きくなり，人口規模に見られるような階層性は不明瞭になっていることが分かる（図15-3）。長井市の最高路線

---

[1] 鶴岡市と酒田市はそれぞれ2005年に周辺町村と合併し，市域を拡大したが，旧市域での比較の方が県内13市の階層関係が明瞭に現れるため，ここでは各市とも2000年時点における市域で人口を換算している。

第15章　残存する大土地所有が地方都市の土地利用改変に及ぼす影響　285

図15-2　山形県13市の人口の推移

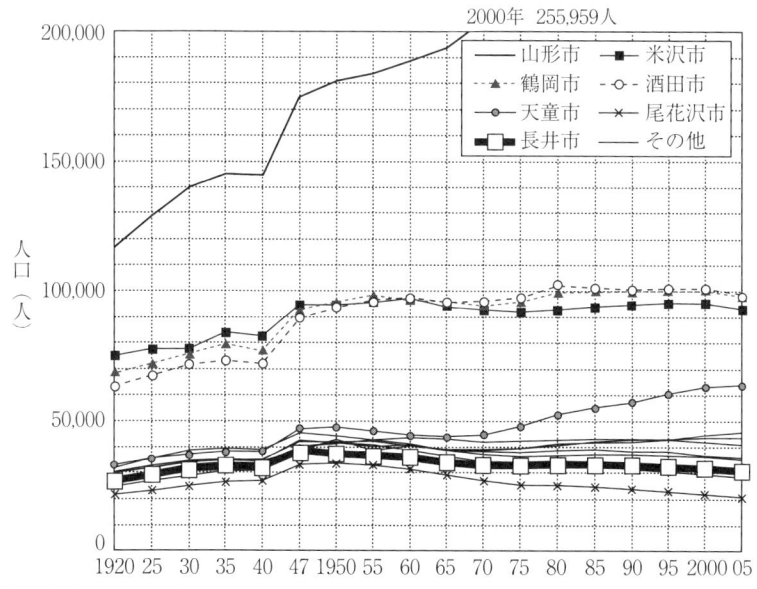

注：各市の人口とも2000年時点の市域面積に換算（資料：国勢調査報告）

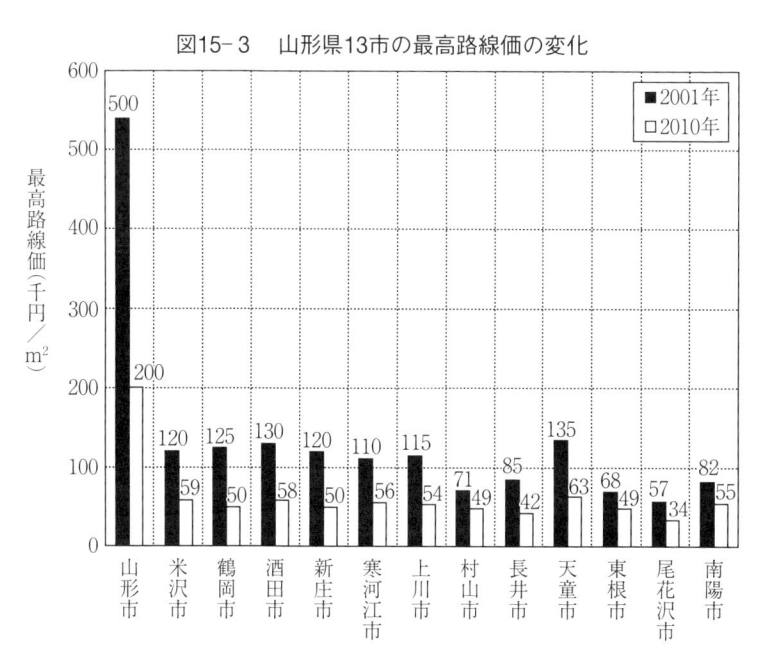

図15-3　山形県13市の最高路線価の変化

市	2001年	2010年
山形市	500	200
米沢市	120	59
鶴岡市	125	50
酒田市	130	58
新庄市	120	50
寒河江市	110	56
上山市	115	54
村山市	71	49
長井市	85	42
天童市	135	63
東根市	68	49
尾花沢市	57	34
南陽市	82	55

価は，2001年においては13都市中9位の8万5千円/m^{2}であったが，2010年には13都市中12位の4万2千円/m^{2}にまで下落した。1999年に新庄市まで延伸された山形新幹線や整備されつつある山形自動車道，東北中央自動車道の恩恵を受けにくい長井市は，2000年代に入り，下位都市の中でもその相対的な地位を低下させている（図15-1参照）。

　山形県の調査によれば，2007年における山形県全域の空店舗率は10.3％であるが，長井市のそれは16.5％に達し，県内最高の値を示す。シャッターストリートの街として紹介されることの多い旧酒田市や新庄市における同年の空店舗率はそれぞれ9.9％，11.9％である。空店舗率は，店舗の形状を維持しているにも関わらず，長期にわたり営業していない店舗を空店舗として計測しているため，廃業し改装してしまった元店舗はカウントされない。そのため，上記の空店舗率のみで長井市における商業の衰退が県内一と判断することはできないが，商業地区において商業活動を停止し，次期の利用形態が定まっていない土地の割合が高いことは確かであり，それが最高路線価の下落にも反映されていると考えられる。次期の土地利用への誘導の仕方によって，商業地区全体の評価が大きく左右される都市の一つであることは明らかであろう。

2　商業地区の特徴

　長井市の市街地はフラワー長井線の長井駅東側に形成されており，5つの商店街によって商業地区が構成されている。本研究では，それぞれの商店街を含む250m×150mの区画を設定し，北から順にA地区，B地区，C地区，D地区，E地区とした（図15-4）。なお，各地区の土地利用図は住宅地図を基図にして作成し，それを現地調査によって補足した。[2]

　A地区：24の店舗のうち，14軒が営業中で，10軒が空店舗となっている（図15-5）。長井市の市街地は近世期に引かれた間口の狭い短冊状の区画を基本しており，同地区でも一部の家屋の形状から近世期の区画の痕跡を見てとることができる。ただし，分筆も進んでおり，家屋や土地の形状に一定の特徴は指摘

---

[2] 便宜的に250m×150mの区画を設定している点，各区画に商店街に属すすべての事業所が含まれているわけではない点を考慮し，混乱を避けるためにそれぞれの区画に商店街の名前を付けず，記号を付すことにした。

図15-4　商店街を含む5つの調査対象地区

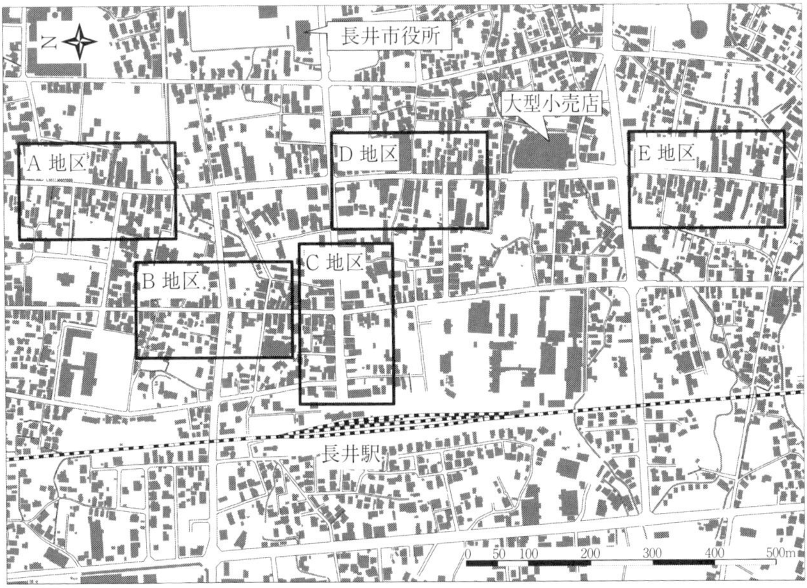

できない。なお，地区内の事業所はほとんどが個人経営であり，一つの建物に複数の事業所が入るような形態は見られない。

　B地区：寺社の参道から延びる通り沿いに店舗が自然発生的に立地した歴史の古い商店街が含まれているが，衰退の程度が著しく住宅地に近い景観を呈している。空店舗と判別できる店舗は4軒しかないが，これは既に廃業した店舗が一般住居化しているためである（図15-6）。一般に家屋の規模は小さく，土地の分筆が進んでいると思われる。短冊状の区画を推測させるような形状を示す家屋は現状では無い。

　C地区：唯一東西方向の道路に店舗が展開する地区である。地区東端はフラワー長井線の長井駅であり，鉄道敷設後に開発が進んだ。地区内の空店舗数は14軒で5地区の中で最も多い（図15-7）。同地区の店舗は住居が付随していない場合が多く，空店舗はそのままの状態で放置され無人である。また，比較的広範囲の空き地がある一方で，長井市においては高層建築物といえる3，4階建の鉄骨建築物が立地しており，事務所として使用されていることも特徴の一つである。

図15-5　A地区の土地利用状況

図15-6　B地区の土地利用状況

　D地区：D地区では長井市の中心商店街が形成されている。家屋の形状から短冊状の土地区画が残存していることが推測でき，そのような古い形状の家屋が空店舗となっている（図15-8）。いくつかの区画を統合した土地に大型の商

第15章　残存する大土地所有が地方都市の土地利用改変に及ぼす影響　289

図15-7　C地区の土地利用状況

図15-8　D地区の土地利用状況

業施設が立地し，なかには複数の飲食店が入るテナントビルも存在する[3]。現地

---

(3) 土地台帳で確認すると，必ずしも登記上の合筆が行われているわけではないため，「統合」という言葉を用いた。

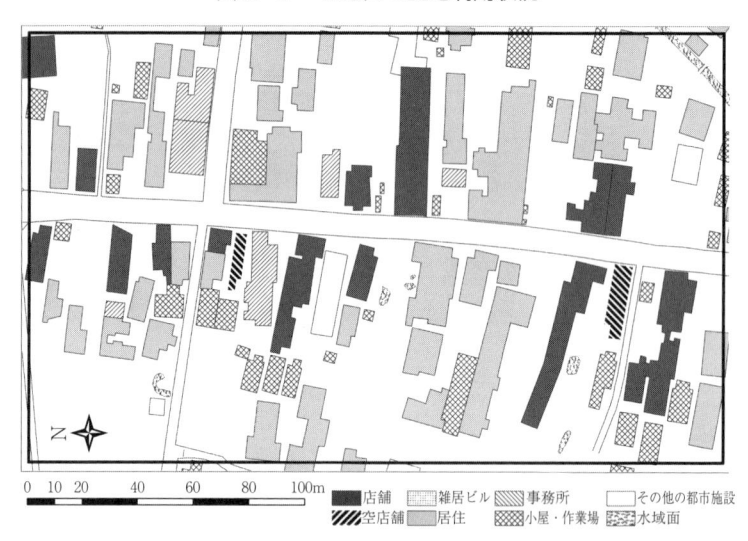

図15-9　E地区の土地利用状況

調査では空店舗の利用が図られている個所もあったが，広範な空地も確認され，中心商店街全体での方向性は未だ定まっていない。D地区の南側には県外資本の大型量販店が進出している。

　E地区：短冊状の区画が最も明確に残っている地区である（図15-9）。立地している店舗は大型で，区画面積も広い。ほとんどの店舗は近世期に創業した老舗である。空店舗は小型のものが2軒確認されるのみで，廃業した店舗は家屋や土地の形状を維持したまま一般住居や事務所に改装されている。昭和初期の歴史的景観が保全されている街並で，それを利用した地区内の活動も活発に行われている。

Ⅲ　残存する大土地所有

　1873年（明治6）に制定された地租改正法と地租改正条例により，大化の改新にまで遡るわが国の租税制度は，生産者からの物納から所有者からの金納に転換された。金納となった地租を定めるためには，地価概念の導入と土地の測量が必要であり，なによりも土地所有者（納税者）の確定が不可欠であった。

当初，土地所有者には地券（改正地券）が発行され所有地の面積と納税額が定められたが，1886年の登記法制定によって土地の権利関係が登記簿で公証されるようになり，1889年に制定された土地台帳規則によって土地の現況を示す土地台帳が作成され，課税対象となる土地の管理体制が確立した。それによって，地券の発行は廃止された（地券廃止法，1889年）。さらに，第二次大戦後の地主小作制の撤廃に伴う，土地の権利関係を公示する土地登記簿と現況を示す土地台帳との不一致が問題になり，1960年には両者を登記簿に統合する作業が開始され，1971年に完了した。以後，土地所有に関わる公的把握は登記簿に一元化され法務局で管理されるようになったが，長井市では課税業務のために，法務局から通知される登記済通知書に基づき土地台帳を更新している。土地台帳は閲覧可能であり，土地所有者の氏名及び住所，地番，土地面積，土地所有権の移転事由等を確認することができる。

本研究では，上記のような特徴を有する土地台帳を集計することによって，長井市の商業地区における土地所有の状況を明らかにした。ただし，同市では地籍調査が未だ行われておらず，土地台帳に記載された地番は明治期から大正期にかけて描かれた字限図で確認するしかない。分析対象とする5地区が含まれる字限図は全部で8枚である。字単位で作成された字限図の多くは，目測あるいは歩測によって測量されており，GPS測量によって作成された現在の地図とは一致しない（藤岡ら，1991）。そのため，本研究で分析対象とした250m×150mの区画に合わせて土地を正確に切り出すことはできない。そこで，字限図からの目視によって，各地区にかかるすべての土地を分析対象地区に含めた。集計に際しては，国有地，市有地を除き，調査時点（2010年8月）において法人または個人が所有する土地を対象にした。その結果，分析対象地区の総面積は約18万7000m^2，総区画数は1157筆となった（表15-1）[4]。全域における土地一筆当たりの平均面積は161.3m^2である。土地利用図から確認されたとおり，B地区の平均面積が最も狭く（112.7m^2），E地区の平均面積が最も広いが（202.1m^2），各地区ともに数m^2の土地が多数あり個々の土地面積のばらつきは大きい。

---

(4) 250m×150mの区画からはみ出る土地も多く，また，土地台帳に記載された面積そのものに誤差があることから，土地台帳による各地区の面積は250m×150mの面積37,500m^2に一致しない。

表15-1　分析対象地区の土地台帳データ

地区	宅地* 総面積 (m²)	宅地* 総区画数 (筆)	宅地* 平均面積 (m²)	市外所有者比 (%)
A	32,847.5	195	168.4	20.0
B	37,769.2	335	112.7	4.8
C	21,701.7	115	188.7	7.8
D	33,900.1	213	159.2	4.2
E	60,418.9	299	202.1	17.7
全体	186,637.3	1157	161.3	10.9

*宅地：調査時点（2010年8月）において，所有権が法人または個人にある土地．

　土地所有者の住所から市外居住の所有者割合を見ると全域では10.9％となり，A地区（20.0％）とE地区（17.7％）が同値を超える値を示した．A地区については，フラワー長井線やかつて長井市に進出していた市外企業の土地が散在しているためである．一方，E地区の市外所有者は個人である場合が多く，所有面積も比較的広いことが特徴である．地主層の分家が生活の基盤を他都市に置いたためと考えられるが，今回の調査では所有者に対する調査を行っていないため断定はできない．

　5地区全域を対象にして，土地台帳に記載されてから現在までの土地所有権の移転事由の内訳を見ると，売買と相続・贈与で全体の9割強を占めており，それぞれの割合はほぼ同じであることが分かる（表15-2）．一般に，大都市部の土地所有権の移転は売買契約によるものが多く，農村的色彩が濃くなるほど相続や贈与による所有権の移転が増すことが推測されるが，長井市の商業地区で行われてきたそれらの割合が全国的な水準とどれほど乖離しているかは不明である．ただし，5地区間で比較すると，中心商店街を形成しているD地区では売買によって土地所有権が移転する割合が高く，無人の空店舗が多く見られる駅前のC地区では逆に相続・贈与による移転割合が高くなっている．なお，対象地区全域における土地一筆当たりの平均移転回数は2.6回であり，地区間に大きな差異は見られない．

　各地区における同一土地所有者の土地を合算し，地区面積の3％以上の土地を所有している土地所有者を抽出してみると，A地区で最も広い土地を所有しているのは，法人であり，その所有面積比は6.6％であった（図15-10）．A地区において3％以上の土地を所有している個人は5人いるが，そのうちの一人は

表15-2 分析対象地区における土地所有権の移転内訳

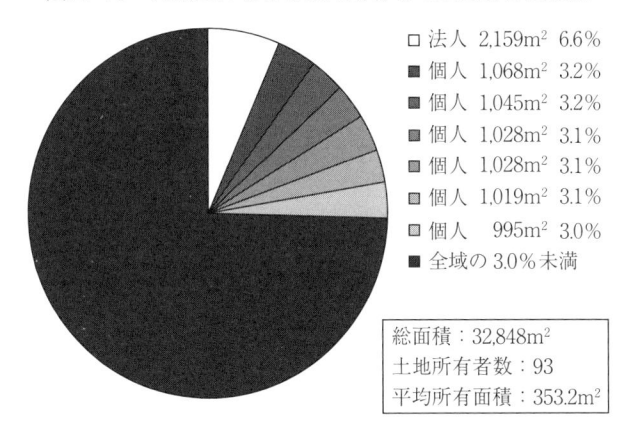

地区	総移転数 件数	(%)	売買 件数	(%)	相続・贈与 件数	(%)	寄付・その他 件数	(%)	平均移転回数（件／筆）
A	431	100.0	196	45.5	215	49.9	20	4.6	2.2
B	924	100.0	438	47.4	414	44.8	72	7.8	2.8
C	278	100.0	115	41.4	156	56.1	7	2.5	2.4
D	524	100.0	286	54.6	209	39.9	29	5.5	2.5
E	800	100.0	379	47.4	387	48.4	34	4.3	2.7
全体	2,957	100.0	1414	47.8	1381	46.7	162	5.5	2.6

図15-10 A地区における土地所有者の土地所有面積比

□ 法人 2,159m² 6.6%
■ 個人 1,068m² 3.2%
■ 個人 1,045m² 3.2%
■ 個人 1,028m² 3.1%
■ 個人 1,028m² 3.1%
■ 個人 1,019m² 3.1%
■ 個人 995m² 3.0%
■ 全域の3.0%未満

総面積：32,848m²
土地所有者数：93
平均所有面積：353.2m²

藩政時代の大地主直系の「甲」であり，その所有面積はおよそ1,000m²である[5]。

B地区において地区面積の3％以上の土地を所有するのはいずれも個人である（図15-11）。同地区は土地所有者数が5地区のなかで最も多く（法人含め123），土地の細分化が進んでいる。そのため，1人当たりの土地所有面積は最も狭く，307.1m²となっている。なお，甲は3％には達していないものの，B地区においてもおよそ1,000m²の土地を所有している。

C地区の土地所有者数は法人を含めて46であり，6個人，1法人が地区面積の3％以上の土地を所有している。彼らの所有する土地の面積は全体のおよそ6割に達する（図15-12）。また，上位の3個人，1法人が所有する土地は，それぞれ2,000m²を超える。甲は同じく藩政時代の大地主直系の「乙」と共に同

---
[5] 個人の土地所有に関する情報は，個人情報保護の観点から，本研究の目的と直接関係するものと秘匿しようがない明らかな事実を除き，できるだけ記さないようにした。

図15-11　B地区における土地所有者の土地所有面積比

- 個人　2,524m² 6.7%
- 個人　1,752m² 4.6%
- 個人　1,712m² 4.5%
- 個人　1,194m² 3.2%
- 個人　1,151m² 3.0%
- 全域の3.0%未満

総面積：37,769m²
土地所有者数：123
平均所有面積：307.1m²

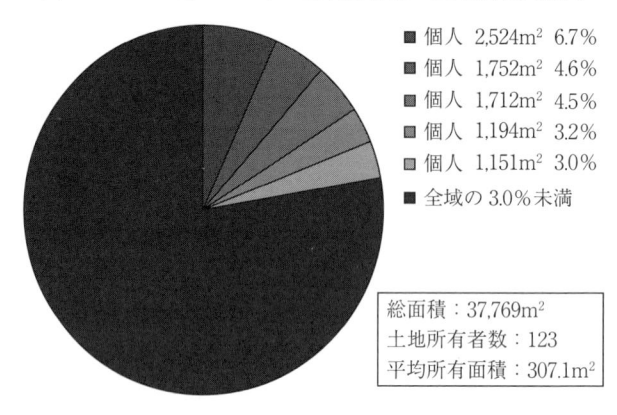

図15-12　C地区における土地所有者の土地所有面積比

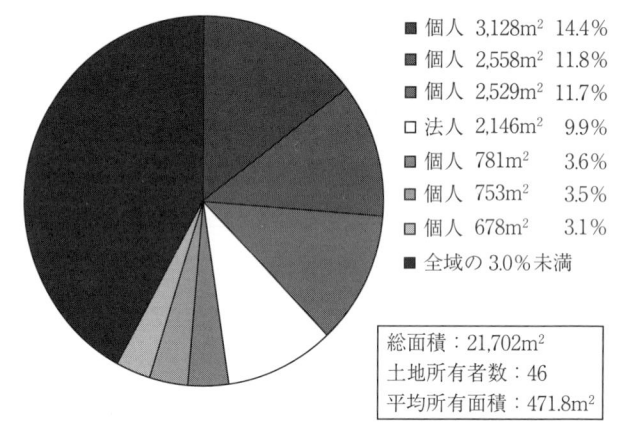

- 個人　3,128m² 14.4%
- 個人　2,558m² 11.8%
- 個人　2,529m² 11.7%
- 法人　2,146m² 9.9%
- 個人　　781m² 3.6%
- 個人　　753m² 3.5%
- 個人　　678m² 3.1%
- 全域の3.0%未満

総面積：21,702m²
土地所有者数：46
平均所有面積：471.8m²

地区の大土地所有者となっており，両者を合わせた土地面積は同地区面積のおよそ4分の1である。総面積が約2万2000m²の駅前の商業地区で，旧来の地主層を中心にした大土地所有が確認されることは，長井市街地の土地所有に見られる大きな特徴の一つとして指摘できる。

　中心商店街が含まれるD地区においても，C地区と同様に，地区面積の3％以上の土地を所有している土地所有者の土地が全体の5割を超える（図15-13）。しかし，第1，2位及び第6，7位の土地所有者は地元資本の法人であり，甲，乙は大土地所有者に含まれていない。土地利用図が示すように，C地区では大型の商

第15章　残存する大土地所有が地方都市の土地利用改変に及ぼす影響　295

図15-13　D地区における土地所有者の土地所有面積比

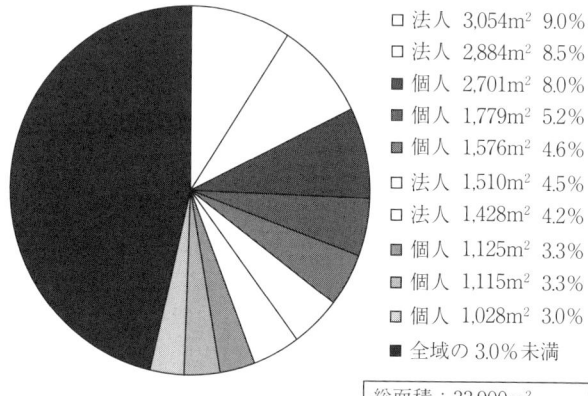

□ 法人　3,054m² 9.0%
□ 法人　2,884m² 8.5%
■ 個人　2,701m² 8.0%
■ 個人　1,779m² 5.2%
■ 個人　1,576m² 4.6%
□ 法人　1,510m² 4.5%
□ 法人　1,428m² 4.2%
■ 個人　1,125m² 3.3%
■ 個人　1,115m² 3.3%
■ 個人　1,028m² 3.0%
■ 全域の3.0%未満

総面積：33,900m²
土地所有者数：67
平均所有面積：506.0m²

図15-14　E地区における土地所有者の土地所有面積比

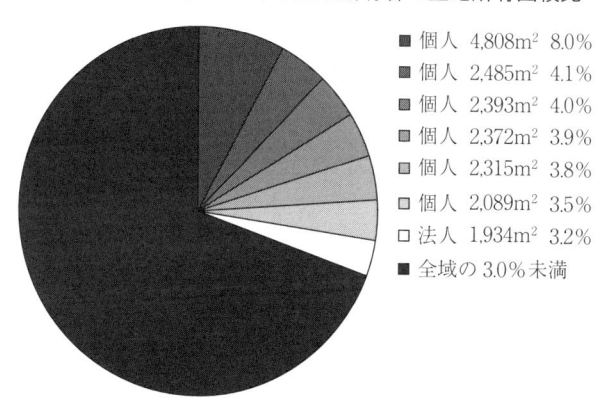

■ 個人　4,808m² 8.0%
■ 個人　2,485m² 4.1%
■ 個人　2,393m² 4.0%
■ 個人　2,372m² 3.9%
■ 個人　2,315m² 3.8%
■ 個人　2,089m² 3.5%
□ 法人　1,934m² 3.2%
■ 全域の3.0%未満

総面積：60,419m²
土地所有者数：112
平均所有面積：539.5m²

業施設やテナントビルが立地する。同地区の大規模土地所有者は所有する目的に応じて土地を改変し，新たな都市施設を積極的に配置してきたと言える。

　歴史的な街並が保全されているE地区の最大土地所有者は甲であり，およそ5000m²の土地を所有する（図15-14）。同地区の土地所有者1人当たりの土地所

有面積は，5地区の中で最大であり，539.5m^{2}に達する。そのため，C地区やD地区に比べると，大土地所有者の土地が地区面積に占める割合は小さくなっている。同地区は，現在の土地所有者が土地を積極的に改変しているわけではなく，先祖から受け継いだ土地を次世代に引き渡すために維持している様子が街並の景観から察せられる。

IV　土地利用者の意識

　土地利用図の作成と土地台帳の調査によって，長井市における5つの商業地区は，藩政期の大土地所有が残存している地区とそうではない地区に大別されることが明らかになった。さらに，前者は藩政期の大土地所有がほぼ形を変えていないE地区，かれらの土地が商業活動の低迷によって実質的な未利用地になっているC地区，大土地所有は確認されるものの分筆による小規模宅地も増加傾向にあるA及びB地区にそれぞれ細分される。一方，後者にはD地区が分類される。

　D地区は，新興の大土地所有層が出現し，比較的活発に土地利用改変が行われてきた。以下では，彼らが考える今後の展望をインタビュー調査によって明らかにする。[6]対象は中心商店街の組合に加盟する28の個人店舗の経営者であり，調査年次は2010年7月である。インタビューに応じたのは22人の経営者で全体の78.6％にあたる。

　調査の結果，経営者の54.5％は60歳以上であり，高齢化が進んでいることが分かった（図15-15）。戦後に創業した店舗の割合は59.1％であり，近世期に創業した老舗が残る長井市の市街地の中では新興の商業地区であると言える。また，売り場面積が100m^{2}未満の小規模店舗が56.6％を占めるなかで，300m^{2}以上の売り場面積を有する店舗が3軒あることも同商店街の特徴である。ほとんどの経営者が自己所有の土地で商業を営んでおり，4軒の店舗が賃貸契約による土地利用である。賃貸契約による店舗はいずれも平成期に創業しており，そのうち3軒は売り場面積が50m^{2}未満の零細店舗である。バブル崩壊後，市街

---

[6]　対象とした商店街組合に加盟する店舗は，C地区の幹線道路沿いに展開しており，同地区内にすべての店舗が立地しているわけではない。

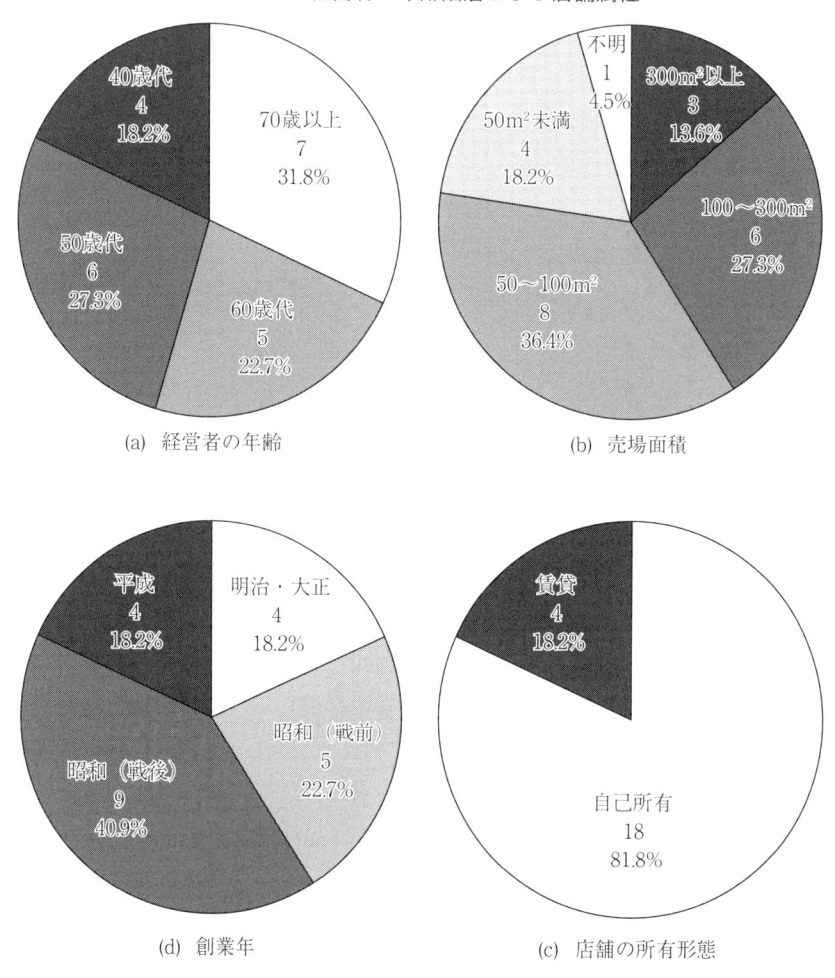

第15章　残存する大土地所有が地方都市の土地利用改変に及ぼす影響　297

図15-15　経営者の年齢階層および店舗属性

(a) 経営者の年齢

- 70歳以上　7　31.8%
- 60歳代　5　22.7%
- 50歳代　6　27.3%
- 40歳代　4　18.2%

(b) 売場面積

- 300m²以上　3　13.6%
- 100〜300m²　6　27.3%
- 50〜100m²　8　36.4%
- 50m²未満　4　18.2%
- 不明　1　4.5%

(d) 創業年

- 明治・大正　4　18.2%
- 昭和（戦前）　5　22.7%
- 昭和（戦後）　9　40.9%
- 平成　4　18.2%

(c) 店舗の所有形態

- 自己所有　18　81.8%
- 賃貸　4　18.2%

（上段：実数，下段：構成比）

地での店舗立地は，土地購入によるものから土地貸借によるものへシフトしていると考えられるが，長井市の場合，そのような形での出店は，小規模な空店舗に対して平成初期に行われて以来，進展は見られない。

　現状を客観的に見れば，決して楽観視できない状況であるものの，10年後の商店街については，明るいと答えた経営者（8人，36.4％）が暗いと答えた経

営者（6人，27.3%）を上回った（図15-16）。
　以下に，まず，悲観的な将来を予測した経営者の事例を挙げる。

・70歳代　男性　売場面積50m²未満，後継者無
　「活性は今以上に下がる。あと2，3年で辞めるので，自助努力はしてない。」
・70歳代　男性　売場面積50m²未満，後継者無
　「上がることはない。今は自助努力はしていない。客が減っているので，行政には子供を増やすような政策を望む。」
・50歳代　女性　売場面積50m²未満，子供はいるが後継は未定
　「下がり調子。商店街のイベントを増やして客を呼び込むべき。自助努力は特にしていない。」
・40歳代　男性　売場面積50m²未満，子供はいるが後継は未定
　「廃れる。自助努力は特にしていない。行政に望むこともない。」

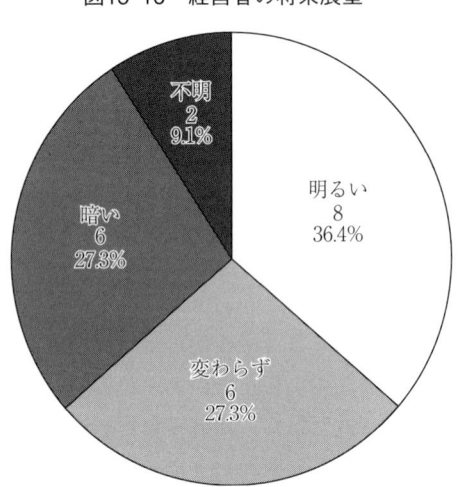

図15-16　経営者の将来展望

不明　2　9.1%
暗い　6　27.3%
明るい　8　36.4%
変わらず　6　27.3%

（上段：実数，下段：構成比）

事例から確認されるように，悲観的な将来を予測した回答者の多くは，小規模店舗の経営者である。彼らは，商業地区の衰退は必然的な現象であり，自分達はそれを受け入れざるをえないと考えている。そのため，商店街の衰退を認識してはいるものの，それに対する自主的な活動には消極的であり，行政側の政策や他者が発案する商店街のイベントに頼る傾向がある。また，政策やイベントに関しても，独自の主張を持っているわけではなく，漠然とした一般論を回答するに止まり，インタビューも短時間で終わるケースがほとんどであった。

次に，楽観的将来を予測した店主の事例を挙げる。

・60歳代　男性　売場面積50m^{2}未満，後継者有（確定）
「街路の拡幅事業が始まるので街が奇麗になる。既存の県外大型資本が存続するために提示した条件を満たす努力が必要。自分では集客のために勉強し品揃えを増やしている。」

中心商店街には県外資本の大規模小売店が隣接しているが，借地契約の満了が近づいている。長井市及び商店街は，同地区の活性を維持するためには大規模店の存続が不可欠であると考えている。長井市は，既に決定している幹線道路の拡幅事業によって商店街への流動性が高まることを大規模店側にアピールしているものの，大規模店はそれほど大きな期待はしていない。大規模店へのインタビュー調査によれば，彼らは地価が安いというよりも土地利用の自由度が高いことを理由に郊外への店舗移転を希望しており，再契約の条件の一つに１万坪以上の借地の貸与を挙げている。[7]上記の男性経営者は，この状況を十分に認識しており，拡幅事業の効果に期待しつつ，大規模店が示している再契約の条件について触れ，１万坪の借地を用意する努力をしなければならないと考えている。現状において，商業地区には条件に合うようなまとまった面積の未利用地はなく，同経営者の言う「努力」とは，街路の拡幅事業を契機にして土地利用の再編計画を進めることを意味している。

---

[7] 大規模店も同商店街に加盟しているが，商店街の活動に同調している様子はない。そのため，同店に関しては別個にインタビューを行っており，本文中の集計にも同店は含まれていない。

・60歳代　男性　売場面積300m^{2}以上，後継者有（確定）

「街路の拡幅事業を契機に空間の有効活用が進む。既存大型店を中心にして，意欲のある商店で商店街が構成される必要がある。事業を機に廃業する店舗跡地が既存大型店存続のキーになる。自助努力はネットワーク整備と社員教育を行っている。」

・60歳代　男性　売場面積300m^{2}以上，後継者有（確定）

「街路の拡幅事業によって賑わいが戻ることを期待している。商店街は他力本願ではなく，独自の努力と後継者づくりが必要。行政には大型店の郊外出店規制を望みたい。」

　上記2名の男性経営者は，いずれも300m^{2}以上の売場面積を持つ店舗を経営しており，後継者が確定している。前者の経営者は，土地を買収しながら経営を拡大してきた経緯があり，商店街の再編をより具体的にイメージしている。しかし，後者の経営者は，現状に見られる個人店舗の消極性は後継者が確定していないことが原因であり，後継者の育成によって商店街単独での再生が可能だと考えている。また，彼は，隣接する大型店の存在意義は十分に認めているものの，提示している条件を満たすのではなく，郊外への大型店全般の出店規制を敷くことで同地での存続が可能になるとし，前者とは異なる考えを有している。

　事業を成功させ，経営を拡大してきた両者の主張の差異は，土地利用に関するそれぞれの思惑によるものであり，彼らの予測通りに商店街が変わっていくわけではないが，共に商店街に対する客観的な視点は失われておらず，積極的に商店街を改変していこうとする姿勢が感じられる。

　地方中小都市における商業の低迷は，土地の収益性に基づく一元的な関係で論じられるものではなく，個人店舗の消極性やそこに至るまでの複数の要因が多重的に作用することによって生じていると考えられる。さらに，長井市の場合は，それらに残存する大土地所有の問題が加わることによって，土地利用が硬直化していると結論づけられる。

V　長井市における土地利用改変の類型化

　最後に，以上の分析の結果から，長井市における土地利用改変の特徴を模式的に整理することによって，土地所有に起因する地方都市特有の問題点を抽出する。

　個々人の所有する土地の面積が異なるのは当然であり，それらは統合と細分化を繰り返しながら逐次変化している。ただし，土地の形状から土地利用の形態が決定されるのか，土地利用の形態に合わせて土地の形状が変化するのかは，一概に言い切れない。特に，地方都市においては，地域固有の要因によって両者の関係が複雑化しており，現況に至までの過程を十分に理解することが，構造再編のための具体的指針を提示することに繋がる。

　長井市の場合，近世期に豪商や寺社による土地の統合が進み，大土地所有が確立した。大土地所有は戦前まで継続していたが，戦後の農地改革とその後の分家相続によって土地の細分化が進行した（図15-17）。細分化された土地は，当初，小規模な個人店舗として利用され，比較的広範囲にわたって商業地区が形成された。顧客の行動範囲が狭く，指向も単一的であった時代においては，

図15-17　長井市の商業地区における土地利用改変の類型化

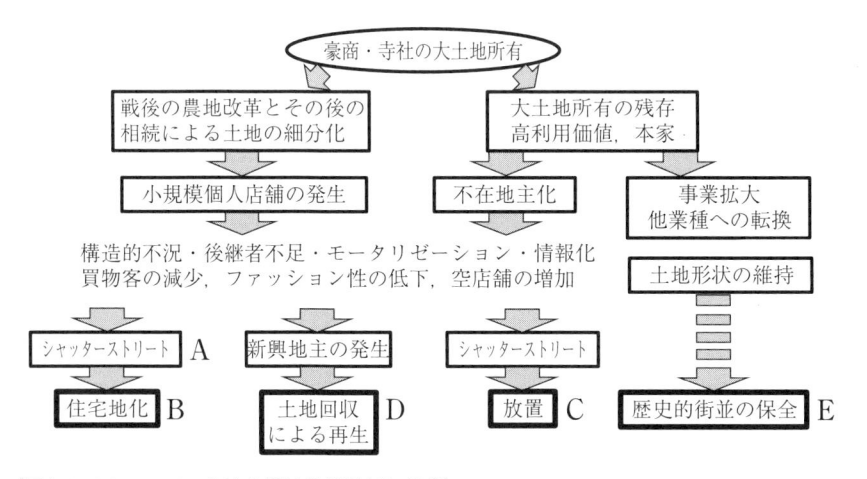

```
                    豪商・寺社の大土地所有
                    ／              ＼
    戦後の農地改革とその後の         大土地所有の残存
    相続による土地の細分化           高利用価値，本家
            ↓                      ／        ＼
    小規模個人店舗の発生       不在地主化    事業拡大
                                            他業種への転換
   構造的不況・後継者不足・モータリゼーション・情報化    ↓
   買物客の減少，ファッション性の低下，空店舗の増加   土地形状の維持
     ↓              ↓               ↓              ↓
  シャッターストリート A  新興地主の発生  シャッターストリート
     ↓              ↓               ↓              ↓
    住宅地化 B     土地回収      放置 C        歴史的街並の保全 E
                  による再生 D
```

（図中のアルファベットは分析対象地区名に対応）

住民の日常的な買物行動は長井市内の商業地区で完結し，商業地区は同市の人口に対応して発達したと考えられる。しかしながら，構造的不況による製造業の停滞や減反政策による農業の低迷によって，長井市自体の都市活力が低下していく中で，モータリゼーションの普及や情報化の進展によって上位都市の利便性を容易に利用できるようになると，長井市の地位の絶対的低下は確定的なものとなった。商業地区は，品揃え，価格，ファッション性において上位都市と競合することができず，住民の活動範囲の拡大や若年層の流出と共に顧客数は減少した。

採算がとれなくなった店舗は廃業し，その後も改装されずに空店舗が増加した。空店舗の増加は，商店街の店舗密度を低下させ，シャッターストリートと呼ばれる景観を作り出した（A地区）。細分化された土地の所有者が商店を経営している場合，店舗に隣接して住居が立地していたり，住居の一部が店舗として利用されているような職住一致型の居住形態がとられていることが多い。そのため，廃業し空店舗になっても，それが他者に貸し出されることは少なく，空店舗は時間の経過とともに住居に組み込まれていく。その結果，既存商業地区の一般住居化が生じた（B地区）。

しかし，品揃え，価格，ファッション性のいずれかにおいて上位都市に対抗できる事業を興した経営者は，顧客の維持，拡大に成功し，収益を挙げた。低迷する商店街における少数の成功者は，土地神話が活きていた1980年代までは廃業した店舗跡地を買い取り，事業を拡大した。新興の大土地所有者の出現である。彼らが行った一連の事業が商店街の活性化に果たした役割は大きい（D地区）。バブル崩壊後，彼らが積極的に土地を買収することはなくなったが，蓄積された資本を商店街再生のために投下する意志はあり，現在はその機会を行政に求めている。

新興の大土地所有者が所有地面積を拡大し，積極的に土地利用改変に関わってきたのに対し，旧来の大土地所有者は戦後大幅に所有面積を縮小させ，土地利用改変には消極的な態度を維持している。土地所有面積を縮小したとはいえ，他者との相対的な面積比で見れば，旧来の大土地所有が継続していることは明らかである。土地の縮小過程において彼らが残した土地は，居宅のある地区と相対的に高い利用価値が見込まれる地区に集中する。長井市の場合，相対的に

第15章　残存する大土地所有が地方都市の土地利用改変に及ぼす影響　303

高い利用価値が見込まれた地区とは駅前地区であった。旧来の大土地所有者は，所有する土地に貸しビルや貸店舗を建設し，その不動産収入が彼らの財源の一つになった。結果的に，きわめて限定された範囲ではあるものの，不在地主化が進行した。その後，これらの店舗も他の商店街と同様な問題が生じ，シャッターストリートが生まれたが，他の商店街とは異なり，テナントとして貸し出されていた店舗の多くは，新たな借り手が見つかるまで無人で放置されている（C地区）。

　旧来の大土地所有者は相応の危機感を抱いてはいるが，自らが同地で新しい小売業を興すという意思は薄い。彼らは，顧客の地域離れに影響されにくい酒や醤油の醸造を本業としているか，他業種への転換によって就業地を別にしたり，居宅の一部を事務所に改装して小売業よりも広域的な他の事業を行っている（E地区）。分家集団はもとより，本家は長井市街地に在住はするものの，事業の活動範囲はすでに市域を越えており，敢えて市内の商業活動に固執する必要はない状況にある。彼らの多くは高い学歴を有し，経済的にも上位の階層に位置している。ある大土地所有者は，「土地の形状を変えてまで新規の事業を興すつもりはない。先祖から受け継いだ土地を現状のまま次の世代に受け継がせることも自分達に課せられた重要な役目である。」と話した。

　長井市の商業地区は決して広いわけではないが，土地の所有関係から，特徴の異なる商店街が形成されている。これらの商店街に対して，一律の政策を行っても同様の効果を得ることは出来ない。しかし，このことは，長井市に存在する多様な土地所有関係自体を否定するものではない。保全されている歴史的な街並の景観が示すように，近世期に形成された大土地所有は同市の文化そのものであり，それを否定することは長井市の形成過程を否定することにほかならない。本研究で指摘する問題点とは，近世期に形成された大土地所有を基礎に置く同市の複雑な土地所有関係がタイプの異なる土地利用の現況を作り出していることを，行政はもちろん，土地利用者自身も認識していない点である。都心部の必要な箇所に都市機能を集約させ，コンパクトな都市構造への再編を図るためには，土地利用が硬直している理屈を理解しなければならない。大都市の商業地区に比べると，地方都市の商業地区は土地利用者の将来展望や土地所有者の所有意識が多様であり，大都市よりも細かな政策が必要である。

（山田浩久）

参考文献

海道清信（2001）『コンパクトシティ―持続可能な社会の都市像を求めて』，学芸出版社．

国立社会保障・人口問題研究所（2006）『日本の将来推計人口』．

藤岡謙二郎・山崎謹哉・足利健亮（1991）『日本歴史用語地名辞典　新装版』柏書房．

山田浩久（2004）「基幹産業の変遷に伴う都市空間の変容―山形県米沢市の事例―」，山形大学人文学部研究年報，1，139-157頁．

山田浩久（2008）「集約型都市構造と広域地方計画との関連」，山形大学人文学部研究年報，5，45-58頁．

山田浩久（2010）「地価を用いた都市集約化の計量的把握―関東地方を事例にして―」，山形大学紀要（人文科学編），17-1，93-110頁．

第16章　山形県出身者におけるUターン者と非Uターン者の意識構造

はじめに

　地方の時代と言われて久しいが，地方圏においては一部の地域を除いて長く人口減少の基調にある。山形県においても例外ではなく，国勢調査において1950年に137万であった人口は，2010年には117万人に減少している。山形県の調べによれば，この間，社会増減（転入－転出）は一貫して減少しており，1997年からは自然増減（出生－死亡）も減少となっている。すなわち，社会減少に自然減少が相まって，山形県の人口減少に拍車をかけている。また，国立社会保障・人口問題研究所の推計（2007年）によれば，山形県の人口は2030年には100万人を下回って98万人になるとされている。

　一方で，わが国において，一人の女性が生涯に産む子供の平均数を示す指標である合計特殊出生率は，1950年の3.65から，2010年には1.39に低下している。山形県の2010年の合計特殊出生率は1.40と全国値を若干上回っているものの，1950年には3.93であったことから，山形県も全国同様，少子化の進行が著しいといえる（厚生労働省「人口動態統計」より）。

　地方圏から大都市圏への人口流出の中心が，進学や就職を契機とした若年層であることは，内野（1990）などの研究で指摘されている。このことから，山形県では，若年人口の県外流出によって県内在住の若年人口のボリュームが縮小し，そこに少子化が追い打ちをかけて，県内で再生産される若年人口のボリュームがさらに縮小するという"負のスパイラル"が生じていると推測され

---

(1) ここでは，三大都市圏である東京大都市圏（埼玉県，千葉県，東京都，神奈川県），中京大都市圏（岐阜県，愛知県，三重県），阪神大都市圏（京都府，大阪府，兵庫県）以外の道県を指す。

る。若年人口の流出は地域経済の衰退を引き起こし（藤井・Toroy, 1991など），また，地方圏出身者がどの程度地元に残るのかは地域の将来性を図る1つの指標となりうる（細野, 1996）ことから，こうした事態は極めてゆゆしき問題である。

　このような状況を打開する1つの方策として，県外に流出した若年層のUターン[2]の推進が挙げられる。そこで，本論では，山形県出身で，いったん県外（主に東京大都市圏）に流出してUターンした県内在住者，および県外に流出して現在も県外にとどまっている非Uターン者を対象にグループインタビューを実施し，現在のライフスタイルや人生の価値観，Uターンに対する意識などをたずねた。その上で，個人の経験から経済・社会環境の現状まで，幅広い観点からUターンに対するニーズを話し合ってもらい，山形県でUターンが推進されるための政策課題を抽出する試みを行った。

I　Uターン研究の流れ

　ここで，わが国におけるUターン研究の流れを整理しておこう。

　1950年代から60年代にかけて，地方圏から大都市圏へ大量の人口移動が発生した。しかし，1970年代に入ると，地方圏から大都市圏への移動が弱まり，代わって大都市圏から地方圏への移動が増加した。この現象に着目したのが黒田（1976）であり，黒田はそこにUターンの顕在化を見いだした。石川（1978）や渡辺（1994）などもこの移動流を重視し，石川は1970年を「人口移動の転換点」と位置づけた。しかし，これらの研究で用いられたデータは，住民基本台帳人口移動報告年報などの既存統計であり，こうしたデータにおいては，地方圏から大都市圏への移動者と，大都市圏から地方圏への移動者が必ずしも同じとは限らないという根本的な問題があった[3]。

---

(2)　Uターンには県単位，市町村単位，実家単位とさまざまな定義が考えられるが，本章では市町村単位とする。

(3)　河辺（1985）は，1970年代に地方圏から大都市圏へ移動した世代のコーホート規模と，大都市圏から地方圏へ移動した世代のコーホート規模の違いに注目し，前者より後者の方が大きいことから見かけ上起きた逆転現象であると指摘した上で，少なくとも，この時期にUターンが"顕在化"したことには否定的な見解を述べている。

それに対し，江崎ほか（1999，2000）では，実際のUターン者および非Uターン者を対象とした大規模なアンケート調査を行うことで，上記問題の解決を図った。ここで用いられたのが高校の卒業者名簿（同窓会名簿）である。江崎ほか（1999）では長野県を例に，江崎ほか（2000）では長野県と宮崎県との比較を例に，複数の名簿からサンプリングを行い，アンケート票を発送した。その結果，世代間でUターン率に高まりが見られること，県外就職者については就職後5年以内のUターンが大半であることなど，新たな知見がみられた。また，江崎ほか（2007）は山形県庄内地方を対象に同様の手法で研究を行い，近年の世代ではUターン率が停滞していること，Uターン率に男女差がみられることなどを明らかにした。さらに，同地域を研究対象とした山口ほか（2010）では，新規大卒Uターン者の就職状況に世代間で大きな違いがみられることを明らかにした。

このように，Uターン研究については，量的な観点から質的な観点へと変化することで，次第にその全容が解明されるようになってきたが，今後はさらに踏み込んで，「なぜUターンしたのか？」「なぜUターンしないのか？」といった，被験者自身の意識構造についても議論する必要があると考えられる。

II　調査の概要

本論で用いた研究手法はグループインタビューである。グループインタビューとは，司会者の進行のもと，具体的な条件に即したある特定のトピックについて，選ばれた複数の個人によって行われる形式張らない議論を指す。

グループインタビューは，「商品企画七つ道具」（神田，1994）の1つとして，マーケティング分野で広く使われているが，近年では医療（汲田ほか，2010など），福祉（根本，2010など），労働（高橋，2008など），教育（河野，2007など）といったさまざまな分野で研究手法に取り入れられている。しかし，地理学においては，大都市圏に住む30代独身女性の居住地選択について研究した若林ほか（2001）や，地方に住む若者の生活空間について研究した杉山（2008，2009）などにみられる程度であり，今後の研究蓄積が求められよう。

グループインタビューの利点は，比較的短時間で多くの情報が得られること，

被験者の発言に対してさらに質問するなどより深い議論ができること，想定外の情報が得られること，などがあるが，一方で，司会者の力量によって得られる結果が異なること，被験者の発言が他の被験者の発言に影響される恐れがあること，調査によって得られた結果を一般化するのが困難であること，などの欠点もある。

　これらをふまえた上で，2005年10月，山形県出身でUターンを経験した県内在住者および東京大都市圏に在住する社会人計27人(4)対象に，学歴や居住エリア(5)から6つのグループに分けグループインタビューを行った(表16-1)(6)。被験者グループの平均年齢はおおむね20代半ば前後であるが，江崎ほかの研究から，Uターンのピークは就職後3年で，5年以内に大半のUターンが行われることが明らかになっていることから，ここでは，県内在住者を「Uターン者」，東京大都市圏在住者を「非Uターン者」と位置づけることができよう。

　グループインタビューの進め方については，調査側において「ライフスタイルや人生の価値観」「Uターンの有無の理由とそれに対する評価」「Uターンを推進するためのニーズと課題」の3点を大きなテーマとしてあらかじめ設定し，司会者の進行のもと，被験者に自由に発言してもらった。なお，被験者はすべて匿名（番号制）とし，居住地や勤務先など具体的な自己紹介も行わなかった。これは，被験者のプライバシーを保護するとともに，被験者間における先入観を廃することで，客観的な議論を進めるためである。

　インタビューの内容は被験者の許可を得て録音し，終了後に作成した発言録から，比較的共通した発言や頻出するキーワードを抽出する作業を行った。

　なお，本グループインタビューは，筆者の所属する機関が山形県の委託を受けて行ったものである（委託業務名：若年層の地元定着に関する意識調査）。本論の執筆にあたっては，山形県より一次データ（発言録）の転用を許可されたことを付記しておく(7)。

---

(4) 三大都市圏のうち，流出先として最も多いのが東京大都市圏であることは，学校基本調査などから確認済みである。
(5) 被験者は，インターネットでの募集および関係者からの紹介によって集めた。
(6) 山形県のエリア区分は大きく「内陸」と「庄内」に分けられることから，県内在住者の居住エリアは2か所とした。ただし，被験者のプライバシーを考慮して，エリア名は「居住エリア①」「居住エリア②」とした。

第16章　山形県出身者におけるUターン者と非Uターン者の意識構造　309

表16-1　グループインタビュー被験者の属性

グループ		番号	性別	年齢	出身地	山形県を離れた年数	山形に戻ってからの年数
県内在住者	居住エリア① 高校・専門学校卒	1	男性	21歳	市部	3年	半年
		2	女性	33歳	市部	12年	3年半
		3	男性	29歳	市部	2年半	8年
	居住エリア① 短大・大学卒	1	女性	27歳	市部	7年	1年半
		2	女性	27歳	市部	4年	4年半
		3	男性	28歳	市部	9年	半年
		4	女性	29歳	市部	4年	7年半
		5	女性	26歳	市部	4年	4年半
	居住エリア② 高校・専門学校卒	1	男性	21歳	郡部	2年半	3年
		2	女性	21歳	市部	2年半	1年
		3	女性	32歳	郡部	2年	11年半
		4	男性	26歳	市部	半年	7年
	居住エリア② 短大・大学卒	1	男性	29歳	市部	4年	7年半
		2	男性	29歳	市部	8年	4年半
		3	男性	28歳	市部	4年	5年半
		4	女性	22歳	市部	4年	半年
東京大都市圏在住者	高校・専門学校卒	1	男性	28歳	郡部	10年半	—
		2	女性	22歳	郡部	3年半	—
		3	女性	22歳	郡部	3年半	—
		4	女性	20歳	市部	2年半	—
		5	男性	30歳	市部	11年半	—
	短大・大学卒	1	男性	27歳	市部	9年半	—
		2	女性	26歳	市部	7年	—
		3	女性	26歳	郡部	5年半	—
		4	女性	27歳	市部	7年	—
		5	男性	26歳	市部	6年半	—
		6	女性	29歳	市部	11年半	—

Ⅲ　調査結果

　発言録を分析した結果，学歴や県内居住エリアによるグループ間の発言内容に大きな違いはみられなかった。したがって，以降では6つのグループを「Uターン者」（県内在住者）と「非Uターン者」（東京大都市圏在住者）に大別し，

---
(7)　委託業務では，県内および東京大都市圏在住の学生についてもグループインタビューを行ったが，本論の内容を考慮して割愛した。また，グループインタビューの司会は筆者所属機関の上席研究員が務め，筆者が記録を行った。

被験者の発言をもとに考察を行った。

1 ライフスタイルと人生の価値観

Uターン者は仕事と趣味，家庭を両立し，自分らしくゆったりと過ごす生活に価値観を見出す傾向がみられるのに対し，非Uターン者は，平日は仕事，休日は休息と割り切っており，仕事を極めること，仕事を自己実現の場とする生活に価値観を見出す傾向がみられた。

「今の私は，生活そのものと，仕事や趣味とのバランスが取れていると思います。本当はもっと仕事をするべきかとも思うのですが，今はこのライフスタイルに満足しています。」（Uターン者）

「私の生きがいは，仕事を通じて人の役に立つことです。そのためには，多くの人に会って人脈を広げることが必要なので，JCや商工会議所，ロータリーの会合などに身銭を切って参加し，少しでもチャンスを増やそうとがんばっています」（非Uターン者）

このように，Uターン者と非Uターン者とでは理想とするライフスタイルや価値観の違いが明確にみられる一方で，時に非Uターン者は，現状への違和感や地元への羨望感を抱いている場合もある。

「姉の話を聞くと，山形では，週末は車でアウトドアを楽しむなど，自分の時間を持てているのに対し，こちらでは何か，いつも時間に追われて忙しさを感じているような気がします」（非Uターン者）

とはいえ，では今の生活を山形に置き換えて考えることは可能かとたずねると，答えは否定的であった。

「今は自分のやりたい仕事が出来ているので，同じことを山形でというのは，機会などの点から無理だと考えています」（非Uターン者）

すなわち，Uターン者も非Uターン者も，まずは理想とするライフスタイルや価値観を体現することが最優先であるといえよう。

2 Uターンの有無の理由と評価

(1) Uターン者の意識　　Uターンの理由はさまざまで，また複数の要因が重なってUターンに至った被験者が多い。ただし，発言内容から，Uターン者を

大きく積極型と消極型に分けることができる。また，積極型についても，

　「就職して3年が過ぎ，責任ある仕事も任されるようになりましたが，同時に何となくやり遂げた感じがしました」（Uターン者）

という発言にみられるような，都会（東京大都市圏）の生活に見切りを付けてUターンするプッシュ要因型と，望郷の念からUターンするプル要因型に分けることができる。

　しかし，本調査において積極型はむしろ少数派であり，全体的には消極型が目立った。なお，消極型についてもプッシュ要因とプル要因があり，プッシュ要因としては「ホームシック」「都会での就職活動の失敗」「経済的側面も含めた都会暮らしへの不安」「仕事上のトラブル」など，プル要因としては「家庭・家業の事情」などが，被験者の発言から見出された。

　ここで，消極的Uターン者について，本当は都会に住み続けたかったが挫折したと考えるのは早計に過ぎるが，[8] 理由はともあれ，結果的にはUターン者の多くは，Uターンをしたことに対しておおむね好意的に評価していた。グループインタビューでは，Uターンによって得た現在の生活について5段階ないしは4段階での評価をたずねたが，満点も含めて大半の人が中より上と回答したことがそれを裏付けている。

　では，Uターンによって得られた満足とは何であろうか。被験者の発言からは，「自然の豊かさ」「食べ物・水の良さ」「実家に住むことによる生活面，経済面での余裕」「家族・親類・友人らに囲まれた安心感」などが挙げられた。また，それらに関連して「子育て環境の良さ」を挙げる被験者も多かった。[9]

　一方で，こうした発言は，一度県外に出たことによって生じた向きもあり，結果として，かつて住んでいた都会に対する否定的な印象へとつながることもある。以下の発言がそれを象徴している。

　「一回地元を離れてから地元の良さが分かることってありますよね。私も東京に出てから地元の良さが分かりました。東京暮らしはもう飽きました」（Uターン者）

---

[8] 同様に，積極型Uターン者が流出時点からUターンを考えていたとも限らない。このあたりの意志決定プロセスについては，本調査では明らかにすることができなかった。

[9] 山形県では，2004年に「子育てするなら山形県」推進協議会を設置した。

なお，ここで疑問とされるのは，前節で述べたUターン者のライフスタイルや価値観が，Uターンをしたことによって形成されたものなのか，そもそも，そうした概念を潜在的に持っていたからUターンに至ったのかである。卑近な言葉で表現すれば，"鶏が先か，卵が先か"ということである。それについては本論では明らかにできなかったので，今後の課題としたい。

(2) 非Uターン者の意識　非Uターン者がUターンを行わない理由は，仕事に積極的であることが最も大きい。それについて，被験者の発言からは3つの傾向が挙げられる。1つは

> 「ポジティブ思考な人が多く，仕事上のチャンスが多い東京が，自分にとっては最適です」（非Uターン者）

という発言にみられるような，仕事で自分の力を発揮できる場が都会にあるという考え方，2つ目は，

> 「卒業するときに山形の企業も考えたのですが，東京とのあまりの給料格差に愕然としました。もともと大きいことをしたいという夢を持って東京に来ましたので，卒業後は東京で就職しました」（非Uターン者）

という発言にみられるような，高い給与水準に対する魅力，3つ目は，

> 「東京では総合職というと，女性もバリバリ働くような感じですが，山形では総合職といっても有名無実なところがあって，4，5年で結婚して辞めていく人が多いと聞いています」（非Uターン者）

という発言にみられるような，女性がキャリア・アップできる職場環境である。[10]
また，以下の発言にみられるように，山形では地域の目や噂話などが煩わしいことも，非Uターン者にとってマイナス要因になっている。

> 「山形は近所づきあいが濃くて噂話が好きなのですが，大概が悪口です。それに比べて，都会の人は，一見冷たいように見えますが，人の悪口は言いません。干渉はしない，無責任なことは言わないのです。逆に，信頼の置けるちゃんとした付き合いなら，本当に情に厚いことが分かりました」（非Uターン者）

---

[10] 『平成23年版男女共同参画白書（内閣府）』によれば，地方公務員の管理職（課長以上）に占める女性の割合は，東京都が13.6%（1位）であるのに対し，山形県は3.4%（41位）である（全国は6.0%）。

しかし，ここで注目したいのは，非Uターン者に発言において，「山形が嫌いというわけではないのですが…」という前置きが目立ったことである。つまり，必ずしも山形を拒否しているわけではなく，むしろ自分が山形で生まれ育ったことに誇りを持っている被験者が多いのである。具体的な発言を1つ挙げよう。

　「私は山形出身であることを誇りに思っています。都会に育っては絶対できないような体験もたくさんしてきました。私は自然が大好きで，山形は水も空気もおいしいと，人には話しています」（非Uターン者）

つまり，山形を好意的に評価しているのに，それが必ずしもUターンに結びつかないのは，前節で述べたように，自らが望む自己実現が山形ではできないという考えを，被験者の多くが持っているからではないかと考えられる。

　(3) **Uターンの有無はなぜ生じるか**　　以上，Uターン者はなぜUターンしたのか，非Uターン者はなぜUターンしないのか，について述べてきたが，読者からは「Uターン者は挫折した人で，非Uターン者は順風満帆な人なのか？」，あるいは「Uターン者は仕事を適当にする凡人で，非Uターン者は仕事をバリバリこなす頭脳流出なのか？」という批判を受けるかもしれない。

　もちろん，そのようなことはない。筆者はグループインタビューで，全ての被験者をつぶさに観察していたが，誰もがしっかりとした考えを持っていて，発言内容も明快であった。つまり，Uターン者と非Uターン者に能力差があるとは考えられない。一方で，Uターン者は流出当初からUターンをある程度考慮していて，非Uターン者ははなからUターンする気がなかった様子も感じ取れなかった。

　では，なぜ被験者がUターン者と非Uターン者に分化したのか。もしかしたら，被験者の多くは，多かれ少なかれ挫折を経験したものの，Uターン者は挫折に弱く，非Uターン者は挫折に強かったのかもしれない。あるいは，Uターン者は挫折してもUターンできたが，非Uターン者は挫折してもUターンすることができなかったのかもしれない。

　しかるに，本論で，流出後の環境，経験や，意識構造の形成プロセスにまで踏み込んだ調査ができなかったのは今後の課題である。

Ⅳ　Uターンを推進するためのニーズと課題

　終章では，グループインタビューの最後のテーマとして設定した「(山形県で) Uターンが推進されるためのニーズと課題」について，被験者の発言から導き出されたキーワードを整理した上で，具体的な発言を交えながら項目を掲げ，それらをもって政策提言とする試みを行いたい。

1　「働く場」としての充実した環境整備

(1) 働く場の質的改善・向上　県内にはやりたい仕事が少ないという発言が多く，夢や目標への思いが強いほど山形には戻りにくいという発言もみられる。非Uターン者は仕事がライフスタイルの中心といえるため，若者に魅力のある仕事が少なくては，Uターンの推進は難しいであろう。

　「職種を選ばなければ，仕事はあると思います。しかし，将来的に続けていくとなると，何でもいいというわけではないと思います」(Uターン者)

　「大企業を誘致すればいいというものではありません。地元の企業にもっとがんばってほしいです」(Uターン者)

　「どうしても戻らなければならないということであれば，職種を変えてキャリアを断念しても，仕事を探すことは想定できますが，それは正直，意にそぐわない形でのUターンになります」(非Uターン者)

　「仕事の面から言えば，夢や目標への思いが強ければ強いほど，Uターンしにくいのではないでしょうか」(非Uターン者)

(2) 都会との賃金格差の解消　『平成23年賃金構造基本統計調査』(厚生労働省)によれば，決まって支給する現金給与額 (全産業) の月平均は，男性は東京都が43.8万円 (1位)，山形県が28.3万円 (44位)，女性は東京都が31.8万円 (1位)，山形県が19.8万円 (45位) である。給料を下げてまでUターンをしたくないというのが非Uターン者の本音である。実際，都会との賃金格差からUターンをためらったり，山形と都会の賃金を比較して都会での就職を選んだりする現状がある。ただし，全国的に都会と地方では賃金格差が大きいため，この問題を解消することは極めて難しい。したがって，"お金では買えない"山

形の価値をどうやって築いていくかについて考える必要があるだろう。

　「いくら山形は物価が安いといっても，今より給料が下がるのは嫌ですね。私は女性ですが，私と同年代の男が私と同じくらい働いていても，私より給料が少ないという話を聞きます」（非Uターン者）

　「今も，機会があれば戻りたいとは思うのですが，山形で今と同じ給料は得られないと思うと，あきらめの気持ちもあります」（非Uターン者）

　「収入は重視していません。山形にはお金では測れない利益があります。例えば，自然を見るのに東京ではある程度お金がかかりますが，山形ではタダです」（Uターン者）

　(3) **女性の就業環境の改善**　　平成17年国勢調査によれば，山形県の共働き世帯率は全国1位であるが，本人の実力に応じたキャリア・アップや，仕事と子育ての両立など女性の就業に対するサポートにおいては，都会の方が恵まれているという発言がある。

　一方で，山形における子育て環境の良さも認識しており，都会との間で揺れ動く非Uターン女性も少なくない。"ガラスの天井"という言葉があるように，山形県でも就業環境に男女格差があるとするならば，女性が単に働くだけでなく，処遇をいかに改善していくかも重要な課題である。

　「プライベートでは，そろそろ結婚を考える年齢ですが，今の仕事のペースでは，家庭との両立は無理かもしれません。一般的に，家のことは女性がするものですから」（Uターン者）

　「将来的には今の仕事を極めたいという思いがあります。結婚しても仕事と両立させたいので，子供が出来ても復帰しやすいとなると，東京の方がいいと思います。山形の友人などは，結婚したら仕事を辞めていますし，姉も結婚して専業主婦になっています」（非Uターン者）

　(4) **就業形態の多様化**　　山形では，キャリア・アップとしての転職が一般化しておらず，アルバイトから正社員への登用も少ないなど，就業形態が硬直化しているという発言がある。したがって，さまざまな形態での働き方を創り出すと共に，それらを受け入れる土壌を，山形県においても醸成していく必要がある。

　「東京では働き方の選択肢が多いのに対し，山形では選択肢が少ないよう

な気がします。転職もあまり盛んでないし，アルバイトから正社員というルートも少ない…。もっといろいろな雇用形態があった方がいいと思います。」(Uターン者)

「安定性にこだわりすぎるのもどうかという気がします。東京では，正社員であるか派遣社員であるかを気にすることはあまりありません。むしろ派遣社員の方が，嫌なら辞めて次に行けばいいということで，かえっていいかもしれません。それで路頭に迷うことはありません。山形ではそういう風潮はありませんね。」(非Uターン者)

(5) **企業情報の充実**　就職活動において，山形では有名企業以外の採用情報が十分に得られないという発言が非常に多い。それゆえ，Uターンしたくても活動方法が分からないという発言もある。しかし，実際には県内にも，あまり有名ではなくても良い企業がたくさんある。したがって，いかに多くの企業情報をネットワーク化してマス媒体に載せるかが重要である。

一方で，企業の採用姿勢も改善が求められる。本気で良い人材を確保しようとするのなら，企業側にも人材を引き付けるだけのアピールが必要である。

「就職活動ではマメに山形に戻ってきていました。東京にいては情報が少ないです」(Uターン者)

「企業情報が少ないと思います。ただし，規模の小さいところでも，魅力ある企業は結構あります。そういう企業でも，知られていないところが多いのではないでしょうか」(Uターン者)

「地元で就職活動といっても，どうやっていいか分かりません。県のホームページなどに求人情報を掲載してくれればいいのかもしれませんが，少なくとも今は情報不足で活動のしようがありません」(非Uターン者)

「Uターンに関して企業のアピールが足りないと思います。そもそも，情報を提供している企業の数が少ないですし，福利厚生や待遇についてもよく分かりません。中小企業についても，親や友人の情報で断片的に聞くことがあるくらいです」(非Uターン者)

2　山形らしさを活かした**魅力ある地域づくり**

(1) 「**山形らしさ」の追求**　被験者の発言で頻出した言葉が，山形に対する

「中途半端」という印象である。地域が中途半端に見えるということは，言い換えれば，その地域には魅力がないということである。それゆえ，山形らしい特色ある発展が求められるが，それは"田舎づくり"と置き換えてもよい。このことは，多くの発言からもうかがえる。つまり，都会にはないもの，都会では味わえないものをいかに築き上げていけるかが重要であろう。

> 「地元にはカラーがありません。まちづくりが中途半端な気がします。新しいマンションが建つ一方で，古き良き港町を再現しようとする。都市化するのか田舎らしさを残すのか，どちらかにしてほしいです」（Ｕターン者）

> 「駅がきれいになって道がよくなるのはいいことですが，山形は田舎だからこそいいのであって，今はどうも中途半端な気がします」（非Ｕターン者）

> 「山形の良さは自然であって，それが山形らしさなのに，山形はいつも都会を見ている気がします。もっと第一次産業のインフラ整備に力を入れて，都会で農業をやりたい人を呼び戻すくらいの方法で，山形らしさを残す必要があると思います」（非Ｕターン者）

本論の調査では，Ｕターン者の多くが，多かれ少なかれ挫折感を胸の内に持っていることが明らかになった。誤解を恐れずに言えば，こうした傷ついた人達を温かく迎え入れられる度量こそが，偉大なる田舎の真の姿といえるだろう。

したがって，「山形らしさ」の追求によって，山形が真の"田舎づくり"に成功したとき，今まで以上に，都会を見限った多くの若者たちが，羽根を休めに山形に戻ってくると期待される。

(2) **交通機関の整備**　列車やバスの本数が少ないために，買い物などで移動が不便という発言が多い。雪道対策を望む発言もある。近年は，財政難で路線バスを廃止または縮小する自治体が県内でも増えている。それは，モータリゼーションの発達によって，バスや鉄道といった公共交通を利用する人が減少しているからである。

> 「交通機関が不便ですね。今はバイクに乗っていますが，それまでは移動に苦労しました」（Ｕターン者）

「交通手段に困りました。仕事探しをするのに移動が大変でした」（Uターン者）

「交通機関を整備して欲しいです。私は車の運転が苦手なので，車がないと生活できないというのは，かえって不便です」（非Uターン者）

　地方においても，一定の人口が集積すれば拠点ができる。かつてはその象徴が駅前や中心商店街であったが，モータリゼーションの発達で郊外化が進み，その結果，駅前や中心商店街は活気を失った。

　交通機関の整備は郊外化の抑制をも意味する。それは，"田舎づくり"とは矛盾しない。郊外の田畑を区画整備してスプロール的に住宅地や店舗ができれば，自然と調和した農村景観を著しく損ねることになる。それは，山形県が個性ある地域づくりを目指すとすれば，むしろマイナス材料であろう。郊外開発の抑制によって美しい田園風景を残し，まちの拠点性を高めて本来栄えるところを栄えさせることによってまちが活気を取り戻せば，人も自然に集まってくるだろう。これも，「山形らしさ」の追求の第一歩と考えられる。

(3) **地域情報の発信**　　非Uターン者からは，山形の情報は絶対量が少ないという発言が多く聞かれた。また，「山形もがんばっている」という姿をアピールしてくれないと，戻る気にならないという発言もあった。山形では，地元紙やタウン誌などで地域の動きや魅力的な活動が紹介される機会が多いが，非Uターン者にそうした情報はほとんど伝わっていないのが現状である。

「地元ががんばっているという姿を見せてほしいです。東京にいると，駅前のスーパーがなくなったなど，暗い話題しか伝わってこないです。もっとアピールしてくれないと，Uターンする気にはなりませんね」（非Uターン者）

「子育て環境に関する情報が伝わってこないです。確かに親のサポートはありますが，行政として何をしてくれるのかが分かりません。調べれば分かるのかもしれませんが，そうした情報をもっと公開して欲しいと思います」（非Uターン者）

(4) **地域教育の見直し**　　学校での地域教育からは，知識は得ても郷土への愛着意識は芽生えなかったとの発言が多く，むしろ，それらは地域の人々との関わり合いの中から生まれるとの発言もあった。しかし，コミュニティーの弱体

化によってそうした機会は少なくなっていると推測される。

　学校教育において郷土の魅力を教えきれていない原因としては，他の地域，とりわけ東京などの大都会と比較した，郷土の相対的な魅力が十分に教えられていないことに加え，教育時期が小学校など低年齢期に集中しており，地域について客観的な評価が出来ると思われる中学や高校などで，ほとんどカリキュラムに含まれていないことが挙げられよう。加えて，中学や高校の進路指導では，どの学校なら入れるのかといった内容が中心であり，その先にあるもの，つまり，自分が将来どういう職業に就きたいのか，そして，その夢や目標の実現の場として山形が適当なのかどうかといった指導はあまり行われていないのではないだろうか。

　本来，郷土教育と進路指導は一体であることが望ましいと考えられる。つまり，社会への出発点において，今まで以上に多くの情報を与え，生徒一人一人に選択の幅を広げさせることが，学校教育では求められている。

　「郷土教育みたいなものはありましたが，興味はなかったです。今の自分にはあまり役に立っていません」（Uターン者）

　「学校では，地域について調べたり，地域のイベントに参加したりしましたが，あまりピンと来ませんでした。というのも，比較対象がないので，良し悪しが判断できなかったからです」（Uターン者）

　「農業が盛んな町でしたので，小学校の低学年では野菜作り，高学年では田植えをやりましたが，何のためにやっているのか良く分かりませんでした。少なくとも，郷土への愛着にはつながりませんでした」（非Uターン者）

　「高校のパソコンの授業で，自分の育ったまちを，パワーポイントを使って紹介するということはやりましたが，ただ作業を行っただけで，郷土愛には結びつきませんでした」（非Uターン者）

おわりに

　本論では，山形県出身者で，既存研究からUターンの実行・非実行を決するとされる20代後半前後の若者を対象に，Uターンをテーマとしたグループイン

タビューを行った。具体的には，被験者を，県内に在住するUターン経験者（Uターン者）と，都会（東京大都市圏）に居住するUターン未経験者（非Uターン者）とにグループ分けし，ライフスタイルや人生の価値観に対する両者の違いを比較した。次に，Uターン者にはUターンを行った理由と評価，非Uターン者にはUターンを行わなかった理由と評価をたずねた。そして最後に，山形県でUターンが推進されるためのニーズや課題を話し合い，そこから，Uターン推進に向けた政策課題を抽出する試みを行った。結果は以下のようにまとめられる。

まず，Uターン者は仕事と趣味との両立によるゆとり中心のライフスタイルを重視し，自分らしくゆったりした時間を過ごすことに人生の価値観を見出していた。そして，Uターンの理由は全般的に消極的であるものの，結果として現状の生活環境には満足しており，かつて住んでいた都会に対してはむしろ否定的にとらえる風潮が読み取れた。ただし，こうした意識構造は，一度県外に流出したことで，あらためて地元の良さを認識したことによって形成されたとも考えられる。一方，非Uターン者のライフスタイルは仕事中心であり，仕事を通じた自己実現に人生の価値観を見出していた。そして，Uターンを行わなかった理由も，多くは自らが極めんとする仕事が山形ではできないことに起因していた。ただし，非Uターン者も決して山形が嫌いというわけではなく，Uターンを行わなかったのは，現状を変えてまでUターンする意志はないという意識構造によるものであった。

また，Uターン推進の要件として，大きく，「働く場」としての充実した環境整備と，山形らしさを活かした魅力ある地域づくりの2点が挙げられ，さらに，前者は「働く場の質的改善・向上」「都会との賃金格差の解消」「女性の就業環境の改善」「就業形態の多様化」「企業情報の充実」の5項目，後者は「『山形らしさ』の追求」「交通機関の整備」「地域情報の発信」「地域教育の見直し」の4項目に細分化された。これらはUターン者，非Uターン者の発言からある程度共通して導き出されたものであるが，一方で，例えば県内企業の情報について，Uターン者は，情報は知っているが，それが"外部に知られていない"ことを知っているのに対し，非Uターン者は情報すら知らないなど，同じ項目でもUターン者と非Uターン者とでは観点が異なる場合もあることに留

意する必要がある。

　今後の課題は本文中でも折に触れて述べたが，とりわけ非Uターン者については，「ではあなたは，Uターン推進の要件が満たされれば実際にUターンしていたか」という展開まで議論を深めることができなかった。こうした多層に及ぶ意識構造の解明も今後の研究においては重要であろう。

　最後に，2011年3月11日に発生した東日本大震災について触れたい。

　東日本大震災は死者・行方不明者が約2万人という未曾有の大災害で，本当に不幸な出来事であったが，「がんばろう！東北」を合い言葉に，徐々にではあるが復興に向かって進んでいる。本論の冒頭でも述べたとおり，地域が活性化するには"若い力"が必要であり，とりわけ今回のような震災復興には若い力が必要不可欠である。今後は，Uターンも含め多くの若者が被災地に結集することで，復興を早めるパワーが存分に発揮されることを心の底から祈るばかりである。
　　　　　　　　　　　　　　　　　　　　　　　　　　　　（山口泰史）

参考文献
石川義孝（1978）「戦後における国内人口移動」『地理学評論』51，433-450頁。
内野澄子（1990）「戦後日本の人口移動の変動」『人口問題研究』194，16-34頁。
江崎雄治・荒井良雄・川口太郎（1999）「人口還流現象の実態とその要因―長野県出身男性を例に」『地理学評論』72，645-667頁。
江崎雄治・荒井良雄・川口太郎（2000）「地方圏出身者の還流移動―長野県および宮崎県出身者の事例」『人文地理』52，190-203頁。
江崎雄治・山口泰史・松山　薫（2007）「山形県庄内地域出身者のUターン移動（所収）石川義孝編著『人口減少と地域―地理学的アプローチ』京都大学学術出版会，171-190頁。
河野銀子（2007）「女子にとっての工学部の魅力の構造～学生参加型調査の分析から」『山形大学紀要（教育科学）』14-2，71-86頁。
河辺　宏（1985）「コーホートによってみた戦後日本の人口移動の特色」『人口問題研究』175，1-15頁。
神田範明（1994）「「商品企画七つ道具」の提案(2)グループ・インタビューとアンケート調査」『品質管理』45，769-785頁。
汲田明美・田崎あゆみ・山口桂子（2010）「JIAで在宅自己注射療法を行う子ども家族へのグループインタビュー形式の話し合いの効果」『日本小児看護学会誌』19-2，1-8頁。
黒田俊夫（1976）『日本人口の転換構造』古今書院。

杉山和明（2008）「都市近郊農村における若者の場所感覚―浜松都市圏東部に暮らす高校生の語りの分析から―」『地理科学』63，239-259頁。

杉山和明（2009）「若者の生活空間と安心・不安の感覚―浜松都市圏東部に暮らす高校生の語りをもとに―」『都市文化研究』（大阪市立大学）11，51-66頁。

高橋美保（2008）「日本の中高年男性の失業における困難さ：会社および社会との繋がりに注目して」『発達心理学研究』19，132-143頁。

根本治代（2010）「障害者相談支援従事者が認識する専門職間連携の特徴―フォーカスグループインタビューの分析を通して―」『学苑・人間社会学部紀要』832，96-106頁。

藤井嘉儀・Alice Jane G. Toroy（1991）「鳥取県の地域活性化に関する研究」『鳥取大学農学部研究報告』44，129-139頁。

細野助博（1996）「地域間競争による人口移動」『産業立地』35，14-23頁。

山口泰史・江崎雄治・松山薫（2010）「新規大卒者のUターン移動と就職―山形県庄内地域の事例」『季刊地理学』62，211-221頁。

若林芳樹・神谷浩夫・由井義通・木下禮子・影山穂波（2001）「東京大都市圏における30歳代シングル女性の居住地選択―マルチメソッド・アプローチの試み―」『地理科学』56，65-87頁。

渡辺真智子（1994）『地域経済と人口』日本評論社。

第4部 総　括

第17章　経済地理学は地域をどう理解するのか

はじめに

　なぜ今，アイデンティティとしての地域の再構築が必要とされているのであろうか。人間存在の地域アイデンティティは血縁であれ，地縁であれ，社縁であれ，地域における関係性の積み重ねによって，原風景に象徴されるようなイメージを形成している。しかしグローバリゼーションの本格化は国家による調整機能を低下させ，国家の枠内での編成により一定の比較優位をもっていたローカルとしての地域経済は，国家的な制度調整をほとんど経ないままグローバル市場の競争裡におかれることになった。

　このグローバル市場競争の激化は，地域再生産力としての総合的かつ持続的な循環性を解体し，「ひと」「もの」「かね」「ちえ」などの生産要素として分断し，グローバル規模で流動化ないしは再編化を推し進めることによって，アイデンティティとしての地域は原風景を構築できなくなっている。人間存在が要素化され流動化されるグローバリゼーションのもとで，アイデンティティとしての地域を再構築するとは，どのようなことなのであろうか。経済地理学における地域概念を点検しながら考えてみたい。

I　重ねた分布図と地域性

　地理学はさまざまな現象の空間的差異に注目し，こうした差異性を生み出す

---
(1) 山川充夫「地域アイデンティティの再構築―経済地理学からの接近―」『学術の動向』第16巻第3号，2011年，79-84頁。
(2) 山川充夫「生産要素の差別的移動性と地域経済システム」下平尾勲編『現代の金融と地域経済―下平尾勲退官記念集―』新評論，2003年。
(3) 朝野洋一・寺阪昭信・北村嘉行編『地域の概念と地域構造』大明堂，1988年。

大地のメカニズムを「地域性」という枠組みを通して理解することに関心をもっている。地域性への関心は量的かつ現象的な意味での地域間格差や，質的かつ本質的な意味での地域個性の解明へと地理学者を駆り立てることになる。この地域性は現象の空間性を総括する広がりの枠組みとしての地域を必要としている。地理学の特徴はこうした地域性の把握を行うにあたって，研究の対象を自然現象から人文社会現象まで幅広く取り扱い，地域という枠組みのなかで総合的に理解しようとし，それらの研究成果は地誌学として取りまとめられてきた。

　地理学の研究方法は，基本的に自然・人文・社会的諸現象をそれぞれ地図上に分布図として描き，これらの分布図を積み重ね透視することから得られる分布図間の連関性を説明することを通じて，「本質として」の地域を抽出するという方法を取っている。伝統的には経済地理学は地形・気候・植生といった自然的条件を基層におき，その上に展開する人文・経済活動が土地利用として表現されると理解してきた。こうした考え方によって地域の特徴としての「地域性」を記述してきたのが地誌学であり，その記述方法として採用されたのが「地位層」である[4]。この方法論としての「地位層」は，人間集団の社会経済活動が自然的条件によって決定的に規定されているという静態的な記述にとどまっていた地誌学に，地形学の侵食輪廻という考え方を援用しつつ，動態としての歴史的な視点を導入しつくり出されたものである。この「地位層」は「文化層序」として現代化されているが，地表面の土地利用に時代層を異にする文化景観がなぜ縞模様として存在しているのかについて，交通路網や工場団地との整備といった外的営力や地域づくりなどの内的営力が不均等に影響していることから説明しようとしている[5]。しかしこの文化層序の考え方は過去の土地利用の状況を歴史地理学的に説明するには一定の有効性をもつが，現在及び未来の土地利用の状況を説明しようとすると困難に直面する。

　20世紀後半の経済地理学の発展は，この経済地域形成の景観的表現であるマクロ的な土地利用を理解するにあたって，理論的な軸足を地理学から経済学

---

[4]　田中啓爾『地理学の本質と原理』古今書院，1949年。
[5]　齋藤功編『中央日本における盆地の地域性―松本盆地の文化層序―』古今書院，2006年。

に移行させる運動でもあった[6]。その主要な理論的な関心は，市場経済空間のもとでミクロ的な経済主体が経済合理的な立地行動をとることによって，なぜマクロ的な経済地域編成において地域間格差がもたらされ，一方で高度な産業集積地域を形成し，他方において低開発としての地域経済問題を発生させるのか，といったメカニズムを解明することにあった。また不合理な地域経済問題を克服するために，いかなる地域にどのような産業を立地誘導すべきなのか，あるいは立地規制すべきなのかが政策論としても必要となり，地域開発論として新たな地域概念の確立が求められることになった。

　人間存在にとって地域とは何か，人間存在にとって幸せと豊かさを実現できる地域のあり方とは何かを問うことが，地理学の本来の使命であったはずである。経済地理学はその幸せと豊かさを実現するための物的基盤として地域の経済活動のあり方を研究の目的とし，この目的を遂行するために社会科学としての道を歩んできた。しかし諸現象のなかに「本質として」の地域を探究する作業は，地図化を基本認識とするところから，地域を時間軸と空間軸とに分解して空間軸から地域を再構成しようというこだわりのもとで行われている[7]。このこだわりは地理学を社会科学と切り離す例外主義に引き継がれ，計量革命によってさらに強化された。地域性を空間性から見出そうとする数値地図化作業は，数値化しうる指標以外の要素を切り捨てるという過程でもあった。しかし限定された要素によって作成された地図間の関係性から，人間存在としての地域を総括的に浮かび上がらせることはできない。

　計量革命に飲み込まれた地理学の科学化とは，分析可能な諸要素に分解し機能の集合体としての「空間」を再合成して「地域」概念を構築することであった[8]。ここでは「本質として」の地域はこうした作業過程のなかで失われていき，地図上での区画としての「地域」が残ることになった。すなわち地域を構築する主体の論究を欠落させたまま，「生きられた地域」を微分可能な多様体としての数学による表現への試みであり，そこには生活実態のない「地域」枠組み

---

[6] 山川充夫「刊行にあたって」経済地理学会編『経済地理学の成果と課題　第Ⅶ集』日本経済評論社，2010年。山川充夫「国民経済の地域構造論の到達点と課題」朝野洋一・寺阪昭信・北村嘉行編『地域の概念と地域構造』大明堂，1988年。
[7] 杉浦芳夫編『地理空間分析』朝倉書店，2003年。
[8] 石水照雄『計量地理学概説』古今書院，1976年。

が一人歩きしていることにある。もとより地域（空間）論は地理学の独占物ではない。また人間にとって地域とは環境であり，環境論も地理学の独占物ではない。経済地理学は関係分野との間での学問的競争においていかなる強みを示すことができるのであろうか。

II　産業配置と地域構造

　経済地理学は1970年代に経済地域を分析する枠組としての理論的パラダイムの転換と集団的な取り組みによる実証分析の蓄積が進んだ。研究の枠組みと対象が，抽象度の高い経済立地論による経済地域編成から具体性の強い産業地域論として国民経済の地域構造に絞り込まれたのである。国民経済の地域構造論は産業配置に空間分析の主軸におき，地域経済はこの産業配置に規定される圏域として設定される。この圏域は相対的には自立性をもつものの，経済循環としては国民経済のなかで地域分業体系の一翼をになう基本的性格を与えられている。そのため地方自治体による地域産業政策は，国民経済次元での産業立地政策と連動しなければ効果を上げることはできない。国土利用は地形や気候といった自然環境とそのうえに展開する都市や交通などの社会資本の整備といった建造環境を基盤としており，産業配置は立地条件を介して国土利用と相互規定性をもつのである。

　1990年以降，日本企業の海外進出により国内産業の空洞化が進み，特に地方圏の地域経済は国際的な産業配置に直接組み込まれることになり，国民経済の枠組みでかろうじて保持できていた比較優位を失い，絶対劣位に転落しかねない厳しい状況におかれている。ひと・もの・かね・ちえといった生産要素は国境をたやすく超え，国際的な流動性が高まっており，それらは集積の経済を求めて絶対的な優位性をもつ場所に移動する傾向を強めている。経済地理学はこうした新しい傾向を理解するために，産業次元の地域構造把握から企業次元の空間システム把握へと分析方法を移行させてきている。地域構造論が国民経済という経済的国境

---

(9)　水津一朗『新訂　社会地理学の基本問題』大明堂，1964年。水津一朗『社会集団の生活空間―その社会地理学的研究―』大明堂，1969年。
(10)　矢田俊文『産業配置と地域構造』大明堂，1982年。

の枠組みを前提とする産業部門配置であるの対して，空間システム論は国際的な地域経済がグローバル企業によって機能別に空間編成される状況を捉えようとしている。こうした状況は企業が国内的な地域経済をグローバルの視点から立地場所あるいは市場圏として選択的に活用しようとするグローカリゼーションとして理解しうる。[11]

　従前の地域経済概念は中心核をもち諸機能が価値連鎖として地域内でまとまっているべきとの規範を前提としているが[12]，現実の地域経済は国民経済の産業配置という地域分業体系に組み込まれ，国民経済の下位構成単位としてその成長を支えてきたのである。地域経済がグローカルとしての位置づけを強く求められるようになると，理論構築及び政策展開のあり方は国民経済の発展が地域経済の成長をもたらすという考え方から地域経済の発展が国民経済の成長を牽引するという考え方への転換が必要となる[13]。経済地理学においてもその理論的な立脚点を立地要因探究としての産業立地論から集積要因探究としての産業集積論に移行してきている[14]。産業集積論についても比較優位としての規模（スケール）経済から競争優位としての連携（ネットワーク）経済へと軸足が移ってきており，それはA. ウェーバーの費用節約型の内部経済からA. マーシャルの産業風土型の外部経済への関心の移行でもあり，産業クラスター論への展開[15]でもある。

　費用節約型の規模経済は機械設備など固定資本投資によって少品種大量生産が進むことで実現されてきたが，生産体制における標準化が達成されると，労働集約型産業をより労働費の安い遠隔地域や発展途上国に立地移動させていく[16]。

---

(11)　山川充夫・柳井雅也編著『企業空間とネットワーク』大明堂，1993年。
(12)　川島哲郎「地域経済」大阪市立大学経済研究所編『経済学辞典 第2版』岩波書店，1979年。
(13)　中村剛治郎『地域政治経済学』有斐閣，2004年。
(14)　小田宏信『現代日本の機械工業集積―ME技術革新期・グローバル化期における空間動態』古今書院，2005年。
(15)　M. E. ポーター，竹内弘高訳『競争戦略論ⅠⅡ』ダイヤモンド社，1999年。
(16)　山川充夫「国際分業の進展と地域構造の変動」川島哲郎編『経済地理学』朝倉書店，1986年。鈴木洋太郎『多国籍企業の立地と世界経済―インターナショナル・ロケーションの研究』大明堂，1994年。P. ディッケン，宮町良広監訳，今尾雅博・鹿島洋・富樫幸一訳『グローバル・シフト―変容する世界経済地図―（上）（下）』古今書院，2001年。

先進国の国内産業地域は労働費格差を克服するだけの高付加価値製品やサービスを生産する産業を創出しなければ雇用を確保することができない。A.マーシャル型の産業風土が関心を呼ぶのは[17]，高付加価値の新産業や新ビジネスモデルが，アメリカであれ，ドイツあれ，イタリアであれ，日本であれ，限られた特定地域から醸成されてきているからである。この特定地域は産業構造には違いがあるものの，関連企業を含め中小企業が多く集中しフェイス・ツー・フェイスという人的接触が頻繁で豊かな競争的かつ創造的な地域環境をもつという点では共通している[18]。こうした創造的な地域環境を支えるうえで人的基盤としての社会的関係資本が注目を集めている[19]。

この創造的な地域環境は，発展段階としては同業種集積である地域特化経済よりは異業種集積としての都市化経済として理解されてきており[20]，一般的には地方都市よりは大都市において充実しているとみることができる。この創造性は製造現場における改良・改善というよりは研究室における研究・開発から生まれるものであるが，また革新性として顕在化するためには，それが商品やサービスとして市場に受け入れられることが不可欠である。これまでとは違った創造的破壊[21]を通じた産業構造への転換や立地創造[22]が進められなければならない。研究室における研究・開発であれ，製造現場における改良・改善であれ，こうしたことが進むためには優秀な人材が確保されなければならない。特に研究開発における優秀な人材を確保するには，単に雇用企業の労働条件だけでなく居住地としての生活環境の整備が大切になってきている。ただしその生活環

---

[17] 小田宏信「産業地域論―マーシャルから現代へ―」杉浦芳夫編『空間の経済地理』朝倉書店，2004年。渡辺幸夫『現代日本の産業集積研究―実態調査研究と論理的含意―』慶応義塾大学出版会，2011年。

[18] M. J. ピリオ・C. F. セーブル，山之内靖・永易浩一・石田あつみ訳『第二の産業分水嶺』筑摩書房，1993年。

[19] R. D. パットナム，河田潤一訳『哲学する民主主義―伝統と改革の市民的構造―』NTT出版，2001年。

[20] W. Z. ハーシュ，喜多登監訳，里見常吉・中村文隆・石川祐三・池宮城秀正・安田信之助共訳『都市化の経済学（上）（下）』マグロウヒル好学社，1979年。

[21] J. A. シュンペーター，塩野谷祐一・中山伊知郎・東畑精一訳『経済発展の理論（上）（下）』岩波文庫，1977年。北條勇作著『経済地理学―経済立地論の視点から―』多賀出版，1995年。

[22] 川端基夫『立地ウォーズ―企業・地域の成長戦略と「場所のチカラ」』新評論，2008年。

境は単なるインフラ条件といった基盤整備にとどまることなく，多文化共生・多価値共有という生活・文化様式としての寛容的かつ先進的な雰囲気が活発なまちづくりとして醸成されている必要がある。

III 国土政策と地域概念

　地域経済の不均等発展に関しては，経済地理学は主として国民経済内での地域経済の格差問題と地域開発政策に強い関心を寄せ，国際経済学ないしは開発経済学は先進国と発展途上国との間の経済格差問題と国際援助政策に強い関心を寄せてきた。大都市圏における過密問題と地方圏における過疎問題といった地域間での経済格差と地域内での再生産の困難さをいかに克服するのかが，経済地理学の理論的な課題として提示されている。特に地方における「機会均衡」の確保と「成長の極」をいかに生み出していくことができるのかが，実践的な課題として突きつけられてきた。他方，国際経済学・開発経済学はロストウに見られるように後進国を発展途上国に導くために，産業立地ためのインフラストラクチュアの整備が必要であり，ハーシュマンの社会資本論が登場してくる。

　国土総合開発法は地域間の均衡ある発展を理念に掲げ，経済発展の地域間格差を戦略的に縮小するために，一貫して産業立地の地方分散政策を推進してきた。産業立地の地方分散を実現するためには，工場等制限法で典型的にみられるように過度に集中している大都市圏での立地（及び再立地）規制と地方圏における産業集積拠点への立地誘導とが組み合わされる必要があった。地方圏に

---

(23) J. ジェイコブス，中江利忠・加賀谷洋一訳『都市の原理』2011年。R. フロリダ／井口典夫訳『クリエイティブ資本論』ダイヤモンド社，2008年。
(24) 安藤萬壽男・伊藤喜栄編『新訂　現代世界の地域システム』大明堂，1999年。
(25) S. アミン，西川潤訳『不均等発展―周辺資本主義の社会構成体に関する試論―』東洋経済新報社，1983年。
(26) 石井素介編『産業経済地理―日本―』朝倉書店，1992年。
(27) 矢田俊文『国土政策と地域政策―21世紀の国土政策を模索する―』大明堂，1996年。
(28) W. W. ロストウ，木村健康・久保まち子・村上泰亮訳『経済成長の諸段階―一つの非共産主義宣言―』ダイヤモンド社，1961年。
(29) A. O. ハーシュマン，麻田四郎訳『経済発展の戦略』巌松堂出版，1961年。

おける新しい産業集積拠点の形成にあたっては，政策的に「新産業都市」や「工業整備特別地域」といった地域概念が準備され，それぞれの目的に応じて地域指定がなされた。この「新産業都市」の地域概念はその後，基軸となる産業を変化させながら，「テクノポリス」「頭脳立地」「オフィスアルカディア」へと引き継がれてきた[30]。これらは拠点開発方式として総括されているが，いずれも特定産業を集中的に新規立地させ，そこから生まれる規模の経済とその産業連関的な波及効果によって地域経済を発展させるという論理を根拠にしている[31]。

国土総合開発法から国土形成法に変わることによって，国土政策の基本が「均衡ある発展」から「選択と集中」に軸足を移した。新しい地域産業政策は外来誘致型から内発集積型へと転換し，都市化経済として地域内の産業連携を強調する「産業クラスター」や「地域クラスター」という地域概念を登場させた。新産業都市が人口20～30万人程度の地方中核都市クラスを指定対象としているのに対して，産業クラスターはほぼ経済産業省の各経済産業局が管轄する都道府県を地域概念として指定している。

日本の全国総合開発計画は拠点開発としての産業立地政策と産業基盤整備としての社会資本整備政策とが組み合わされて展開されてきた。社会資本は減価償却期間が極めて長い固定資本を空間的にワンセットとして集約しなければその経済的効果はない。この経済効果は2つの意味を持っている。第1は資本主義的危機としての恐慌を回避するための経済循環論的意味であり，これは社会資本の減価償却期間が固定資本よりも長いことに起因している[32]。第2は地域経済論的意味であり，ワンセット性と土地固着性とをもつ社会資本の整備が企業活動や都市住民にとって一般的基盤としての建造環境となっていることである。しかし巨大な公共投資となる社会資本には費用負担と利用便益における不平等な配賦問題がある。産業活動に比重が置かれる社会資本は一般的生産手段として，都市生活に比重が置かれる社会資本は社会的共同消費手段として性格

---

[30] 山川充夫「ネットワーク型集積経済と地域産業政策」山川充夫・柳井雅也編『企業空間とネットワーク』大明堂，1993年。

[31] 宮本憲一『地域開発はこれでよいか』岩波新書，1973年。

[32] D. ハーヴェイ，松石勝彦・水岡不二雄ほか訳『空間編成の経済理論―資本の限界―（上）（下）』大明堂，1989年。

づけられる。特に前者にあっては拠点開発として特定地域に整備される傾向が強く，そこに立地する大企業によって独占的に利用されていることが批判されてきている。また企業活動での産業廃棄物処理の節約や社会資本整備の不十分さが，公害等の地域環境問題の原因ともなっている[33]。

　低炭素・高齢社会のもとで地域経済発展を持続可能なものとするためには，高付加価値で環境負荷が少ない産業に転換する必要がある[34]。新しい産業として注目されているのは，生命・医療・健康・福祉産業であり，情報・バイオ・グリーン産業である[35]。これらはいずれも研究・開発部門を重視する知識産業であるので，それにふさわしい能力をもった人材の育成・獲得が必要でとなる。能力のある人材を獲得するためには，雇用条件もさることながら，生活の質としての生活環境が良くなければならない[36]。この生活環境は単に施設・設備としての建造環境だけでなく，知的交流を深めることができる人材の集積が大切である。労働と余暇とが混然一体としている生活スタイルをもち，余暇という交流が新たな仕事の創出の契機になる。建造環境だけでなく，その自然的基盤である環境資本や制度資本が社会的共通資本となっている[37]。

Ⅳ　経済地理学の再評価

　近年，経済地理学が注目されてきている理由は，情報化が進めば進むほど，立地に関わる地域的制約が緩和され，世界がフラット化するという議論[38]への批判[39]が出てきたことにある。生産要素の移動性が緩和されることで，立地の流動

---

[33]　宮本憲一『社会資本論〔改訂版〕』有斐閣，1976年。
[34]　西岡秀三編著『日本低炭素社会のシナリオ―二酸化炭素70％削減への道筋―』日刊工業新聞社，2008年。
[35]　環境庁環境情報普及研究会監修・三井情報開発㈱総合研究所編『産業のグリーン変革』東洋経済新報社，2000年。
[36]　R. フロリダ，井口典夫訳『クリエイティブ都市論―創造性は居心地のよい場所を求める―』ダイヤモンド社，2009年。
[37]　宇沢弘文・茂木愛一郎編『社会的共通資本―コモンズと都市―』東京大学出版会，1994年。
[38]　T. フリードマン，伏見威蕃訳『フラット化する世界―経済の大転換と人間の未来―（上）（下）』日本経済新聞社，2006年。
[39]　R. フロリダ，井口典夫訳『クリエイティブ資本論』ダイヤモンド社，2008年。

化が進む傾向にあることは確かなことである。しかし生産要素レベルで流動化が進めば進むほど，規模の経済を求めて特定の場所に集積する可能性が高まる。特に国際経済学や開発経済学から経済的国境を前提としない経済地理学への関心を強めており，企業レベルにおける規模の経済，輸送費および生産要素移動の三者の相互作用から特定の空間構造が生まれるとする空間経済学が新たな展開を図っている。[40]

　経営学からの経済地理学への接近は地域産業集積への関心であるが，それは「場」を共有するという対面接触が新たな価値を創造するという視点からの接近である。[41]この対面接触による集積経済の発生の出発点はA. ウェーバーの接触の利益という社会的集積にある。[42]この社会的集積は地域特化経済がもたらす外部経済[43]の基盤をなすものであり，そのうえに上部構造としての産業風土[44]が形成されることになる。産業風土は下部構造と切り離して移植できるものではない。産業風土は社会的分業の地域的体系としての生産体制（労働様式）が地域社会における生活様式に影響を与えることを通じて形成され，こうした相互関係のなかで市民民主主義の有り様との関係性が構築されることになる。[45]

　ポスト・フォーディズムにおける地域的生産体制として第3イタリアを典型事例とする社会的関係資本に注目が集まっている。フォーディズムは大衆的工業製品をより安価な価格で市場に供給するために単品大量生産方式を採用しているが，すでに述べたようにビジネスモデルとして確立すれば，労働費の安価な発展途上国に移転され，先進国は新たな産業を創出しなければ，産業の空洞化と雇用の減少という問題に直面することになる。より高い付加価値を実現す

---

(40)　藤田昌久・P. クルーグマン・A. J. ベナブルス，小出博之訳『空間経済学―都市・地域・国際貿易の新しい分析―』東洋経済新報社，2000年。世界銀行/田村勝省訳『世界開発報告―変わりつつある世界経済地理―』2008年。
(41)　伊丹敬之・松島茂・橘川武郎編『産業集積の本質―柔軟な分業・集積の条件―』有斐閣，1998年。
(42)　A. ヴェーバー，江沢譲爾監修・日本産業構造研究所訳『工業立地論』大明堂，1966年。
(43)　A. マーシャル，馬場啓之助訳『マーシャル経済学原理（第1～第4分冊）』東洋経済新報社，1965～67年。
(44)　関満博・一言憲之編『地方産業振興と企業家精神』新評論，1996年。
(45)　上野登『経済地理学への道標』大明堂，1968年，及び上野登『地誌学の原点』大明堂，1972年。

るためには新しい素材・新しいデザインなどブランド力を持つ差別化された高品質の製品を生み出していかなければならない。ブランド力は生産・販売にかかわる市場における厳しい競争を乗り越えてきた商品に与えられており，伝統的な地場産業製品は歴史的な検証をうけた典型的なブランド製品である。伝統的な地場産業製品は地域の特性を色濃く持った職人芸や手づくりとして評価され，地域固有価値としての地域ブランドを獲得している[46]。

　芸術性としての評価が高い製品は，労働価値を超えた高付加価値製品として取引されることになるが，それはただちに地域ブランドとして呼ぶことはできない。一方で芸術性の高い単品が創り出されるとともに，多くの人たちが日常的に購入する大衆性を持つ製品も供給されなければならない。伝統産業であれ，芸術家個人が地域のなかで活動したとしても，それは個人のとしての活動であり，個人ブランドを獲得できたとしても，地域ブランドを獲得できたことにはならない。地域ブランドは個人を超えた集団としてのブランドであり，集団との社会的・地域的関係性がなければならないのである[47]。地域ブランドは地域性をもつ人間集団であり，後継者育成としての再生産が続くことで確立していくものである[48]。

　しかし伝統産業が存続している地域は，社会的関係資本が豊かである確率は高いが，それが新しい産業を革新的に創り出していけるかといえば，必ずしもそうではない。このことは社会的関係資本の豊かさが市民民主主義の成熟度とは必ずしも一致するものではないことを意味している。伝統産業地域における社会的関係資本は地域特化経済を発揮するうえでは有効であるものの，その地域革新力については，現実に衰退している地域が多いことから，多くを期待することはできない。職人芸としての伝統産業が発展するためには，インターネット等を通じてグローバルなネットワークとの連携が必須となる。伝統産業品は日常生活に必要不可欠なものではなく，多くが嗜好品として残存してきて

---

[46] 池上惇『文化と固有回地の経済学』岩波書店，2003年，及び池上惇・小暮宣雄・大和滋編『現代のまちづくり―地域固有の創造的環境を―』丸善ライブラリー，2000年。
[47] 須山聡『在来工業地域論―輪島と井波の存続戦略―』古今書院，2004年。
[48] 竹内淳彦『技術集団と産業地域社会』大明堂，1983年。下平尾勲・伊東維年・柳井雅也編『地域産業の再生と雇用・人材』日本評論社，2006年。

いるからである。

　革新力を持つ産業は基本的に研究・開発型の知識産業であり，新しい知識は人間からうまれるものであり，高度な知識をもつ人間ほど移動性が大きく[49]，そのためこうした知的労働集約産業の立地はフットルース型となる。また知的労働者は情報を価値創造の糧とするので，立地での固着性はないものの社会的ネットワークによる拘束性は大きい[50]。ネットワークによる拘束性を立地固定性に転化させるためには，労働力の再生産に必要な生活環境が大きな役割を果たす。空間的移動性が高い（居住地転居率が高い）ことから，こうした才能ある人材を引き付けるためには，地域社会に多様性・開放性・寛容性などがなければならない[51]。

V　地理の終焉を超えて

　われわれの地域アイデンティティの再構築が抱える課題は，地理の終焉をどのように超えていくかにある。われわれは地理の終焉を越えるために，もう一度，経済地理学における地域概念の諸説を振り返っておこう。

　地域アイデンティティは下部構造と上部構造とが密な相互関係をもつことから生まれる。経済地理学的にいえば，地域アイデンティティが強固なものになるためには，藤井の実質地域を内的に構成する均質地域と結節地域とが広がりとして一致しなければならない[52]。結節なき均質地域は例えば民族や文化が分断されて複数の国家に分裂させられている状況をあらわす。均質なき結節地域は国家内に民族的な多数派と少数派とを含むことになり，多くの場合は多数派が少数派を抑圧する状況をもたらす。また結節地域としての都市圏と均質地域としての市町村との空間的範囲が一致する場合には，地域アイデンティティは強

---

[49]　R. フロリダ，井口典夫訳『クリエイティブ・クラスの世紀―新時代の国，都市，人材の条件』ダイヤモンド社，2007年。

[50]　水野真彦著『イノベーションの経済空間』京都大学出版会，2011年。

[51]　R. フロリダ，小長谷一之訳『クリエイティブ都市経済論―地域活性化の条件―』日本評論社，2010年。

[52]　藤井正「『地域』という考え方」藤井正・光多長温・小野達也・家中茂編著『地域政策入門』ミネルヴァ書房，2008年。

力なものとなるが，これがずれている場合には地域アイデンティティは分裂し弱い状況にとどまる。

　では地域概念にはどのような関係性が考えられるのであろうか。地理学における「地域」とは「単に地表面の一部というにとどまらず，何らかの意味ある指標によって抽出された地表面の一部」と定義されている[53]。「何らかの意味ある指標」とは何のであろうか。「地表面の一部」をどのように「抽出」するのであろうか。「抽出」の結果は区分された「地域」として可視化されるが，地域区分そのものは「対象地域の特性を正しく理解するための手段」であると説明される[54]。こうした同義反復をさけるために，地域区分の方法として対象となる地域の全域がある指標について同質的と認定される「等質地域」[55]と，1つまたは複数の中心点との間に強い結びつきが存在することが認められる「結節地域」[56]とが掲げられる。地表面上である空間的な広がりを持つ現象が地域的な現象として認定されるには，少なくとも等質性か結節性かのうちの1つ以上を持たなければならない。地域的な現象は本質としての「地域」の分析的な現象形態であることは確かであり，これは地理学の2大部門のうちの1つである一般地理学であるが，「地域」そのものの理解は地域ごとの特性を明らかにする「地誌学」[57]によって担われることになる。

　地域アイデンティティの再構築に「地誌学」はどのように貢献できるのであろうか。地誌学はなぜ衰退してきたのであろうか。それは先ほど掲げた「地域」にかかわる地理学での諸概念が区分としての枠組みにこだわり，空間現象の分析を積み重ねれば自動的に「地域」が浮かびあがるものとし，それがいかなる社会科学的存在であるのかの論究を放置してきたからにほかならない。確かに地球の表面は3層によって構成され，ひとつは自然環境そのもの，2つめはここに人工的に構築した建造環境，3つめにはこれらの上で展開される人間の営みがあり，これら3つの層がある空間のなかで相互作用をしながら実体を形成しているのが「地域」であることは確かである。

---

[53]　浮田典良編『最新地理学用語辞典［改訂版］』大明堂，2003年，「地域」177頁。
[54]　同上，「地域区分」178頁。
[55]　同上，「等質地域」204頁。
[56]　同上，「結節地域」73頁。
[57]　同上，「地誌学」183頁。

しかしいざ具体的に地域を抽出する段になると，多様な広がりを示す地域的諸現象を1つの地域に括ることは困難である。そのため地誌研究にとっては，最善としての厳密な地域区分を求めるのではなく，地域区分は各地域の特性を理解するためには必要であるという水準にとどめ，次善としての地域の階層構造や隣接地域間の関係性から地域的現象を理解しようとするのである。とはいえ今日においても地方行政区画や都市計画による土地利用指定，地域政策における地域指定など，地域区分は地域経済社会の活動に決定的な影響を及ぼすので，地域区分をいかに合理的に行うのか，また地域経済社会にとって矛盾を深めるようであれば，それを改善するということが常に問い続けられなければならない。[58]

Ⅵ 人間存在の地域を求めて

経済地理学における地域概念の構築の基本は「何らかの意味ある指標」をどのようにとらえるのかにある。これは空間性をもつ経済活動がどのような地域を要求しているのかに焦点をあてることで明らかになってくる。地域構造論は市場経済におけるミクロとしての経済立地行動がマクロとしての国民経済の枠組みのもとでどのような産業空間配置を構築しているのか，こうした産業空間配置に大きく影響を受ける地域経済の循環構造が自然環境・建造環境を基礎にする国土利用との間でどのような関係性を持つのか，この関係性の不整合がもたらす環境問題や雇用問題などの地域問題にどのように地域経済政策として対応していく必要があるのか，などについて理論・実証・政策面の前進に貢献してきた。[59]地域アイデンティティという観点からすれば，理論・実証から構築された地域概念を基礎とした地域政策が国民・地域住民からの合意を得られるかどうかがその試金石となるのである。

地域構造論の基本的視点は大企業を中心とする資本の立地配置による経済地

---

[58] 森川洋『人文地理学の発展―英語圏とドイツ語圏との比較研究―』古今書院，2004年。
[59] 矢田俊文編著『地域構造の理論』ミネルヴァ書房，1990年。矢田俊文編著『地域構造論の軌跡と展望』ミネルヴァ書房，2005年。矢田俊文『21世紀の国土構造と国土政策』大明堂，1999年，など。

域編成にあり，グローバリゼーションとの関係で地域システム論への再定義を進めているものの，こうした観点からのみで中小企業・自営業の存立基盤や人口再生産の生活基盤としての地域概念が構築できるわけでない。これまで検討してきたように地域概念は経済計算だけでとらえきれるものではない。地域における自営業的及び非営利的活動の役割が無視できないほど大きく，「地域」とは人々の生活の場であり，非経済的価値（要素）と経済的価値（要素）とが出会い，結びつく場であるというとらえ方がある。これは自然環境，経済，文化（社会・政治）という3つの要素の複合体としての地域を捉え，地域とは，人間が協同して自然に働きかけ，社会的・主体的に，かつ自然の一員として，人間らしく生きる場，生活の基本的圏域であり，人間発達の場，自己実現の場，文化を継承し創造していく場として捉えようとしている[61]。地域経済に限定すれば，地域は「経済活動の容器」であるが，地域は開かれた存在であり，地域のなかに全国や世界があるという考え方でもある。

　生きることを変革主体としてとらえていく考え方が「主体的風土論」である。これは記述的地誌学の外面的な地域把握の発想ではなく，その地域の人間集団の社会発展に対するエネルギーの存在や如何というかたちである。これはすぐれて内面的な地域把握の発想であり，新しい人間学に裏打ちされた地域論への展開を期待している。これは地域区分論や階級論，生産関係論への批判から生まれたものであり，地域性を通じての自然や人間集団の本質を歴史・内存在としての地域精神に代表される共同主観的存在構造でもある。主体として地域住民の変革エネルギーを解明する道筋を感性的人間的な活動や実践としての，また変革としての「主体的風土論」でもある[62]。

　主体的風土論をより実践的に行っていこうとするのが地元学である[63]。地域アイデンティティの危機は人間存在そのものの危機であり，アイデンティティの

---

(60) 矢田俊文・川波洋一・辻雅男・石田修編『グローバル経済下の地域構造』九州大学出版会，2001年。
(61) 中村剛治郎『地域政治経済学』有斐閣，2004年。
(62) 上野登『地誌学の原点』大明堂，1972年。上野登『現代人のための風土論』大明堂，1975年。
(63) 吉本哲郎『地元学をはじめよう』岩波ジュニア新書，2008年。下平尾勲『地元学のすすめ―地域再生の王道は足もとにあり―』新評論，2006年。

再構築は何よりも人間学の再構築から始めていかなければならない。地元学の出発点は，主体的には自分たちであるものを調べ，考え，あるものを新しく組み合わせる力を身につけて元気をつくることであり，ないものねだりではなく，あるもの探しを行い，自分という主体が「学ぶ」から「自治する」に変わっていけるかどうかにあった。こうした行動は住んでいるところを説明でき，交流するためにも自分と地域を知ることが必要とされ，そのためには昔からの知恵を活かしながら，つくることを楽しむこと，人を再発見し捨てられているもので新たな何かを創り出していくことへと発展し，客観的には地域づくりを問題解決型から価値創造型へ転換することが含意されていた。その結果，地域づくりが行政主導による住民参加型から住民と行政とが対等平等で互いの違いを認め合いつつすすめる協働型へと進み，行政の役割が主体となる住民への援助を行うという住民自治型を展望することへと進んできた。

　グローカル時代における地域アイデンティティの再構築は地域づくりにおける人間集団エネルギーの再発見と再構成をともなわなければならない。地域アイデンティティを求める主体は類的存在としての人間そのものであり，そのエネルギー源は何よりも共同性の再発見にある。共同性は歴史的には空間的に限定された地域という括りのなかにおける一体性として醸成・編成されてきた。地域アイデンティティにおいて共同性が基盤となるのはそれが行為における過去の経験の蓄積から醸成される信頼と未来への延長としての信用を併せ持つものとして構築されてきているからである。

　ではどのように地域アイデンティティを再構築していくか，すなわち地域再生の方向性はどのようなものなのかが問われなければならない。地域アイデンティティを支える基底要因は共同性の存在である。そのエネルギーの基本は，市場経済を通じた社会的分業による生産力の向上であり，人間としての感情のつながりである。経済活動を通じた分業関係の深化とつながりの緊密化は，それが取引において公正に行われるのであれば，地域間の格差を生むことなく，

---

(64) 下平尾勲『地元学のすすめ』新評論，2006年。
(65) A. スミス，山岡洋一訳『国富論 国の豊かさの本質と原因についての研究（上）』2007年。
(66) A. スミス，水田洋訳『道徳感情論（上）（下）』岩波文庫，2003年。

しかも国際的な産業配置を通じて平和構築に貢献することにもつながる。こうしたことはネットワーク的活動に根差す人間存在のあり方でもあり，結果的に市場経済との接点をもつとしても，必ずしも市場経済活動を前提とするものではない。この共同性は人間の類的特徴をもち，市場経済計算だけでは計ることが難しい価値を潜在力としてもちあわせているのである。

　要は，アイデンティティを括る地域の枠組みを提示することが重要であろう。20世紀後半において経済地理学の地域概念（経済地域論）は地誌論から構造論，システム論，グローカル論へと展開している。ローカルを語るにあたってはグローバルの動きをみなければ正確に理解できず，グローバルの動きは特定ローカルにおいて典型的に現出するのである。これは市場競争的側面から見れば，ローカルな地域諸資源を「地域ブランド」という方向性でいかに一点集中させていくかというということでもある。重要なことは地域アイデンティティを構築する主体の変化であり，多様なる意見をどのように集約していくかにある。地域づくりに求められているのは，行政主導の地域計画から市民主導の地域づくりへの転換であり，その主体的な行動枠組みが共同・協同型から協働型へと変わってきている。そして開放系としての協働型の地域づくりを進めていくためには，従前とは異なったアイデンティティのための情報共有が不可欠である。それは多様性の積極的な容認であり，異なった価値観が共生できるものでなければならない。

（山川充夫）

---

(67) J. スティグリッツ・A. チャールトン，浦田秀次郎監訳，高遠裕子訳『フェアトレード―格差を生まない経済システム―』日本経済新聞出版社，2007年。
(68) 宮川泰夫『平和の海廊と地球の再生―工業配置計画論―（Ⅰ，Ⅱ，Ⅲ）』大明堂，1997年。
(69) 高原一隆『ネットワークの地域経済学―小さな会社のネットワークが地域をつくる―』法律文化社，2008年。
(70) 中村剛治郎編『基本ケースで学ぶ地域経済学』有斐閣，2008年。
(71) 内田純一著／戦略研究学会編／三藤利雄監修『地域イノベーション戦略―ブランディング・アプローチ』芙蓉書房出版，2009年。

執筆者紹介 (執筆順)

加藤和暢(かとう・かずのぶ,第1章担当)
　1954年北海道生まれ。北海道大学大学院農学研究科博士後期課程単位取得満期退学。現在釧路公立大学経済学部教授。主要業績に「サービス経済化の地理学をめざして」(『経済地理学年報』第57巻第4号,2011年),『先進国経済の地域構造』(共著,東京大学出版会,2003年)等。

高原一隆(たかはら・かずたか,第2章担当)
　1947年広島県生まれ。立命館大学大学院社会学研究科博士課程単位取得。博士(経済学)。現在北海学園大学経済学部教授。主要業績に『地域システムと産業ネットワーク』(法律文化社,1999年),『ネットワークの地域経済学』(法律文化社,2008年)等。

山下克彦(やました・かつひこ,第3章Ⅰ・Ⅱ担当)
　1941年北海道生まれ。東北大学大学院理学研究科修士課程修了。北海道教育大学(札幌校)教授,北星学園大学経済学部教授を歴任。著書に『日本地誌3　北海道』(共編著,朝倉書店,2011年),「Tourism Development in Hainan Island」(JSPS, Science Basic Research, 2006)

金森正郎(かなもり・まさお,第3章Ⅲ・Ⅳ担当)
　1968年北海道生まれ。金沢大学大学院文学研究科修士課程修了。現在北海道札幌東高等学校教諭。著書に『日本の地誌3　北海道』(共著,朝倉書店,2011年),『自然・社会・ひと―地理学を学ぶ―』(共著,古今書院,2009年),「生徒の生活の中の『地図帳』」(『地理教育』32号,2003年)等。

菊地達夫(きくち・たつお,第4章担当)
　1968年北海道生まれ。駒澤大学大学院人文科学研究科地理学専攻博士後期課程退学。現在北翔大学短期大学部教授。著書に『日本の地誌3　北海道』(共著,朝倉書店,2011年),『なぜ巨大開発は破綻したのか』(共著,日本経済評論社,2006年),『社会科教育へのアプローチ』(共著,現代教育社,2002年)等。

東山　寛(ひがしやま・かん,第5章担当)
　1967年北海道生まれ。北海道大学大学院農学研究科博士課程修了。博士(農学)。現在北海道大学大学院農学研究院助教。著書に『土地の所有と利用』(共著,筑波書房,2008年),『地域農業の底力』(共著,北海道協同組合通信社,2009年),『TPP反対の大義』(共著,農文協,2010年)等。

堤　悦子(つつみ・えつこ,第6章担当)
　1957年東京都生まれ。一橋大学大学院商学研究科博士後期課程単位取得退学。博士(国際公共政策)。現在北海商科大学商学部教授。主要業績に『北海道の企業3』(共著,北海道大学出版会,2012年),「A Comparative Study of Japanese and US American Medical Device Industries」(Journal of Machine Engineering, Vol.11, No3., 2011)等。

千葉昭彦(ちば・あきひこ)
　1959年岩手県生まれ。東北学院大学大学院経済学研究科博士課程後期課程満期退学。博士(学術)。現在東北学院大学経済学部教授。主著は『日本の地誌4　東北』(共著,朝倉書店,2008年)。『東日本大震災復興研究Ⅰ　東日本大震災から地域経済復興への提言』(共著,河北新報出版センター,2012年)等。

藤本典嗣(ふじもと・のりつぐ,第8章担当)
　1970年山口県生まれ。九州大学大学院経済学研究科博士課程修了。博士(経済学)現在福島大学共生システム理工学類准教授。主要業績に「二層の広域圏と21世紀の国土構造――82生活圏における中枢管理機能の集積――」(『人と国土』第33巻6号,2008年3月,国土計画協会)等。

佐々木達（ささき・とおる，第9章担当）
1982年秋田県生まれ。東北大学大学院理学研究科博士課程修了。博士（理学）。現在札幌学院大学経済学部講師。主要業績に「宮城県亘理町における農業特性と複合経営の再編」（『季刊地理学』第61巻第1号，2009年），「東北地方の農業・農村機能の変遷」（『宮城教育大学情報処理センター研究年報紀要』第17号，2010年）等。

高野岳彦（たかの・たけひこ，第10章担当）
1956年秋田県生まれ。東北大学大学院理学研究科（人文地理学専攻）博士課程単位取得。現在東北学院大学教養学部地域構想学科教授。主要業績に「仙台市における近年の住民属性と居住地区分化の変質」（『地理学評論』67，1994年），「自地域学ムーヴメントと「地域学」分類試論」（『地理』53，2008年），「仙台市における切り花消費の背景を探る」（『東北学院大学東北文化研究所紀要』41，2009年）等。

初澤敏生（はつざわ・としお，第11章担当）
1962年埼玉県生まれ。立正大学大学院文学研究科博士課程中退。現在福島大学人間発達分化学類教授。著書に『地域の諸相』（共著，古今書院，2010年），『伝統産業産地の行方』（共著，東京学芸大学出版会，2008年），『中小工業の地理学』（共著，三恵社，2008年）等。

柳井雅也（やない・まさや，第12章担当）
1958年宮城県生まれ。法政大学大学院人文科学研究科地理学修士課程修了。現在東北学院大学教養学部地域構想学科教授。著書に『日本のIC産業』（共著，ミネルヴァ書房，2003年），『現代の地域産業振興策』（共著，ミネルヴァ書房，2011年）等。

土屋　純（つちや・じゅん，第13章担当）
1971年群馬県生まれ。名古屋大学大学院文学研究科博士課程単位取得。博士（地理学）。現在宮城学院女子大学准教授。著書に『日本の流通と都市空間』（共著，古今書院，2004年），『人文地理学』（共著，ミネルヴァ書房，2009年）等。

岩動志乃夫（いするぎ・しのぶ，第14章担当）
1961年岩手県生まれ。立正大学大学院文学研究科博士後期課程単位取得。博士（地理学）。現在東北学院大学教養学部地域構想学科教授。著書に『地域の視点』（共著，文化書房博文社，2004年），『日本の地誌』（共著，古今書院，2007年），『地域の諸相』（共著，古今書院，2010年），『現代日本の地域研究』（共著，古今書院，2011年）等。

山田浩久（やまだ・ひろひさ，第15章担当）
1964年兵庫県生まれ。東北大学大学院理学研究科博士課程単位取得。理学博士。山形大学人文学部教授。著書に『地価変動のダイナミズム』（大明堂，1999年），『都市の景観地理』（共著，古今書院，2007年），『離島に吹くあたらしい風』（共著，海青社，2009年）等。

山口泰史（やまぐち・やすふみ，第16章担当）
1972年岐阜県生まれ。東京大学大学院理学系研究科地球惑星科学専攻博士課程単位取得。現在株式会社フィデア総合研究所研究開発グループ主事研究員。著書に『日本の人口移動―ライフコースと地域性』（共著，古今書院，2002年），主要業績に「東北地方の市町村別将来推計人口と新聞報道」（『季刊地理学』第61巻第4号，2009年）等。

山川充夫（やまかわ・みつお，第17章担当）
1947年愛知県生まれ。東京大学大学院理学系研究科地理学専門課程博士課程中退。博士（学術）。現在福島大学学長特別補佐（うつくしまふくしま未来支援センター長）・経済経営学類教授，日本学術会議会員。著書に『企業空間とネットワーク』（共編著，大明堂，1993年），『大型店立地と商店街再構築』（八朔社，2004年）等。

北東日本の地域経済

2012年5月25日　第1刷発行

編　者　経済地理学会
　　　　北　東　支　部

発行者　片　倉　和　夫

発行所　株式会社　八　朔　社
　　　　　　　　　　はっ　さく　しゃ

東京都新宿区神楽坂2-19 銀鈴会館内
振替口座・東京00120-0-111135番
Tel 03-3235-1553　Fax 03-3235-5910

ⓒ経済地理学会北東支部, 2012　　組版・アベル社／印刷製本・藤原印刷
ISBN978-4-86014-059-5

― 八朔社 ―

清水修二・小山良太・下平尾勲・編著
あすの地域論
「自治と人権の地域づくり」のために　二八〇〇円

境野健児・千葉悦子・松野光伸・編著
小さな自治体の大きな挑戦
飯舘村における地域づくり　二八〇〇円

山川充夫・著
大型店立地と商店街再構築
地方都市中心市街地の再生に向けて　四二〇〇円

福島大学地域研究センター・編
グローバリゼーションと地域
21世紀・福島からの発信　三五〇〇円

桜美林大学産業研究所・編
八ッ場ダムと地域社会
大規模公共事業による地域社会の疲弊　二八〇〇円

鈴木浩・編著
地域計画の射程
三四〇〇円

定価は本体価格です